Das Herrschersystem des Horoskops

Alan Oken

Das Herrschersystem des Horoskops

Die innere Struktur des Geburtsbildes

Aus dem Amerikanischen von
Sabine Bends

Urania

Widmung

Für Marion March, meine geschätzte Lehrerin und geliebte Freundin, die so viel zur modernen Astrologie beigetragen hat. Dankeschön, Marion – deine Arbeit und Hingabe an unser Aufgabengebiet und an die astrologische Gemeinschaft haben dabei mitgeholfen, aus der Astrologie für viele Menschen auf der Welt eine lebendige Wissenschaft zu machen.

1. Auflage 2003
ISBN 3-908651-08-5

Umschlaggestaltung: Oliver Aumann, Kreativ Design, Wiesbaden
Satz: GBS, Lyss/Schweiz
Druck: fgb, Freiburg
Printed in Germany

Inhaltsverzeichnis

Liste der Horoskopbeispiele

Vorwort

Wenn man die Reise zur Astrologie antritt, dann kommt man unweigerlich irgendwann an eine Brücke, die überquert werden muss. Die Brücke zwischen dem Zustand als Astrologielernender und der Entwicklung zum Astrologieanwender. Besser gesagt, man muss diese Brücke überhaupt erst einmal bauen, damit man sie überqueren kann. Wie lange das dauert und wie sicher die Brücke wird, um die eigene zukünftige astrologische Praxis wirklich zu tragen, hängt von jedem Einzelnen ab, der sich auf diese Reise begibt. In den meisten Fällen endet die Reise genau dann, wenn man merkt, dass die Konstruktion dieser Brücke keine einfache Aufgabe ist. Es gibt keine Abkürzungen, um »auf die andere Seite« zu gelangen.

So ist es auch mit der Astrologie und den Astrologen. Am Anfang erscheint einem die Astrologie wie der Beginn eines aufregenden Abenteuers an einem völlig fremden Ort. Man macht sich mit viel Faszination und freudiger Erwartung auf den Weg. Sonnenzeichen, Mondzeichen, Aszendent... sie alle verweisen auf faszinierende Entdeckungen über einen selbst und das eigene Leben. Das Studium des Grundalphabets der Astrologie, der Zeichen, Planeten und selbst der Häuser, ist zugleich einfach und aufregend genug, und man erhält unterwegs eine Vielzahl von Landkarten und Hilfsmitteln, die einen in dieser Anfangsphase auf dem Weg zum Astrologen anleiten.

Aber dann kommt die große Kluft, dieser Abgrund, der die beiden Welten trennt: die Welt des Studenten auf der einen Seite, der zur anderen Seite schaut und dort die Welt des professionellen Astrologen sieht. Dieser Punkt der Spannung ähnelt dem eines Reisenden, der an einen bestimmten Punkt auf seiner Reise gelangt, aber nicht weiß, wie er seine Unternehmung beenden kann. Von hier nach da gibt es keine Straßenkarten mehr, und ein großer Ozean trennt beide Welten voneinander.

An welchem Punkt, muss man sich daher fragen, wird das Studium der Astrologie zum vorherrschenden persönlichen Sprachgebrauch? An welchem Punkt »überquert« man »die Brücke« und interpretiert die Welt mithilfe der Symbolsprache der Astrologie und lässt die Konstrukte, Bilder und Glaubenssysteme, die durch die früheren Lebenserfahrungen geprägt wurden, hinter sich? Und noch viel wichtiger, was passiert in den Momenten, wenn die Brücke, die man sich gebaut hat, nicht stabil genug ist, so dass die Realität, die man nun betritt, nicht mehr im Einklang mit der allgemeinen Lebensanschauung der meisten anderen Menschen in der eigenen Umgebung ist? Und was passiert, wenn man die astrologische Brücke überquert, sich selbst als Astrologen betrachtet, aber man niemals wirklich richtig die Kunst der Horoskopsynthese gelernt hat?

Das ist genau das, was heutzutage vielfach in der Welt der Astrologie geschieht. Wir haben eine Berufsgruppe, in der viele Ausübende des Berufs den Begriff Rezeption einzig und allein mit Hotels in Verbindung bringen! Sie wissen nicht, wo oder wie man eine Beratung beginnen sollte, und verbringen womöglich die gesamte Zeit damit, die Stellung von Sonne, Mond und Aszendent zu erklären. Und schlimmer noch, es gibt noch all jene, die sich Astrologen nennen und auch mit ein paar technischen Begriffen aufwarten können, die aber in Wirklichkeit etwas ganz anderes praktizieren, wie zum Beispiel Numerologie oder Wahrsagerei. Es gibt Hunderte von Studenten unserer alten Wissenschaft, die die Bedeutung aller Planeten, Zeichen, Häuser und Aspekte kennen, aber völlig verloren sind, wenn es darum geht, eine einfache Horoskopinterpretation zu erstellen.

Das wirft die Frage auf: Wie geht man bei der Synthese der verschiedenen Horoskopfaktoren vor, um eine sinnvolle und gute Herleitung hervorzubringen? Die Antwort ist genau das, was einen Studenten oder Hobbyastrologen von einem wirklichen ernsthaften Astrologen unterscheidet. Denn allein die Konstruktion dieser Brücke, die ich eben erwähnt habe, braucht eine ganze Menge Zeit und erfordert die richtige Anwendung aller Anleitungen, Lehren und allen Materials, das einem zur Verfügung steht. Der Weg zum erfahrenen Astrologen erfordert die Arbeit vieler Jahre und das Erlernen der richtigen Regeln, Vorgehensweisen und Techniken dieses Kunsthandwerks. Man muss zuerst die Grundbegriffe lernen und dann entdecken, wie diese in ihren verschiedenen Schichten anzuwenden sind, damit es auch »passt«. Je mehr man übt, desto besser wird man. Und nicht nur das, umso stabiler wird auch die eigene Basis, auf der man steht. Im Laufe der Zeit vermag diese Struktur aus Wissen und Erkenntnis nicht nur die eigene professionelle Arbeit zu tragen, sondern sie dient dann auch als eine feste Grundlage, auf der wir andere Menschen als Klienten oder Studenten an den Ort ihrer Bestimmung begleiten können.

In dem Buch, das Sie hier vor sich haben, setzt Alan Oken voraus, dass Sie bereits über die Grundkenntnisse der Astrologie verfügen. Diese Informationen stehen Ihnen in einer Vielzahl von Büchern für Astrologieanfänger zur Verfügung. Aber das, was Alan Oken Ihnen hier anbietet, ist ein ausgezeichnetes Anleitungswerk, wie Sie all diese Faktoren in ihrer richtigen Platzierung und im richtigen Verhältnis zueinander anwenden sollten. Das Buch *Das Herrschersystem des Horoskops – Die innere Struktur des Geburtsbildes* vermittelt seinem Leser das Verständnis dafür, dass wirkliche astrologische Synthese nicht allein darin besteht, alle Planeten zu gleichen Anteilen in allen Häusern und Zeichen zu deuten. Die Stärke eines Planeten wird durch seinen Zeichen- und Hausstand festgelegt. Sein Einflussbereich für das gesamte Horoskop wird durch die verschiedenen Beziehungen zu anderen Planeten bestimmt, durch Dispositorenverhältnisse, Zeichen- und Häuserrezeption.

Dies ist nicht gerade der einfachste Teil der Astrologie, den es zu meistern gilt. Doch Alan Oken macht diesen Prozess mit den Horoskopen vieler prominenter Persönlichkeiten zu einem Vergnügen. Wie das Reisen an sich mag einem der Reisebeginn einfach erscheinen. Aber Sie werden an einen Punkt kommen, wo weitere Planung nötig ist und man sich über den Sinn der Reise Gedanken machen muss, um seine Fahrt weiter fortsetzen zu können. Dies erfordert Arbeit, Konzentration und Übung. Und Sie brauchen die richtige Anleitung, wie Sie mit dem bereits gesammelten Material umgehen sollten. Und so ist es auch mit der Horoskopsynthese, dem Thema dieses Buches. Dies ist deshalb kein Buch, das Sie nur ein oder zwei Mal lesen sollten. Dies ist ein Buch, das Ihnen immer wieder als Nachschlagewerk auf ihrer astrologischen Reise dienen kann, besonders dann, wenn Sie gerade mit dem Bau der Brücke beschäftigt sind, um ein wirklicher Astrologe zu werden. *Das Herrschersystem des Horoskops – Die innere Struktur des Geburtsbildes* ist genau das Verbindungsstück, das Ihnen dabei hilft, aus einem Astrologielernenden ein professioneller Astrologe oder eine professionelle Astrologin zu werden. Jemand, der die ersten Stadien des Astrologiestudiums bereits hinter sich hat, sich aber noch nicht sicher genug fühlt, um sich Astrologe zu nennen, sollte dieses Buch immer schnell zur Hand haben. Es ist ein Buch, dessen Anleitungen man wieder und wieder lesen und auf alle Horoskope anwenden sollte, die man deutet, um sicherzugehen, dass man die darin erläuterten Methoden auch wirklich richtig verstanden hat. Auf diese Art und Weise wird die Brücke, die Sie auf Ihrem Weg zum Astrologen bauen, Ihnen und anderen Menschen eine lebenslange Stütze sein.

Ray Merriman, Präsident
The International Society of Astrological Research

Vorwort zur deutschen Ausgabe von »Das Herrschersystem des Horoskops – Die innere Struktur des Geburtsbildes«

Nachdem ich über so viele Jahre Astrologie und Die Alten Weisheitslehren in Deutschland, in der Schweiz und in Österreich unterrichten durfte, ist es mir eine wirkliche Freude, dieses Buch nun in Deutsch vor mir zu haben. Ich bin ein wahrhaft glücklicher Mensch. Der Herrscher meines neunten Hauses ist die Sonne, die im Trigon zu Jupiter in Löwe im neunten Haus steht. Das bedeutet unter anderem, dass mir während meines Lebens als Astrologe das große Privileg widerfahren ist, um die Welt reisen und unterrichten zu dürfen. Aber diese Konstellation hat mich auch immer aufgefordert, dazuzulernen, und ich habe während meiner zahlreichen Aufenthalte in den deutschsprachigen Ländern wirklich viel gelernt.

Zum Ersten habe ich gelernt, die objektive Strukturierung des rationalen Verstandes mehr zu schätzen. Wenn es wirklich so sein sollte, wie ich glaube, nämlich, dass das Hauptziel und der größte Gewinn für einen Astrologielernenden darin besteht, die Entwicklung und Ausbildung wahrer Intuition anzustreben, dann ist es von großer Wichtigkeit für den Intellekt, dass er mit dem richtigen Wissen gefüttert wird. Es liegt daher in der gegenseitigen Verantwortung von Lehrer und Schüler, das Wissen so zu strukturieren, dass daraus Konzepte mit einem kreativen Potenzial entstehen. Bei der Astrologie hat diese harte Arbeit das Ziel, die höheren intuitiven Fähigkeiten zu schärfen, damit daraus die Fähigkeit entsteht, die durch die Planeten, Zeichen, Häuser und Aspekte repräsentierten *Lebensenergien* wahrzunehmen. *»Das Herrschersystem des Horoskops – Die innere Struktur des Geburtsbildes«* stellt einen solchermaßen strukturierten Zugang zur Astrologie dar.

In den Jahren meiner Zusammenarbeit mit verschiedenen deutschsprachigen Gruppen und Organisationen hatte ich die Ehre, bei so vielen Menschen zu Hause leben zu dürfen, die heute alle gute Freunde von mir sind. Ich bin von ihnen gelehrt (und korrigiert!) worden und habe durch sie die strukturelle Dynamik und das kreative Niveau meiner Arbeit verbessert und vervollkommnet. Dieses besondere »teutonische Training« hat mir dabei geholfen, ein besserer Astrologe, Lehrer und Mensch zu werden; und für all diese Freundschaft und Unterstützung bin ich wahrhaftig dankbar.

Es gibt eine Reihe von Menschen in Deutschland, der Schweiz und Österreich, denen ich gern für ihre Liebe und Freundschaft über all die Jahre danken möchte. Zum Ersten Sibylle Sulser, der Leiterin des API-Instituts in Zürich, die meine Arbeit in der Schweiz (und in der ganzen Welt) unentwegt vorangetrieben hat. Suzanne Krenn aus Wien ist seit mehr als sieben Jahren meine gute Freundin, Studentin, Dolmetscherin und – wann immer möglich – Deutschlehrerin. Ich hatte das Privileg, einige Jahre lang mit Heidi Treier in Köln zusammenarbeiten zu dürfen, und danke ihr sehr für ihre Freundschaft und Unterstützung. Etienne und Hélène Boitel in Zürich waren nun schon so oft meine Gastgeber in der Schweiz, dass ich praktisch zu ihrer wunderbaren Familie gehöre. Auch möchte ich Harry, Franz, Ralph, Christine, Sissi, Alexander, Michael, Ursula F., Ursula M., Tina, Hilda und Arved ganz besonders für ihre Liebe und großzügige Freundschaft danken. Meine Dankbarkeit gilt außerdem meinen Kollegen beim Urania Verlag – danke vielmals, dass dieses Werk nun der deutschsprachigen Welt zur Verfügung steht.

Und last but not least geht mein Dank verdientermaßen an Sabine Bends, die an dieses Buch geglaubt, es übersetzt und einen Verlag dafür gefunden hat. Ich bin ihr von Herzen dankbar.

Alan Oken
Santa Fe, New Mexico

Einleitung

Als Astrologen des zwanzigsten und nun einundzwanzigsten Jahrhunderts, die sich dieser alten Kunst und Wissenschaft widmen, haben wir wirklich Glück. Zusätzlich zu den Hunderten von phantastischen astrologischen Texten, die in den vergangenen fünfzig Jahren veröffentlicht wurden, steht uns eine Vielzahl von Internet-Webseiten und anderen computerbasierten Hilfsmitteln zur Verfügung. Das macht die Informationsbeschaffung und den Austausch in unserem hoch spezialisierten Feld nicht nur leicht, sondern auch sehr »anwenderfreundlich« und vergnüglich.

Meine eigene astrologische Arbeit begann 1967. Obwohl ich mich besonders für den so genannten esoterischen oder seelenzentrierten Bereich der Astrologie interessiere, besteht die Grundlage meiner Studien und meiner Praxis doch sehr in den Interpretationsmethoden, die wir in den traditionellen, humanistischen Systemen der Horoskopdeutung finden. Man kann nicht sicher und gezielt nach dem Himmel greifen, wenn man mit den Füßen nicht fest auf der Erde steht. Im Laufe dieser nunmehr dreiunddreißig Jahre habe ich mich mit Tausenden von Astrologiestudenten, Lehrern und professionellen Astrologen unterhalten, eine Myriade von astrologischen Texten gelesen, Workshops, Vorlesungen und Seminare in der ganzen Welt besucht und auch im Rahmen meiner Möglichkeiten gegeben. Für mein Empfinden gibt es eine absolut wesentliche Facette astrologischer Interpretation, von der, gelinde gesagt, wenig Gebrauch gemacht wird und die meistens entweder in ihrer Bedeutung unterschätzt oder völlig übersehen wird. Dieses wichtige Element astrologischer Interpretationstechniken hat mit den verschiedenen Ebenen der Herrschaft von Planeten und Häusern zu tun, die unter dem Begriff »Dispositorensystem« bekannt sind.

Dieses Buch richtet sich ganz speziell darauf, die Bedeutung und das Wesen des Dispositorensystems zu erläutern und ein Licht auf die generellen und eher subtilen Herrscherverknüpfungen im Geburtsbild zu werfen. Ziel des Buches ist es, den Leser zu einem klaren Verständnis zu führen, wie sich dieses Wissen in die übrige Horoskopdeutung integrieren lässt. Diese Faktoren sind für eine umfassende Interpretation des Wesens eines Horoskopeigners sehr wichtig. Wenn man sie einmal aufgedeckt hat, bekommt man ein Gefühl des unmittelbaren Kontakts mit der Grundstruktur eines jeden Horoskops. Es ist im Grunde das Skelett des Horoskops, anhand dessen man den Körper rekonstruiert. Das vorliegende Werk wendet sich an Astrologen, die über die Anfangsstadien astrologischer Erkundungen hinaus geschritten sind. Der fortgeschrittene Astrologe wird den Stoff dieses Buches auf seinem weiteren Weg sehr hilfreich finden. Wer den Wunsch hat, sein Verständnis der Häuser weiter zu vertiefen, dem empfehle ich meine Veröffentlichung *The Houses of the Horoscope* (The Crossing Press, 1999). Der weit fortgeschrittene und professionelle Astrologe findet in dem vorliegenden Text ein weiteres Mittel, die komplexe Struktur menschlichen Verhaltens zu entschlüsseln, wodurch er in seiner Arbeit mit Schülern und Klienten diesen wiederum von größerem Nutzen sein kann.

Es ist sehr wichtig, das Horoskop als eine energetische Landkarte verwobener Kräfte zu sehen, die darauf warten, entdeckt, erklärt und interpretiert zu werden. Wenn man einmal ein solides Verständnis der Buchstaben des kosmischen Alphabets aufgebaut hat (die Planeten, Zeichen, Häuser und geometrischen Aspekte), dann muss man den Schritt zur komplexen Aufgabe der Synthese wagen. Diese Aufgabe, all die Buchstaben zu Worten zu formen, aus den Worten wiederum Sätze zu bilden und diese Sätze mit der Absicht der Heilung auszusprechen, ist die größte Herausforderung für jeden Astrologen.

Mir ist aufgefallen, dass es drei grundsätzliche Arten von Astrologen gibt: den intellektuellen, den intuitiven und den integrierten. Intellektuelle Astrologen sind in ihrem Zugang sehr merkurisch. Das sind die Menschen, die die Bedeutung aller 1872 Planetenpositionen im Geburtsbild ernsthaft durchgearbeitet und gelernt haben, bis sie alle einzelnen perfekt und ganz individuell beherrschen.[1] Sie können beispielsweise minutenlang über den Bedeutungsunterschied von Venus in Widder im zweiten Haus und Venus in Stier im

1 Diese Zahl erhält man aus den 12 Zeichen, multipliziert mit den 10 Hauptplaneten plus Chiron und den Nord- und Südknoten der Mondknotenache (12 x 12 x 13 = 1872).

zehnten Haus sprechen. Sie wissen, warum Jungfrau immer etwas mit dem sechsten Haus zu tun hat und warum das elfte Haus mit Uranus verknüpft ist. Es hat diese Astrologen zumindest drei, eher jedoch sieben Jahre Zeit gekostet, um dieses Wissen zu erwerben. Ein hoch begabter, intellektueller Astrologe weiß Daten zu sammeln, zu kategorisieren und zu strukturieren. Diese Menschen sind wunderbare Forscher, und ihre Entdeckungen tragen enorm dazu bei, das Geheimnis der Beziehung zwischen Himmel und Erde zu lüften. Aber der vorwiegend merkurische, intellektuelle Astrologe kennt die *Bedeutung* des Horoskopeigners nicht, kann »die Person im Horoskop« (wie Dane Rudhyar sagen würde) nicht erkennen und hat mit Sicherheit nicht die Voraussetzung, für die Ganzheitlichkeit und Heilung in einer Beratungssituation zu sorgen.

Intuitive Astrologen sind in ihrer Betrachtung des Horoskops sehr uranisch. Sie sind auf die Symbolsprache und archetypische Bedeutung der vielen Planet-Zeichen-Haus-Kombinationen eingestimmt und können sogar Experten in der komplexen Aufgabe sein, die Auswirkungen von Aspektmustern zu verstehen. Sie sind eher energie- als verstandesorientiert, konzentrieren sich mehr auf das Wesen als auf die Form. Sie können ein Horoskop zur Hand nehmen, 30 Sekunden draufschauen und sind dann völlig in Kontakt mit dem Menschen, der durch dieses Horoskop lebt. Das Problem primär intuitiv ausgerichteter Astrologen liegt darin, dass sie ihre Übereinstimmung demjenigen, um den es geht, dem Klienten nämlich, nicht vermitteln können. Sie sagen häufig so etwas wie: »Ich kenne dieses Horoskop, aber ich kann es einfach nicht erklären.« Und das stimmt. Auch hier besteht nicht wirklich die Gelegenheit für einen kreativen Heilungsprozess. Selbst ein hoch begabter, spirituell ausgerichteter, seelenzentrierter Astrologe verfehlt sein Ziel, wenn sein intuitives Talent nicht mit hart erworbenem astrologischen Wissen verbunden und darauf abgestimmt wird.

Der integrierte Astrologe ist ein Mann oder eine Frau, der oder die die Kunst astrologischer Synthese entwickelt hat. Dieser Mensch ist sowohl intellektuell als auch intuitiv und verfolgt eine spirituelle Absicht. Dieser Mensch verfügt über die Fähigkeit, den Klienten in den nächsten Zyklus seiner Lebensentwicklung zu begleiten. Die Integration, von der ich spreche, ist das natürliche Ergebnis der Fusion von Verstand und Herz, die sich im menschlichen Bewusstsein ausdrückt. Wenn Intellekt mit Intuition gepaart wird (die an sich ein Produkt der Liebe ist), dann kommt das Potenzial zur Heilung zum Vorschein. Ich spreche hier natürlich von Astrologen, die vorwiegend mit anderen als Ratgeber, Führer und Lehrer arbeiten. Ich spreche nicht über die vielen hervorragenden und hoch begabten Astrologen, die sich der Finanzastrologie, der Mundanastrologie oder einem anderen Bereich der kosmischen Wissenschaften widmen. Da ich selbst im Wesentlichen als Lehrer und Berater tätig bin, bin ich mit dem humanistischen Zugang zur Astrologie am besten vertraut und beschränke meine Kommentare auf dieses Arbeitsfeld. Ich kann allerdings sagen, dass die Anwendung der Methoden des Dispositorensystems auch für die zahlreichen Spezialfelder der Astrologie von Wert sind, vom materialistischsten mundanen Zugang bis zum ätherischsten esoterischen.

Kein astrologisches Werk und kein astrologischer Autor können spirituelle Erleuchtung vermitteln. Diese entsteht einzig aus der Entwicklung des eigenen Herzens. Als Autor kann man bestenfalls den Fokus der persönlichen Entwicklung des Lesers stimulieren und unterstützen. Aber der Autor kann die Techniken der Horoskopinterpretation vermitteln, die das Intellektuelle mit dem Intuitiven verbinden, und dadurch einen synthetischen Zugang zu einem feineren und umfassenderen Horoskopverständnis schaffen. Genau das ist die Absicht dieses Werkes.

Alan Oken
Santa Fe, New Mexico

Kapitel eins:

Wie die Schalen einer Zwiebel

Ich halte es für ausgesprochen wichtig, dass ein Astrologielernender die Planeten, Zeichen, Häuser und Aspekte im Horoskop als *Energiefelder* verstehen lernt. Das Gesamtwerk astrologischer Literatur ist ein Versuch, der Lebensenergie und ihren unzähligen Ausdrucksmöglichkeiten und Verbindungen verbalen Ausdruck zu verleihen. Auch das vorliegende Werk bildet dazu keine Ausnahme. Jeder astrologische Autor bemüht sich nach besten Kräften, bestimmte astrologische Faktoren so genau und präzise wie möglich zu definieren. In diesem Sinne wollen wir als Erstes die sieben Hauptausdrucksformen herausarbeiten, durch die die astrologischen Energien ihre Bedeutung im Radix entfalten. Wenn wir uns diese wesentlichen Faktoren einmal wieder ins Gedächtnis gerufen haben, sie zusammengefasst und näher erkundet haben, dann widmen wir den Rest und Hauptteil des Buches einem achten Faktor, dem Hauptthema dieses Werkes, den Dispositoren und versteckten Herrschern des Horoskops. Nachdem wir die Bedeutung und den Wert der Herrschervernetzung im Horoskop näher erläutert haben, wird es jedem Leser klar sein, dass dieser Faktor der rote Faden ist, der das ganze Horoskop durchzieht und aus ihm eine integrierte und umfassende Einheit macht.

Die Planeten

Die Planeten enthüllen das »*Was*« im Horoskop, sprich, welche Energie dort am Werk ist. Alle Planeten reflektieren das Licht der Sonne, das vitale Lebensprinzip im Radix. Die Sonne im Horoskop hat die gleiche Bedeutung wie der König beim Schach. Sie bewegt sich selbst nur in begrenztem Maße (schließlich ist sie ein Fixstern), aber ohne ihre Anwesenheit gäbe es überhaupt keine Energie, es gäbe kein Schachspiel, kein lebbares Horoskop. Deswegen ist die Sonne in der traditionellen, persönlichkeitsorientierten, exoterischen Astrologie das Zentrum, um das herum sich das ganze Horoskop entfaltet.[2] Eine schwache Sonne, eine solare Kraft, die von anderen Planetenenergien geschwächt wird (insbesondere von Saturn, Pluto oder Neptun), kann auch die übrigen Planeten nicht so kontinuierlich und positiv mit Energie versorgen. Denn auch diese reflektieren nur das Sonnenlicht.

Die Planeten wiederum sind die wichtigsten Faktoren im Radix. Sie stehen für die erste Aufspaltung der Sonnenstrahlung und sind von daher Ausdruck für die Lichtbrechung der Sonnenstrahlen auf Ihrem Weg zur Manifestation im Sonnensystem. Sie verleihen dem Horoskop Farbe, Form, Umstände und Bedeutung. Obwohl alle Planeten ihr eigenes Naturell und ihre spezifischen Auswirkungen auf unser Leben haben, werden sie doch durch das Spiel der solaren Gravitation an einem bestimmten Platz auf ihrer Runde um die Sonne gehalten. Dieses physikalische Phänomen hat eine metaphysische Entsprechung. Es bedeutet nämlich, dass die Sonne, als Symbol für den Schöpfer, ihre Schöpfungen zwar beherrscht, aber mit ihnen interagiert und von ihnen beeinflusst wird. Die Planeten haben also ein Eigenleben und verleihen ihrem jeweiligen Energiefeld und ihrer Bestimmung Ausdruck, aber das Gesamtsystem ist abhängig von der Fähigkeit der Sonne, ihre Aufgabe als zentrale Leben und Substanz spendende Lichtquelle zu erfüllen. Es ist also richtig, dass sich im Falle eines Aspektes zwischen der Sonne und Mars beide Planeten gegenseitig beeinflussen. Die Sonne verleiht Mars ihre Energie, wie gut oder schlecht dies konkret je nach Aspekt auch aussehen mag (Quadrat, Trigon, Sextil usw.). Mars erwidert diesen Austausch, indem er dem Prinzip solarer Lebenskraft eine Komponente von Durchsetzungskraft und Aggression verleiht, die dann wiederum auf alle anderen Planeten im Horoskop ausstrahlt und sich mit diesen verbindet. Das heißt, im Grunde werden alle Mitglieder der Planetenfamilie im Sonnensystem von marsischer Energie berührt, wenn dieser in direktem Kontakt mit der Sonne steht.

2 Wer daran Interesse hat, die Bedeutung der Sonne aus der Perspektive der esoterischen Astrologie zu betrachten, den verweise ich an mein bereits vorliegendes Werk, *Astrologie der Seele*, Tabula Smaragdina.

Die Zeichen

Die Zeichen sagen uns etwas über das »*Wie*« im Horoskop, also wie genau sich die Energien der Planeten manifestieren. Die Zeichen haben zwar sicherlich auch eine eigene Energie, aber es ist eher eine formgebende Energie als eine essenzielle Energie. Es ist eine Energie, die etwas Vorhandenes modelliert und gestaltet, die jedoch nichts Eigenes erschafft oder hervorbringt. Die Planeten imprägnieren die Zeichen mit Ihrer essenziellen Energie und drücken ihr Wesen durch die formgebende Dynamik des Zeichens aus, in dem sie stehen. Venus beispielsweise ist immer auf der Suche nach Partnerschaft und Ergänzung. Im Zeichen Stier bringt sie Beziehungsthemen in das Leben des Betroffenen, die mit Fragen des Geldes, der vorhandenen Substanz und Prüfungen wahrer menschlicher Werte befasst sind, also mit all den Formen stierischen Ausdrucks. Wenn sie hingegen im Zeichen Wassermann steht, dann ist ihr Verbindungsdrang wesentlich idealistischer und ihr Zugehen auf andere Menschen unpersönlicher und weniger materiell orientiert als im Zeichen Stier.

Doch auch wenn wir die anderen Planeten und ihre jeweilige Funktion im Tierkreis in die Deutung integrieren, dürfen wir niemals das Sonnenzeichen außer Acht lassen. Wenn die Sonne in Fische steht, dann entfaltet sich die kreative Lebenskraft und der Ausdruck der persönlichen Bestimmung durch ein Energiefeld hindurch, welches immer nach Universalität, Grenzenlosigkeit und nach Abkehr vom sinnlichen Erleben strebt. Die solare Kraft in Steinbock hingegen weist auf eine Persönlichkeit hin, die sich danach sehnt, Vorhersehbarkeit, Festigkeit, Format und Struktur zu schaffen. Wenn Jupiter in Schütze im Horoskop einer Fischesonne oder einer Steinbocksonne stünde, wäre sein nach außen gerichtetes und expansives Wesen zwar in beiden Fällen das gleiche, seine Ausdrucksweisen wäre jedoch recht unterschiedlich. Jupiter in seinem eigenen Zeichen hätte zwar in beiden Fällen das Bedürfnis nach höherem Wissen und nach Verständnis für die dem Leben zugrunde liegenden Gesetze und Prinzipien. Aber das Individuum mit der Sonne in Fische würde dazu neigen, die Energie von Jupiter in Schütze für seinen von der Sonne motivierten Drang nach spiritueller oder ideologischer Freiheit zu nutzen, während der Mensch mit der Sonne in Steinbock diese Planeten- und Zeichenkombination eher dazu nützen würde, seinen Einfluss in der Welt zu vergrößern und sein Wissen dafür einzusetzen, eine breitere Basis für seine soziale Position zu schaffen.

Die Häuser

Die astrologischen Häuser geben Aufschluss über das »*Wo*« im Horoskop, wo genau sich die Energien der Planeten- und Zeichenkombination mit ihren größten Stärken oder Schwächen manifestieren. Bei den Häusern handelt es sich um die physikalischsten Indikatoren eines Horoskops. Sie sagen uns etwas über den »Ort«. Gleichgültig, welches der vielen Häusersysteme man als Astrologe benutzt, alle sekundären Haustechniken basieren auf den zwei grundlegenden Achsen: der Medium Coeli/Immum Coeli-Achse und der Aszendent/Deszendent-Achse. Die Erstere zeigt das physikalische Eingebundensein des aufrecht stehenden Menschen an, die letztere das desjenigen, der sich in einer waagerechten Position befindet. Das Medium Coeli ist also mit dem Punkt am Himmel verbunden bzw. mit dem Grad auf dem Tierkreis, der den höchsten Punkt im Tierkreis zur Zeit der Geburt bildet, während der Aszendent den Grad des Tierkreises abbildet, der zum Zeitpunkt der Geburt am östlichen Horizont liegt. Von diesen Punkten aus gesehen definieren die übrigen Häuser das Individuum sowohl in Bezug auf seine subjektive und persönliche Welt (durch die Angelegenheiten und psychologischen Bedingungen, die von den Häusern unterhalb des Horizonts beschrieben werden), als auch in Bezug auf die objektive und kollektive Welt (durch die Umstände und sozialen Begegnungen, die von den Häusern oberhalb des Horizonts beschrieben werden).

Das Wesen und die Funktion des Herrschersystems und der versteckten Herrscher im Horoskop machen es notwendig, dass der Astrologe bei der Deutung immer auch das »natürliche« Horoskop im Hinterkopf hat. In diesem Horoskop steht *immer* Widder am Aszendenten, und alle anderen Zeichen fallen ihrer Reihenfolge nach in die zwölf Häuser, also Stier in das zweite, Zwillinge in das dritte und so weiter bis zu Fische im zwölften Haus. Das heißt, es besteht immer eine Wechselwirkung zwischen dem natürlichen und dem tatsächlichen Planetenherrscher eines Zeichens an einer Häuserspitze des Horoskops, und diese Wechselwirkung ist ein bedeutender Faktor für ein umfassenderes Verständnis der Zusammenhänge und Verflechtungen in einem Horoskop.

Auf diesen Punkt komme ich in Kapitel 3 ausführlich zurück. Hier möchte ich jetzt lediglich ein Beispiel anführen. Stellen wir uns vor, Steinbock stünde an der Spitze des vierten Hauses eines Radix. Dies ist das natürliche Haus von Krebs und seinem Herrscher, dem Mond. Beide Symbole, der Mond und der Krebs, werden das Wesen des vierten Hauses und seine Auswirkungen auf das Leben des Horoskopeigners immer mitprägen. Wenn wir also in diesem Fall das vierte Haus näher untersuchen, müssen wir Saturn in die Betrachtung einbeziehen, da er in Steinbock herrscht. Aber es ist mindestens ebenso wichtig, sich die Position des Mondes im Zeichen, Haus und Aspekt anzuschauen und das Verhältnis von Saturn (Geburtsherrscher des vierten Hauses) und Mond (natürlicher Herrscher) zu untersuchen, um zu einer tieferen Wahrnehmung der Auswirkungen des vierten Hauses im Fall des Horoskopeigners zu kommen. *Planeten haben immer eine stärkere Position (zum Positiven oder zum Negativen), wenn sie in ihrem natürlichen Haus stehen oder wenn die natürlichen oder auch die tatsächlichen Geburtsherrscher durch einen Hauptaspekt miteinander verbunden sind.* Für das oben genannte Beispiel bedeutet dies, dass es besonders günstig wäre, wenn sich mit Steinbock an der Spitze des vierten Hauses der Mond im Trigon zu Saturn befände. Hätten wir jedoch ein Quadrat von Saturn zum Mond, dann wären mit Sicherheit erhöhte Herausforderungen im Zusammenhang mit den Themen des vierten Hauses zu erwarten, seien dies Ereignisse, Menschen oder Umstände.

Die Aspekte

Die Aspekte zwischen den Planeten zeigen uns die »*Wege*« im Horoskop auf. Sie sind ein Symbol für die energetischen Verbindungen zwischen den Planeten. Bei den Aspekten selbst handelt es sich um Energiefelder, die durch ihre Geometrie bestimmt werden. Die Verbindungen, die wir »harmonische Aspekte« nennen (30°, 60°, 72° und 120°), erleichtern im Allgemeinen – wenn auch nicht immer – die Kombination von Planetenkräften. Die so genannten »Spannungsaspekte« (45°, 90°, 135°, 150° und 180°) legen uns häufig Stolpersteine in den Weg. Der intensivste Aspekt von allen, die Konjunktion (+/- 0° bis 8° zwischen den Planeten), ist sehr komplex. Man nennt ihn auch einen »variablen Aspekt« und meint damit, dass man die beteiligten Planetenkräfte und ihre verschiedenen Formen in den Zeichen wirklich gut analysiert haben muss, um mit Gewissheit sagen zu können, ob eine bestimmte Konjunktion harmonisch oder als Spannungsaspekt wirkt. Die Auswirkung von primären und sekundären Dispositoren spielt für dieses Verständnis eine entscheidende Rolle. Wie wir in Kapitel 3, 4 und 5 sehen werden, ist es nahezu unmöglich, die vollständigen Implikationen dieser geometrischen Beziehungen zu verstehen, ohne die Faktoren des Herrschersystems mit zu berücksichtigen.

Die Qualitäten – kardinal, fix und beweglich

Die drei Qualitäten definieren die Bewegung, den Rhythmus und die Gangart der Energiefelder der Zeichen. Die Auswirkung eines Planeten auf das Radix wird zu einem großen Maße von der Qualität seiner Stellung bestimmt. Zwar kann man nicht sagen, dass ein bestimmter Planet kardinal, fix oder beweglich wäre, aber einige Planeten können ihr Wesen besser in der einen oder anderen Qualität ausdrücken (siehe dazu die Zusammenfassung am Ende dieses Kapitels). Andere Planeten fühlen sich in zwei verschiedenen Qualitäten gleich wohl, und wieder andere wirken in allen dreien gleichermaßen. Jupiter ist von Natur aus expansiv und überschwänglich. Er fühlt sich daher in den beweglichen Zeichen der Erkundung und Bewegung viel mehr zu Hause als in den fixen Zeichen, wo feste Grenzen sein Bedürfnis nach Grenzenlosigkeit beschränken.

Vielleicht kann die Metapher eines Rades uns helfen, die Bedeutung der drei verschiedenen Qualitäten der Zeichenenergien besser zu verstehen.

Die kardinalen Zeichen (Widder, Krebs, Waage und Steinbock) symbolisieren den äußeren Rand des Rades, da dies der Bereich ist, der den Wagen auf der Straße des Lebens vorwärts bewegt.

Die fixen Zeichen (Stier, Löwe, Skorpion und Wassermann) stellen die Radnabe dar, denn sie halten die gesamte Struktur des Rades zusammen und geben ihm ein Kraftzentrum.

Die beweglichen Zeichen (Zwillinge, Jungfrau, Schütze und Fische) schließlich entsprechen den Radspeichen, die dem Rad Raum, Dimension und Ausdrucksmöglichkeit verleihen.

Die Elemente – Feuer, Erde, Luft und Wasser

Die Elemente beschreiben vier zusätzliche Hauptprinzipien der Manifestation. Sie sagen etwas über die Beschaffenheit, den Fokus und die primäre Ausdrucksform aus, die in dem essenziellen Wesen eines Zeichens verborgen liegt. Feuer sorgt für Vitalität und kreative Impulse, Erde für Stabilität und den Drang nach physischer Manifestation, Luft steuert Kommunikation und Intelligenz bei und Wasser stattet uns mit Feingefühl und einer Fähigkeit zur Versorgung aus. Jedes der Elemente bedingt und verändert die natürliche energetische Dynamik der Planeten. Das Resultat kann die potenzielle Kraft eines Planeten verstärken oder ihn auch in seiner Effektivität schwächen. Die versteckten Herrscher oder Dispositoren jedes Planeten in jedem beliebigen Element können jedoch eine solche ansonsten scheinbar starke Wirkung wieder aufheben bzw. die Planetenenergie harmonisieren.

Nehmen wir einmal an, dass die Sonne im Radix in Fische und der Mond in Stier steht; Venus und Merkur stehen auch in Fische, und wir geben diesem Menschen zusätzlich noch einen zarten Krebs-Aszendenten. Aber was ist denn das da für eine Energie, die rotglühend und pulsierend zum Vorschein kommt? Es ist Mars in Widder, hell und strahlend, der ganz für sich allein eine fabelhafte Zeit hat! Zwar liebt Mars selbst seine feurige, kardinale Stellung, aber was einem Planeten gefällt, muss dem dazugehörigen Menschen noch lange nicht gut tun. Was sagt denn unser sanfter Fische/Stier/Krebs-Freund dazu? Wir würden Mars in diesem Fall als eine sehr zerstörerische Kraft in einem ansonsten sehr freundlichen, fürsorglichen und empfänglichen Menschen erleben. Mir ist durchaus klar, dass viele Astrologielernende eher denken würden, dass ein von Natur aus eher passiver Fische/Stier/Krebs-Mensch Mars in Widder gut gebrauchen kann, um etwas mehr Schwung und Elan zu erhalten. Dies mag zwar zu einem gewissen Maße stimmen, aber Mars in Widder wird bei diesem ansonsten fügsamen Menschen seine lautstarke und kampflustige Seite auf Kosten des restlichen Horoskops ausleben. Das Element (Feuer, Erde, Wasser und Luft) einer Planetenstellung muss daher in vollem Umfang berücksichtigt werden, um das Ausmaß der Stärke oder Schwäche eines Planeten im Zeichen bestimmen zu können.

Die Geschlechter – männlich oder weiblich

Das Geschlecht eines Zeichens gibt Auskunft über seine Polarität. Feuer und Luft sind männliche Zeichen (Widder, Zwillinge, Löwe, Waage, Schütze und Wassermann). Wenn ein Planet in einem von diesen sechs Zeichen steht, dann wird seine nach außen gehende, sich durchsetzende und elektrische Seite betont. Wenn ein Planet in den sechs Erd- und Wasserzeichen steht (Stier, Krebs, Jungfrau, Skorpion, Steinbock und Fische), dann wird seine empfängliche und magnetische Ausdrucksform betont. Die Sonne fühlt sich beispielsweise eher in den männlichen Zeichen zu Hause, mit Ausnahme von Wassermann, wo ihre Strahlkraft sich zu sehr zerstreut. Wenn ein Wassermann jedoch lernt, seinen persönlichen, individuellen, kreativen Willen auf einen größeren sozialen Kontext auszurichten, dann blüht die Sonne auch hier richtig auf. Der Mond kann seine fürsorglichen und unterstützenden Qualitäten im Allgemeinen besser entfalten, wenn er in einem weiblichen Zeichen steht, mit Ausnahme von Skorpion. Steht er dort, dann zeigt dies die Notwendigkeit an, bestimmte Muster emotionalen Selbstausdrucks, die unserem Mitgefühl und dem richtigen Ausdruck unserer persönlichen Ressourcen im Wege stehen, loszulassen und sie zu verwandeln. Wenn jedoch die anfangs eher selbstsüchtige und besitzergreifende Dynamik des Skorpions einmal verwandelt worden ist, dann wird diese Mondstellung zu einem sehr mächtigen Werkzeug für Heilung und Fülle.

Übersicht über starke und schwache Stellungen der Planeten

Die Sonne: Das Naturell der Sonne ist am stärksten in den kardinalen und fixen Feuerzeichen (Widder und Löwe), am schwächsten im Wasser und den beweglichen Zeichen. Die Sonne in Steinbock ist stärker als in Stier oder Jungfrau, stärker in Schütze als in Zwillinge. Sie steht weder in Waage noch in Wassermann besonders stark. Sie strahlt am hellsten, wenn sie im ersten, fünften, neunten, zehnten oder elften Haus steht, und am wenigsten, wenn sie sich im dritten, vierten, sechsten, siebten, achten oder zwölften Haus befindet. Im zweiten Haus steht sie relativ neutral, aber eher gut als schlecht.

Der Mond: Der Mond steht am stärksten in dem weiblichen fixen Erdzeichen Stier und dem weiblichen kardinalen Wasserzeichen Krebs. Auch in Fische ist er sehr gut gestellt. Der Mond ist am schwächsten in allen männlichen Zeichen, besonders in Widder, Zwillinge, Löwe, Schütze und Wassermann. Auch in Steinbock geht es dem Mond nicht besonders gut, und in Skorpion gerät er wahrhaft auf den Prüfstand. In Jungfrau und Waage fühlt sich der Mond hingegen recht wohl, aber im Falle der Jungfrau nur, wenn die Arbeit auch wirtschaftliche Sicherheit und emotionale Befriedigung bietet, und im Falle der Waage nur, wenn die Beziehungsdynamik im Leben des Betreffenden erfüllend ist. Der Mond entfaltet sich am besten im zweiten und im vierten Haus, am schlechtesten im ersten und im zehnten, mittelmäßig bis gut im fünften, siebten, neunten und elften, und mittelmäßig bis schlecht im dritten und im sechsten Haus.

Merkur: Merkur steht am stärksten in seinen eigenen Zeichen Zwillinge und Jungfrau, aber er steht auch in Wassermann, Steinbock und Widder nicht schlecht. Merkur ist zwar sehr anpassungsfähig, kommt jedoch besser zum Ausdruck, wenn er in einem beweglichen oder kardinalen Zeichen steht, als wenn er sich in einem fixen Zeichen befindet. Er fühlt sich mit Ausnahme von Wasser in allen Elementen wohl. Merkur steht am schwächsten in Fische, Schütze, Stier, Krebs, Skorpion, Waage und Löwe. Er hält sich gern im ersten, dritten, fünften, sechsten, zehnten und elften Haus auf. Im zwölften, vierten, siebten und achten (in dieser Reihenfolge) ist er weniger stark gestellt; im zweiten Haus hingegen kann er sich je nach Zeichen recht gut entfalten.

Venus: Venus zeigt sich in Stier und Waage von ihrer besten Seite, lässt aber ihr Licht auch gern in Krebs und Fische leuchten. Mit guten Aspekten kann sie sich in Steinbock auf einer finanziellen Ebene sehr wohltuend auswirken, und in Löwe zeigt sie sich künstlerisch-expressiv. Ein Aufenthalt in Widder, Jungfrau und Skorpion, und zu einem geringeren Grad auch in Zwillinge, Wassermann und Schütze, tut ihr weniger gut. Venus fühlt sich eigentlich in allen Elementen außer in Feuer zu Hause und ist auch mit allen drei Qualitäten gut vereinbar. Sie liebt Auftritte im zweiten, vierten, fünften, siebten und zehnten Haus, und zuweilen ist sie auch gern im zwölften Haus, wo sie jedoch ihren Sinn für Struktur und Grenzen einbüßt. Wer sich allerdings auf einem spirituellen Lebensweg befindet, braucht unter Umständen genau diese Erfahrung! Auch in den anderen Häusern macht sich Venus recht gut, die oben genannten sind eben ihre Lieblingsorte.

Mars: Mars steht am stärksten in Widder, Skorpion, Steinbock und Löwe, und fühlt sich auch in Schütze recht wohl, wenn auch leicht unkonzentriert. In Stier, Waage, Krebs, Zwillinge, Wassermann und Fische zeigt er sich von seiner schwachen Seite, wohingegen ihm das Zeichen Jungfrau ganz gut behagt. Seine größte Noblesse und Aktivität entwickelt er in den Feuerzeichen. Wenn er in Skorpion Stellung bezieht, dann ist es wünschenswert, dass seine große Kraft durch die generelle Horoskopstimmung gemäßigt wird. Im Allgemeinen läuft Mars in Wasserzeichen oder in den beweglichen Zeichen nicht gerade zu Hochform auf. Er hat einen starken Einfluss, wenn er im ersten, fünften, achten, neunten und zehnten Haus steht. Im zweiten, dritten, vierten, sechsten, elften und zwölften Haus erfreut er sich nicht gerade größter Beliebtheit.

Jupiter: Jupiter verteilt seinen Segen, wo immer er sich im Horoskop befindet, aber natürlich mag er die Feuerzeichen (Schütze, Löwe und Widder in dieser Reihenfolge) sowie die Wasserzeichen Krebs und Fische am liebsten. Im Erdelement kann er sich zwar in Form von Großzügigkeit auswirken, aber trotzdem ist dies nicht sein Lieblingselement. Auch in Luft fühlt er sich leicht unwohl. Er ist in allen Häusern des Horoskops willkommen, seine größte Wirkung entfaltet er allerdings im zweiten, vierten, fünften, neunten und zwölften Haus.

Saturn: Saturn kann einen sehr wohltuenden Einfluss haben, wenn er in Steinbock, Waage, Wassermann oder Zwillinge steht. Weniger angenehm macht er sich in Krebs, Skorpion und Fische bemerkbar. Er liebt das Erdelement und fühlt sich demzufolge auch in Jungfrau wohl, etwas weniger in Stier. Feuer ist nicht gerade sein bevorzugtes Element, und so steht er in Schütze, Löwe und Widder auch nicht besonders stark. Er wird zum Prüfer für jedes Haus, in dem er steht. Und wer seine Prüfungen besteht, den beschenkt er mit großen Erfolgen. Wenn die Zeichenposition und die Aspekte gut sind, dann kann sich Saturn im zehnten, elften und siebten Haus ganz besonders stark und positiv entfalten.

Uranus: Uranus ist sehr kraftvoll und positiv gestellt in Wassermann, Zwillinge und Waage, fühlt sich aber auch in Schütze und Widder ganz wohl. Ihn in Löwe, Stier oder Krebs stehen zu haben, ist nicht ganz so einfach. In Skorpion macht er sich sehr gut, und auch in Fische kann er sich sehr wohltuend auswirken, wenn man einen spirituellen Lebensweg eingeschlagen hat. Uranus hat eine Vorliebe für das Luftelement, und entsprechend fühlt er sich auch im elften und dritten Haus am wohlsten. Im ersten und vierten Haus hat er die irritierendste Wirkung.

Neptun: Neptun hält sich am liebsten in Fische und in Krebs auf. Er inspiriert uns zur Kunst, kann aber auch Partnerschaften durcheinanderbringen, wenn er in Waage platziert ist, und fühlt sich am wenigsten wohl in Jungfrau, Widder, Stier, Skorpion (obwohl gerade letztere Position aus einer spirituellen Perspektive sehr positiv sein kann). Natürlich geht es dem Herrn der Meere im Wasserelement am besten und weniger gut in Feuer, Erde und Luft, in dieser Reihenfolge. Neptun fühlt sich im vierten, neunten und zwölften Haus zu Hause, das erste, zweite, siebte, achte und zehnte sind nicht gerade seine Lieblingsbereiche.

Pluto: Pluto bewegt sich so langsam, dass sein Einfluss in allen zwölf Zeichen für die moderne Astrologie noch zu untersuchen sein wird. Seiner Natur entsprechend ist er in Skorpion und Widder stark gestellt, und man sollte meinen, dass dies auch in Zwillinge und Schütze der Fall ist. Ich persönlich fand seinen Einfluss in Waage sehr hilfreich, weil er in diesem Zeichen für den Zusammenbruch vieler alter Beziehungsmuster gesorgt hat und so Platz für experimentellere Beziehungsformen geschaffen hat. Jungfrau scheint mir ein gutes Zeichen für diesen Planeten zu sein, da er hier Verfeinerung und Heilung fördert. Ich vermute, dass auch Wassermann eine ähnlich gute Platzierung ist, da Uranus, der Herrscher in Wassermann, in Plutos Zuhause Skorpion in Erhöhung steht. Pluto ist sicherlich nicht besonders stark gestellt in Stier, Krebs und Steinbock. Im Zeichen Löwe bringt er einige egozentrische, stark die Individualität fördernde Elemente hervor, und aus einer esoterischen Perspektive hat er in Fische seinen spirituellsten Platz, dort, wo der Pfad zur Erlösung des niederen Selbst sein Ende erreicht. Er hat in allen Häusern großen Einfluss, wirkt jedoch im ersten, achten und zehnten Haus am effektivsten. Im neunten und elften Haus hat er immerhin noch eine starke Wirkung. Im zweiten, siebten und zwölften Haus kann er für gehörige Unruhe sorgen, aber im Grunde gilt auch hier das Gleiche wie für all seine Stellungen: Ein Großteil der Wirkung hängt von der Bewusstseinsebene des Individuums ab.

Eine Anmerkung zu den Mondknoten und Chiron: Meine Erfahrung hat mir gezeigt, dass es für die Mondknoten keine günstige oder ungünstige, stärkere oder schwächere Position gibt, da es ihre Aufgabe ist, uns zu Erfahrungen zu verhelfen, die uns neue und positive Gelegenheiten zu persönlichem Wachstum geben (Nordknoten) oder uns dazu bringen, alte Gewohnheiten und Verhaltensmuster zu wiederholen (Südknoten), jeweils entsprechend ihrer Zeichenposition. Die einzige Position in den Häusern, die eine etwas größere Herausforderung als alle anderen darstellt, ist gegeben, wenn der Südknoten am Aszendenten oder am Medium Coeli liegt. Im ersten Fall muss sich der Horoskopeigner ständig den Lebensumständen und Lebenserfahrungen anpassen, die seinem grundsätzlichen Naturell völlig zuwider laufen – es sei denn Widersprüchlichkeit *ist* sein wahres Naturell! Der Nordknoten im siebten Haus sorgt dann aber auf jeden Fall für genügend hilfreiche Beziehungen, die einem das Leben erleichtern. Für den Fall, dass der Südknoten am MC liegt, muss der Horoskopeigner mit etwas größeren Schwierigkeiten rechnen, was den eigenen Lebensweg, die Karriere und den Beruf angeht. Aber auch hierbei kann der Nordknoten an der Spitze des vierten Hauses ein wertvolles Hilfsmittel sein. Er verlangt nämlich, dass der Betreffende einen tieferen Einblick in sich selbst wagt, und unterstützt ihn auch dabei, damit er eine tiefere Verbindung mit seinem Wesensnaturell und seinen persönlichen Ressourcen eingeht.

Was Chiron angeht, so empfehle ich dem Leser die Lektüre von Melanie Reinharts Buch *Chiron – Heiler und Botschafter des Kosmos*, erschienen bei Astrodata. Dies ist das maßgeblichste und detaillierteste Werk zum Thema, das bisher geschrieben wurde, und es hat mir bei meiner immer noch experimentellen Arbeit mit diesem jüngst entdeckten Himmelskörper als sprudelnde Quelle des Wissens gedient. Die Zeichen- und Hausposition Chirons gibt uns über eine Wunde in der Persönlichkeit Auskunft, die zu einer großen Quelle individueller Kraft werden kann, wenn wir sie zu heilen lernen.

KAPITEL ZWEI:

Definition der Planetendispositoren – Die Enthüllung der versteckten Herrscher im Horoskop

Das Wort »Dispositor« stammt von dem lateinischen Verb *disponere* ab, was so viel wie »verteilen« oder »anordnen« bedeutet, während *dispositus* »wohlgeordnet« heißt. In der Astrologie bezeichnet man mit *Dispositor* einen Planeten, in dessen Macht es liegt, die Energie eines anderen Planeten oder eines Hauses auf eine andere Stelle im Horoskop zu richten. Aufgrund dessen erhalten wir durch die Enthüllung der Struktur aller Dispositoren einen Überblick über die Anordnung der Planetenkräfte im Horoskop. Da es eine der Hauptaufgaben eines Astrologen ist, bei der Horoskopdeutung Klarheit im scheinbar chaotischen Durcheinander der Symbole und geometrischen Winkel zu schaffen, ist es unser wichtigstes Anliegen, die wirklichen Potenziale und Schwächen im Horoskop herauszufinden und diese dann ihrer Bedeutung nach zu ordnen.

Ein anderer Ausdruck, den man manchmal für Dispositor hört, ist »Herrscher«. Das ist jedoch nicht ganz richtig. Obwohl wir wissen, dass Zeichen von Planeten beherrscht werden, ist das Konzept und der Anwendungsbereich des Dispositorensystems im Horoskop doch viel umfangreicher als das einfache Herrscherprinzip. Das Zeichen Wassermann wird beispielsweise vom Planeten Uranus beherrscht. Wenn die Sonne in Wassermann steht, würde man als Astrologiestudent sagen, dass der Horoskopeigner ein Wassermann ist, der von Uranus beherrscht wird. Viele Astrologielernende würden an diesem Punkt innehalten und sich auf die Position der Sonne konzentrieren. Die Energie der Sonne wird jedoch von der Zeichen- und Hausstellung von Uranus *disponiert*. Obwohl sich also viele Tätigkeiten dieses Wassermanns durch die Position seiner Sonne beschreiben lassen, *ist es doch die Position von Uranus, die die Energie der Sonne vorantreibt und ihren Einsatz bestimmt*. Sehen wir uns doch einmal ein Horoskop einer Wassermann-Frau an, und schauen wir, wie das Dispositorensystem – in diesem Fall lediglich der Dispositor der Sonne – die Horoskopinterpretation beeinflusst.

Angela Davis ist eine prominente Persönlichkeit der Schwarzen Befreiungsbewegung Ende der 70er Jahre. Sie ist eine Frau mit

Beispielhoroskop 1: Angela Davis[3] – Horoskopabbildung
26. Januar 1944, Goodwater, AL, 12.30 h CWT

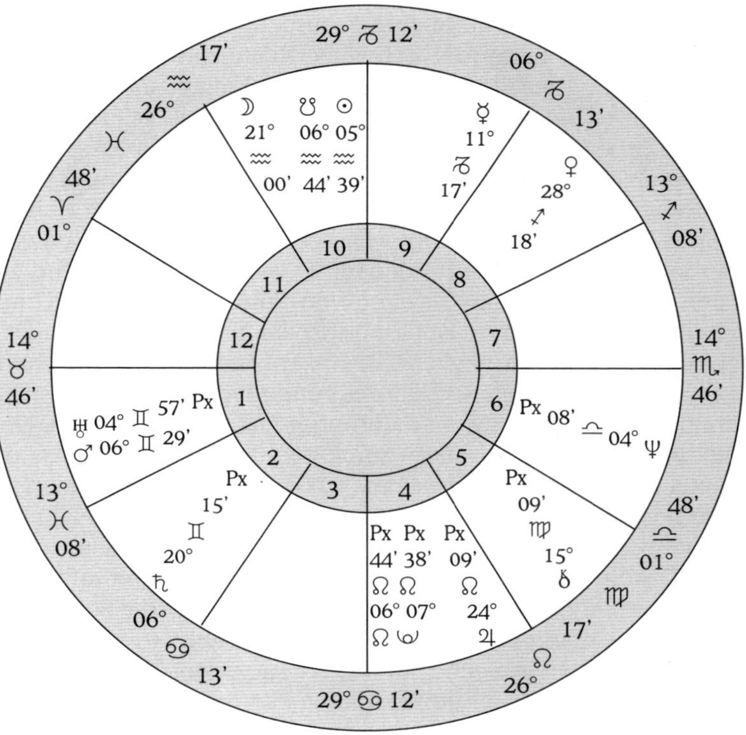

3 Datenquelle: Rodden, Lois M., Profiles of Women, The American Federation of Astrologers, 1979, S. 308.

außerordentlicher Bildung und hat sowohl in den Vereinigten Staaten als auch in Europa die Universität besucht. Sie studierte Marxismus und bekam eine Assistentenstelle in Los Angeles an der Universität von Kalifornien, nachdem sie einen akademischen Grad in Philosophie erworben hatte. Ihre politischen Aktivitäten rückten sie in die Nähe der Partei der Schwarzen Panter, und sie wurde im Zusammenhang mit dem Mord an einem Richter inhaftiert. Davis stand eine Zeit lang auf der FBI-Liste der zehn meist gesuchten Menschen, wurde jedoch nach langwierigen Gerichtsprozessen, an denen die Öffentlichkeit hohen Anteil nahm, von allen Anklagen freigesprochen. Ihre Sonne in Wassermann steht im zehnten Haus des sozialen Status und der Karriere. Dieses Haus verbinden wir eng damit, berühmt oder auch berüchtigt zu sein. Die Sonne wird zum Ersten von Uranus, zum Zweiten von Saturn beherrscht. Uranus steht im ersten Haus und ist Dispositor der Sonne. Das heißt, Davis verkörpert durch ihre tägliche Interaktion mit der Welt (Dynamik des ersten Hauses) den Radikalismus und revolutionären Geist ihrer Zehnthaus-Wassermannsonne und projiziert ihn nach außen. Diese Eigenschaften werden noch durch die Tatsache verstärkt, dass Uranus im Trigon zur Sonne steht, was es den beiden Planeten sehr erleichtert, einander Ausdruck zu verleihen. In diesem Fall haben wir eine positive Verbindung zwischen dem ersten und dem zehnten Haus: Das Sein von Angela Davis ist durch ein Trigon reibungslos mit ihrem Handeln verbunden. Wenn wir jetzt noch die Stellung von Mars (dem Kriegsgott) in Konjunktion zu Uranus (dem Repräsentanten für Revolution) und im Trigon zur Sonne (dem kreativen Lebensprinzip) mit einbeziehen, dann bekommen wir ein Verständnis für die Gewalt und die Turbulenzen sowohl in ihrem öffentlichen, politischen Leben als auch in ihrem Privatleben. Im Grunde besteht zwischen beidem kein Unterschied: Das Persönliche ist bei ihr gleichbedeutend mit dem Politischen und das Politische entspricht dem Persönlichen. Uranus ist sowohl der natürliche als auch der tatsächliche Herrscher des elften Hauses (die Öffentlichkeit, Gruppen und Organisationen) und disponiert die Energie dieses Hauses zusammen mit Mars (dem natürlichen Herrscher des ersten Hauses) in das erste Haus (projizierte Kontakte des Ego mit der unmittelbaren Umgebung). Sie wird also ganz automatisch zur Personifikation eines kollektiven Gruppenkampfes, eines Kampfes, den sie sowohl in Worte zu fassen (Mars und Uranus in Zwillinge) als auch durch ihre unmittelbaren Kontakte nach außen zu bringen vermag (erstes Haus).

Auch ihr philosophischer Hintergrund findet sich sehr klar im Horoskop wieder und wird vom Dispositorensystem betont. Wenn wir die Dispositorenkette verfolgen, *kommen wir an die Stelle, wo das Potenzial des Horoskops seinen Ursprung hat.* Bei genauer Verfolgung der Bewegung der planetarischen Energien sehen wir, dass Merkur die zugrunde liegende, stimulierende Planetenenergie ist. Die Sonne wird von Uranus beherrscht, der die solare Energie wiederum an das erste Haus abgibt. Herrscher der Zwillinge ist jedoch Merkur, der sowohl über den Fokus von Uranus als auch über den Weg der Energie von Mars *und* Saturn bestimmt. Herrscher über die Zwillingsplaneten ist Merkur in Steinbock im neunten Haus, dem Domizil der höheren Bildung, des Gesetzes und der Philosophie. Zur Entstehungszeit dieses Buches ist Davis denn auch wirklich Professorin für Politikwissenschaft und Philosphie.

Dieses Horoskop ist voll von zahlreichen Dispositorenverbindungen, die ein genaues Studium lohnen, und wir werden auch nochmals auf seine Deutung zurückkommen. Vorerst möchte ich Ihnen jedoch einen Überblick über alle Arten von Herrschern und Dispositoren geben, die wir im Radixhoroskop finden. Sie prägen die Struktur des Horoskopeigners, werden jedoch allzu häufig entweder völlig übersehen oder nicht genügend in Betracht gezogen.

Gegenseitige Rezeption von Planeten

Rezeption ist eine Facette des Dispositorensystems, die Planeten und/oder Häuser eng miteinander verknüpft. Planeten stehen zueinander in Rezeption, wenn sie im Zeichen des jeweils anderen stehen. Beispiele für Rezeption sind Mars in Wassermann und Uranus in Skorpion, Jupiter in Löwe und die Sonne in Schütze sowie der Mond in Jungfrau und Merkur in Krebs. Wenn zwei Planeten in dieser Art von Beziehung zueinander stehen, müssen wir sie als Paar betrachten. Sie arbeiten zusammen und verstärken oder behindern sich in ihrer Funktion. Natürlich hat jeder der beiden Planeten seine eigene Wirkung im Horoskop und muss individuell verstanden werden. Es ist jedoch wesentlich, dass der Astrologe auch die Wirkung der Energiekombination berücksichtigt, die beide zusammen erzielen. Nur so können alle Bedeutungsfacetten *beider* Planeten vollständig verstanden werden. Das Ganze wird durch zwei zusätzliche Faktoren, die zur Vollständigkeit bestimmt werden müssen, zwar noch etwas komplizierter, aber letztlich auch abgerundet. Zum einen muss der Astrologe herausfinden, welcher von beiden Planeten der stärkere ist. Zum anderen stellt sich die Frage nach der Verbindung von beiden durch einen der sechs Hauptaspekte (Konjunktion, Sextil, Quadrat, Trigon, Opposition und Quinkunx).

Bestimmung der relativen Stärke von Planeten in Rezeption

Die folgende Übersicht mag zwar vielleicht vielen Lesern geläufig sein, sie kann jedoch auch versierten Astrologen beim Aufspüren von Rezeptionen im Horoskop eine Hilfestellung leisten.

Ein Planet steht nicht in Rezeption, wenn er sich im Haus seiner eigenen Herrschaft befindet.[4] Wenn dies der Fall ist, disponiert der Planet seine Energie dorthin, wo er steht. Er kann jedoch im Zeichen seiner Erhöhung und dadurch in Rezeption stehen: Sonne in Widder und Mars in Löwe, zum Beispiel. Welches ist der stärkere Planet? Die Sonne in Widder. Obwohl Mars sehr kraftvoll in Löwe steht und sich dort sehr wohl fühlt, ist es nicht das Zeichen seiner Erhöhung, während die Sonne hier jedoch in ihrer Erhöhung steht. Durch die Stellung im Zeichen seines Exils oder seines Falls wird ein Planet geschwächt. Man erkennt schnell auf einen Blick, wann ein Planet im Zeichen seiner Erhöhung stark oder in seinem Exil bzw. seinem Fall schwach gestellt steht.

4 Ein Planetenpaar bildet hierzu die Ausnahme, und auch das bleibt vorläufig nur eine Mutmaßung: Pluto in Skorpion und Mars in Widder oder Mars in Skorpion und Pluto in Widder. Dafür müssen wir zuerst einmal akzeptieren, dass Pluto Mitherrscher in Widder ist – einige Astrologen sind dieser Auffassung, andere nicht. Ich gehöre zu den ersteren. Die ersten dieser unglaublich kraftvollen Rezeptionen ereigneten sich mit einiger Regelmäßigkeit zwischen dem Ende des Jahres 1983, als Pluto in Skorpion eintrat, und dem Ende des Jahres 1995, als er das Zeichen wieder verließ. Die »Verkörperungen« dieser Energie leben gesund und munter unter uns (einige davon mit viel destruktiver Wut im Bauch und alle mit einer enormen Willenskraft) und werden zweifellos zu einem bestimmten Zeitpunkt in der nahen Zukunft lautstark auf sich aufmerksam machen und zu einer Horoskopberatung in unsere astrologischen Praxen kommen! Eine weitere Reihe dieser Rezeptionen (mit Pluto in Widder und Mars in Skorpion) fand vor ungefähr 150 Jahren statt und wird sich erst im einundzwanzigsten Jahrhundert wiederholen.

Übersicht über die Planetenwürden

Planet	Domizil / Würde	Exil	Erhöhung	Fall
Sonne	Löwe	Wassermann	Widder	Waage
Mond	Krebs	Steinbock	Stier	Skorpion
Merkur	Zwillinge / Jungfrau	Schütze / Fische	Wassermann	Löwe
Venus	Stier / Waage	Skorpion / Widder	Fische	Jungfrau
Mars	Widder / Skorpion	Waage / Stier	Steinbock	Krebs
Jupiter	Schütze / Fische	Zwillinge / Jungfrau	Krebs	Steinbock
Saturn	Steinbock / Wassermann	Krebs / Löwe	Waage	Widder
Uranus	Wassermann	Löwe	Skorpion	Stier
Neptun	Fische	Jungfrau	Krebs	Steinbock
Pluto	Skorpion / Widder	Stier / Waage	Wassermann	Löwe

Venus in Löwe und die Sonne in Waage – wer ist der stärkere von beiden? Venus in Löwe. Die Sonne steht in Waage im Fall und Venus ist daher eindeutig stärker, d.h. ihr wahres Naturell kann sich in Löwe leichter entfalten als die solare Kraft im Zeichen der Waage. Venus in Fische und Neptun oder Jupiter in Waage? Venus in Fische, da dies der Ort ihrer Erhöhung ist und Luft kein starkes Element für den Ausdruck von Jupiter bzw. Neptun ist.

Es wird etwas komplizierter, wenn die Planeten in Rezeption beide im Zeichen ihres Exils stehen. Das passiert vor allem bei den »vertauschten Paaren«, im Vergleich zu ihrer natürlichen Abfolge im Tierkreis: Venus in Widder – Mars in Waage; Mars in Stier – Venus in Skorpion; Jupiter in Zwillinge – Merkur in Schütze; Saturn in Krebs – Mond in Steinbock usw. In diesem Fall muss man bestimmen, welcher der beiden Planeten schwächer steht, da es wichtig ist herauszufinden, welcher Planet den nachteiligeren Einfluss auf das Horoskop hat. Dazu muss man natürlich die Horoskopthematik bereits kennen.

m

Nehmen wir einmal an, wir untersuchen ein Horoskop mit einem Löwe-Aszendenten. Die Sonne spielt als Herrscher des Aszendenten eine bedeutende Rolle für den Horoskopeigner (siehe Kapitel 3). Wenn die Sonne in Wassermann stünde (also im Fall) und Uranus in Löwe (ebenfalls im Fall), wäre die Sonne stärker geschwächt und hätte damit den schwächenderen Einfluss von beiden auf das Gesamthoroskop. Wenn es sich um einen Horoskopeigner mit der Sonne in Stier und einem Waage-Aszendenten handelte und die Venus stünde in Skorpion und Mars in Stier, dann wäre Venus die stärker Benachteiligte, da sie sowohl über das solare Potenzial als auch über den Aszendenten herrscht und als Dispositor über beide verfügt. Diese Art von Planetenkombination ist nicht gerade hilfreich. Ich habe gehört, dass jeder der Planeten in einer solchen Konstellation die Stärke, die er im anderen Zeichen hätte, von dem anderen Planeten »borgen« können soll und die Planeten sich so ausgleichen können. Meiner Erfahrung nach funktioniert das nicht – es trifft einfach nicht zu. Menschen mit Venus in Widder und Mars in Waage verwechseln nun einmal Leidenschaft mit Liebe, Zuneigung mit Begierde, Freundschaft mit Verehrung. In ihrem Sozialverhalten und in allen Arten von Beziehungen fahren diese Menschen bei Rot und halten bei Grün, und ein warnendes Gelb wird gar nicht erst bemerkt. Umgänglicher und milder, mit einem besseren Blick für die gelbe Ampelphase ist man viel mehr, wenn Venus in Jungfrau und Mars in Steinbock stehen, oder umgekehrt.

Ein weiteres Beispiel für relative Stärke und Schwäche in der gegenseitigen Rezeption haben wir, wenn ein Planet in seiner Erhöhung steht und der andere in einem »neutralen« Zeichen: Jupiter in Krebs (Erhöhung) und der Mond in Schütze oder Fische. Hier ist der Mond zwar Herrscher in Krebs, aber Jupiter ist in diesem Zeichen erhöht, *und* er ist der Herrscher von Schütze bzw. der Mitherrscher von Fische. Der Einfluss von Jupiter würde in beiden Fällen also eindeutig vorherrschen.

Das oben Gesagte lässt wohl wenig Zweifel daran zu, dass sich in der Fähigkeit zur Synthese aller Horoskopteile die wahre Kunst des Astrologen ausdrückt. Und Synthese verlangt die Entwicklung einer inneren, mentalen Alchemie. Es ist primär ein merkurischer Prozess (Merkur in Zwillinge herrscht über die Analyse, aber in Jungfrau herrscht er über die Synthese), ein Prozess, der ein umfassendes Verständnis der Bedeutung eines jeden Elementes in einer »astrologischen Einheit« verlangt, sowie die Fähigkeit, diese Elemente miteinander in Beziehung setzen zu können. Aus diesem Grund ist es so immens wichtig, die astrologischen Schlüsselworte und -sätze zu kennen, die für jeden Anfänger unserer Wissenschaft zur Hauptlernaufgabe werden.[5] Wir können eine astrologische Einheit als aus drei Teilen bestehend betrachten: einen Planeten in einem Zeichen und in einem Haus. Wenn wir astrologische Einflüsse kombinieren, müssen zwei und oft mehr dieser Einheiten zur gleichen Zeit berücksichtigt werden. Die innere Alchemie der Synthese, von der ich spreche, wird durch die Entwicklung wahrer Intuition erschaffen. Diese erlaubt uns, mit den Energien und subtilen Strukturen und Mustern des Lebens durch die astrologische Symbolik in Kontakt zu treten. Die Fähigkeit der differenzierten Wahrnehmung ist eins der größten Geschenke, die Astrologie ihren ernsthaften Anhängern macht. Ohne sie kann man nicht wirklich Astrologe sein. Und wenn man diese Wahrnehmungsfähigkeit erst einmal hat, ist man mehr als ein Astrologe, dann ist man ein bewusstes, menschliches Wesen.

Die Auswirkung von Aspekten zwischen Planeten in Rezeption

Regel: Wenn zwei Planeten in Rezeption zueinander stehen und gleichzeitig durch einen der sechs Hauptaspekte (Konjunktion, Sextil, Trigon, Quadrat, Quinkunx und Opposition) miteinander verbunden sind, werden die Auswirkungen der Rezeption dadurch zum Positiven oder zum Negativen verstärkt, je nach der Art des Aspekts sowie der Planeten- und Zeichenkombination.

Nehmen wir einmal das Beispiel von Mars in Steinbock im Quadrat zu Saturn in Widder. Wir können sofort sagen, dass Mars der stärkere Einfluss von beiden ist, da er in Steinbock erhöht steht, während Saturn in Widder im Fall steht. In diesem Beispiel würde Mars für Antrieb und Ehrgeiz sorgen und dem Horoskopeigner gleichzeitig dabei helfen, die nötigen Strukturen für Erfolg im Leben aufzubauen. Saturn hingegen hätte die Neigung, dieses Unterfangen zu behindern, indem er das Ausmaß und die Effektivität des Erschaffenen aufgrund des Bedürfnisses des Betreffenden nach seinem eigenen Regelsystem begrenzt. Wenn Mars in Steinbock steht, haben wir definitiv die Fähigkeit, beim Erreichen langfristiger

5 Siehe Kapitel 7, Seite 183.

Ziele durchzuhalten. Er hilft uns auch dabei, für die materiellen Umstände und Ressourcen in unserer persönlichen Umgebung entsprechend unserer Bedürfnisse zu sorgen und diese auch zu verwalten. Saturn in Widder begrenzt den Nutzen solcher Talente jedoch auf ein Gebiet, das von unserem Bedürfnis der direkten Kontrolle über all unsere Handlungen definiert wird. Ein Quadrat zwischen diesen beiden Planeten betont also lediglich die natürliche Antipathie, die ohnehin schon den Energien dieser Rezeption zugrunde liegt. Ohne das Quadrat würden die beiden Planeten etwas unabhängiger voneinander agieren können. Das würde insbesondere dann verstärkt, wenn jeder der beiden in einem positiven Aspekt zu anderen Planeten im Horoskop stünde. Ein Quadrat zwischen Mars und Saturn verbindet beide Planeten jedoch in einer konstanten, intensiven Auseinandersetzung, gleichgültig, welche anderen mildernden und sogar positiven astrologischen Umstände ansonsten in dem Horoskop zu finden sind. In diesem Fall liegt der Drang danach, in den materiellen Bereichen des Lebens erfolgreich zu sein (Mars in Steinbock), ständig im Widerspruch mit einer selbst auferlegten Ordnung und einem Kontrollzwang (Saturn in Widder), die diese Form des Selbstausdrucks in der Welt begrenzen. Das ist ungefähr so, wie in einem Formel-1-Wagen mit angezogener Handbremse zu fahren und gleichzeitig zu versuchen, das Rennen von Monaco zu gewinnen.

Was wäre nun, wenn Mars in Steinbock im Trigon zu Saturn in Widder stünde? Das könnte dann der Fall sein, wenn Mars in den ersten Graden seines Zeichens stünde und Saturn in den letzten Graden (zum Beispiel Mars auf 2° Steinbock und Saturn auf 28° Widder – ein Winkel von 116°, der noch gut im Orbis für den 120°-Winkel des Trigons liegt). Obwohl der Konflikt zwischen den beiden Positionen – wie könnte es anders sein? – immer noch vorhanden wäre, hätte der Betreffende das Empfinden, dass das Leben rascher Lösungen für die Spannung der Planetenrezeption bereithält. Der Horoskopeigner könnte lernen, wie er geeignete Grenzen für seine Ziele und seine Erfolgsausrichtung setzen kann. Er würde Wege finden, seinen starken Drang nach Macht innerhalb seiner Handlungsreichweite an die vorhandenen Grenzen anzupassen und so das der Mars-Saturn-Position innewohnende Gefühl der Frustration zu minimieren.

Manche Rezeptionen sind von Natur aus eher weich, weil das Naturell der Planeten im Großen und Ganzen kompatibel ist. Das ist beispielsweise bei Sonne und Venus der Fall. Ein Halbquadrat zwischen der Sonne in Waage und Venus in Löwe ergäbe eine sehr künstlerische Neigung, obwohl die Sonne im Fall steht. Es ist also bei dieser Planetenkombination die Tendenz der waagebetonten Persönlichkeit vorhanden, ihre Liebespartner zu idealisieren und zuweilen die Partner und auch die Beziehung selbst in etwas zu verwandeln, das mehr an einen Traum erinnert als an die Realität. Aber selbst die herausfordernde Aspektverbindung in dieser Rezeption wäre kein Hinderungsgrund für Partnerschaften. Ganz im Gegenteil, sie würde für ein intensives und leidenschaftliches Liebesleben sorgen und sicherlich den Spaß daran verstärken, sich in intime Situationen zu begeben. Der Drang danach, sich auf eine idealisierte Sichtweise von Partnerschaft zu versteifen, könnte jedoch zu Schwierigkeiten führen.

Venus in Fische im Quinkunx zu Neptun in Waage bringt eine Menge Komplikationen mit sich, wenn man vor der Entscheidung steht, ob eine Beziehung eher als platonische bzw. spirituelle Beziehung oder als persönliche Partnerschaft geführt werden soll. Hier haben wir den unbedingten Drang, den Partner zu bewundern oder auch selbst das Objekt der Bewunderung zu sein – oder sogar beides. Im »Beziehungspäckchen« des Betreffenden finden wir mit hoher Wahrscheinlichkeit Themen wie Co-Abhängigkeit und das »Martyrium aus Liebe«. Aber bei dieser Rezeption lassen sich, selbst mit einem Quinkunx zwischen den beiden Planeten, künstlerische Sensibilität, der Wunsch, anderen zu dienen, Großzügigkeit und ein sehr freundliches Naturell keinesfalls verleugnen – ganz im Gegenteil, diese Eigenschaften werden gleichfalls verstärkt.

Kommen wir noch einmal auf Angela Davis' Horoskop auf Seite 35 zurück. Hier finden wir eine bedeutsame Rezeption zwischen Merkur und Saturn. Merkur steht auf 11° Steinbock im neunten Haus und Saturn auf 20° Zwillinge im zweiten. Wir analysieren zuerst die einzelnen astrologischen Einheiten und bringen diese Faktoren dann in eine Synthese, um ihre Bedeutung für Angela Davis' Leben zu erfahren.

Einheit 1: Merkur in Steinbock im neunten Haus

Diese Position führt einen Menschen zum Studium und der Erforschung (neuntes Haus) eines anerkannten philosophischen Glaubenssystems (Steinbock an der Spitze des neunten Hauses). Es besteht der Drang danach, die eigenen Kommunikationsfähigkeiten

(Merkur) mit der Struktur eines größeren intellektuellen Systems (neuntes Haus) zu verbinden.

Einheit 2: Saturn in Zwillinge im zweiten Haus
Das zweite Haus ist in diesem Horoskop stark betont, weil Stier (der natürliche Herrscher des zweiten Hauses) am Aszendenten steht.[6] Angela Davis neigt daher von Natur aus dazu, ihr eigenes Wertesystem (Stier) auf ihre Kontakte mit ihrer unmittelbaren Umgebung (Aszendent) zu projizieren. Saturn in Zwillinge bereitet dafür eine logische mentale Struktur, die dazu dient, diese Werte zu etablieren und zu kommunizieren (Zwillinge an der Spitze des zweiten Hauses), und die ihr eine Stellung verleiht, einen praktischen Sinn für Autorität (die Position Saturns).

Wenn wir die Einflüsse dieser beiden Einheiten durch Rezeption miteinander verbinden, dann sehen wir, dass die in höheren Bildungsinstituten gelernten Lektionen (neuntes Haus), insbesondere eine europäische Philosophie, die an einer ausländischen Universität erlernt wurde (ihr Studium des Marxismus an der Sorbonne in Paris), in ihre eigene Sphäre persönlicher Werte gebracht werden (Saturn als Herrscher des neunten Hauses und Dispositor von Merkur im zweiten Haus). Dieses Informations- und Glaubenssystem wird dann von Davis erweitert und in ihrer Position als Assistentin des Professors für Philosophie unterrichtet. Es erlangt kollektive Reichweite und setzt sie ins Rampenlicht der Medien, da Saturn und Uranus (beide von Merkur beherrscht) im Trigon zu ihrem Mond bzw. ihrer Sonne im zehnten Haus stehen. Saturn und Uranus sind wiederum die Herrscher ihrer Sonne und ihres Mondes in Wassermann.

Angela Davis' philosophischer Hintergrund ist aus ihrem Horoskop klar zu erkennen und wird durch die Dispositoren verstärkt. Wenn wir die Dispositoren- und Herrscherverkettung verfolgen, sehen wir, *in welcher Kraft der Ursprung des Horoskops liegt*. Nachdem wir jetzt die Verbindung der planetarischen Einheiten untersucht haben, verstehen wir, dass Merkur (mit der Unterstützung von Saturn) die dem Horoskop zugrunde liegende, stimulierende Hauptplanetenenergie ist. Obwohl die Sonne von Uranus beherrscht wird, der die solare Energie in das erste Haus disponiert, wird sie in das

6 Siehe Kapitel 3. Dort findet sich eine vollständige Beschreibung der zwölf Aszendenten und der Position ihres Zeichens und Herrschers.

neunte Haus zurückgezogen, da Merkur in Zwillinge herrscht. Merkur ist daher der Dispositor für die Energie von Uranus und steht auch für den von Mars und Saturn beschriebenen Weg, die ebenfalls von Zwillinge beherrscht werden.

Multiple Rezeption

Es passiert relativ häufig, dass aufgrund von Rezeption eine Verkettung im Horoskop entsteht, in der mehrere Dispositoren miteinander verwoben sind. Das geschieht dann, wenn die Herrscherverkettung drei oder mehr Planeten umfasst, die einander disponieren. Daraus entsteht eine wesentlich komplexere Verbindung, die viele Lebenssituationen und Persönlichkeitscharakteristika des Horoskopeigners betrifft. Im Horoskop von Angela Davis gibt es dafür einige eng miteinander verbundene Beispiele: Die Sonne in Wassermann wird von Saturn in Zwillinge disponiert, der wiederum von Merkur in Steinbock disponiert wird, dessen Herrscher wieder Saturn in Zwillinge ist. Der Mond steht auch in Wassermann und unterliegt dem gleichen Dispositorensystem (von Mond zu Saturn, von Saturn zu Merkur, von Merkur zurück zu Saturn). Saturn ist stärker als Uranus zu bewerten, dessen Dispositorenverkettung als Herrscher in Wassermann wir ebenfalls verfolgen können: Die Sonne und der Mond in Wassermann werden von Uranus disponiert, Uranus wiederum von Merkur und Merkur steht in Rezeption zu Saturn. Da Saturn der Herrscher des zehnten Hauses ist (Karriere und öffentlicher Status), wird seine Bedeutung ganz klar unterstrichen. Wir haben es hier mit einer Frau zu tun, die eindeutig ein sehr öffentliches Leben führt! Und so kommen wir wieder zu der Schlussfolgerung, dass die Beziehung zwischen Merkur und Saturn das Horoskop dominiert.

Nebenbei bemerkt lässt sich außerdem feststellen, dass ein Mensch (der gewöhnlich stark individualistisch ist) mit Uranus im ersten oder zehnten Haus dazu neigt, eine politische Form oder ein soziales Prinzip regelrecht persönlich zu verkörpern. Er wird zu einem symbolischen Archetypus der Sache, des Glaubens oder der sozialen Bewegung, in deren Dienst er sich stellt. Er wird zumindest dadurch hervorstechen, dass er sich selbst als seinen eigenen Archetypus darstellt. Die Message, die er zu übermitteln hat, lautet: »Nachdem die Götter mich erschaffen hatten, zerbrachen sie die Form!«

Der endgültige Dispositor

Als Astrologe versuchen wir nicht nur, die Stärke der einzelnen Planeten zu bestimmen, sondern auch, diese relativen Angaben in eine gewisse Reihenfolge zu bringen, wenn wir ein Horoskop deuten. Einer der wichtigsten Faktoren, denen wir dabei begegnen können, ist die Stellung und Bedeutung des endgültigen Dispositors. Die Zeichen- und Hausposition dieses Planeten ist ein Punkt von herausragender Bedeutung im Horoskop. Die zugrunde liegende Energie des entsprechenden Planeten *durchzieht* das gesamte Radix. Den endgültigen Dispositor findet man, indem man die Herrscherverkettung bis zum Ende, bis zum Ausgangspunkt zurückverfolgt. Die folgenden Regeln machen die Suche nach dem Enddispositor etwas einacher:

1. Wenn Planeten zueinander in Rezeption stehen, kann es keinen endgültigen Dispositor geben.
2. Der Enddispositor muss in seinem eigenen Zeichen stehen.

Wir wollen uns nun ein paar Horoskope anschauen, um den Enddispositor zu finden. Im Horoskop von Angela Davis können wir ganz offensichtlich nicht fündig werden, da kein Planet in seinem eigenen Zeichen steht und wir Planeten in Rezeption zueinander gefunden haben. In den zwei folgenden Beispielhoroskopen sieht es jedoch schon ganz anders aus.

Wenn wir mit der Sonne in Widder beginnen, können wir die Dispositorenkette folgendermaßen verfolgen: als erstes zu Mars in Stier als Herrscher von Widder und dann zu Venus (als Herrscherin in Stier) in Stier (Ende). Wie wir gleich sehen werden, ist dies (Venus als Dispositor in Stier) auch die »Endstation« für alle anderen Planeten: Neptun und Pluto in Zwillinge, Merkur (als Herrscher von Zwillinge) in Widder, Mars in Stier, Venus in Stier (Ende). Saturn in Löwe, Sonne (Herrscher von Löwe) in Widder, Mars in Stier, Venus in Stier (Ende). Uranus in Waage, Venus als Herrscherin von Waage in Stier, Venus in Stier (Ende). Mond in Skorpion, Pluto in Zwillinge, Merkur in Widder, Mars in Stier, Venus in Stier (Ende). Wenn wir den anderen Dispositor für Mond in Skorpion nehmen: Mars in Stier, Venus in Stier (Ende). Jupiter in Steinbock, Saturn (Herrscher von

Beispielhoroskop 2: Charlie Chaplin[7] – Horoskopabbildung
16. April 1889, London, England, 20.00 h GMT

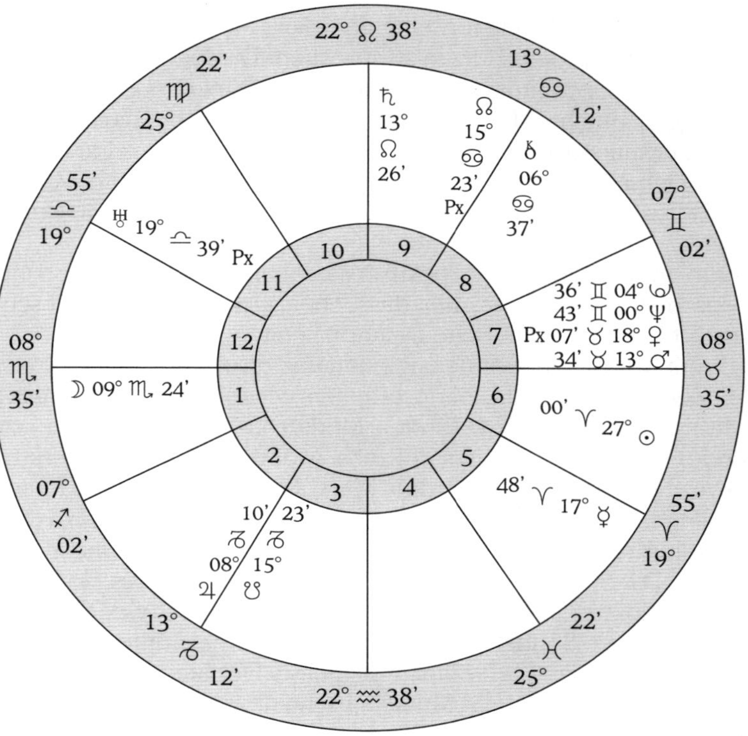

7 Datenquelle: Erlewine, Stephen, *The Circle Book of Charts*, Circle Books, 1972

Steinbock) in Löwe, Sonne in Widder, Mars in Stier, Venus in Stier (Ende).

Chaplin liebte die Frauen (Venus in Konjunktion zu Mars, dem Herrscher seiner Widder-Sonne), und er erlangte weltweit Bekanntheit und Wertschätzung für seine Fähigkeit, Millionen von Menschen in aller Welt aus dem Herzen zu sprechen. Die Eigenschaften seines endgültigen Dispositors weisen auch darauf hin, dass er es zu einem Vermögen brachte. Die berühmteste Figur, die er spielte und die ihm internationalen Ruhm brachte, war »Der Tramp«, eine traurige, meist heimatlose Figur, die unglaubliches Mitgefühl hatte. Venus ist die Herrscherin seines zwölften Hauses, dem »Heim der Heimatlosen«.

Am anderen Ende des Spektrums können wir das Horoskop eines Menschen untersuchen, der das Leben vieler anderer Menschen zerstört hat, der italienische Diktator Benito Mussolini.

Wenn wir mit der Sonne beginnen und die natürlichen Herrscher der Zeichen verfolgen, dann erhalten wir folgende Herrscherverkettung: Sonne in Löwe (Ende); Merkur in Löwe, Sonne in Löwe (Ende); Venus und Jupiter in Krebs, Mond in Zwillinge, Merkur in Löwe, Sonne in Löwe (Ende); Mars, Mond, Saturn und Pluto in Zwillinge, Merkur in Löwe, Sonne in Löwe (Ende); Neptun in Stier, Venus in Krebs, Mond in Zwillinge, Merkur in Löwe, Sonne in Löwe (Ende). Die Sonne in Löwe ist der Enddispositor dieses Horoskops.

Mussolini trat in die Fußstapfen eines anderen Löwe-Potentaten, Louis XIV, der Sonnenkönig. Die allgemein bekannte Philosophie seiner Majestät lautete: *»L'état, c'est moi!«* – Der Staat bin ich. Uranus im zehnten Haus verleiht Mussolini scheinbar das nötige Echo und die Unterstützung dafür, den Archetypus des Faschismus zu verkörpern. Diese Doktrin spielte eine herausragende philosophische Rolle dabei, ihn an die Macht zu bringen. Ihr Einfluss ist aus dem Horoskop ersichtlich, da die Sonne das zehnte Haus beherrscht (öffentlicher Status, Regierung und ihre führenden Politiker) und zusammen mit Jupiter im neunten Haus steht, dem natürlichen Herrscher dieses Hauses und dem Signifikator für Philosophie und Glaubenssysteme. Merkur, der sowohl Herrscher über das enorme Stellium in Zwillinge ist, in das auch der Mond eingebunden ist, als auch über Uranus in Jungfrau herrscht, steht ebenfalls in Löwe. Die Sonne in Löwe disponiert das gesamte Horoskop, genau so wie im wirklichen Leben die Persönlichkeit und Philosophie Mussolinis Italien total beherrschte, regierte und ruinierte.

Beispielhoroskop 3: Benito Mussolini[8] – Horoskopabbildung
29. Juli 1883, Varano die Costa, Italien, 13.08 h CET

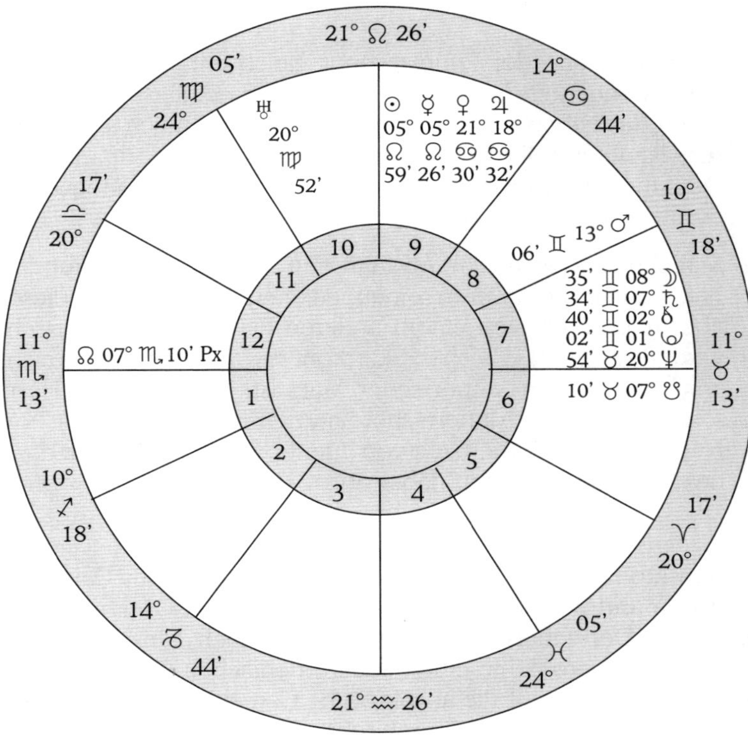

8 Datenquelle: Marion March, ihre persönliche Datenbank

Jetzt, wo es klar ist, wie der endgültige Dispositor gefunden werden kann, möchte ich Ihnen einige Regeln und Richtlinien an die Hand geben, um die Bedeutung dieses signifikanten und häufig verborgenen Geburtsherrschers zu entschlüsseln.

1. Wichtig! Wenn der Enddispositor gleichzeitig der Herrscher des Aszendenten ist, dann dominiert der Einfluss dieses Planeten das Leben des Betreffenden außerordentlich stark. Diesem Planeten sollten Sie insgesamt eine hohe Priorität bei der Deutung des Horoskops verleihen. Beispiel: Löwe-Aszendent, Sonne in Löwe und gleichzeitig der Enddispositor.
2. Manchmal ist es unklar, ob man den Enddispositor gefunden hat, wenn dieser zwar in seinem eigenen Zeichen steht, dieses aber auch noch von einem anderen Planeten mitbeherrscht wird. Beispiel: das Zeichen Skorpion, das von Pluto beherrscht wird und dessen Mitherrscher Mars ist; Wassermann, Herrscher Uranus und Mitherrscher Saturn; Fische, beherrscht von Neptun und mitbeherrscht von Jupiter. Schauen Sie sich dazu das folgende Horoskop näher an.

Gemeinsam mit Dane Rudhyar, Alan Leo und Charles Carter war Marc Edmund Jones einer der »Gründungsväter« der modernen Astrologie. Der zutiefst intellektuelle, aber auch ganz klar intuitiv begabte Jones erbrachte einen außerordentlichen und enorm umfangreichen Beitrag für die astrologische Gemeinschaft. Am bekanntesten ist sein Buch über die sabischen Symbole sowie seine Typisierung von Planetenmustern.

Wir wollen nun die oben genannte Methode auf sein Horoskop anwenden, um den Enddispositor zu finden: Sonne und Uranus in Waage, Venus in Skorpion, Mars in Schütze, Jupiter in Schütze (Ende). Mond und Saturn in Löwe, Sonne in Waage, Venus in Skorpion, Mars in Schütze, Jupiter in Schütze (Ende). Venus und Merkur in Skorpion, Mars in Schütze, Jupiter in Schütze (Ende). Neptun in Zwillinge, Merkur in Skorpion, Mars in Schütze, Jupiter in Schütze (Ende).

Bei der Position von Pluto ergibt sich die eben erwähnte Komplikation. Pluto in Zwillinge und Merkur in Skorpion. Das ist eine Rezeption und per definitionem schließt diese Rezeption die Möglich-

Beispielhoroskop 4: Marc Edmund Jones[9] – Horoskopabbildung
1. Oktober 1888, Saint Louis, MO, 8.37 h CST

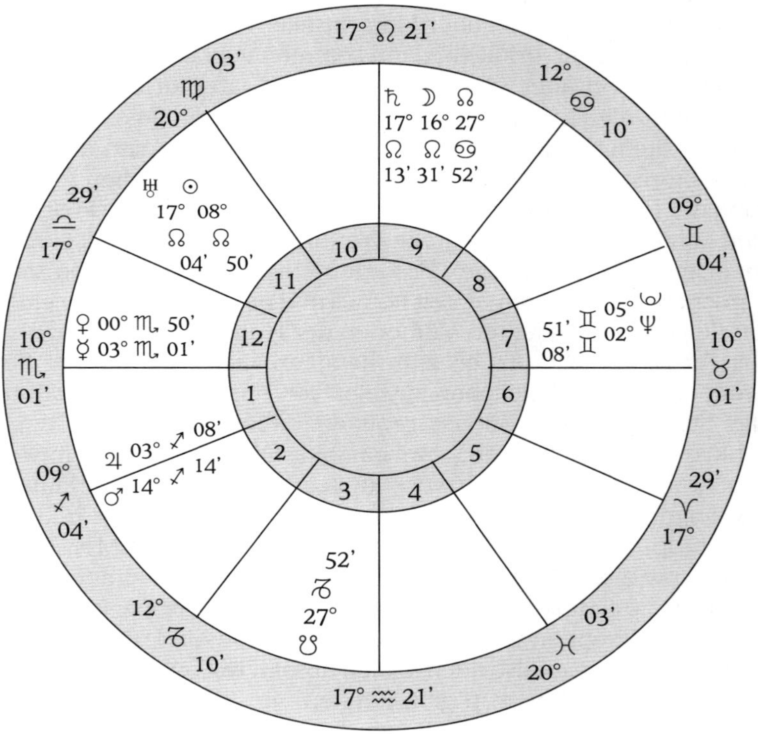

9 Datenquelle: Erlewine, Stephen, ebenda.

keit aus, einen *End*dispositor zu finden. Und das tut sie im Grunde auch hier. Wenn wir jede beliebige Dispositorenkette dieses Horoskops verfolgen, landen wir entweder bei Pluto in Zwillinge oder bei Mars in Schütze, die beide in Skorpion herrschen. Wenn wir die Planetenenergie jedoch über Mars anstelle von Pluto als Herrscher in Skorpion weiterverfolgen, dann kommen wir doch zu einem endgültigen (wenn auch in diesem Fall nicht »absolut endgültigen«) Dispositor, nämlich zu Jupiter in Schütze. Der Einfluss dieses Planeten sollte nicht unterschätzt werden. Jupiter dominiert durch die Dispositorenverknüpfung einen Großteil der energetischen Ausrichtung der Planeten in Marc Edmund Jones Leben. Er war Philosoph und Lehrer und hatte eine große Wirkung auf seine Umwelt (Jupiter im ersten Haus in Schütze). Er forderte die vorherrschenden astrologischen Konzepte seiner Zeit heraus und gab den Anstoß zu einem Umdenken und zu neuen Methoden der Horoskopinterpretation in der Astrologie, die uns bis zum heutigen Tage beeinflussen. Sein Werk und seine Worte leben in vielen von uns weiter, die wir durch das Studium seiner Bücher profitiert haben, mich selbst eingeschlossen, wofür ich sehr dankbar bin. Die letzten beiden Sätze beschreiben die Wirkung von Jupiter in Opposition zu Pluto in Zwillinge und Pluto im Trigon zur Sonne im elften Haus in Jones Horoskop. Auch sein Kampf für ein Umdenken der Menschheit (ebenso wie sein Bedürfnis, die Denkgewohnheiten anderer Menschen zu bestimmen – eine Eigenschaft seiner Persönlichkeit) wird durch die Rezeption von Pluto in Zwillinge und Merkur in Skorpion angezeigt. Wenn es also auch keinen absolut endgültigen Dispositor in M. E. Jones Horoskop gibt, können wir Jupiter in Schütze als einen möglichen Enddispositor in Erwägung ziehen und ihn gemeinsam mit Pluto und Merkur als beherrschende Planetenenergie betrachten.

3. Beziehen Sie Ihr Wissen um die Bedeutung eines Planeten in seinem eigenen Zeichen und in verschiedenen Hauspositionen mit ein, um den Enddispositor in Hinblick auf die Persönlichkeitsmerkmale und die Ausformung von Neigungen und Ereignissen im Leben eines Menschen zu deuten. Wenn Mars in Widder im zehnten Haus der Enddispositor des Horoskops ist, dann wissen Sie, dass der Betreffende, gleichgültig, was ansonsten noch im Horoskop steht, ein Kämpfer und ein Pionier

ist, der seinen »Lebensplan« durch die von ihm gewählte berufliche Laufbahn durchsetzen wird. Der Drang danach, persönliche Vorherrschaft auf dem gewählten oder selbst erschaffenen beruflichen Gebiet zu erzielen, ist sehr stark. Das Wichtigste, was man berücksichtigen sollte, ist, dass Mars als *endgültiger* Dispositor der *einzige* Planet in diesem Horoskop ist, der in seiner Hauptwürde steht. Kein anderer Planet kann sein Naturell so unverfälscht ausdrücken wie der Enddispositor. Beziehen Sie dieses Wissen über die Planeten in den Zeichen und Häusern mit ein und verleihen Sie dem endgültigen Dispositor das Gewicht, das er verdient.

Die folgenden Abschnitte sollen Ihnen dabei helfen, das Naturell eines Planeten zu beschreiben, wenn er der Enddispositor ist. Als solcher steht der Planet logischerweise in seinem eigenen Zeichen und demzufolge sehr stark. Da die Bedeutung der Planeten in den Zeichen schon mehrfach von vielen guten astrologischen Autoren beschrieben worden sind, besteht kein Anlass für mich, hier die grundlegenden Persönlichkeitsmerkmale und Neigungen der verschiedenen Planeten-Zeichen-Kombinationen zu wiederholen.[10] Im folgenden Teil möchte ich Ihnen jedoch ein *Thema* anbieten, einen zugrunde liegenden und *verbindenden roten Energiefaden*, den der Enddispositor einem Horoskop verleiht. Ebenso bedeutsam wie die konditionierenden Persönlichkeitsmerkmale des betreffenden Planeten ist das *Gewicht*, das dem Enddispositor bei der Horoskopdeutung zugestanden werden muss. Es handelt sich dabei um einen Haupteinfluss, dessen Auswirkungen sich durch alle anderen Aktivitäten des Horoskopeigner hindurchziehen, d.h. durch den energetischen Ausdruck aller anderen Planten in Bezug auf das menschliche Verhalten.

10 Bei diesem Wissen handelt es sich um astrologisches Basiswissen. Astrologielernende, die dieses Wissen vertiefen möchten, verweise ich auf die entsprechende Rubrik in der Liste der Literaturempfehlungen am Ende dieses Buches, um hilfreiche Texte und Nachschlagewerke zu finden, die sich mit der Wirkung von Planeten in ihren eigen Zeichen oder den Zeichen ihrer »Würde« beschäftigen.

Die Planeten als endgültige Dispositoren im Radix

Sonne in Löwe: Das Gefühl für das eigene Selbst ist übersteigert. In einer höher entwickelten Persönlichkeit führt dies zu erhöhter Kreativität und unterstreicht eine starke Motivation, zum direkten Wohlergehen der eigenen unmittelbaren Umgebung beizutragen. Wenn die Sonne von anderen Planeten gut aspektiert wird, ist es um Gesundheit und Vitalität sehr gut bestellt und man hat das beständige Bedürfnis, sich ein eigenes Universum zu erschaffen. Bei einer spirituellen Ausrichtung wird der Betreffende danach streben, dass dieses Universum einem positiven, kollektiven Zweck dient. Wenn die Sonne weniger gut aspektiert ist (insbesondere von Saturn oder Neptun), ist die Vitalität gering und die Gesundheit unter Umständen schwach. Der Drang nach Beachtung und die Fähigkeit, dieses Bedürfnis in einem dynamischen, kreativen Sinne zu befriedigen, befinden sich dann nicht im Einklang miteinander, und daraus entsteht Frustration. In einem egozentrischen und weniger spirituell orientierten Menschen wird das Leben auf den Umkreis der Herrschaft seines Ego reduziert. Alles, was nicht unmittelbar beherrscht oder von dem Eigensinn des betreffenden Menschen gelenkt werden kann, existiert entweder gar nicht für ihn oder wird als unwichtig abgewertet. *»Wenn du nicht ich bist, dann bist du niemand!«*

Mond in Krebs: Die Instinktnatur ist besonders stark ausgeprägt und wird sehr vom eigenen Familienerbe bestimmt, einem Faktor, den ich gern das »biologische Karma« nenne. Es besteht ein Bedürfnis nach persönlicher Sicherheit, das sich nach außen ausdehnt, um auch alle anderen Individuen mit einzubeziehen, die man dann in sein eigenes Leben »adoptiert«. Dieser Adoptionsvorgang läuft kontinuierlich ab und umfasst neben anderen Menschen auch Emotionen, Gegenstände und »Empfindungs- sowie Erinnerungseinheiten«. Wie der sprichwörtliche Elefant vergisst ein Mond in Krebs »niemals« (aber er *weiß* es nicht unbedingt bewusst, dass er sich erinnert!). Als Enddispositor agiert der Mond in Krebs als ein synthetisierender Erinnerungsschwamm, der alle Lebenserfahrungen durch das verwobene Netz planetarischer Aktivitäten aufsaugt. Man sollte dabei bedenken, dass diese Aufnahme durch das Sieb der psychologischen Muster und Konditionierungen aus der frühen Kindheit geschieht. Aus diesem Grund ist bei dem Ganzen ein extrem persönlicher Filter am Werk. Je subjektiver der Mensch auf einer psychologischen Ebene ist und je unbewusster er an seinem biologischen Karma haftet, umso egozentrischer ist auch der Vorgang des Filterns.

Merkur in Zwillinge: Das primäre Lebensbedürfnis ist es, Erfahrung zu sammeln. Das geschieht durch einen nichtendenwollenden Drang, vielfältigsten Aktivitäten und Ansichten nachzugehen. Der Betreffende sammelt ständig Informationen, gewöhnlich aus Erlebnissen aus erster Hand und eigener Bemühung, aber *die Bedeutung und die Wichtigkeit* dieser Informationen sowie ihre kreative Anwendung hängen völlig von dem geistigen Entwicklungsniveau des Menschen und seiner Lebensausrichtung ab. Erfahrungen zu machen ist nicht das Gleiche wie zu wissen, was diese Erfahrungen im Hinblick auf die größeren Themen und Prinzipien des Lebens bedeuten. Wenn Merkur gut in den Häusern positioniert und angenehm aspektiert ist, dann ist dieser ständige Informations- und Datenfluss sowohl für den Horoskopeigner selbst als auch für andere extrem hilfreich. Wenn andere Faktoren dies noch verstärken, wie z.B. das Maß an persönlicher Hingabe oder der Drang und die Fähigkeit, zum kollektiven Wohlergehen der Menschheit beizutragen, dann bietet Merkur in Zwillinge als Enddispositor enorme Vorteile, was die kommunikativen und sozialen Fähigkeiten angeht. Wenn er jedoch weniger gut gestellt ist (insbesondere, wenn er in verschiedene Quadrate und/oder Oppositionen mit anderen Planeten in beweglichen Zeichen eingebunden ist), dann kann Verwirrung vorherrschen, da zu viele Informationen hinein und wieder hinaus gehen, ohne dass sie mithilfe intellektueller Strukturen hinlänglich differenziert werden.

Merkur in Jungfrau: Viele der oben genannten Aussagen treffen auch auf diese Merkurposition zu, jedoch mit einigen wichtigen Unterschieden. In Jungfrau haben wir den Auftrag, Ideen und Informationen auf eine praktische und materielle Art und Weise zu verwenden. Die einfachste Ausdrucksform dafür wäre in etwa folgende: »Ich muss mit all diesen Informationen Geld verdienen.« Merkur in Jungfrau hat immer noch etwas sehr Persönliches. Das Individuum muss mit seinen Talenten und Fähigkeiten etwas Persönliches vollbringen. Vergleichen Sie das beispielsweise einmal mit Merkur in Wassermann, wo die Informationen über das Internet gehen können und es nicht weiter darauf ankommt, wer die Informationen eingegeben hat oder woher sie kommen, solange sie ihre Zielgruppe erreichen. Ein Mensch mit Merkur in Jungfrau muss seine eigene Art Dinge anzugehen erfinden und vermarkten, und das

Erfolgsgefühl muss sich auf die ein oder andere Art auch sichtbar materialisieren. Mit diesem Merkur als endgültigen Dispositor konzentriert sich das Leben definitiv auf die praktischen Aspekte (gleichgültig, wie spirituell der Betreffende sein mag), und man hat eine Neigung, viele Techniken, Methoden und Prozesse zu erlernen, sowie Hilfsmittel anzusammeln, die den Erfolg im Leben oder das Überleben garantieren.

Venus in Stier: Das Leben bei jedem, der Venus als Enddispositor hat, wird von dem Bedürfnis nach Partnerschaft bestimmt, gleichgültig, was sein Sonnenzeichen ist. Denken Sie an einen Menschen, der die Sonne und den Aszendenten in Widder stehen hat (und denken Sie schnell!) mit dem Mond in Schütze und Venus als Enddispositor in Stier. Für Venus ist das ganz wunderbar, aber es stellt eine große Herausforderung für diesen temperamentvollen, unabhängigen Menschen dar, der sehr viel individuellen Handlungs- und Bewegungsspielraum braucht. Der Drang nach sinnlichem Erleben und das Bedürfnis nach Besitz (sowohl von Dingen als auch von Menschen) ist auf jeden Fall eines der grundlegenden Lebensthemen. Die feurige, expansive Natur der Sonne, des Mondes und des Aszendenten treiben den Betreffenden jedoch wiederum von dem fort, was er anzuziehen und zu *halten* versucht. Venus in Stier als Enddispositor bringt Magnetismus, also große Anziehungskraft in das Leben des Horoskopeigners. Die Prüfung wird jedoch darin bestehen, wie man es schafft, den wirklichen Wert in den vielen Geschenken des Lebens zu entdecken. Ein altes astrologisches Sprichwort lautet: »Ein Kind der Venus entbehrt nichts.« Aber das, was uns gegeben wird, ist nicht unbedingt immer das, was wir brauchen, und die Dinge, an denen wir festhalten, sind nicht unbedingt die, die wir wirklich behalten sollten. In einem Geburtshoroskop mit Venus in Stier kommen immer Themen zum Vorschein, die von der Verfeinerung der eigenen Wünsche und einem Unterscheidungsvermögen in Bezug auf die persönliche, sinnliche und ästhetische Lebensorientierung handeln.

Venus in Waage: Die Vorteile von Venus in Waage als Enddispositor wiegen häufig die Herausforderungen auf. Diese Venus beschenkt uns mit der Gunst und guten Gelegenheiten durch Kontakte, was es uns ermöglicht, unsere Liebe und unsere persönlichen Ressourcen mit anderen zu teilen. Selbst wenn unser Beziehungsleben nicht ganz einfach ist – und das ist ja meistens der Fall –, haben wir mit Venus als Grundstimmung des Horoskops eine gute Gelegenheit, etwas über ausgewogenes Geben und Teilen zu lernen. Ihre Hausplatzierung und ihre Aspektierung mögen vielleicht nicht immer harmonisch sein, aber selbst mit einer nicht hundertprozentig perfekten Venus hält das Horoskop noch viele Versprechungen und Freuden für uns bereit. Wenn Venus in Waage der Enddispositor ist, dann bilden Beziehungen den Lebensschwerpunkt und das Medium für den Ausdruck aller anderen kreativen Impulse im Horoskop. Der ganz persönliche Lebensfaden wird sich darum drehen, die anderen Planeteneinflüsse dergestalt auszubalancieren und in Harmonie zu bringen, dass der Betreffende seine Ziele in Partnerschaften erreicht. Die Hausposition von Venus gibt Auskunft darüber, wo diese partnerschaftliche Ausrichtung ihren Schwerpunkt hat.

Mars in Widder: Ein Leben, das von Mars in Widder bestimmt wird, ist ein Leben, das nach Dominanz sucht. Das Haus, in dem wir Mars in seinem eigenen Zeichen finden, ist das Gebiet, wo der Drang danach, zu gewinnen, etwas zu erreichen und alle Hindernisse für das persönliche Streben auszuräumen, zu sehen ist. Gleichgültig, was bei der Horoskopinterpretation ansonsten zum Vorschein kommen mag, das Domizil von Mars in Widder fungiert als Handlungsbasis – als Hauptquartier – für die Aktivitäten des betreffenden Menschen. Mars in Widder im zwölften Haus weist z.B. auf eine Person hin, die versuchen wird, die Kämpfe des Lebens durch einen unsichtbaren Handstreich zu gewinnen. Es spielt keine Rolle, wie freundlich, sanft, mitfühlend oder verständnisvoll alle anderen Horoskopfaktoren sind. Wenn Mars in Widder der Enddispositor ist, dann befindet sich der Horoskopeigner in einem ständigen inneren Dialog, der da lautet: »Ich gewinne, du verlierst – es sei denn, du bist auf meiner Seite. Dann kämpfe ich für uns beide.« Von allen Planten-/Zeichen-Kombinationen in der Astrologie ist Mars in Widder am einfachsten zu verstehen; diese Energie ist am unkompliziertesten und drückt sich sehr direkt aus. Wenn ein Mars in Widder geradewegs auf Sie zu hält, sollten Sie zusehen, dass Sie schleunigst Platz machen!

Jupiter in Schütze: Die Hauptausrichtung der Persönlichkeit wird von dem Drang bestimmt, zu verstehen und das Verstandene zu vermitteln. Die Hausposition von Jupiter gibt Hinweise auf das Gebiet des Hauptinteresses für die Entwicklung und Wissenserweiterung. Wie ich bereits im einleitenden Absatz dieses Kapitels erwähnte, verleihen wir dem Planeten, der als Enddispositor in seiner

Würde steht, erhöhtes Gewicht. Jupiter in Schütze sorgt *immer* für den Drang, das eigene Bewusstsein durch Reisen und höhere Bildung zu erweitern. Wenn er jedoch gleichzeitig der Enddispositor des Horoskops ist, dann sollte diese Position nicht lediglich als ein wichtiger Faktor unter vielen interpretiert werden – es ist in diesem Fall der astrologische Faktor, der das Leben des betreffenden Menschen dominieren wird. Hinter Jupiter in Schütze verbirgt sich fast immer ein Mensch, dessen Lebensmittelpunkt die Suche nach einer tiefen Verbindung zu einer bestimmten Religion oder Philosophie bildet (oder, wenn er sie gefunden hat, ihre Vermittlung). Dabei begegnet er ständigen Herausforderungen, wenn Jupiter schlechte Aspekte von Uranus empfängt (im Falle eines Quadrats oder einer Opposition wird Uranus fast immer ebenfalls in einem beweglichen Zeichen stehen). Die Ergebnisse dieser Kombination führen den Betreffenden dann fort von etablierten Glaubenssystemen zu einem Glauben, der entweder einen gewissen »Kultstatus« hat, oder zur Erschaffung eines ganz eigenen Glaubens. Und dieser Glauben kann durchaus etwas atheistischer oder philosophischer als theistisch oder spirituell sein. Saturn im Konflikt zu Jupiter in dieser Position bringt Schwierigkeiten und Spannung aus bestehenden Bildungssystemen oder religiösen Kontexten mit sich, besonders, wenn er vom Vater verkörpert wird oder von einem frühen Umfeld, das von orthodoxen und fundamentalistischen Dogmen bestimmt wurde. Diese Position Jupiters als Enddispositor gibt es nur alle zwölf Jahre. Jupiter war 1995 zuletzt in Schütze, konnte in diesem Jahr jedoch in keinem Geburtshoroskop Enddispositor sein, da gleichzeitig Neptun in Steinbock und Saturn in Fische in Rezeption standen. 1983 war das letzte Jahr, in dem Jupiter in Schütze die Chance hatte, Enddispositor in einem Geburtshoroskop zu werden.

Saturn in Steinbock: Das Erreichen von persönlicher Autorität und Herrschaft in dem Lebensgebiet, welches durch die Hausposition Saturns anzeigt wird, bildet das Herz des Horoskops. Alle anderen Planetenenergien richten sich auf dieses Ziel aus. Konflikte und Herausforderungen im Fluss der Planetenkräfte (symbolisiert durch entsprechende Aspekte), die den Weg und die Rückbindung zu Saturn erschweren oder verhindern, werden von dem Betreffenden als Begrenzungen und Restriktionen bei der persönlichen Zielverfolgung wahrgenommen. Das Horoskop erhält eine besondere Stärke, wenn Saturn in Steinbock als Enddispositor im Trigon zu Mars oder der Sonne in Jungfrau steht oder auch im Sextil zu einem dieser beiden Planeten in Skorpion. Eine große Schwäche hingegen ergibt sich, wenn Mars oder die Sonne in Widder, Waage oder Krebs und somit im Quadrat oder in Opposition zu Saturn in Steinbock stehen. Je mehr der oben genannten positiven Verstärkungen man findet, desto mehr werden die Vitalität und kreative Impulse unterstützt, während Spannungen den Fluss der Vitalität abschneiden und kreatives Schaffen lähmen. Saturn in Steinbock als Enddispositor kann nur alle 29 Jahre für die Dauer von rund 30 Monaten auftreten. Zuletzt stand er 1988 – 1990 in seinem eigenen Zeichen, aber auch Pluto stand in seinem Zeichen Skorpion. Somit konnte Saturn kein Enddispositor sein. Dies war zuletzt für Geburten von März 1960 bis Anfang Januar 1962 möglich.

Uranus in Wassermann: Wenn Uranus als Enddispositor das Horoskop beherrscht, ist der Ruf danach, einen intensiven Schwerpunkt individuellen Selbstausdrucks zu schaffen, sehr stark. Wir müssen aber dennoch die Gruppendynamik betrachten, die mit Sicherheit am Werk sein wird, wenn jemand mit Uranus in Wassermann als Enddispositor geboren wird. Es ist dabei hochbedeutsam, dass Menschen mit dieser Planeten-Zeichen-Kombination sehr stark damit beschäftigt sind, die kollektiven Konzepte und Orientierungen ihrer eigenen Generation herauszugreifen und individuell auszudrücken. Diejenigen mit Uranus in Wassermann als Enddispositor, bei denen es sich aus einer evolutionären Sicht um weit entwickelte Menschen handelt, ragen aus der Masse als Beispiele für die Bestrebungen und Beiträge ihrer Generation heraus. Bitte vergessen Sie nicht, dass es einen großen Unterschied ausmacht, ob ein Mensch einfach nur mit Uranus in Wassermann geboren wurde oder ob dieser Planet der endgültige Dispositor seines Horoskops ist. Menschen der ersteren Kategorie werden stark von den kollektiven, kreativen und sozialen Ausrichtungen ihrer Generation beeinflusst. Das drückt sich sicherlich in einer Neigung aus, mehr und mehr durch Computertechnologie und der fortschreitenden Präsenz des Internets vernetzt zu sein, mit allen Auswirkungen, die das auf unser Leben hat. Diejenigen Menschen eines fortgeschrittenen Bewusstseins mit Uranus in Wassermann als Enddispositor dienen jedoch als Innovatoren und Archetypen für das kollektive Bewusstsein dieser immensen Anzahl von »neuen Menschen«. Uranus steht nur alle 84 Jahre für einen Zeitraum von ungefähr sieben Jahren in Wassermann. Obwohl Uranus zuletzt schon im April 1995 in den Wassermann lief, konnte er erst im Februar

1997 zum Enddispositor eines Radix werden. Uranus bleibt jetzt bis zum Ende des Jahres 2003 in Wassermann, und seine Position erlaubt es, dass er in verschiedensten Zeitabschnitten dieser Siebenjahresperiode zum Enddispositor werden kann.

Neptun in Fische: Die Möglichkeit, dass diese Planeten-Zeichen-Kombination den Enddispositor eines Horoskops bildet, kommt nur alle 163 Jahre für eine Dauer von circa 14 Jahren vor. Im Jahre 2011 wird dies das nächste Mal geschehen. Also bleiben Sie auf Empfang – es wird einige medial unglaublich begabte Menschen und Gurus und eine Flut von total abgedrehten astralen Mitschwimmern geben!

Pluto in Skorpion: Die Häufigkeit dieser Kombination beläuft sich auf einen Zeitraum von etwa 12 Jahren alle 249 Jahre. In der jetzigen Generation junger Menschen, die zwischen Ende 1983 und Ende 1995 geboren wurde, findet sich eine ganze Reihe von Menschen, bei denen Pluto den Enddispositor des Horoskops bildet. Die Auswirkungen dieser Konstellation sind sehr intensiv! Die gesamte Generation hat einen mächtigen und zerstörerischen Fokus ihrer Willenskraft. Zerstörung und Wille sind natürliche Lebenskräfte und können höchst effektive Mittel für die kollektive Evolution der Menschheit sein. Die Frage lautet nur: Was ist die *Ausrichtung und Absicht* dieser Triebkräfte? Wenn sie lediglich dazu benutzt werden, die niedere Natur des Skorpions zu befriedigen, sind Gewalt, sexueller Missbrauch, nicht korrektes Verhalten in finanziellen Belangen und Selbstsucht der untersten Kategorie die definitiven Ergebnisse. Wenn sie jedoch auf förderlich evolutionäre Ziele ausgerichtet werden, dann sind der rechte Umgang und die Bewahrung von Energie auf allen Ebenen die unmittelbare Folge. Begabte und spirituell entwickelte Menschen mit Pluto in Skorpion als Enddispositor werden den Einsatz unserer kollektiven Ressourcen transformieren, sowohl die Nutzung der finanziellen als auch der natürlichen Energiereserven. Sie werden neue Wege finden (und erzwingen), wie wir den Reichtum unseres Planeten auf die richtige Art und Weise in Umlauf bringen. Ihre weniger entwickelten, egozentrischeren und mehr an persönlichen Wünschen orientierten Brüder und Schwestern werden sie mit all der ihnen zur Verfügung stehenden selbstsüchtigen Willenskraft bekämpfen. Es ist meine tiefe Hoffnung, dass die spirituell begabte und die Dinge leichter angehende darauffolgende Generation, die in den Jahren von 1996 bis 2002 geboren wurde (mit Uranus in Wassermann und Pluto in Schütze), diesen Auseinandersetzungen mit ihrer Führung, Unterstützung und Integrationskraft helfend zur Seite stehen wird. Die Generation der mit Pluto in Skorpion Geborenen findet auch große Unterstützung und Hilfe bei der Gruppe der in den 70er Jahren Geborenen, von denen viele begabte Visionäre und humanitär orientierte Menschen sind. Diese Gruppe hat Pluto und Uranus in Waage und Neptun in Schütze.

Kapitel Drei

Häuserdispositoren und Planetenherrscher – Ein Überblick

Wenn wir uns die Dynamik der Planetenherrscher näher anschauen, dann suchen wir im Grunde nach den *Energieverbindungen*, die aus einem Verständnis der relativen Stärke bzw. Schwäche eines Planeten entstehen. Wenn wir in die Häuserverknüpfungen eines Horoskops eintauchen, dann suchen wir nach den *Lebensgebieten*, in denen die Planetenkräfte die Charakterstruktur des Horoskopeigners unterstützen oder unterminieren. Das Ziel dieses Kapitels ist es, die Regeln für die astrologische Deutung zu definieren, die es uns erlauben, eine richtige Einschätzung der Häuser zu erhalten. Wir werden uns außerdem mit dem Zusammenspiel der Häuser untereinander beschäftigen sowie mit den Planeten, die hierauf Einfluss ausüben. Diese Faktoren ermöglichen es uns, das Muster der vielfältigen Beziehungen zu erkennen, die zwischen diesen beiden wesentlichen Teilen der Horoskopinterpretation bestehen.

Rezeption durch die Häuserstellung

Regel: Wenn die Dispositorenplaneten von zwei verschiedenen Häusern sich gegenseitig beherrschen, dann besteht zwischen diesen beiden Häusern eine sehr enge Verbindung.

Vorgehensweise: Bitte schauen Sie sich noch einmal das Horoskop von Angela Davis auf Seite 35 an. Zwillinge steht an der Spitze des zweiten Hauses, und Merkur, der Dispositor des Hauses, steht in Steinbock im neunten Haus. Wir suchen dann sofort nach der Position von Saturn, dem Herrscher des Zeichens Steinbock, und finden ihn im zweiten Haus. Saturn disponiert somit Merkur im neunten Haus und Merkur disponiert Saturn im zweiten Haus. Die beiden stehen in *doppelter gegenseitiger Rezeption* zueinander, zum einen durch die Planetenstellung in den Zeichen (Merkur in Steinbock und Saturn in Zwillinge), und zum anderen durch die Planetenstellung in den Häusern (der Herrscher des neunten steht im zweiten Haus und der Herrscher des zweiten steht im neunten Haus). Dies ist eine sehr klare Aussage.

Das umfassende philosophische System – in diesem Fall der Marxismus – und das Studium in einem fremden Land (sie ging aus den USA nach Europa) sind beides Einflüsse des neunten Hauses. Diese Überzeugungen unterstützt, kommuniziert und lehrt Angela Davis als ihre eigenen (Merkur) in einem höheren Bildungsinstitut (sie war Philosophieprofessorin an der Universität von Kalifornien in Los Angeles). Gleichzeitig sind ihre Überzeugungen die Grundlage für ihre Autorität und die Bildung ihres persönlichen Wertesystems (Saturn im zweiten Haus). Da es sich um ein von Stier beherrschtes Horoskop handelt, bildet die Projektion ihrer persönlichen und insbesondere wirtschaftlichen Wertvorstellungen in den Kontext ihres unmittelbaren, in jedem Augenblick stattfindenden Kontakts mit der Umwelt (Aszendent) ein wesentliches Element ihres Lebens und somit ihres Horoskops. Wenn wir in der Analyse noch einen Schritt weiter gehen, dann sehen wir, dass der Geburtsherrscher des Horoskops (Venus) in Schütze steht, eine weitere Konstellation, die das neunte Haus (das natürlicherweise von Schütze beherrscht wird) und das zweite Haus (das natürlicherweise von Stier und Venus beherrscht wird) miteinander verknüpft. Wenn wir dann außerdem noch sehen, dass sich Venus wiederum im Trigon zu *ihrem* Dispositor Jupiter befindet, wird uns die Wichtigkeit und Bedeutung der Verbindungen zwischen dem neunten und dem zweiten Haus in einem erstaunlichen Maße vor Augen geführt. Verfolgen Sie einfach immer die Herrscherverknüpfungen.

Verbindungen durch den gleichen Häuserherrscher

Regel: Wenn zwei oder mehr Häuser von dem gleichen Planeten beherrscht werden, dann sind diese in ihren Auswirkungen auf das Leben des Horoskopeigners eng miteinander verknüpft.

Vorgehensweise: Stellen Sie fest, um welchen Planeten es sich handelt und in welchem Zeichen und welchem Haus er steht. Suchen Sie dann wiederum *seinen* Dispositor und untersuchen sie seine astrologischen Verbindungen im Horoskop. Schauen Sie sich an, welches sein stärkster Aspekt ist, und untersuchen Sie auch diesen. Bringen Sie die Ergebnisse zu einer Synthese.

Nehmen wir einmal an, wir haben einen Jungfrau-Aszendenten und Zwillinge steht an der Spitze des zehnten Hauses, am MC. Dies bedeutet, dass Merkur sowohl über das erste als auch über das zehnte Haus herrscht. Wer man ist (Aszendent) und was man mit seinem Leben auf einer beruflichen Ebene anfängt (MC) steht durch die Position Merkurs in diesem Horoskop in enger Verbindung zueinander. Befände sich Merkur beispielsweise in Widder, könnten wir sicher sein, dass der Schwerpunkt sowohl der persönlichen (AC) als auch der beruflichen (MC) Kommunikation (Merkur) sehr originell, auf Neues ausgerichtet wäre und den Status Quo herausfordern würde (Widder). Das Zusammenwirken von anderen Aspekten, insbesondere denen von Mars (als Herrscher von Widder und Dispositor von Merkur), würde dem Astrologen Auskunft darüber erteilen, wie stark oder schwach die kommunikativen Fähigkeiten des Betreffenden ausgebildet sind. Stünde Mars z.B. im Trigon zu Merkur in Widder als Herrscher des AC und des MC, dann wäre der Betreffende sehr geradeheraus, zielgerichtet, höchst durchsetzungsfähig, und – unter Berücksichtigung aller weiteren Horoskopfaktoren – wahrscheinlich erfolgreich in seiner Art und Weise, seine Ideen und Einsichten mit anderen zu teilen. Die Hausposition von Merkur wäre in diesem Beispiel von vorrangiger Bedeutung, um herauszufinden wo der Kommunikationsdrang, also die vorherrschende Motivation in diesem Horoskop, angesiedelt ist. Ein Merkur im siebten Haus in Widder im Trigon zu Mars würde eindeutig eine starke Ausrichtung auf Beziehungen ergeben. Da Jungfrau, das Zeichen der Arbeit, am Aszendenten steht und Merkur auch das zehnte Haus, also den Beruf, beherrscht, wären Arbeitsbeziehungen von großer Bedeutung für den Betreffenden. Das Trigon von Mars weist außerdem darauf hin, dass der Horoskopeigner in seinen Kontakten auf eine unkomplizierte und natürliche Art die Führungsrolle übernimmt. Gleichgültig, was wir sonst noch in dem Horoskop finden, diese Faktoren der Häuser/Planeten/Zeichen-Beziehung weisen uns auf ein Hauptthema, wenn nicht gar auf *das* Hauptthema in der Lebensausrichtung des Horoskopeigners hin. Zu solchen Ergebnissen kommen wir durch astrologische Synthese.

Im folgenden Horoskop von Barbara Walters können wir dies sehr klar erkennen. Sie ist eine Frau, die aus ihrer Fähigkeit, sich mit berühmten Persönlichkeiten zu unterhalten, einen unglaublichen beruflichen Erfolg gemacht hat. Sie hat die Fähigkeit, ihre Interviewpartner dazu zu verleiten, die intimsten Details über sich preis-

Beispielhoroskop 5: Barbara Walters[11] – Horoskopabbildung
25. September 1931, Boston, MA, 6.50 h EST

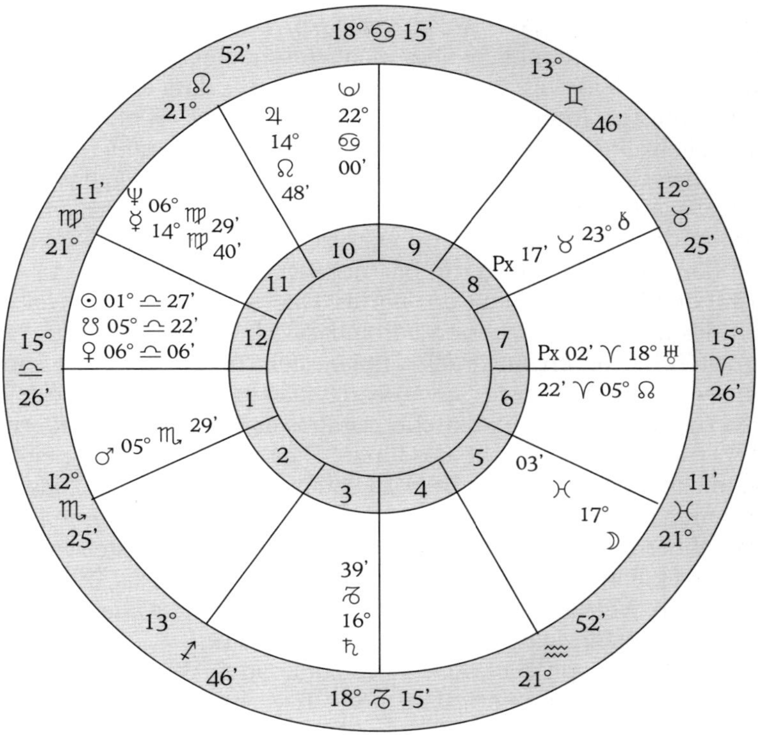

---

11 Datenquelle: Rodden, Lois M., ebenda, S. 190.

zugeben. Sie kitzelt alles aus ihnen heraus. Ihre Gesprächspartner sind nicht nur bereit, mit Barbara Walters über ihr Leben zu sprechen, sie tun dies auch im vollen Bewusstsein, dass jedes gesprochene Wort von Milliarden von Menschen gehört wird, die diese Interviews auf der ganzen Welt verfolgen. Barbara Walters hat eine Art, die zwar eindringlich, aber nicht einschüchternd ist. Sie akzeptiert kein »Nein« als Antwort und schafft es, dass sich selbst die berühmtesten Interviewpartner noch ein Stück öffnen und der Öffentlichkeit aus ihrem Privat- und Gefühlsleben erzählen.

In diesem Horoskop werden sowohl das dritte als auch das sechste Haus von Jupiter beherrscht. Das dritte ist das Haus des Journalismus, des Schreibens und Sprechens, während das sechste mehr mit dem Arbeitsalltag zu tun hat. Jupiter steht hoch oben, für alle sichtbar, im zehnten Haus des Berufs. Das heißt, die Angelegenheiten des dritten und sechsten verbinden sich im zehnten Haus und erhalten hier ihren Ausdruck. Jupiter steht im Zeichen des Show Business und der Künste (Löwe) und hat als stärksten Aspekt ein Trigon zum hoch individualistischen Uranus in Widder, der wiederum das Löwehaus beherrscht, das fünfte. Dies ist das Haus des persönlichen kreativen Selbstausdrucks. Uranus symbolisiert auch Massenkommunikation über den Äther, und sein Trigon zu Jupiter in Löwe im zehnten Haus betont noch einmal die Zurschaustellung des eigenen kreativen Potenzials aus dem fünften Haus. Das Trigon von Uranus in Widder zu Jupiter in Löwe verweist aber auch auf Barbara Walters Einzigartigkeit bei dem, was sie tut.

Jupiter wird von der Sonne in Konjunktion zu Venus in Waage im zwölften Haus disponiert, dem Bereich verborgener oder heimlicher Beziehungen. Venus ist sowohl Herrscherin des Aszendenten als auch Geburtsherrscherin.[12] Diese Stellung verleiht einem Menschen unglaublich viel Charme, Charisma und die natürliche Fähigkeit, Menschen anzuziehen und sich mit ihnen zu verbinden. Die Stellung der Venus im zwölften Haus erlaubt es ihr, einen Blick hinter die Kulissen zu werfen und die Geheimnisse der Menschen zu erkunden, für die sie sich interessiert. Sie verhilft ihr außerdem zu vielen hilfreichen, heimlichen Kontakten mit Menschen, die sie mit einer Unmenge von Informationen versorgen, was ihre kreativen Ziele angeht. Da Venus in Konjunktion zur Sonne steht, wird dieses

12 Für eine umfassende Erläuterung der Bedeutung des Geburtsherrschers und seiner Stellung im Horoskop siehe Kapitel 5.

»venusische Potenzial« zur Lebenskraft von Barbara Walters hinzugefügt und vollständig in ihre Persönlichkeit integriert. Dieser Faktor der Herrscherverknüpfung (Sonne disponiert Jupiter und Venus disponiert die Sonne), zusammen mit dem starken solaren Fünfthauseinfluss (Jupiter in Löwe, Uranus als Herrscher des fünften Hauses im Trigon zu Jupiter in zehn), trägt dazu bei, ihre öffentliche Stellung im Unterhaltungsbereich des Fernsehjournalismus enorm zu unterstützen.

Die Beziehung zwischen dem natürlichen und tatsächlichen Häuserherrscher

Diese Art von Verbindung der Häuserdispositoren umfasst mehrere Kategorien. Das Prinzip beruht darauf, dass immer eine enge Verbindung zwischen einem Haus und seinem *natürlichen Herrscher* besteht, gleichgültig, welches Zeichen an der Spitze des Hauses steht. Mars hat also immer einen Bezug zum ersten Haus, da dessen natürliches Zeichen Widder ist. Das zehnte Haus reagiert immer auch auf den Einfluss von Saturn, der in Steinbock herrscht, dem natürlichen Zeichen dieses Hauses, usw. Es ist jedoch wichtig zu betonen, dass der *tatsächliche Herrscher* des Hauses immer die Vorherrschaft innehat, auch wenn der natürliche Herrscher großen Einfluss besitzt.[13] Bei Ihrer Bewertung eines Hauses sollten Sie folgende Verbindungen berücksichtigen:

---

13 Wenn Widder am Aszendenten steht und alle anderen Zeichen je ein Haus beherrschen, es also keine eingeschlossenen Häuser gibt, dann nennt man das ein »natürliches Horoskop«. Bei diesen Horoskopen können solche Verbindungen, wie ich sie im Folgenden beschreibe, nicht vorkommen, da der natürliche Herrscher immer mit dem tatsächlichen übereinstimmt. Solche natürlichen Horoskope sind relativ selten und nur in bestimmten Breiten nahe des Äquators möglich. In Ländern, die weit nördlich oder südlich des Äquators liegen, wie z.B. Skandinavien, Großbritannien, Australien, Südafrika, Kanada usw. können sie nicht vorkommen. Einige Astrologen benutzen das System der »Äqualen Häuser«, bei dem alle Horoskope mit einem Widder-Aszendenten zu einem derartigen »natürlichen Horoskop« werden. Ich möchte die Arbeit dieser Astrologen hier keinesfalls schmälern, benutze das System selbst jedoch nicht, sondern bevorzuge für meine Zwecke Placidus- oder Koch-Häuser.

1. Die Position des natürlichen und tatsächlichen Herrschers im Horoskop und ihre Beziehung zueinander.

Wir wollen beispielsweise annehmen, dass wir ein Horoskop vor uns haben mit Krebs an der Spitze des elften Hauses. Krebs wird vom Mond beherrscht, und seine Stellung im Zeichen und Haus würde uns Auskunft darüber geben, wie sich die Umstände des elften Hauses im Leben des Horoskopeigners ausdrücken. Wir stellen uns vor, der Mond befände sich in Waage im zweiten Haus. Eine Schlussfolgerung, die wir daraus ziehen könnten, ist, dass der Betreffende große persönliche Sicherheit und Unterstützung (Mond) daraus zieht, enge Beziehungen (Waage) im Kontext von gruppendynamischen Prozessen (elftes Haus) zu knüpfen. Darüber hinaus wäre dieser Mensch in der Lage, seine persönlichen Fähigkeiten, Talente und Ressourcen (zweites Haus) in seine Gruppenaktivitäten einzubringen (Mond in Waage als Herrscher vom elften Haus).

Nehmen wir nun weiter an, dass Saturn – der natürliche Mitherrscher des elften Hauses – in Zwillinge im zehnten Haus im Trigon zum Mond in Waage im zweiten Haus stünde. Wir haben jetzt einen Fall, in dem der natürliche Herrscher eines Hauses (Saturn) im Trigon zum tatsächlichen Herrscher des gleichen Hauses steht (Mond). Die Bedeutung dieses Aspekts ist relativ klar: Der Betreffende hat die natürliche Neigung, Führungspositionen (Saturn in zehn) bei seinen Gruppenaktivitäten einzunehmen (Saturn als natürlicher Mitherrscher des elften Hauses). In dieser Hinsicht fällt es dem Horoskopeigner leicht, von seinem Koordinations- und Organisationstalent Gebrauch zu machen. Die Tatsache, dass eine Häuserverbindung existiert, betont den positiven Ausdruck der Planetenverbindungen und verleiht dem Bereich der Aktivitäten und Umstände des elften Hauses eine besondere Bedeutung.[14]

---

14 Ein Vorschlag: Einige Leser werden es vielleicht als hilfreich empfinden, sich das Horoskop aufzuzeichnen, in diesem Fall mit Krebs an der Spitze des elften Hauses und den anderen Tierkreiszeichen entsprechend, Jungfrau steht am Aszendenten. Zeichnen Sie sich die Planeten an den angegebenen Positionen ein, und lassen Sie das Ergebnis auf sich wirken.

2. Halten Sie Ausschau nach einer Rezeption der natürlichen Häuserherrscher.

Dies ist relativ leicht festzustellen. Sie schauen sich einfach die Position der Planeten im Radix an und schauen, wo der entsprechende natürliche Häuserherrscher steht. Tun wir einmal so, als stünde Mars im fünften Haus, das Zeichen spielt keine Rolle. Nach welchem Planeten suchen wir dann? Nach der Sonne, denn sie herrscht natürlicherweise über das fünfte Haus. Wenn die Sonne jetzt im ersten Haus steht, dessen natürlicher Herrscher Mars ist, dann haben wir eine Rezeption. Das gleiche wäre der Fall, wenn wir Venus im zwölften Haus stehen hätten und Neptun im siebten, Jupiter im zehnten und Saturn im neunten, Merkur im achten und Pluto im dritten oder sechsten usw. Behalten Sie dabei immer im Hinterkopf, dass wir nach den versteckten Verbindungen des Horoskops suchen, die verschiedenste Elemente entweder harmonisch oder disharmonisch miteinander verbinden, um so die *Prioritäten innerhalb des Einflusses der Planeten und Häuser* herauszufinden.

Im Fall einer Rezeption von natürlichen Häuserherrschern muss sich der Astrologe über die Funktion des entsprechenden Planeten und seine Kompatibilität mit dem Haus, in dem er steht, im Klaren sein. Für die vier oben genannten Beispiele lässt sich festhalten:

- Mars im fünften und die Sonne im ersten Haus: Dies ist ein starker, zumeist positiver Kontakt, da die beiden Planeten sich im jeweiligen Einflussbereich des anderen sehr wohl fühlen. Sie Sonne genießt es, ihr Licht im ersten Haus hell erstrahlen zu lassen, je näher am Aszendenten desto besser. Mars wiederum mag den Spaß und die ausgelassene Atmosphäre des fünften Hauses mit seinen Amüsements, Romanzen und der Beschäftigung mit Kindern.

- Venus im zwölften Haus und Neptun im siebten: Obwohl es sich hierbei um eine künstlerische, mitfühlende und relativ »angenehme« Verbindung handelt, können doch Schwierigkeiten entstehen, wenn der Betreffende nicht mit dem Unterschied zwischen persönlichen und überpersönlichen Beziehungen vertraut ist. Dies resultiert häufig in Verwirrung in Bezug auf emotionale Grenzen und den Grad an Intimität. Diese Konstellation kann auch auf einen Menschen hinweisen, der mit anderen Menschen arbeitet, die sich in einer sozialen Notsituation befinden. Man findet sie oft in den Horoskopen »spirituell Suchender«, weil Neptun und Venus in dieser Position zu einem Wunsch nach Verschmelzung und idealer Verbindung beitragen, der in normalen, irdischen Partnerschaften selten erfüllt wird.

- Jupiter im zehnten und Saturn im neunten Haus: Unter dieser Konstellation kommt man zu Erfolg im Leben, wenn man eine feste Grundlage in einem philosophischen oder spirituellen Glaubenssystem findet, welches das persönliche moralische und soziale Empfinden unterstützt. Wenn die eigenen Ambitionen allerdings der Ehrlichkeit und dem Verantwortungsbewusstsein im Wege stehen, wird einem dies nicht leicht gelingen.

- Merkur im achten Haus und Pluto im dritten oder sechsten: Bei dieser Konstellation haben wir es mit einem gründlichen Verstand zu tun – einem Menschen, der im Allgemeinen sowohl sehr wissbegierig als auch häufig misstrauisch ist. Sein Leben ist wahrscheinlich darauf ausgerichtet, an geheime oder schwer zu erlangende Informationen heranzukommen (Pluto im dritten Haus), oder darauf, Techniken und Methoden zu erforschen, die zur Verbesserung am Arbeitsplatz beitragen (Pluto im sechsten Haus).

3. Stellen Sie fest, ob der Dispositor eines bestimmten Planeten im natürlichen Haus dieses Planeten steht.

Beispiel: Saturn in Zwillinge mit Merkur in zehn.

4. Prüfen Sie, ob der Dispositor einer Häuserspitze im natürlichen Zeichen dieses Hauses steht.

Das folgende Beispiel illustriert beide oben genannten Punkte: (#3): Sonne in Schütze im siebten Haus und Jupiter in Waage im fünften. Jupiter ist der Dispositor der Sonne und steht im natürlichen Haus der Sonne im Radix. Wenn Schütze gleichzeitig auch an der Spitze des siebten Hauses steht, wird Jupiter dadurch zum Häuserherrscher. (#4): Waage ist das natürliche Zeichen des siebten Hauses und Jupiter steht in diesem Zeichen als Dispositor über diese Häuserspitze.

5. Stellen Sie fest, ob der natürliche oder tatsächliche Herrscher eines Hauses sich in seinem eigenen Haus befindet.

Regel: Ein Haus gewinnt an Bedeutung im Radix, wenn sein natürlicher oder tatsächlicher Herrscher in dem Haus steht.

Die Stärken oder Schwächen in einem Horoskop entstehen durch die energetische Affinität eines Planeten mit dem Haus, in dem er sich aufhält. Mars hat beispielsweise immer einen großen Einfluss, wenn Widder oder Skorpion an der Häuserspitze stehen und Mars sich in diesem Haus befindet. Es ist auch möglich, dass Mars in einem anderen Zeichen als in dem an der Hausspitze steht, z.B. wenn die Häuserspitze auf 28° Widder liegt und Mars in dem gleichen Haus im Zeichen Stier steht. Mars wäre jedoch stärker, wenn er ebenfalls in Stier stünde. Das Geburtshoroskop von Queen Elizabeth II ist ein perfektes Beispiel für dieses Prinzip.

Dieses Horoskop ist ein gutes Beispiel für unser Thema. Der tatsächliche Herrscher des siebten Hauses ist der Mond, da Krebs an der Spitze des Hauses steht; der Mond selbst steht in Löwe in diesem Haus. In den Horoskopen von Politikern oder Monarchen ist der Mond immer ein Hinweis auf das Volk. Der Mond steht für das Massenbewusstsein und unser Verhältnis dazu. Demzufolge repräsentiert er nicht nur unsere biologische Mutter, sondern verbindet uns auch mit unserem »Stamm«, mit all unseren biologischen Vorfahren, sowie mit unserer unmittelbaren Familie. Die Familie eines Monarchen ist daher nicht nur die königliche Familie, sondern immer auch die gesamte Nation, für die der betreffende Monarch eine symbolische Autoritätsfigur ist.

In diesem Beispiel steht der Mond in dem königlichen Zeichen Löwe. Das heißt, Elizabeth II ist in jeder Hinsicht die »Mutter Königin«. Das *siebte Haus* hat natürlich auch mit Beziehung und Ehe zu tun, und wir können mit Bestimmtheit sagen, dass Queen Elizabeth mit dem britischen Volk verheiratet ist. In dieser Beziehung verkörpert sie alle positiven Seiten ihres Löwemondes. Sie ist loyal, beschützend, glaubwürdig, beständig und sehr würdevoll. Die große Mehrheit des britischen Volkes liebt sie, und sie ist stolz darauf, seine Königin zu sein. Auch ihre Ehe mit Prinz Philip verkörpert das Löweprinzip, ein fixes Zeichen. Diese Ehe zeichnet sich durch großen gegenseitigen Respekt aus und besteht seit über fünfzig Jahren, ohne den geringsten Skandal. Der Mond steht aber auch für die

Beispielhoroskop 6: Queen Elizabeth II[15] – Horoskopabbildung
21. April 1926, London, England, 2.40 h GMD

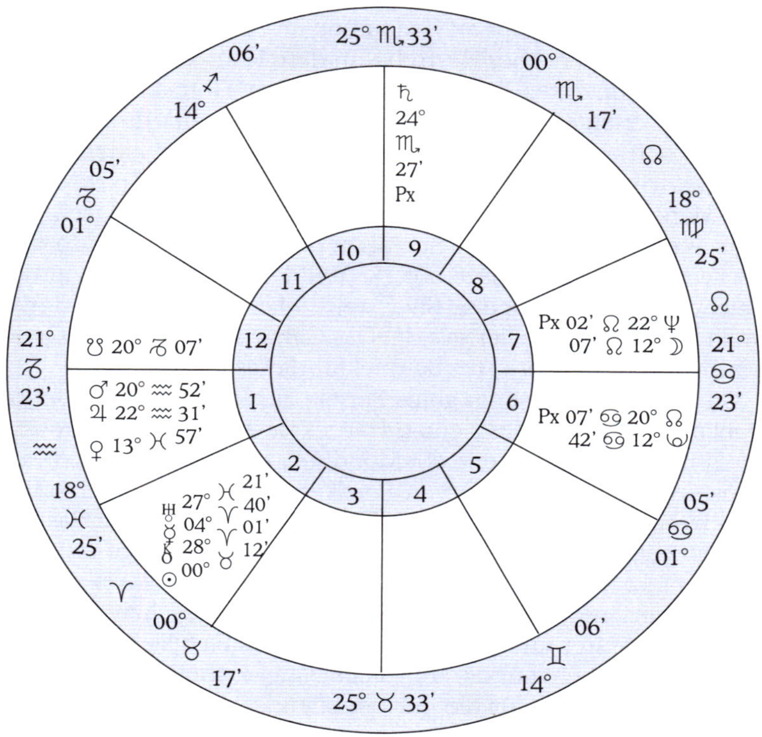

15 Datenquelle: Jones, M. E., Die sabischen Symbole in der Astrologie, Astrodata, 1994.

Mutter der Queen, uns allen bekannt als »Königin Mutter«. Auch bei ihr handelt es sich um ein hochgeschätztes Mitglied der königlichen Familie, die auch noch zufällig mit einer Löwesonne zur Welt gekommen ist!

Mars ist der *natürliche Herrscher* des ersten Hauses und steht bei Queen Elizabeth II im ersten Haus in Wassermann. Er ist außerdem der *tatsächliche Herrscher* des zehnten Hauses, an dessen Spitze Skorpion steht. Die Energie des zehnten Hauses wird also auf das erste Haus gerichtet. Die Bedeutung erschließt sich relativ klar: Elizabeth II verkörpert Herrschaft (zehntes Haus) über den dynamischen Ausdruck ihrer Persönlichkeit (Mars im ersten Haus). Mars steht zudem in Konjunktion mit dem »noblen« Planeten Jupiter, dessen Farbe das royale Dunkellila ist. Mars fungiert auch als *tatsächlicher Herrscher* des neunten Hauses (mit Skorpion an der Spitze) und verbindet sich im Haus seiner *natürlichen Herrschaft* (erstes Haus) mit Jupiter, dem *natürlichen Herrscher* des neunten Hauses. Die Queen ist nicht nur Königin des Vereinigten Königreichs, sondern auch Oberhaupt der Church of England und trägt in diesem Zusammenhang den Titel »Verteidigerin des Glaubens«. Ich bin sicher, die meisten Astrologen würden mir zustimmen, dass Mars in Konjunktion zu Jupiter im ersten Haus als *natürlicher und tatsächlicher Herrscher* des neunten Hauses die perfekte Konstellation für eine Königin ist, die diesen Titel trägt.

6. Beachten Sie das Haus, das natürlicherweise zu dem Zeichen am Aszendenten gehört.

Wenn in einem Horoskop Löwe am Aszendenten steht, dann ist das fünfte das natürliche Haus dieses Zeichens, und die Angelegenheiten und Interessen des fünften Hauses werden demzufolge immer eine wichtige Rolle im Leben des Horoskopeigners spielen. Ebenso richtet sich bei einem Horoskop mit Stier-Aszendent der Schwerpunkt der Aufmerksamkeit auf die Angelegenheiten des zweiten Hauses, bei einem Zwillinge-Aszendenten auf das dritte Haus, bei Krebs auf das vierte usw.

Die Stärke und Schwäche von Planeten in den Häusern ihres Domizils/Exils, ihrer Erhöhung/ihres Falls

Wir haben schon im Horoskop von Königin Elizabeth II gesehen, wie der Einfluss eines Planeten sich verstärkt, wenn er in einem Haus steht, in dem er von Natur aus *oder* auch tatsächlich herrscht. Ein Planet gewinnt auch an Einfluss im Radix, wenn er im Haus des Zeichens seiner Erhöhung steht (siehe auch die Übersicht über starke und schwache Stellungen der Planeten am Ende des ersten Kapitels, auf Seite 27-31). Da die Sonne beispielsweise in Widder erhöht ist, hat sie im ersten Haus eine sehr starke Stellung. Der Mond wiederum steht in Stier erhöht und hat daher einen großen Einfluss im zweiten Haus. Ebenso stark wirken Merkur im elften, Venus im zwölften, Mars im zehnten, Jupiter im vierten, Saturn im siebten, Uranus im achten, Neptun im vierten und Pluto im elften Haus. Dies alles sind sehr starke Stellungen.

Stark ist dabei nicht gleichbedeutend mit »positiv«. Saturn im siebten Haus weist erst einmal nur darauf hin, dass zwischenmenschliche Beziehungen und das Bedürfnis nach klaren Absprachen in Partnerschaften Hauptfaktoren im Leben sind. Schwierige Kontakte zu anderen Planeten (wie zum Beispiel Saturn im Quadrat zu Venus und in Opposition zu Uranus) können jedoch ein enormes Konfliktpotenzial in sich bergen und besagtes Partnerschaftsthema entsprechend erschweren. Wenn Saturn allerdings gut aspektiert im siebten Haus steht, dann kann sein starker Einfluss außerordentlich positiv wirken!

Entsprechend werden Planeten durch eine Stellung im Haus des Zeichens ihres Falls oder ihres Exils geschwächt. Die Sonne steht in Wassermann im Exil; daher ist ihre Position im elften Haus nicht gerade stark. In Waage steht die Sonne im Fall, das heißt, auch eine Siebthaus-Sonne wird ihre Vitalität nicht mit der gleichen Lebendigkeit verstrahlen wie beispielsweise eine Ersthaus-Sonne, der Entsprechung des Widders und damit des Zeichens ihrer Erhöhung. Ich möchte an dieser Stelle nochmals auf die oben bereits erwähnte Übersicht hinweisen, aus der die Zeichenstellung hervorgeht, die dann lediglich auf das Häusersystem übertragen werden muss. Wenn Sie dies tun, werden Sie feststellen, dass der Mond im zehnten oder achten Haus nicht sonderlich stark steht, Merkur im neunten oder zwölften ebenso wenig und gleichfalls Mars im zweiten oder im siebten Haus.

Was meine ich damit, wenn ich sage »nicht stark«? Die Sonne könnte beispielsweise in Widder im siebten Haus stehen, im Trigon zu Mars in Löwe. Das ist nun sicherlich keine schwache Sonne, da sie auf einen Menschen mit einem enormen Energie- und Vitalitätspotenzial hinweist. Aber dennoch stellt ihre Position im siebten Haus, trotz des starken Zeichens und der günstigen Aspektierung, eine Einschränkung ihres *natürlichen Wesens* dar. Die Sonne ist nicht glücklich, wenn sie immer auf jemand anderen strahlen muss (siebtes Haus). Sie ist nicht in Höchstform, wenn sie sich immer *auf die Handlungen und Energien eines anderen Menschen beziehen* soll. Die Sonne fühlt sich am wohlsten, wenn andere Menschen und Planeten auf ihr Strahlen reagieren und dafür empfänglich sind, und nicht umgekehrt. Deswegen wird ein Mensch mit Sonne in Widder im Trigon zu Mars in Löwe im siebten Haus häufig die Erfahrung machen, dass sein selbstbewusstes, feuriges Naturell gewisse Einschränkungen erfährt, da seine Sonne und damit sein Gefühl für sich selbst sehr stark von anderen abhängt und davon, in welchem Maße sie ihm erlauben, seine Sonne strahlen zu lassen.

Nehmen wir einmal an, Steinbock stünde an der Spitze des vierten Hauses eines Horoskops und Saturn in Widder im siebten. Steinbock ist das Zeichen des Falls für den Mond, steht also im natürlichen Haus des Mondes, dem vierten, nicht besonders harmonisch. Saturn wird somit zum Dispositor des vierten Hauses und steht ja in Krebs, dem natürlichen Zeichen des vierten Hauses, im Exil. Darüber hinaus steht Saturn in Widder im Fall, im siebten Haus allerdings, dem Haus des Zeichens seiner Erhöhung, der Waage. Mit diesen Herrscherbeziehungen allein, ohne weitere astrologische Angaben, kann man als Astrologe zu folgenden Schlussfolgerungen kommen:

1. Der Horoskopeigner hat eine sehr wichtige, aber herausfordernde Beziehung zu seinem autoritäreren Elternteil.
2. Die psychologischen Auswirkungen dieser Beziehung werden in der Partnerschaftsdynamik des betreffenden Menschen offensichtlich.
3. Diese psychologischen Muster haben wahrscheinlich mit Kontrollthemen in der Ehe oder anderen Partnerschaften zu tun, was zu starken Einschränkungen in der oder den wesentlichen zwischenmenschlichen Beziehung im Leben des Horoskopeigners führen kann.

Aspekte von anderen Planeten zu Saturn, insbesondere von Mars, dem Herrscher in Widder, die Stellung des Mondes und der Venus (als natürliche Herrscher des vierten und des siebten Hauses) verleihen dem ganzen Thema selbstverständlich auch noch ihren Einfluss, aber die drei oben genannten Punkte sind wesentlich und müssen einen Teil der astrologischen Interpretation von Saturns Stellung in diesem besonderen Beispiel bilden.

Aspekte zwischen Häuserherrschern

Dies ist der letzte, aber auch gleichzeitig einer der wichtigsten Punkte von den vielen Faktoren der Häuserherrschaft im Radix. Der Astrologe sollte immer auf Hauptaspekte zwischen den Dispositoren von zwei beliebigen Häusern achten.

Regel: Die Beziehung zwischen Ereignissen, Menschen und Umständen, wie sie durch die Hausposition im Radix angezeigt wird, wird durch Aspekte zwischen den Häuserherrschern maßgeblich beeinflusst. Dies gilt insbesondere, wenn es sich um die *tatsächlichen* Planetenherrscher handelt, und in etwas geringerem Maße, wenn es sich um die *natürlichen* Herrscher handelt. Außerdem müssen wir beachten, dass ein *tatsächlicher* Herrscher eines Hauses im Aspekt zu dem *natürlichen* Herrscher des entsprechenden Hauses entweder durch diesen Aspekt unterstützt oder geschwächt wird, je nach Art des Aspekts und der beteiligten Planeten. Wir wollen uns hierzu einige Beispiele anschauen.

Wenn Sie nochmals einen Blick auf das Horoskop von Angela Davis werfen (siehe Seite 35), dann sehen Sie, dass Saturn der Herrscher des neunten Hauses ist und im Sextil zu Jupiter, dem natürlichen Herrscher des neunten Hauses, steht. Wir haben schon betont, wie wichtig ihre Bildung und der philosophische Erfahrungshintergrund für Angela Davis waren. Dies wird auf äußerst positive Art und Weise unterstützt, das heißt, sie unternahm z.B. weltweite Reisen aus Bildungsgründen (Sextil zwischen Jupiter und Saturn und deren Funktion in Bezug auf Angela Davis neuntes Haus).

In dem Horoskop finden wir auch ein Trigon zwischen dem Herrscher des fünften und dem des elften Hauses (der Sonne und Uranus). Diese stimmen in diesem Fall mit den natürlichen Herrschern der Häuser überein, was die Konstellation noch verstärkt. Hieraus ergibt sich Angela Davis Fähigkeit, sich problemlos in eine gesellschaftliche Ideologie zu integrieren und in dieser auch eine herausragende Rolle einzunehmen. Ihr persönlicher Identitätssinn (Sonne) verschmolz mit großer Leichtigkeit mit der kollektiven Gruppenidentität (Uranus). Sie verlieh dieser Gruppierung einen unglaublichen Energieschub (der Herrscher von fünf im Trigon zum Herrscher von elf), brachte sie an die Öffentlichkeit (Sonne in Wassermann im zehnten Haus) und verkörperte die Gruppe selbst (Wassermann an der Spitze des elften Hauses) auf eine ganz einzigartige und persönliche Art und Weise (Uranus in eins).

Das Tagebuch der Anne Frank ist das Zeugnis einer kurzen und tapferen Lebensgeschichte eines jungen Mädchen. Es ist und bleibt eines der wichtigsten Mahnmale an eine der größten Tragödien des zwanzigsten Jahrhundert, den zweiten Weltkrieg und insbesondere den Holocaust. Im Radix von Anne Frank wird das achte Haus (Tod) von Uranus beherrscht, der im zehnten Haus (öffentliche Aufmerksamkeit) im Trigon zu Mars im ersten Haus steht. Mars ist der natürliche Herrscher sowohl des ersten als auch des achten Hauses, regiert im Radix von Anne Frank das zehnte Haus und ist somit auch Dispositor von Uranus. Ein prominenter Uranus in einem Radix, besonders, wenn er in der Nähe des Aszendenten oder des MC steht, ist oft ein Hinweis auf einen Menschen, der als ein Beispiel oder als ein Archetypus für ein größeres Thema dient. In jedem Fall aber deutet diese Konstellation auf einen sehr individuellen Menschen hin.

Annes tragischer Tod verleiht ihrem Zeugnis und dem Leiden von Millionen von Menschen, Juden und Nicht-Juden, die unter der Tyrannei der Nazis gestorben sind, ein großes Gewicht. Die Beziehung der beiden Häuserherrscher Uranus und Mars verstärkt den Realitätsbezug von Anne Franks Vermächtnis an die Menschheit immens. Uranus in Widder im Trigon zu Mars im ersten Haus stattet Anne nicht nur mit persönlichem Mut aus, sondern macht sie auch gleichzeitig zu einem Symbol ihrer Zeit und der Erfahrungen einer Vielzahl anderer Opfer dieses horrenden, kollektiven Massakers. Mars im ersten Haus gibt ihrer Erfahrung einen persönlichen Bezug. Pluto, der andere natürliche Herrscher des achten Hauses und der Mitherrscher in Widder, steht im Quadrat zu Uranus im universellen zwölften Haus im Zeichen des Massenbewusstseins, Krebs. Die Verbindungen zwischen den persönlichen und den kollektiven Planeten der höheren Oktave führen Annes Leben aus der Ebene einer individuellen Inkarnation hinaus in eine weitere und viel tiefere

Beispielhoroskop 7: Anne Frank[16] – Horoskopabbildung
12. Juni 1929, Frankfurt am Main, 7.30 h MEZ

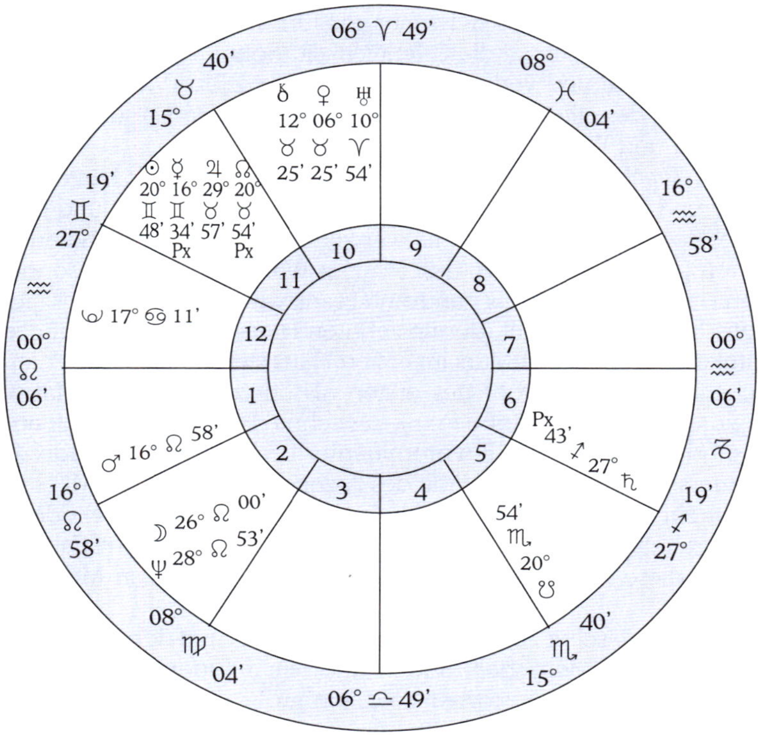

16 Datenquelle: Rodden, Lois M., ebenda.

Ebene kollektiver Menschheitserfahrung hinein. Pluto und das achte Haus sind jedoch nicht nur Indikatoren für den Tod. Sie stellen auch Tore zum Pfad der Wiederauferstehung und zum ewigen Leben dar. Annes Beitrag zur Transformation und Entwicklung des menschlichen Geistes lebt über ihre Person hinaus fort.

Kapitel vier

Der Geburtsherrscher und sein Dispositor

Die Bestimmung des Geburtsherrschers im Radix und seine sorgfältige und detaillierte Herleitung stellt ein wesentliches Schlüsselelement für die Bedeutung des Horoskops dar. Ich sage in dem Zusammenhang gern: »Da, wo der Geburtsherrscher im Radix steht, da stehst du selbst!« Die Hausposition dieses bedeutsamen Planeten und die Beziehung, die er wiederum zu *seinem* Dispositor hat, geben dem Astrologen eine ausführliche Auskunft über die natürliche Entwicklung des Lebens eines Menschen und insbesondere darüber, *worauf* der Betreffende einen Großteil seiner Lebensenergie richtet. Man könnte also im Grunde sagen, dass die Hausplatzierung des Geburtsherrschers aussagt, womit der Betreffende einen Großteil seiner Zeit verbringt. Das Tierkreiszeichen des Herrschers und seine wichtigsten Aspekte zu anderen Planeten zeigen, *wie* und *mit wem* er diese Zeit verbringt und was bei diesem Einsatz an Lebensenergie als Ergebnis herauskommt. Entsprechend lauten die Ziele für dieses Kapitel wie folgt: Wir müssen herausfinden, wie wir den Geburtsherrscher und seine Bedeutung überhaupt bestimmen können. Dazu gehört eine eingehende Deutung dieses Planeten im Zeichen, im Haus und in seinen wesentlichen Aspekten zu anderen Planeten des Horoskops. In diesem Zusammenhang interessiert uns besonders die Beziehung zwischen dem Geburtsherrscher und seinem Dispositor. Abschließend sollten wir dann die Bedeutungsunterschiede zwischen dem Geburtsherrscher und dem endgültigen Dispositor klären und beide Bedeutungen gegeneinander abwägen.

Bestimmung des Geburtsherrschers

Definition: Es gibt nur zwei Parameter, die den Herrscher eines Horoskops bestimmen: a) Der Geburtsherrscher ist der Planet, der über das Zeichen am Aszendenten disponiert; b) Wenn sich ein Planet am Aszendenten im ersten Haus innerhalb eines Orbis von 5°

befindet bzw. innerhalb eines Orbis von 3° im zwölften Haus, dann übernimmt dieser die Herrschaft.

Wir wollen uns zuerst einmal ausgiebig mit der ersten Variante befassen und dann auf die zweite Möglichkeit zurückkommen, bei der sich einige interessante Herausforderungen für die richtige Herleitung und Synthese des ganzen Horoskops ergeben. Im Grunde ist es leicht, den Aszendentenherrscher zu bestimmen. Schauen Sie sich einfach das Zeichen an der Spitze des ersten Hauses an und lokalisieren Sie seinen Herrscher in Zeichen und Haus. Wenn Stier oder Waage am Aszendenten stehen, dann beherrscht Venus das Horoskop, bei Zwillinge oder Jungfrau ist es Merkur, bei Schütze Jupiter, bei Krebs der Mond, bei Steinbock Saturn, und wenn Löwe am östlichen Horizont aufgeht, dann herrscht die Sonne über das Horoskop.

Es bleiben also lediglich die Tierkreiszeichen übrig, die von zwei Planeten beherrscht werden: Widder, Skorpion, Wassermann und Fische. Einige zeitgenössische Astrologen neigen dazu, Mars als den Primärherrscher von Widder und Pluto als seinen Mitherrscher zu betrachten, aber es gibt auch eine gleich große oder noch größere Anzahl von Befürwortern dafür, dass Pluto gar keinen Einfluss in Widder hat. Der Autor tendiert eindeutig dazu, Pluto als Mitherrscher in diesem Zeichen zu betrachten. Widder symbolisiert Geburt, und Geburt geschieht nicht aus dem Nichts heraus. Der Tod geht jeder Geburt voraus, und jede Geburt geht dem Tod voraus. Beide sind stark mit dem Lebenszyklus verbunden. Versuchen Sie nur einmal, eine neue Liebe zu beginnen, ohne diesen Ablauf einzuhalten, ohne die vorhergehende Beziehung entsprechend zu würdigen, sie rituell zu Grabe zu tragen, zu beerdigen und ihr Ende zu betrauern. Die Geister der Vergangenheit und ihre lebendigen Erinnerungen in Form von Ex-Partnern müssen zur Ruhe gebracht und aus einer ganz anderen Perspektive neu ins Leben integriert werden. Nur unter diesen Voraussetzungen hat die neue Liebe Hoffnung darauf, wirklich erblühen zu können.

Meiner Ansicht nach trägt es entscheidend zum Verständnis von Widder und Skorpion sowie vom ersten und achten Haus bei, wenn wir Mars als Herrscher in Widder und als Mitherrscher in Skorpion betrachten. Auf einer persönlichen Ebene, also in Bezug auf den Willen des Ego, seine Umgebung zu beherrschen (Widder), bzw. in Bezug auf den Wunsch des niederen Selbst, mit dem anderen zu verschmelzen, um so die Herrschaft über ihn zu erhalten (Skorpion), herrscht Mars sogar eindeutig über beide Zeichen. Pluto agiert aus einem umfassenderen, tieferen, einschließlicheren, häufig unbewussten und längerfristig wirkenden Kontext heraus als Mars. Pluto bezieht kollektive und universelle Vorgänge und Ereignisse mit ein (siehe das Horoskop von Anne Frank). Er erzählt uns etwas über die evolutionäre Dynamik des Todes – ich meine damit, die »kleinen Tode«, die wir alle im Laufe des Lebens sterben. Häufig lernen wir erst durch diese unangenehmen Erfahrungen, uns von unseren Begierden zu lösen und den Drang nach Verfeinerung und Erneuerung in uns zu wecken. Dies sind die Bereiche, in denen Pluto stärker wirksam wird, Mars erleben wir offensichtlicher und unmittelbarer.

In Horoskopen mit einem Skorpion-Aszendenten sollten wir im Allgemeinen Mars als den primären Herrscher betrachten. Die große Mehrheit aller Menschen funktioniert aus der Art und den Bedürfnissen ihrer persönlichen Wünsche und egozentrischen Verhaltensmuster und Motivationen heraus. Im Leben derjenigen, die gerade »die Grenze überschreiten« und die den Kampf ausfechten, ihr persönliches Leben in ein überpersönliches zu verwandeln, gibt Pluto als Mitherrscher über das Lebensgebiet (Haus) Auskunft, wo diese Erneuerungsenergie zu finden ist, die die notwendige Transformation einer persönlichen Neuorientierung unterstützt. Wenn Mars im Radix beispielsweise im zweiten Haus steht, haben wir es bei dem Betreffenden mit Abgrenzungstendenzen und Konflikten in Bezug auf den Umgang mit Geld und persönlichen Ressourcen zu tun. Wenn Pluto im gleichen Horoskop im neunten Haus steht, dann wird der Horoskopeigner Gelegenheit haben, mit höherem Wissen in Kontakt zu kommen, das ihm dabei helfen kann, seine Schwierigkeiten in Bezug auf die Stellung von Mars in seinem Horoskop zu lösen. Wenn der Betreffende einmal die Weisheit und Lehre aus den transformierenden plutonischen Lektionen verstanden hat, kann er dieses Verständnis für seinen Umgang mit seinen persönlichen Ressourcen nutzen und wird viel mehr Erfolg damit haben als vorher. Wir sollten uns daran erinnern, dass Pluto die »höhere Oktave« von Mars ist. Wenn in einem bestimmten Maße ein Tod stattgefunden hat, also ein Teil der persönlichen Triebhaftigkeit gestorben ist, dann kann Pluto im gleichen Maße den marsischen Antrieb unserer Persönlichkeit mit einem energetischen Treibstoff versorgen und somit die Marsenergie im entsprechenden Haus verändern.

Bei Wassermann müssen wir Saturn immer noch als Mitherrscher betrachten, auch wenn man durchaus sagen kann, dass Uranus im heutigen Zeitalter die Rolle des Zeichenherrschers mehr und mehr übernimmt. Uranus steht in der Hauptsache für den Drang nach Individuation. Er ist der Planet, der uns alle auffordert, unser eigenes Wesen zu verkörpern. Und dennoch leben wir nicht allein auf der Erde. Wir haben Regeln, Strukturen und ein Netzwerk von mehr oder weniger subtilen sozialen Mustern und Vereinbarungen, die unserer Aufmerksamkeit, Einwilligung und Befolgung bedürfen. Je individueller jeder Einzelne von uns wird, umso wichtiger und spezieller wird auch seine soziale Rolle und Aufgabe. Jeder Schritt in der persönlichen Bewusstseinserweiterung verlangt ein entsprechendes Wachstum der Verantwortung unserem inneren Licht gegenüber. Im Zeitalter des Wassermanns machen die uranischen Geistesblitze der Inspiration es unbedingt erforderlich, dass wir unseren saturnischen Blitzableiter dazu benutzen, unser sich entfaltendes Bewusstsein (Uranus) sicher in die richtige Art von menschlichen Beziehungen umzusetzen (Saturn).

Für Fische ist Neptun eindeutig der primäre Zeichenherrscher, denn mit dem weichenden Einfluss der orthodoxen Religionen des Fischezeitalters schwindet auch die Herrschaft Jupiters über das Zeichen Fische zusehends. Das derzeitige explosive Wachstum von fundamentalistischem Fanatismus ist wesentlich neptunischer als jupiterisch, denn es ist ganz und gar nicht jovial. Meiner Ansicht nach ist die heutige Verbindung von Jupiter zu den Fischen wesentlich mehr eine Frage von *Affinität der Energien* als eine tatsächliche Herrschaft. Im Fischezeitalter, einer Zeit, in der sich die exoterische, dogmatische protestantische Theologie mit dem ritualisierten orthodoxen Katholizismus verbunden hat, um die Psychologie der westlichen Welt zu beherrschen, hatte Jupiter einen wesentlich größeren Einfluss über die Fische als heute. Deswegen sollten Sie in zeitgenössischen Horoskopen bei einem Fische-Aszendenten nach Neptun als eindeutigem Herrscher des Zeichens Ausschau halten. Die Position Jupiters gibt Ihnen zusätzlich Auskunft über:

1. das Bedürfnis, ein persönliches Glaubenssystem zu finden, das der universellen Ausrichtung des Fischezeichens Rechnung trägt.
2. den Bereich, an dem Ideologie und Realität aufeinandertreffen und so die Religion, den spirituellen Weg oder den Bildungsweg des Horoskopeigners unterstützen bzw. herausfordern.[17]
3. bestimmte Aktivitäten, die weitreichende Möglichkeiten darstellen, dem Weltlichen zu entfliehen und/oder das Alltägliche durch eine spirituelle bzw. ganzheitlichen Vision zu bereichern.

Das Zeichen am Aszendenten und die Stellung seines Herrschers

In der traditionellen, exoterischen Astrologie gehört das Zeichen am Aszendenten zu einem der vier wichtigsten Merkmale eines Horoskops. Die anderen drei sind die Stellung des Geburtsherrschers, die Sonne und der Mond.[18] Zusammengefasst steht die Sonne für die Zukunft, da sie den potenziellen kreativen Lebensantrieb symbolisiert. Wir könnten auch sagen, dass die Sonne unser Kontakt zum »Ewigen Jetzt« ist, da wir uns beständig aus dieser Quelle der Vitalität in all ihren Ausdrucksformen bedienen. Der Mond ist der Träger der Vergangenheit, da er die Geschichte unseres gesamten biologischen Karmas sowie alle unterbewussten, psychologischen Konditionierungsmuster gespeichert hat, die unser Leben bestimmen. Der Mond beherrscht daher unsere automatischen, instinktiven Reaktionsmuster, insbesondere, wenn in einer Situation Gefühle hochkommen oder es um unsere persönliche Sicherheit geht.

Der Aszendent steht für unseren unmittelbaren Kontakt zur Umwelt. Er enthüllt, wie wir mit den uns umgebenden Bedingungen interagieren, und wir können daher sagen, dass er für den Augenblick

---

17 Dies bezieht sich auf die Hausposition Jupiters. Wir müssen bedenken, dass die Häuser sich auf die Lebensbereiche der irdischen Welt beziehen, in denen sich die Planetenkräfte ausdrücken. Die Erde fügt hier immer die »Schwerkraft der Realität« hinzu, die nicht unbedingt zum bevorzugten Ausdrucksfeld von Jupiter, Neptun oder den Fischen gehört.

18 In der esoterischen Astrologie stellt der Aszendent den wichtigsten Punkt überhaupt dar. Weitere Details können Alan Okens Buch *Astrologie der Seele* entnommen werden.

steht, für das »unmittelbare Jetzt«. Der Aszendent symbolisiert auch die Farbe, die wir der Matrix unseres Erlebens geben, sowie den Schwerpunkt unseres charakterlichen und persönlichen Ausdrucks. Das Zeichen an der Spitze dieses so wichtigen ersten Hauses beschreibt unseren Charakter, unsere Persönlichkeit, unser Ego in Aktion. Der Aszendent könnte folgenden Satz sagen: »Hier stehe ich in den Kleidern, die ich trage, um die Nacktheit meines Seins (der Sonne) zu verbergen.«

Das erste Haus ist so etwas wie ein Zimmer mit Glaswänden auf allen Seiten. Ich lebe in diesem Raum, und seine Glaswände, seine gläserne Decke und sein gläserner Boden haben die Farbe und Schattierung meines Aszendenten. Wenn das Glas lila ist, dann sieht jeder, der in diesen Raum hinein schaut, meine Möbel, meinen Teppich und mich selbst lila gefärbt. Und wenn ich aus meinem Zimmer schaue, dann nehme auch ich die Welt um mich herum in der Farbe meiner projizierten Persönlichkeit wahr.

Das Thema und die Absicht des Aszendenten

Der vorliegende Text geht von der Annahme aus, dass der Leser bereits mit den charakterlichen Unterschieden und Eigenheiten des persönlichen Ausdrucks eines jeden Zeichens am Aszendenten vertraut ist.[19] Ich werde daher nicht ins Detail gehen, was die vielen verschiedenen Auswirkungen auf die Persönlichkeit angeht. Stattdessen möchte ich die zugrunde liegende, wesentliche *Absicht* jedes Zeichens an der Spitze des ersten Hauses zusammenfassend erläutern. Diese Absicht drückt sich wiederum durch das *Lebensthema* aus.

Widder: Die Suche nach und das Durchleben von neuen Erfahrungen, die ein Bewusstsein von sich selbst erwecken und festigen. Ein Widderaszendent stimuliert die beständige Erprobung der eigenen Stärken und Schwächen durch einen sehr konfrontativen Zugang zum Leben. Das dynamische Bedürfnis der Persönlichkeit besteht darin, sich selbst nach draußen zu projizieren und durch das Erreichen von unmittelbaren Zielen im Leben immer weiter voran-

19 Leicht Fortgeschrittene finden in der Liste mit Literaturempfehlungen am Ende dieses Buches Vorschläge, die ihr Wissen auf diesem Gebiet erweitern können.

zukommen. In der Regel werden die Konsequenzen derartiger Aktivitäten wenig bedacht. Den Horoskopeigner zeichnen Kühnheit, Mut und ein brennender Drang, den Tag zu erobern, aus. Er muss sein Unterscheidungsvermögen und Feingefühl im Hinblick auf die Art seiner persönlichen Selbstdurchsetzung zu kultivieren lernen. Aggressives Verhalten sollte von einem instinktiven Drang in die bewusste Fähigkeit umgewandelt werden, persönliche Ziele in die größeren Strukturen des eigenen Lebens zu integrieren. Widder-Aszendenten stoßen auf Widerstand, sobald sie Grenzen übertreten und bewusst oder unbewusst in das physische oder psychische Territorium von anderen Menschen hineingeraten.

Stier: Der Horoskopeigner hat ein großes Bedürfnis, aus den eigenen Fähigkeiten und Ressourcen das Bestmögliche zu machen. Das Leben basiert auf dem, was man wertschätzt, und mit Stier am Aszendenten tut man sein Äußerstes, um diese Werte auch materiell zu verankern. Wenn ein Mangel an Selbstachtung besteht, fühlt sich der Betreffende höchstwahrscheinlich durch die tatsächlichen Umstände begrenzt und behindert. Dies kann sich zu einem Gefühl entwickeln, »niemals genug zu haben« und demzufolge auch »niemals gut genug zu sein« für das, was gerade ansteht. Wenn der Betreffende jedoch ein gesundes Selbstwertgefühl hat, wird er auch empfinden, immer genug zur Verfügung zu haben. Der Persönlichkeitsstruktur liegt ein starker Magnetismus zugrunde, wodurch sich das emotionale Erleben besonders stark im Materiellen manifestiert. Deswegen muss ein Mensch mit Stier am Aszendenten ein Unterscheidungsvermögen für seinen Ausdruck von persönlichen Wünschen und Begierden entwickeln. Denn das, worauf er sich konzentriert, manifestiert sich im Allgemeinen auch. Die entstandenen Formen unterliegen zyklischen Veränderungen und werden mit wachsendem Unterscheidungsvermögen mehr und mehr verfeinert.

Zwillinge: Die Persönlichkeit ist darauf gerichtet, Flexibilität und Dualität in der Art des Eigenausdrucks zu entwickeln. Das subjektive Ziel einer derartigen Beweglichkeit liegt darin, die persönliche Lebenserfahrung zu vertiefen und zu erweitern. Zuweilen stehen sich die vielfältigen Aktivitäten gegenseitig im Wege, was dann zu einer Verwirrung und Zerstreuung in Bezug auf die Absicht und das Ziel führt. Ein sehr hoch entwickelter Mensch mit Zwillingsaszendent arbeitet daran, Einheit in der Vielgestaltigkeit zu erschaffen, Harmonie durch Polarisierung zu erzielen und Integration durch Experimentieren. Der Lebensschwerpunkt liegt auf dem Bedürfnis nach Kommunikation. Der naive Zwillinggeborene versteht und vertritt nur seine eigenen Meinungen. Der entwickelte Mensch mit Zwillinge am Aszendenten steht jedoch in Verbindung mit dem universellen Geist, wodurch er Zugang zu den Gedanken, Ideen und Konzepten aller Menschen hat.

Krebs: Der Grundantrieb der Persönlichkeit besteht darin, sich eine sichere Basis zu erschaffen, sowohl subjektiv gesehen in sich selbst, als auch objektiv gesehen in der Umgebung. Diese dient dann als magnetischer Anker für die weitere persönliche Entwicklung. Falls die frühe Kindheit instabil oder sogar missbräuchlich war, dann verbringt der Betreffende womöglich Jahre damit, verzweifelt nach der Verwirklichung der eigenen Vorstellung von Sicherheit zu suchen. Ein Großteil der Lebensenergie wird darauf verwendet, herauszufinden, auf welche Art man sich am besten selbst nährt, um das zu erreichen. Sobald der Krebsgeborene ein gefestigtes und positives psychologisches Fundament erreicht, wird er selbst andere mit seinen Gefühlen nähren und unterstützen und damit anderen dabei helfen, selbst zu größerer persönlicher Integration und Ganzheit zu gelangen.

Löwe: Der Hauptlebenssinn besteht darin, alle Facetten der Persönlichkeit (den physischen Körper und die materielle Umgebung, die Emotionen und die Wunschnatur, den Geist und die Gedanken) in eine funktionierende Einheit zu integrieren, die zu objektiver Kreativität fähig ist. Im Grunde muss der Horoskopeigner zu einem bewussten Mitschöpfer seines Lebens werden. Wenn diese Integration nicht erzielt wird, dann projiziert der Löwe lediglich den Schatten der Sonne. Diese Art von Löwe-Aszendent ist unreif, und sein Schatten verdunkelt das Licht der persönlichen Vitalität, indem es Ängsten und Hemmungen Raum lässt. Im anderen Extremfall haben wir einen Menschen, der sich selbst als das Zentrum des Universums betrachtet und von allen Respekt und Aufmerksamkeit verlangt, ohne jedoch selbst dazu bereit zu sein, anderen das Gleiche zu gewähren. Es dreht sich dann alles nur um den Betreffenden selbst. Die Prüfungen des Lebens dienen dazu, sich von der Last unreifer Selbstverstrickung lösen zu lernen.

Jungfrau: In diesem Leben geht es um die persönliche Interaktion mit der Umgebung. Der dynamische Antrieb der Persönlichkeit besteht darin, ein vollständigeres Instrumentarium von innerlichen und äußerlichen Ressourcen zu erwerben, damit das kreative Potenzial des Horoskopeigners auf verschiedensten Wegen in die physische Umgebung eingebracht werden kann. Diese Ausrichtung führt zur Aneignung einer Vielzahl von Methoden, Techniken und Vorgehensweisen, die der Entwicklung des individuellen Potenzials dienlich sind. Ein unreifer Jungfrau-Aszendent leidet an mangelhaftem Unterscheidungsvermögen und einem fehlenden Fokus. Dies führt zu einer äußerst kritischen Wesensart, wobei der Betreffende seine Unzufriedenheit mit sich selbst auf das Leben anderer Menschen projiziert. Eine entwickeltere Jungfrau-Persönlichkeit weiß darum, wie die unterschiedlichen Bestandteile des Lebens zu einem harmonischen Ganzen zusammengefügt werden können. Ein gutes Unterscheidungsvermögen, d.h. die Fähigkeit, wirkliche Werte zu erkennen, und die Kunst des Weglassens sind die Schlüssel zum Erfolg.

Waage: Der Prozess der Selbstfindung und der Entdeckung des höheren Lebenspotenzials sowie eine Verstärkung der Fähigkeit, die eigene Persönlichkeit erfolgreich in die Umgebung einzubringen, geschieht durch einen ständigen Austausch mit anderen Menschen. Für einen Menschen mit Waage-Aszendent gibt es im Allgemeinen zwei Wege, auf die er ein höheres Bewusstsein seiner selbst erlangt. Der erste Weg ist der, sich über den Widerstand von anderen und gegenüber anderen zu definieren, so dass man sich selbst und die eigene soziale Rolle darüber bestimmt, »wer oder was man nicht ist«. Der zweite Weg ist der der Identifikation und Ergänzung, so dass das gleiche Bedürfnis, nämlich mit der Welt zu interagieren, sich in einem Verständnis dessen, »wer man ist«, äußert. Man befindet sich demzufolge entweder in Harmonie mit den vorherrschenden Einflüssen aus der Umgebung oder im Widerspruch dazu. Wir finden gewöhnlich beide Tendenzen gleichermaßen in der Persönlichkeit wieder. Häufig wechseln sie sich auch miteinander ab, je nach den unmittelbaren Lebensumständen, in denen sich der Betreffende befindet.

Skorpion: Hier wird die Transformation und Verfeinerung der persönlichen Wunschnatur zum wichtigsten Hilfsmittel auf dem Weg zur evolutionären Selbstentwicklung. Bei den meisten Skorpion-Aszendenten werden ihre Lebensziele zunächst einmal vorwiegend von ihren Wünschen und Begierden gesteuert. Diese sind häufig, wenn auch nicht immer, sexueller Natur. Wenn die dem Individuum zugrunde liegende Wunschnatur jedoch frustriert wird oder zu einer Quelle großer Verwirrung und heftiger Konflikte wird, ist der Betreffende gezwungen, alternative und entwickeltere Wege des Selbstausdrucks zu finden. Liebe siegt dann beispielsweise schließlich über die sexuelle Begierde, so dass das Sexualleben weniger bestimmend für das Leben wird und wesentlich harmonischer in die Gesamtexistenz integriert werden kann. Die Befreiung von Zwängen auf allen Ebenen erlaubt es dem notwendigen Verwandlungsprozess im Leben des Betreffenden, leichter und erfolgreicher vonstatten zu gehen. Dadurch kann sich die Persönlichkeit entfalten und es wird ein stärkeres kreatives Potential freigesetzt. Ein Skorpion-Aszendent auf einem hohen Entwicklungsniveau agiert als Katalysator für Heilung in all seinen Beziehungen.

Schütze: Dies ist das projektivste Zeichen des ganzen Tierkreises. Auf seiner Suche nach einer persönlichen Identifikation mit der universellen Wahrheit projiziert der Schütze-Aszendent seine inneren Konzepte von der Realität auf den Bildschirm in Form seiner Umwelt und macht so alle Menschen zu Mitspielern in seinem ganz persönlichen Theaterstück. Der Drang nach Horizonterweiterung bestimmt das Leben des Betreffenden. Da es sich bei Schütze um ein duales Zeichen handelt, ist es sehr wahrscheinlich, dass diese Erweiterung auf zwei verschiedene Arten geschieht: durch den Verstand und durch die persönlichen Wünsche. Der Drang nach mentaler Horizonterweiterung führt zu dem Streben nach Kontaktaufnahme mit einem höheren Lebenssinn, einem Sinn, der allumfassend ist, sprich dem höheren Selbst. Dies bewirkt den Drang zu studieren, zu lernen und zu reisen. Wenn der niedere animalische Aspekt des Zentauren vorherrscht, wird das Leben von den Körpersinnen bestimmt. Die Erweiterung findet dann um die Taille herum statt, und sinnlicher sowie sexueller Appetit bilden den Schwerpunkt des Strebens. Das Leben des Schütze-Aszendenten verfolgt eine Absicht. Entweder die Absicht, das Mysterium des Lebens zu entdecken, oder die Absicht, in allem, was es auf der Welt gibt, sinnliche Freude zu finden.

Steinbock: In diesem Leben werden viele Lektionen gelernt, die letztlich dazu führen, dass man sowohl mit dem Willen als auch mit Macht richtig umzugehen lernt. Demzufolge besteht ein Bedürfnis danach, die Techniken zu entwickeln, die das eigene Verständnis für den Zusammenhang von Struktur, Ordnung und Form fördern. Solange dies nicht gelernt wird, fühlt sich der Betreffende belastet, begrenzt und eingeschränkt. Die Kindheit wird oft als schwierig erlebt, und man leidet unter Konflikten mit den Eltern, sobald deren autoritärer Persönlichkeitsanteil zum Vorschein kommt. Zuweilen wird die Kindheit dabei nicht einmal so sehr durch einen besonders strengen oder dominanten Elternteil bestimmt, sondern sogar durch Missbrauch oder Vernachlässigung. Die materiellen Umstände und die soziale Akzeptanz spielen eine große Rolle im Leben eines Steinbock-Aszendenten. Wirklicher evolutionärer Fortschritt geschieht, wenn sich der Betreffende auf dem Höhepunkt seines Erfolges von der *Anhaftung* an seine Ziele löst und beginnt, seinen Willen und die bereits erworbene Machtposition in den Dienst seiner Mitmenschen zu stellen. Die wichtigste Absicht im Leben eines Steinbock-Aszendenten ist es, wahrhaftige kreative Objektivität zu erlangen.

Wassermann: Der Drang danach, eine klare Vorstellung von sich selbst zu bekommen, führt dazu, dass man mithilfe einer Methode, eines Studiums, einer Gruppe oder anderer Unterstützung für den eigenen Individuationsprozess nach persönlicher Integration sucht. Dies verlangt vom Betreffenden die Fähigkeit zur Unterscheidung und zum Setzen von Prioritäten innerhalb eines enormen Bereichs an Möglichkeiten und allgemeingültiger Regeln. Das Gespür für das Selbst kann so verworren sein, dass der Wassermann-Aszendent kaum einen Unterschied zwischen sich selbst und anderen erkennt. Dies mag zwar für ein ideologisch motiviertes Gefühl der Gleichheit aller Menschen ganz schön sein, trägt aber wenig dazu bei, dass man einen kreativen Fokus für ein Bewusstsein seiner selbst entwickelt. Es gibt jedoch auch noch die Möglichkeit des anderen Extrems – der Wassermann-Aszendent fühlt sich dann völlig anders als alle anderen und empfindet sich als einen sozialen Außenseiter bzw. führt das Leben eines ausgesprochenen Eigenbrötlers. Der reifere und integrierte Wassermann versteht, dass jeder Mensch ein eigener Bestandteil innerhalb des einen Organismus ist, in dem wir alle leben und unseren Platz einnehmen. Dies ist jemand, der sowohl ganz klar er selbst, als auch zur gleichen Zeit genauso wie alle anderen ist. Dann ist der Betreffende zu einem Weltenbürger und einem »universellen Wesen« geworden.

Fische: Die evolutionäre Absicht, die einer Fische-Persönlichkeit zugrunde liegt, ist die, ein universelles Selbstverständnis in jedem beliebigen sozialen Kontext zu finden. Dies verlangt die Entwicklung von universellem Mitgefühl, eine mitfühlende Reaktion auf das Leben, die dem Betreffenden die Fähigkeit zu absoluter Ganzheitlichkeit verleiht. Die Schwierigkeit, die auf diesem Lebensweg häufig entsteht, ist die, eine persönliche Identität aufrecht zu erhalten, während man gleichzeitig diese umfassende Sensibilität entwickelt. Der Fisch, der einfach nur mit dem Strom schwimmt, ist gewöhnlich selbstzerstörerisch, was sich meist in Form von Missbrauch bemerkbar macht, entweder durch eine Beziehung oder durch Suchtmittel. Der stromaufwärts strebende Fisch wendet sich eher der Meditation als dem Methadon zu, sucht das wahre Licht der Erleuchtung statt den verführerischen Schein der rosaroten Brille und strebt zum Göttlichen anstatt in seiner hausgemachten Hölle zu schmoren. Die Fische verkörpern die wahre Bedeutung des Wortes »sacrifice«, englisch für »Opfer«. Dieses Wort hat zwei lateinische Wurzeln: *sacra*, was »heilig« bedeutet, und *fice*, was vom Verb mit der Bedeutung »machen« abstammt. Die höchste kosmische Absicht des Fische-Aszendenten ist es daher, »das Leben heilig zu machen«.

Sobald man den Aszendenten festgestellt hat, kann man den Herrscher und seine Position im Horoskop bestimmen. Es ist dabei sehr wichtig, das Tierkreiszeichen zu beachten, in dem der Geburtsherrscher steht. Der Einfluss dieses Zeichens muss nämlich mit dem Zeichen am Aszendenten verbunden werden, um eine korrekte Interpretation der Wirkung des Geburtsherrschers für das Gesamthoroskop zu erhalten. Dieser Prozess setzt ein solides Verständnis der Grundlangen astrologischen Wissens voraus. Wenn das zu Beginn der Horoskopinterpretation einmal geschafft ist, ist der Rest sehr »astro-logisch«. Ich empfehle die folgende Vorgehensweise, um zu der gewünschten Synthese zu kommen (wir werden für die Illustration aller fünf Punkte das Horoskop von Prinzessin Diana heranziehen):

1. Stellen Sie den Aszendenten, seine Absicht und sein Hauptthema fest.
2. Orten Sie den Geburtsherrscher, und beschreiben Sie seine Grundbedeutung.
3. Beziehen Sie diese Bedeutung mit in Ihr Verständnis von seiner Zeichenstellung ein.
4. Gehen Sie ebenso für die Hausstellung des Planeten vor.
5. Bestimmen Sie den Dispositor des Geburtsherrschers, und stellen Sie fest, in welchem Zeichen und Haus er steht. Gibt es wichtige Kontakte zwischen den beiden? Dies ist ein Hinweis auf eine »sekundäre Herrschaft«, worauf ich später noch im Detail eingehen werde.

Beispielhoroskop 8: Prinzessin Diana[20] – Horoskopabbildung
01. Juli 1961, Sandringham, UK 19.45 h GMD

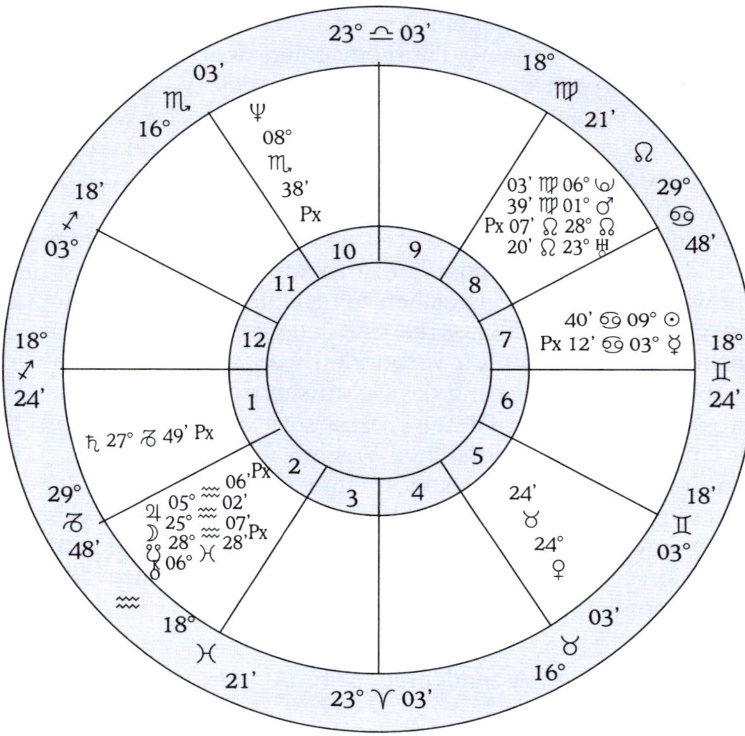

20 Datenquelle: Private Kontakte des Autors in Großbritannien.

Das Radix der verstorbenen Prinzessin von Wales gibt nicht nur Aufschluss über das Leben eines ganz besonderen Menschen, dessen kreatives Potenzial zur Unterstützung der Menschheit so abrupt und tragisch beendet wurde, sondern es liefert uns auch wunderschöne und passende Beispiele für die Erläuterung der oben genannten Punkte. Prinzessin Diana hat einen Schütze-Aszendenten; die Absicht und das Thema ihres Lebens können daher wie folgt zusammengefasst werden:

Die Erweiterung der Lebenserfahrung, so dass der Verstand letztlich mit der Wahrheit in Kontakt kommt, die allen Formen des täglichen Lebens verborgen zugrunde liegt; die Entwicklung eines universellen Glaubenssystems.

Die Bedeutung des Geburtsherrschers und seine Auswirkung auf das Gesamthoroskop

Wir wissen nun, dass der Horoskop- bzw. Geburtsherrscher der Planet ist, der über das Zeichen am Aszendenten herrscht. Er verkörpert die Energie, die *das Ausdrucksmittel und die Kraftquelle für den Aszendenten* darstellt. Dieser Planet hat einen sehr großen Einfluss, demzufolge ist seine Position in Zeichen und Haus extrem wichtig. Es folgt eine kurze Beschreibung, die die essenzielle Bedeutung eines Planeten zu erfassen sucht, wenn dieser sich in der Rolle des Geburtsherrschers befindet:

Sonne (Löwe-AC): Ein »Doppelmotor«, der nicht nur die Vitalitätsquelle des gesamten Horoskops darstellt, sondern der diese Vitalität als das kreative Potenzial der Persönlichkeit auch ausdrückt. Dem natürlichen Zeichen der Sonne am Aszendenten kommt im Horoskop des Betreffenden ein großes Gewicht zu. Das Leben hat ein ausgesprochen persönliches Gesicht, weil der Mensch sich häufig als das Alpha und Omega aller Ereignisse betrachtet. Eine beträchtliche Herausforderung besteht meist darin, selbst »aus dem Weg zu gehen«, damit die kollektive Lebenskraft sich durch den Betreffenden hindurch bewegen und etwas von der Bürde der egozentrischen Persönlichkeit übernehmen kann. Ein reifer und spirituell entwickelter Mensch hat das Gefühl tiefer Verbundenheit mit dem kreativen Potenzial in allem und jedem. Die Sonne in dem Horoskop mit Löwe-Aszendent leuchtet dann mit selbstloser Vitalität, insbesondere auf dem Lebensgebiet, das durch ihre Hausposition angezeigt wird.

Mond (Krebs-AC): Das Leben wird sehr stark von den frühen Lebensumständen bestimmt, insbesondere von der Beziehung mit der eigenen Mutter. Der Mondstand im Zeichen, Haus und mit allen Aspekten spiegelt häufig die Lebensumstände der Mutter um die Zeit der Geburt herum und während der ersten sieben Lebensjahre des Betreffenden wider. Das biologische und psychologische Familienerbe in Form ererbter Eigenschaften dient als Mischpult zur Entwicklung der eigenen emotionalen Reaktionen auf die Umwelt. Es herrscht das Bedürfnis vor, von nahestehenden Menschen und Situationen, in denen man sich befindet, genährt zu werden und auch umgekehrt nährend für andere zu sein. Nähere Auskunft erteilt uns die Zeichenstellung des Mondes. Wenn die Persönlichkeit noch recht unreif ist, nabelt sie sich niemals wirklich von zu Hause ab. Eine entwickelte Persönlichkeit hingegen integriert ihr »zu Hause« in ihre persönliche Entwicklungsdynamik und schreitet auf dem Individuationsprozess voran.

Merkur (Zwillinge-AC): Die Persönlichkeit sucht nach Ausdruck über den rationalen Verstand. Die persönlichen Ansichten, die Art und Weise des Ausdrucks, die Verarbeitung und Kommunikation von Daten, die Sicht auf das, was passiert – alles entsteht aus den Aktivitäten des niederen Verstandes. Das kann zu einer Zersplitterung der kreativen Energie führen. Auch die Integration der eigenen Gefühle sowie die Entwicklung wirklicher Intuition stellen eine Herausforderung dar. Bei einem hoch entwickelten Individuum agiert der Geburtsherrscher Merkur als »Botschafter«, der Informationen und Erfahrungen von dem höheren Verstand bzw. dem höheren Selbst an die Persönlichkeit weiterleitet, damit diese ihnen mit ihrer Dynamik angemessen Ausdruck verleihen kann. Der Verstand fungiert dann als ein »Leitungskreislauf«, der die Informationen wieder von der Persönlichkeit an das höhere Selbst bzw. die Seele »hoch reicht«. An diesem Punkt endet die Identifikation des Ego mit der Dualität des Verstandes und der Betreffende arbeitet statt dessen daran, diese Dualität aufzulösen.

Merkur (Jungfrau-AC): Vieles von dem, was im vorhergehenden Absatz steht, gilt auch hier, aber mit etwas anderen Schwerpunkten. Der Kommunikationsprozess sucht hier einen Ausdruck in materieller Form, nicht bloß in Form von »Ideen«, wie beim Zwillinge-Aszendenten. Der Verstand hat das Bedürfnis, die Lebensereignisse so auszurichten, dass der Betreffende über einen tatsächlichen physischen Ort verfügt und in ein größeres Ordnungssystem passt, wodurch das Teil und das Ganze eins werden. Der Prozess der Synthese (Dinge zusammen zu führen) wird wichtiger als die Analyse (Dinge auseinander zu nehmen). Bei einem reifen Menschen beherrscht der Drang und die Fähigkeit, Vollständigkeit zu erzielen, sein Leben. Dies wird durch das Zeichen ausgedrückt, in dem Merkur steht, und konzentriert sich auf den Lebensbereich, der durch Merkurs Hausposition angezeigt ist.

Venus (Stier-AC): Es herrscht der Wunsch nach Verbindung vor, da Venus im Wesentlichen ein magnetisches Energiefeld ist, das die Dinge *zu sich heranzieht* (wenn sie in einem weiblichen Zeichen steht) bzw. *sich zu den Umständen und Personen hingezogen fühlt* (wenn sie in einem männlichen Zeichen steht), die durch ihre Zeichen- und Hausposition symbolisiert werden. Das Bedürfnis, die sinnliche Seite des Lebens zu erfahren, ist bei einem Stier-Aszendenten sehr groß. Dies manifestiert sich häufig in dem Drang, die materiellen Besitztümer und Lebenspartner zu bekommen, die mit dem persönlichen Geschmack und den Werten übereinstimmen. Das Zeichen, in dem die Venus steht, gibt Auskunft über die Herangehensweise an diese Dinge; ihre Hausposition enthüllt, wo und unter welchen Umständen sich dies alles verwirklicht und welche entsprechenden Lektionen sich für den Betreffenden daraus ergeben.

Venus (Waage-AC): Die Lebensausrichtung gilt der Dynamik, aus Beziehungen und Partnerschaften zu lernen. Der Betreffende hat ein untrügliches Gespür für Harmonie bzw. für ein Ungleichgewicht, das von anderen oder von ihm selbst verursacht wird. Er ist in diesem Sinne jemand, an dem man die herrschende Harmonie bzw. Disharmonie ablesen kann. Die zu meisternden Lebensaufgaben werden durch die Interaktion mit anderen klar und können dadurch gelöst werden. Die Hausposition von Venus enthüllt, in welchem Lebensbereich der Mensch schwerpunktmäßig nach Beziehung sucht, und das Zeichen zeigt auf, wie er dabei vorgeht.

Mars (Widder-AC): Das Leben ist auf Selbstbehauptung ausgerichtet, um so Reaktionen in der unmittelbaren Umgebung hervorzurufen. Je nach Stellung des Mars wird die Fähigkeit, eine Umgebung zu finden, die eine ständige Projektion der Persönlichkeit erlaubt, oder sich eine solche Umgebung zu schaffen, unterstützt oder erschwert. Wenn Mars bei einem Widder-Aszendenten in einem weiblichen Zeichen steht, ist die Wahrscheinlichkeit groß, dass der Betreffende psychologische oder soziale Schwierigkeiten hat, wie beispielsweise einen »passiv-aggressiven« Charakter. Das Leben wird sich von seiner negativen Seite zeigen, wenn das Ziel der Eigenprojektion aus rein persönlichen egozentrischen Erwägungen verfolgt wird. Ein solch unreifes Verhalten ruft auf jeden Fall eine Gegenreaktion in Form von starker Opposition durch andere Menschen hervor. Bei einem entwickelten Menschen schlägt Mars jedoch immer die richtigen Schlachten und geht für ein größeres Ziel siegreich daraus hervor.

Mars (Skorpion-AC): Bei einem unreifen Menschen ist die Befriedigung persönlicher Begierden die allen Situationen, Umständen und Beziehungen zugrunde liegende Motivation. Die Form, die diese Wünsche annehmen, wird von dem Zeichen bestimmt, in dem Mars steht. Gefechte werden solange *durch* dieses Zeichen und *aus* seiner Hausposition heraus ausgetragen, bis der Tod die aggressive Dynamik der Persönlichkeit einholt und die höhere Natur des Betreffenden zum Vorschein kommen kann.

Jupiter (Schütze-AC): Wenn Jupiter die Rolle des Geburtsherrschers einnimmt, erweitert er das gesamte Spektrum der Lebenserfahrung. Er erfüllt die Aufgabe, es dem Betreffenden zu ermöglichen, seinen »Horizont« im wörtlichen Sinne »zu erweitern«. Bei einem noch unentwickelten Menschen vergrößert dies lediglich die Reichweite der Persönlichkeit, indem alle persönlichen Aktivitäten, Bedürfnisse, Wünsche, Reaktionen, Meinungen usw. übertrieben werden. Ein entwickelter Mensch jedoch hat mit diesem Geburtsherrscher eine *eindeutige und klare Ausrichtung*, die seinem Leben Sinn und Bedeutung verleiht. Expansion wird dann der Weg zur Universalität, und das darin enthaltene Geschenk ist die Fähigkeit, den Makrokosmos im Mikrokosmos erkennen zu können. Der Pfad zu dieser Entfaltung (also die Auflösung des niederen Selbst) wird durch die Haus- und Zeichenposition Jupiters beschrieben.

Jupiter (Fische-AC): Die Botschaft ist die gleiche, aber der Schwerpunkt verlagert sich von einer mentalen, feurigen Ausrichtung auf eine emotionale, wässrige hin. Wachstum geschieht durch die Gefühlsnatur. Man wird dann entweder zu einem sich ständig ausdehnenden Fokus des Mitgefühls oder auch zu einem Menschen, der ohne Unterlass nach sinnlicher Stimulation sucht.

Saturn (Steinbock-AC): Struktur, Ordnung, Prozesse, Form und Begrenzung sind die Stichworte, wenn Saturn Geburtsherrscher ist. Durch ein intensives Bewusstsein der Verbindung von allem, was existiert, wird das Leben ausgedrückt und werden persönliche Hemmnisse überwunden. Bei einem Mangel an Intelligenz oder Bewusstsein nimmt man die Strukturen und Muster vielleicht jedoch nicht wahr und fühlt sich demzufolge ständig eingeschränkt und gebremst. Im übertragenen Sinne beherrscht Saturn die Blindheit. Wenn man einmal den richtigen Blick für die Dinge bekommt, dann verwandelt sich das Gefühl persönlicher Einschränkung in ein starkes Empfinden von Ziel und Sinn, um anderen zu dienen. Die Schwere persönlicher Verantwortung wird aufgehoben, und die innere Depression verwandelt sich in ein kreatives äußeres Potenzial, das im höchsten Maße wirkungsvoll ist. Die Hausposition gibt darüber Auskunft, wo dieses Gefühl der Verpflichtung gegenüber sich selbst und anderen am stärksten zum Vorschein kommt. Das Zeichen sagt, auf welche Art es erfüllt werden kann.

Saturn (Wassermann-AC): Die oben genannten Charakteristika gelten hier vielmehr der Welt der Ideen, Ideale und der sozialen Dynamik von Beziehungen als den irdischeren, häufig finanziellen oder berufsbezogenen Steinbockformen des Ausdrucks.

Uranus (Wassermann-AC): Es ist ein Hauptthema des Lebens, einen persönlichen Individuationsprozess durch eine hochkonzentrierte Form des Selbstausdrucks oder im Kontext einer speziellen Gemeinschaft von Menschen zu durchlaufen. Die persönliche Originalität, der Aspekt des Lebens, der uns von anderen unterscheidet oder uns scheinbar von ihnen trennt, wird durch die Haus- und Zeichenposition von Uranus näher beschrieben. Uranus als Geburtsherrscher wird immer dafür sorgen, dass es im Leben des Betreffenden zuerst einmal vorrangig um die persönliche Einzigartigkeit geht, bevor er sich nach persönlicher Weiterentwicklung in ein reiferes Stadium um die Verbundenheit mit anderen Menschen kümmern kann.

Neptun (Fische-AC): Der Lebensdrang ist darauf gerichtet, das Transpersonale in der Persönlichkeit zu enthüllen. Die Herrschaft von Neptun fördert eine Ausrichtung, die jede Art von rigider Einschränkung auflöst und die Grenzen verwischt, die eine Situation definieren. Bei einem hoch entwickelten Menschen kann dies ein wahres Talent sein, das Potenzial in anderen Menschen erkennen zu können, indem man über die Begrenzung der nach außen gezeigten Persona hinaus blickt. Es stattet den Horoskopeigner außerdem mit der Fähigkeit aus, in den gewöhnlichsten Lebensumständen die spirituelle Wahrheit zu identifizieren und sie aus der Situation zu extrahieren. Aber auch das Umgekehrte kann der Fall sein: Der Mensch mit Neptun als Geburtsherrscher ist dann vielleicht unfähig, die tatsächliche Realität einer gegebenen Situation einzuschätzen, und sieht an ihrer Stelle nur eine illusionäre, glamouröse Projektion falscher Hoffnungen und unerfüllter Wünsche.

Pluto (Skorpion-AC): Das Leben entfaltet sich durch eine Serie von langsam aufeinanderfolgenden Krisen. Diese Situationen erfordern die absolute Transformation und Neuorientierung der zugrunde liegenden Umstände. Es wird für den Betreffenden zu einer Lebensnotwendigkeit, diese im Verborgenen liegenden, unglaublich einflussreichen Lebensthemen zu identifizieren und sich an die notwendige Transformationsarbeit zu begeben. Wenn diese Arbeit ernsthaft geleistet wird, dann zeigt die Hausposition Plutos eine große Quelle der Kraft und des Reichtums an. Wenn die erforderliche Umwandlung jedoch nicht stattfindet, wird der Betreffende seine nicht der Regeneration förderlichen Handlungen immer weiter wiederholen und dabei einen Großteil seiner Lebensenergie verlieren. Die Position des Mars weist auf die Art der Begierden des niederen Selbst hin und gibt Auskunft über deren möglichen Ausdruck im Kontext des umfassenden Transformationsprozesses.

Der Geburtsherrscher in den Zeichen

Ein Planet wird als Geburtsherrscher bezeichnet, wenn er entweder der Herrscher des Zeichens am Aszendenten ist oder in naher Konjunktion zu diesem steht. Die Zeichenposition des Herrschers zeigt uns, *wie* das Wesen des Planeten sich ausdrückt. Dies fällt dem fortgeschrittenen Astrologiestudenten relativ leicht, da er schon verschiedenste Planeten/Zeichen-Kombinationen kennen gelernt hat. Von Bedeutung ist hier die Frage nach der Gewichtung, und in diesem Zusammenhang ist es wesentlich, dass der Astrologe die Zeichenherrschaft des Geburtsherrschers entsprechend beachtet. Diese zwei Deutungsfaktoren müssen dann miteinander verbunden werden, also das Zeichen am Aszendenten und das Zeichen, in dem der Geburtsherrscher steht. Nehmen wir beispielsweise einmal an, dass der Betreffende einen Stier-Aszendenten hat und Venus in Skorpion steht. Skorpion ist nicht gerade das Lieblingszeichen der Venus, ganz im Gegenteil, es ist das Zeichen ihres Exils. Warum? Wie wir bereits gesehen haben, verlangt das Lebensthema des Stier-Aszendenten: »Das Bedürfnis, sich physische Formen des Selbstausdrucks zu schaffen, die direkt aus den *eigenen Werten und Ressourcen* erwachsen.« Wenn Venus ist Skorpion steht, geht das Bestreben mehr in die Richtung, *die Ressourcen anderer Menschen* anzuziehen und einzusetzen. Dies widerspricht der wesentlichen und natürlichen Ausrichtung des Stiers und bringt den Menschen mit Stier-Aszendenten in viele zwischenmenschliche Konflikte. Diese beruhen auf dem Bedürfnis des Betreffenden, die Werte anderer Menschen in eine Spiegelung der eigenen Werte zu verwandeln. Dieser Stier/ Skorpion-Konflikt wird das ganze Leben lang ein Hauptthema für den Horoskopeigner sein.

Um jedoch zum Thema zurückzukehren, um das es uns geht, liste ich im Folgenden die zwölf Zeichen und die Schlüsselworte zu ihrem thematischen Verständnis auf. Jeder der Abschnitte enthält zwei Interpretationen. Die erste (a) gilt, wenn der Geburtsherrscher im Horoskop gut gestellt ist, während die zweite (b) Anwendung findet, wenn der Geburtsherrscher durch Aspekte oder seine Stellung im Horoskop starke Herausforderungen erfährt bzw. sich auf einem sehr niedrigen Niveau seiner Möglichkeiten bewegt. Wichtig ist es dabei, immer im Kopf zu behalten, dass diese Charakteristika *das energetische Feld* darstellen, durch welches der Geburtsherrscher wirkt. Folgende Wesensaspekte des Geburtsherrschers werden betont, wenn er im entsprechenden Zeichen steht:

Widder: (a) Der Drang, neue Erfahrungen im eigenen Umfeld hervorzurufen und sowohl für sich selbst als auch für andere das Wachstum des kreativen Potenzials zu fördern; (b) Eine direkte Reaktion aus der Umgebung zu erhalten, die dazu dient, eine sehr persönliche Form des Selbstausdrucks zu unterstützen und das Umfeld, in dem sich der Betreffende befindet, zu dominieren.

Stier: (a) Der Drang, physische Formen und Umstände mit einem höheren kreativen Potenzial auszustatten und so die Umgebung durch den rechten Einsatz der eigenen Talente und Ressourcen zu nähren; (b) Ein Bedürfnis, die Lebensumstände auf ihre physische und sinnliche Ausdrucksebene zu reduzieren, um die eigene Wunschnatur zu befriedigen.

Zwillinge: (a) Der Drang, die kommunikativen Möglichkeiten über ein breitgefächertes persönliches Wissen und Erfahrung zu vergrößern und bestehende Dualität in größere Harmonie zu verwandeln; (b) Die Tendenz, Lebensenergie durch die ständige Schaffung von ungelösten zwischenmenschlichen Kommunikationskonflikten zu vergeuden.

Krebs: (a) Der Drang, für das eigene Leben eine integrierte und solide Basis des Selbstausdrucks zu schaffen und das Erlernen von Methoden, sich und andere zu nähren; (b) Eine Neigung, das Wesen des Geburtsherrschers in Krebs aus dem unbewussten Drang nach Erhaltung von nicht der Regeneration dienenden, instinktiven Mustern und psychologischen Eigenheiten heraus auszudrücken.

Löwe: (a) Die Fähigkeit, die Energie des Geburtsherrschers in Löwe zu nutzen, um einen Fokus für die beständige Entfaltung positiven, kreativen Potenzials zu bilden; (b) Das Bedürfnis, die Umstände zu dominieren und zu kontrollieren, wobei die Energie des Geburtsherrschers als ein Mittel für persönliche Anerkennung eingesetzt wird.

Jungfrau: (a) Der Drang, die vielfältigen persönlichen Talente und Ressourcen des Umfelds zu nutzen, um als Individuum von größtmöglichem Nutzen zu sein; (b) Ein Gefühl von Unvollständigkeit, Frustration oder Unzufriedenheit mit dem Ausdrucksbereich, der durch den Geburtsherrscher angezeigt ist.

Waage: (a) Je nach Naturell des Geburtsherrschers ist die Persönlichkeit mit dem Charisma und dem Magnetismus ausgestattet, der die Vereinigung mit anderen Menschen in Beziehungen ermöglicht und so eine gegenseitige positive Förderung des kreativen Potenzials in jedem der Beteiligten bewirkt; (b) Eine Neigung, Widersprüche und Konfliktsituationen hervorzurufen, die einen solchen Einklang mit anderen verhindern.

Skorpion: (a) Der Drang, die Energie des entsprechenden Planeten zu transformieren und zu verfeinern, um ihm so eine größere kreative Verwirklichung zu ermöglichen; (b) Eine Serie von Krisen, die auf die beständige Fortsetzung selbstsüchtiger oder egozentrischer Lebensmuster hinweist. Derartige Aktivitäten beruhen auf den Bedürfnissen der niederen Wunschnatur und bewirken eine Verringerung des kreativen Potenzials.

Schütze: (a) Der Drang, die Qualitäten und die kreative Dynamik, die dem Geburtsherrscher innewohnt, noch zu erweitern, um so ein Ziel mit größerer kreativer Verwirklichungsmöglichkeit anzustreben; (b) Ein übertriebener Ausdruck der wahren Natur des Geburtsherrschers, mit dem Ergebnis der Energievergeudung und des Ungleichgewichts.

Steinbock: (a) Eine Neigung, die am besten entwickelten Qualitäten des Geburtsherrschers in den Dienst von persönlichen und gesellschaftlichen Zielen zu stellen; (b) Der Geburtsherrscher wird zum Mittel für Dominanz, Kontrolle und dem unangemessenen Gebrauch des persönlichen Willens, bzw. er wird entsprechend seinem Naturell dazu missbraucht, das kreative Potenzial anderer zu unterdrücken und zu begrenzen.

Wassermann: (a) Eine Fähigkeit, die Energie des Geburtsherrschers als Verbindungsglied im zwischenmenschlichen Bereich einzusetzen, um auf das kollektive Wohl hinzuarbeiten bzw. entsprechend der Stellung des Geburtsherrschers etwas ganz Einzigartiges und Originelles zu entwickeln; (b) Eine Kraft, die das kreative Potenzial im Geburtsherrscher zerstreut, auflöst, verwirrt oder sogar zerstört.

Fische: (a) Der Drang, in die durch den Geburtsherrscher symbolisierten Lebensumstände größere Bedeutung zu bringen, so dass Heilung und Ganzheit herbeigeführt werden; (b) Eine Verleugnung der praktischen Konsequenzen aller Handlungen des Geburtsherrschers, was im Verlust des Gleichgewichts, der Verhältnismäßigkeit und in Strukturverlust resultiert.

Die Hausstellung des Geburtsherrschers

Die Hausposition des Geburtsherrschers ist von äußerster Wichtigkeit, da sie zeigt, *wo* im Leben des Betreffenden der Hauptschwerpunkt für den Ausdruck seiner Persönlichkeit liegt. Die Hausposition der Sonne sagt uns vieles über den Bereich der *Kraftquelle*, aus der man schöpft. Sie hat etwas mit einem Gefühl grundsätzlicher Vitalität zu tun, das sich im ganzen Horoskop ausbreitet. Die Hausposition des Aszendentenherrschers hingegen gibt uns Auskunft darüber, was der Horoskopeigner mit dieser Vitalität macht. Er sagt aus, wie der Horoskopeigner sich in die tatsächliche *Selbstformung* begibt, wie sich sein Ego in Aktion zeigt. Das Haus der Sonne kann man als Banktresor betrachten, wo die Lebensenergie gelagert wird, die Hausposition des Geburtsherrschers sagt uns jedoch, wo diese Energie im Wesentlichen eingesetzt wird.

Im Horoskop von Prinzessin Diana steht die Sonne in Krebs im siebten Haus, dem Haus der Ehe. Ohne Zweifel drehte sich vieles in ihrem Leben um die Tatsache, dass sie mit dem Prinzen von Wales *verheiratet* war. Erst durch diese Ehe gelangte sie in ihre gesellschaftliche Stellung (Waage an der Spitze des zehnten Hauses) und konnte ihre Lebenskraft dazu nutzen, sich eine Identität zu schaffen und diese aufgrund ihrer Stellung in der Öffentlichkeit auszustrahlen (Sonne im siebten Haus). Sie schöpfte auch enormes Ansehen und Macht aus der Tatsache, dass sie die Mutter des Thronfolgers war. Dies hätte sie zur nächsten Königinmutter von Großbritannien gemacht (Sonne in Krebs).

Aber was war mit Lady Diana Spencer selbst? Was war mit ihren eigenen Aktivitäten, durch die sie sich selbst auszudrücken und ein Bewusstein einer eigenen Identität zu entwickeln suchte, die über ihre Ehe, ihre Rolle als Mutter und ihre gesellschaftliche Stellung hinaus ging und damit ihr Leben als Gesamtes umfasste? Um diese Frage zu beantworten, müssen wir wieder zum Aszendenten zurückkehren und uns die Position seines Herrschers, Jupiter, anschauen. Wenn wir noch einmal zurückblättern und das lesen, was wir bereits zuvor in diesem Kapitel über Jupiter als Geburtsherrscher erfahren haben, dann sehen wir Folgendes:

1. Jupiter erweitert und expandiert das gesamte Spektrum der Lebenserfahrungen. Man kann sicherlich sagen, dass Diana zu einer überlebensgroßen Figur wurde. Zum Zeitpunkt ihres Todes war sie im Grunde die Prinzessin des Planeten Erde.
2. Im Leben eines noch unreifen Menschens verschafft Jupiter als Geburtsherrscher lediglich dem Ego des Betreffenden einen größeren Spielraum, indem er alle persönlichen Handlungen, Bedürfnisse, Wünsche usw. übertreibt. Diana hatte sicherlich gute Gründe, sich verletzt, verlassen und betrogen zu fühlen. Aber sie selbst warf sich während ihrer Schwangerschaft die Treppe hinunter, und sie war Urheberin einer Reihe von hochdramatischen Selbstdarstellungen in der Öffentlichkeit und natürlich besonders im Rahmen des britischen Königshauses.
3. In einem entwickelten Stadium hat der Betreffende einen ausgeprägten Sinn für seine Ausrichtung, seinen Lebenssinn und seine Bedeutung. Im Laufe der Zeit wuchs Dianas Bewusstsein für die unbefriedigende politische und soziale Situation und weckte die in ihr schlummernde Liebe zur Menschheit.
4. Die Erweiterung des Horizonts durch Jupiter wird zum Weg des Individuums zu universellem Bewusstsein. Ich glaube, dass Diana sich zum Zeitpunkt ihres Todes einer Lebensphase näherte, in der sie allmählich eine wirklich spirituelle Entwicklung in Bezug auf die Welt und ihren Dienst an der Menschheit hätte nehmen können. Wäre sie noch am Leben, so wäre sicherlich eine bemer-

kenswerte Königinmutter für die ganze Welt (Sonne in Krebs) aus ihr geworden.

Wir wollen uns nochmals ins Gedächtnis rufen, was das Lebensthema ist, wenn der Geburtsherrscher (in diesem Fall Jupiter) in Wassermann steht. Der Betreffende verfügt über »eine Fähigkeit, die Energie des Geburtsherrschers als Verbindungsglied im zwischenmenschlichen Bereich einzusetzen, um auf das kollektive Wohl hinzuarbeiten bzw. entsprechend der Stellung des Geburtsherrschers etwas ganz Einzigartiges und Originelles zu entwickeln«. Jeder, der mit den Ereignissen im Leben von Prinzessin Diana auch nur annähernd vertraut ist, wird diese Dynamik des Geburtsherrschers in ihrem Leben bemerken können. Das Ganze wird noch interessanter und spezifischer, wenn wir die Hausposition des Herrschers und weitere Faktoren der Herrscherverknüpfung mit einbeziehen.

Der Geburtsherrscher in den Häusern

Die Energie des Geburtsherrschers drückt sich im Allgemeinen wie folgt aus:

Erstes Haus – Als eine starke Verkörperung des betreffenden Planeten. Jemand mit Zwillinge am Aszendenten und Merkur in diesem Zeichen im ersten Haus wird beispielsweise viel sprühender und kommunikativer sein als ein Mensch, bei dem Merkur in Zwillinge in einem anderen Haus steht. Der Horoskopeigner *ist* im wahrsten Sinne des Wortes Merkur in Zwillinge: Er befindet sich ständig in Bewegung, in Gedanken und im Gespräch mit anderen. Er wird auch häufig genauso *aussehen* und sich so *verhalten* wie Merkur in Zwillinge: schlank, ruhelos, nervös, intelligent und aktiv, ständig gestikulierend. Diese Herrscherposition beschreibt einen Menschen, der *die Rolle* von Merkur in Zwillinge *spielt*: Er wird in allen zwischenmenschlichen Situationen die Rolle des Vermittlers und Botschafters übernehmen, der sich leicht damit tut, Verbindungen herzustellen. Ein Mann mit einem Waage-Aszendenten und Venus in Waage im ersten Haus ist nicht nur einfach charmant – er verkörpert den Charme in Person! Eine Frau mit Steinbock-Aszendent und Saturn im gleichen Zeichen im ersten Haus ist nicht einfach nur eine Autorität und eine Meisterin ihres Fachs, sie ist die Verkörperung des Drangs nach Meisterschaft über die Umgebung schlechthin und ein regelrechtes Symbol für Selbstbestimmung (es sei denn Saturn wird stark geschwächt – beispielsweise von Neptun oder dem Mond – in diesem Fall fühlt sich die Horoskopeignerin wohl eher beherrscht und von ihrem Umfeld unterdrückt und wird sich zurückziehen.) Ein Mensch mit Löwe-Aszendent und der Sonne in Löwe im ersten Haus betrachtet sich selbst beispielsweise als das Zentrum des Universums. Bei der Interpretation der Stellung des Geburtsherrschers im ersten Haus sollte sich der Astrologe von seinem Wissen über die Bedeutung der Planeten in ihrem eigenen Zeichen leiten lassen und dieser Bedeutung ein hohes Gewicht verleihen. Die entsprechenden Abschnitte in diesem Kapitel in Bezug auf die Thematik der Zeichen und Planeten können als unterstützender roter Faden bei Ihren Schlussfolgerungen dienen. Beachten Sie einfach immer die Regel: Wo und wie der Herrscher des Horoskops platziert ist, so ist der *betreffende Mensch*.

Zweites Haus – Als ein natürlicher Drang, die eigenen Talente und Ressourcen im Leben einzusetzen. Man sollte dabei bedenken, dass das zweite nicht nur das Haus des Geldes und der persönlichen Finanzen ist, sondern dass es in ihm um wesentlich umfassendere Themen geht: nämlich um unseren Selbstwert und unser persönliches Wertesystem. Im zweiten Haus liegt sowohl der Schatz unserer Talente und Fähigkeiten als auch der Schatz unseres persönlichen Reichtums (oder unseres Mangels an Reichtum) auf allen Ebenen. Man kann deswegen mit Sicherheit davon ausgehen, dass materielle Erwägungen von extremer Wichtigkeit und großem Interesse sind, wenn der Geburtsherrscher im zweiten Haus und in einem Erdzeichen steht. Aber was wäre, wenn der Geburtsherrscher im zweiten Haus in einem Luftzeichen stünde? Nehmen wir beispielsweise einen Jungfrau-Aszendenten mit Merkur im zweiten Haus in Waage. In diesem Fall liegt der Schwerpunkt wohl eher auf einem Reichtum an Ideen und darauf, wie diese Ideen mit anderen geteilt werden können, damit sich für alle Seiten kreative Möglichkeiten und positive Resultate ergeben. Wenn der Geburtsherrscher im zweiten Haus steht, dann fordert das Leben den Betreffenden immer dazu auf, das Beste aus dem zu machen, was er zu bieten hat, denn er wird immer die Quelle seiner eigenen Versorgung sein. Je mehr der Horoskopeigner es schafft, seine individuelle Quelle mit der Quelle *aller* Fülle gleichzusetzen, umso reicher wird er sein. Dies zu lernen kann zu einer seiner wichtigsten Lektionen im Leben werden.

Drittes Haus – Als das Bedürfnis danach, sich selbst sehr stark *über* die Energie des entsprechenden Geburtsherrschers auszudrücken, dessen Inhalte zu vermitteln und zu integrieren, um sich seiner selbst stärker bewusst zu werden. Die Betonung liegt dabei eindeutig auf dem Wort »über«. Der Geburtsherrscher nimmt den Betreffenden mit auf eine Reise. Es ist nicht nur eine Reise der Selbstentdeckung, sondern auch der Selbstdefinition. Das Ziel einer jeden Inkarnation liegt darin, das kreative Potenzial des inkarnierten Wesens zu vergrößern – und das ist derjenige selbst! Jedes Horoskop ist die Straßenkarte für die nächste Phase dieses enormen Unterfangens, und die Hausposition des Geburtsherrschers zeigt an, wo die Hauptlebensreise hinführt. Es mag vielleicht Ausflüge am Rande geben – besonders, wenn der Geburtsherrscher und der Rest des Horoskops eine Betonung in den beweglichen Zeichen und/oder den fallenden Häusern aufweisen (wie zum Beispiel das dritte) –, aber die »Hauptreise« wird durch den Geburtsherrscher und seine Hausposition symbolisiert.

Ich verwende hier die Reise als Metapher, weil wir es im dritten Haus mit dem Horoskopbereich zu tun haben, dem die Kurzreisen hinzugerechnet werden. Wenn der Geburtsherrscher dort steht, dann wird auch die übrige Deutung des Horoskops höchstwahrscheinlich ergeben, dass der Betreffende eine starke Vorliebe dafür hat, viele verschiedene Wege und Abwege zu beschreiten. Wenn Venus die Geburtsherrscherin ist und im dritten Haus steht, dann finden die Lebensreisen durch Beziehungen (und möglicherweise auch durch die finanzielle Situation) statt. Wenn Jupiter der Herrscher ist und im dritten Haus steht (vor allem in Widder, Zwillinge, Schütze und Fische), dann wird der Betreffende im Laufe seines Lebens mit Sicherheit viele Bücher aufschlagen.

Mit Mars im dritten Haus als Geburtsherrscher können wir mit großer Sicherheit davon ausgehen, dass der Betreffende viele Schlachten zu schlagen haben wird, um seine Meinung und seine Ideen zu verteidigen. Die vorübergehenden Verluste, die man unter dem Einfluss von Mars immer zu erleiden hat, öffnen das Tor zu mehr Einsicht und Gewinn, wenn die Wunden verheilt und die Lektionen gelernt sind. Häufig beschreibt die Platzierung des Geburtsherrschers im dritten Haus auch eine wichtige Beziehung zu einem Geschwister oder einem anderen nahestehenden Verwandten (mit Ausnahme der Eltern und Großeltern, die in einen anderen Horoskopbereich gehören). Eine gut platzierte Venus als Herrscherin in einem weiblichen Zeichen im dritten Haus weist auf die Bedeutung einer liebenswerten und liebevollen Schwester (oder einer schwesterlichen Freundin) hin; ein verletzter Saturn als Geburtsherrscher, der im dritten Haus steht, kann hingegen auf einen älteren Bruder hinweisen, der einen beherrschenden und problematischen Einfluss auf das Leben des Betreffenden hatte.

Viertes Haus – Als eine Lebenslektion, die viel mit der Erschaffung einer Heimat, einer Basis und einem Ort persönlicher, psychischer Sicherheit zu tun hat. Im vierten Haus geht es um unser »biologisches Karma«, die Dynamik der physischen Familienabfolge mit den eigenen Eltern, aber auch um die Übernahme des gesamten psychologischen Erbes, das man mitbekommen hat. Hier geht es um die eigenen »internen Botschaften« und die daraus folgenden unterbewussten Motivationen. Zar Nikolas II hatte in seinem Horoskop Saturn in Schütze im vierten Haus stehen. Saturn befand sich in Opposition zur Sonne und zum Geburtsherrscher, Merkur in zehn. Das heißt, sein gesamtes öffentliches Image sowie auch sein Bild von sich selbst als »Höchster Autokrat« (einer der Titel, die er trug), fiel ihm nicht nur durch die Erbschaft seiner Position als Zar zu, sondern war auch in seiner biologischen und psychologischen Struktur fest verankert.

Diese altertümliche Anschauung (Schütze), den Monarchen als absolute Autorität anzusehen, verhinderte jeglichen Versuch der individuellen Herrschaft (Saturn in Opposition zur Sonne) und wurde darüber hinaus noch durch das fixe Zeichen der Sonne und des Geburtsherrschers (Sonne und Merkur in Stier) verstärkt.

Die Position des Geburtsherrschers im vierten Haus hat eine tiefe Bedeutung. In den meisten Fällen ist es nicht gerade die einfachste Position, da sie der ursprünglichen Bedeutung des ersten Hauses – dem Drang nach neuen Erfahrungen für die sich entwickelnde Persönlichkeit – antithetisch gegenüber steht. Das vierte ist das Haus, das am meisten mit der Vergangenheit zu tun hat, kaum etwas mit der Gegenwart und schon gar nichts mit der Zukunft. Dennoch kann ein in Zeichen und Aspekt gut gestellter Geburtsherrscher in diesem Haus eine Menge dazu beitragen, den betreffenden Menschen so gut und sicher innerhalb der Grenzen seiner persönlichen, psychologischen Domäne zu verankern, dass dadurch auch darüber hinausgehende Strukturen zur persönlichen Unterstützung leichter aufgebaut werden können.

Beispielhoroskop 9: Zar Nikolaus[21] – Horoskopabbildung
18. Mai 1868, St. Petersburg, 12.02 h EET

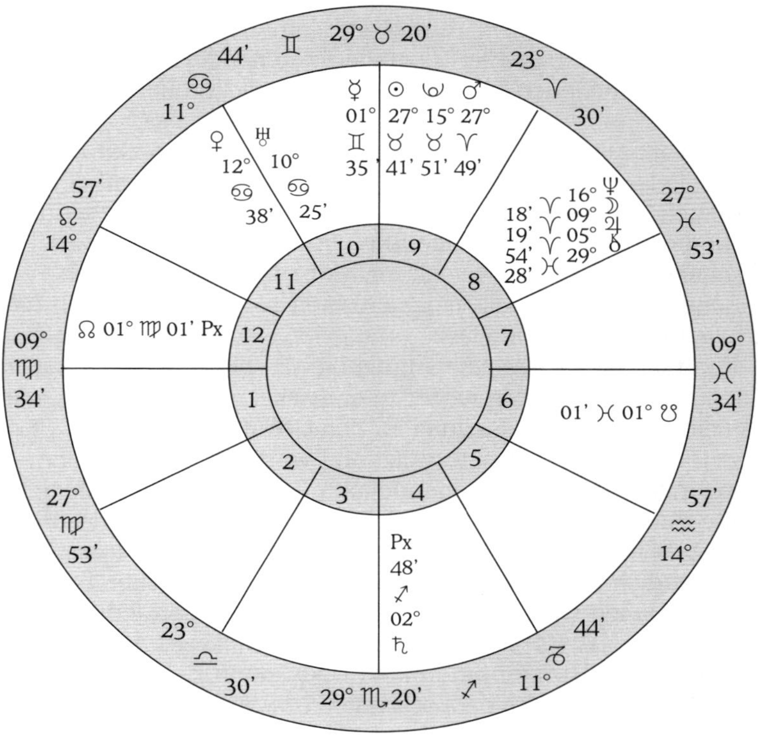

21 Datenquelle: Jones, Marc E., *Die sabischen Symbole.*

Wenn beispielsweise Venus als Herrscherin über einen Waage-Aszendenten in Steinbock im vierten Haus gut platziert steht, dann verfügt der Horoskopeigner wahrscheinlich über eine starke finanzielle Basis, auf die er aufbauen kann. Zumindest weist Venus jedoch in dieser Stellung auf ein Vermächtnis althergebrachter traditioneller Wertekodizes in der Familie und im eigenen Sozialverhalten hin, die dem Betreffenden bei seiner gesellschaftlichen Laufbahn helfen können.

Ich wähle den Begriff »gesellschaftliche Laufbahn« mit Bedacht, da fast jeder Mensch mit einem Waage-Aszendenten und einer gut gestellten Venus in Steinbock im vierten Haus als Herrscherin versuchen wird, eine vorteilhafte Ehe einzugehen und eine sozial angesehene Position zu erreichen. Dies ist für diesen Menschen ein wesentlicher Bestandteil seiner ererbten Motivation, die ihn nach Erfolg im Leben streben lässt.

Fünftes Haus – Als eine Anregung, die persönlichen kreativen Talente und Fähigkeiten weiter zu entwickeln. Dies ist im Allgemeinen eine sehr positive Stellung für den Geburtsherrscher, da sie das Potenzial des Planeten unterstützt und verstärkt, indem sie ihm die dem fünften Haus innewohnende natürliche Vitalität hinzufügt. Das fünfte Haus nimmt den Geburtsherrscher wohlwollend auf und steuert weitere kreative Ausdrucksmöglichkeiten bei. Ich spreche hier natürlich von einem gut gestellten Geburtsherrscher. Falls er in einem Zeichen steht, das sich mit dem natürlichen feurigen Ausdruck dieses Hauses nicht verträgt, wie z.B. ein Krebs-Aszendent mit dem Mond in Skorpion im fünften Haus, dann kann das Potenzial des Geburtsherrschers dadurch unter Umständen gemindert werden.

Das fünfte Haus hat viel mit den Freuden des Lebens zu tun: Kinder, romantische Abenteuer, Spiel und alle kreativen Unternehmungen, die Vergnügen, Befriedigung, Wachstum und Spaß ins Leben bringen. Ein verletzter Herrscher im fünften Haus kann daher für Probleme mit den eigenen Kindern oder in romantischen Liebschaften stehen oder den Spaß am Spiel in ernsthafte Verluste durch Spielsucht verwandeln.

Im oben stehenden Beispiel mit dem Mond in Skorpion als Geburtsherrscher im fünften Haus kann es bei einer verletzten Stellung (beispielsweise durch ein Quadrat von Saturn in Löwe) zu enttäuschenden Erfahrungen mit den eigenen Kindern kommen oder sogar zu einer völligen Ablehnung von Kindern. Die Aussage, die ein Geburtsherrscher in diesem Haus machen möchte, lautet: »Ich bin ich, und hier ist ein Beweis dessen, was ich zu leisten vermag. Hier sind einige der reifen Früchte meines Baumes. Lasst mich daraus ein wunderbares Kompott machen! Ich gebe euch sogar etwas davon ab, damit ihr auch genießen könnt, was ich erschaffen habe.« Ein Mensch mit einem starken Herrscher im fünften Haus, nehmen wir zum Beispiel einen Löwe-Aszendenten mit der Sonne in Schütze in fünf, hat viel weniger mit den Reaktionen der Öffentlichkeit auf seine Tätigkeiten als mit den Reaktionen auf seine kreativen Pläne und Projekte zu schaffen. So jemandem liegt viel mehr daran, Beweise für seine eigenen Fähigkeiten und Talente hervorzubringen als sich mit deren größeren gesellschaftlichen Folgen auseinander zu setzen.

Sechstes Haus – Als eine Neigung, nach Werkzeugen, Techniken, Methoden und Fähigkeiten Ausschau zu halten, die den Horoskopeigner selbst und seine Fähigkeiten vervollkommnen. Wenn der Geburtsherrscher in einem der ersten fünf Häuser steht, dann hat das Leben des Betreffenden einen sehr persönlichen Touch oder dreht sich zumindest um die Dynamik des Ego, die sich in Bezug auf das eigene Daseinsgefühl entwickelt (erstes Haus), in Bezug auf die eigenen Ressourcen (zweites Haus), Ideen und Arten der Kommunikation (drittes Haus), die psychologischen Wurzeln (viertes Haus) sowie die Fähigkeit, all diese Faktoren in einer aussagekräftigen Kreation des Ego zusammenzufassen. Die Bedingungen ändern sich jedoch, wenn der Geburtsherrscher im sechsten Haus steht – hier besteht die Tendenz, mit dem Status Quo unzufrieden zu sein und nach weiteren Möglichkeiten des Selbstausdrucks zu suchen.

In dieser Stellung liegt ein Streben, das weniger von der persönlichen Unmittelbarkeit und Selbstprojektion des Aszendenten hat, und viel mehr von dem Drang, einen Platz in einem größeren Zusammenhang zu finden, einen Platz, an dem ein aktiver und häufig sehr praktischer Austausch mit dem Leben stattfindet. Der Drang nach persönlicher Entwicklung kann sich in der Beschäftigung mit Gesundheit – der eigenen und der von anderen – in Form einer Heilkunst ausdrücken. Ein gut gestellter Saturn als Geburtsherrscher im sechsten Haus könnte einen mehr zu traditionellen Heilmethoden hinziehen, während Uranus als Geburtsherrscher in diesem Haus andeuten könnte, dass der Betreffende sich eher mit alternativen Heilverfahren und -systemen beschäftigt.

Der Mond ist der »Kollektor« des Sonnensystems. Wenn er eine gut platzierte Stellung im sechsten Haus einnimmt, kann der Betreffende in diesem Prozess viele Fähigkeiten ansammeln, die er bei Bedarf immer wieder hervorholen kann. Wenn der Mond bei einem Krebs-Aszendenten allerdings im sechsten Haus steht und verletzt ist, dann ist das häufig ein Hinweis darauf, dass nichts jemals wirklich stimmt oder sicher ist und dass die eigene Gesundheit oft auf dem Spiel steht (genauso wie die von Mama es ständig war). Sehr häufig ist das Bedürfnis, einen Platz im Leben zu finden, mit der eigenen Arbeit oder dem Betätigungsfeld der Person verknüpft. Ein sehr klares Beispiel für eine solche Herrscherstellung wäre beispielsweise ein Horoskop mit Widder am Aszendenten und Mars in Jungfrau im sechsten Haus. Die grundlegende Aussage lautet hier: »Nichts ist jemals hundertprozentig in Ordnung mit mir. Ich stehe in ständigem Konflikt zu meiner Arbeitsumgebung, und wenn ich selbst der Chef bin, dann streite ich mich mit den Menschen, die mich unterstützen.« Wenn Mars in dieser Stellung auch noch verletzt ist, verschärft sich die Aussage in ihrem Ausdruck noch. Verdauungsprobleme oder Magengeschwüre könnten das Resultat sein, wenn der Horoskopeigner keinen Weg findet, dies in den Griff zu bekommen! Wenn Mars ansonsten jedoch gut gestellt ist (zum Beispiel im Trigon zu Saturn in Steinbock steht), dann könnte diese Aussage wie folgt modifiziert werden: »Obwohl ich gewöhnlich immer etwas an meiner Arbeitsumgebung auszusetzen finde, ist es mir dennoch möglich, häufig Wege zu finden, die die Situation erleichtern und verbessern.« In diesem Fall könnte der Betreffende Unterstützung von einem älteren und erfahreneren Kollegen oder Mitarbeiter erhalten (Saturn).

Siebtes Haus – Als ein starkes Bedürfnis danach, sich mit anderen zu verbinden bzw. sich gegen andere abzugrenzen, um ein stärkeres Gespür für sich selbst zu bekommen. Das Bedürfnis nach ständigem Austausch und ständiger Spiegelung (insbesondere wenn der Geburtsherrscher in diesem Haus in einem Luftzeichen steht) kann eine Schwachstelle sein. Wenn *ich* mich immer auf *dich* verlasse, um zu verstehen, wer *ich* bin bzw. wer ich nicht bin, dann setze ich mich dadurch höchst intensiven Beziehungskonflikten aus. Ich setze mich außerdem der Gefahr aus, in Co-Abhängigkeit zu geraten sowie psychisch sehr leicht verletzt zu werden (insbesondere wenn mein Geburtsherrscher der Mond ist, im Zeichen Krebs steht oder einen harten Aspekt vom Mond oder einem anderen Planeten in Krebs empfängt). Wenn ich jedoch einen starken Geburtsherrscher gut platziert im siebten Haus habe, dann kann ich mir eines Partners sicher sein, der mich in meinen Aktivitäten und meinem Wohlergehen unterstützt. Ich bin dann auch in der Lage, die »bedeutenden anderen Menschen« zu finden, die mir einen positiven Einfluss auf ihr Leben erlauben und mich dadurch in meinem Selbstwertgefühl und in meinen kreativen Möglichkeiten bestätigen.

Wenn der Herrscher des Aszendenten am Deszendenten steht, werden die Angelegenheiten des ersten Hauses, die essenzielle Bedeutung des »Ich bin« im Leben, in den Bereich der »Anderheit« verschoben. Das siebte Haus ist sowohl das Haus der Ehe als auch das der offenen Feinde. Es ist auf alle Fälle der Ort, wo wir danach Ausschau halten (zuweilen erfolgreich), eine Ergänzung zu uns selbst zu finden, aber es ist auch der Ort, wo unser »Schattenselbst« lebt und wirkt. Natürlich wissen wir, dass es bei dem Aufbau einer einheitlichen und integrierten Persönlichkeit zu Problemen kommen muss, wenn bei einem Widder-Aszendenten Mars in Waage im siebten Haus steht. Aber es kann dennoch sein, dass der Betreffende aus den häufig chaotischen Umständen im Beziehungsbereich, die diese Herrscherposition erwarten lässt, schließlich seine Lösung im Kampf um persönliche Integrität findet. Vielleicht lernt er im Laufe der Zeit, wie er sich in Beziehungen nicht ständig in die Polarität begibt, und beendet damit sein Chaos. Wenn das Ziel des eigenen Lebens darin besteht, Menschen zu einem harmonischen gemeinsamen oder kollektiven Sinn und Zweck zusammenzuführen, dann kann ein gut gestellter Geburtsherrscher im siebten Haus genau das richtige Mittel zum Ziel sein.

Achtes Haus – Als das Bedürfnis, das Wesen der Persönlichkeit zu transformieren, so dass der Betreffende besser gerüstet ist, um anspruchsvollere und kreativere Möglichkeiten des Lebens wahrzunehmen. Ein Geburtsherrscher im achten Haus ist eine wirkliche Herausforderung! Er verrät dem Astrologen, dass der Horoskopeigner viele Transformationskrisen zu überstehen hat, bevor er dem Höchsten und Besten in sich Ausdruck verleihen kann. Dazu gehört definitiv auch die Transformation desjenigen Wesensanteils, der durch den Geburtsherrscher symbolisiert wird.

Wenn es sich dabei beispielsweise um einen verletzten Mond handelt, dann soll sich der Betreffende von ungesunder Anhaftung an sein biologisches Karma, insbesondere das der eigenen Mutter, lösen. Wenn es sich um Venus handelt, muss unser Verhältnis zum Geld oder unsere Motivation, partnerschaftliche Bindungen einzugehen, sich zutiefst verändern. Wenn der Herrscher gut gestellt ist und keine Spannungsaspekte empfängt, dann verfügt der Horoskopeigner über ein unglaublich machtvolles Instrument, anderen Menschen dabei zu helfen, das Gleiche zu tun. Auch der eigenen Sexualität kommt bei dieser Hausposition des Geburtsherrschers eine besonders wichtige Rolle zu. Sicherlich ist Sexualität für alle Menschen wichtig, aber in diesem Fall ist die Frage nach der Art des eigenen sexuellen Ausdrucks und die mit der Erfüllung der eigenen sexuellen Bedürfnisse verbundene soziale Dynamik ein beherrschendes Lebensthema.

Ein Löwe-Aszendent mit der Sonne in Fische im achten Haus ist beispielsweise ein Hinweis auf einen Menschen von enormer Leidenschaft. Das Ausleben dieser Leidenschaft aus rein persönlichem Vergnügen und Dominanz in der Beziehung (ein starkes Achthausthema) kann dem Horoskopeigner jedoch nur allzu schnell zum Verhängnis werden. Wenn aber der mitfühlende und heilende Wesensanteil der Fische entwickelt ist, dann kann der verwandelnde Magnetismus der Achthaussonne als Geburtsherrscher den Betreffenden mit einem sehr liebevollen und integrativen Wesen ausstatten. Diese Qualitäten können sich auch sexuell ausdrücken, aber die Orientierung innerhalb dieser Sexualität wird dann niemals selbstsüchtig sein, sondern sowohl den Horoskopeigner selbst als auch seinen Partner mit Vitalität und Auftrieb versorgen. Wenn der Herrscher des Horoskops im achten Haus steht, liegt der Schlüssel zum rechten Gebrauch der Energie auch in der Verwandlung der Ressourcen anderer Menschen. Ein starker Jupiter im achten Haus als Geburtsherrscher kann beispielsweise ein Hinweis auf einen Menschen sein, der aufgrund seines Scharfblicks für Investitionen anderen Leuten zu Geld verhelfen kann. Er kann auch die philosophische oder religiöse Ausrichtung eines Menschen verändern und dort für mehr Universalität sorgen, wo einst Vorurteile oder Engstirnigkeit herrschten.

Neuntes Haus – Als eine Möglichkeit, den eigenen Horizont durch Reisen im Ausland, höhere Studien, religiöse Beschäftigungen oder jedes andere Mittel zu erweitern, das uns über die Grenzen unserer Persönlichkeit hinausführt. Wenn der Herrscher des Horoskops in dieser Hausstellung allerdings geschwächt wird, dann besteht ein Widerstand gegen das Reisen. Und Reisen bedeutet in diesem Zusammenhang nicht nur das Besteigen eines Flugzeugs und die Reise in ein fernes Land, sondern es bedeutet auch, sich über die bekannten Grenzen unseres persönlichen, ererbten Wertesystems hinauszubegeben.

Es kann sehr beängstigend sein, entwurzelt und in ein anderes Land gebracht werden, wo alles so ganz anders ist als zu Hause – die Sprache, die Sitten und das Essen. Denken wir allein an unsere Reise in das Land der Astrologie und der Metaphysik! Denken Sie nur einmal daran, wie viel Widerstand ein gewisser Teil von Ihnen (und von den vertrauten Menschen um Sie herum) Ihrer Reise anfänglich entgegenbrachte, als Sie die Wertvorstellungen Ihrer Familie hinter sich ließen. Oder Ihre Konfession oder gar Muttis Küche, als Sie damals Vegetarier wurden!

Wenn Sie das natürliche Horoskop einmal genauer betrachten, wird Ihnen auffallen, dass Schütze und das neunte Haus 150° entfernt von sowohl Stier und dem zweiten Haus als auch von Krebs und dem vierten Haus liegen. Der 150°-Winkel, das Quinkunx, ist ein Aspekt, der Anpassung unter nicht gerade einfachen Bedingungen erzwingt. Deswegen fordert der Herrscher des neunten Hauses sowohl den Status Quo unserer seit Geburt ererbten Werte heraus (das zweite Haus) als auch unser gesamtes biologisches Karma (das vierte Haus), auch wenn er uns gleichzeitig viele Türen zu neuen Dimensionen eröffnet. Wenn er gut im neunten Haus platziert ist, fällt dem Betreffenden diese Herausforderung und die daraus resultierende Wachstumsphase leicht – sie liegt im geradezu. Ein starker Geburtsherrscher im neunten Haus ist ein großer Segen für das eigene Leben, und der Planet selbst wird darüber Auskunft erteilen, woher dieser Segen kommt.

Hier drei Beispiele: Wenn Venus die Herrscherin ist und im neunten Haus steht, dann eröffnen Beziehungen den Weg zu einer umfassenderen und weiteren Sicht des Lebens. Wenn es sich um Neptun handelt, dann zieht die innere Inspiration den Schleier der Persönlichkeit fort und enthüllt den Pfad der Inspiration. Wenn Pluto der gut aspektierte Herrscher des Horoskops ist und im neunten Haus steht, dann bringen die spirituellen und irdischen Reisen des Betreffenden aller Wahrscheinlichkeit nach größere Wandlungserlebnisse mit sich.

Zehntes Haus – Als ein unglaubliches Bedürfnis, sich in der Welt zu etablieren und ein Gefühl von Erfüllung in alle Bemühungen um persönlichen Selbstausdruck zu bringen. Wenn der Herrscher des ersten Hauses im zehnten Haus steht, ist der Wunsch, als Persönlichkeit im Leben etwas zu erreichen, sehr stark. Es muss sich dabei nicht nur um ein persönliches Anliegen handeln, sondern auch um ein öffentliches. Je näher der Herrscher am MC steht, desto stärker ist dieser Drang. Das Leben wird von dem Impuls bestimmt, entsprechend des Planeten eine herausragende Stellung zu erlangen, da die Identität des Betreffenden sehr stark mit der erhaltenen Anerkennung in Form *dieser Planetenkraft* verknüpft ist. Schütze am Aszendenten und Jupiter im zehnten Haus weisen also auf einen Menschen hin, der als ein großer Gelehrter, Abenteurer, Athlet oder spiritueller Lehrer gesehen werden möchte und sich auch selbst so sieht. Steinbock am Aszendenten mit Saturn in zehn deutet auf einen Menschen hin, der Chef einer Firma sein muss, politische Führungsperson oder zumindest eine Autoritätsfigur in dem gewählten Bereich. Mit Saturn in dieser Position mag es allerdings eine Weile dauern, bis man dieses Ziel erreicht.

Mars im zehnten Haus bei einem Widder-Aszendenten weist auf das Bedürfnis hin, immer der Erste und Beste zu sein, bei allem, was man tut. Mars in der gleichen Position bei einem Skorpion-Aszendenten hält folgende Nachricht für die Welt bereit: »Ich hab es endlich geschafft, nach enormen Kämpfen hier anzukommen, und jetzt bleibe ich auch!« Insbesondere, wenn Mars in einem fixen Zeichen steht. Verletzte Herrscher im zehnten Haus sind nicht gerade ein erfreulicher Anblick! Dann wird man in dem Versuch, eine herausragende Position einzunehmen, ständig frustriert und trifft immer wieder auf Blockaden oder muss bei den erzielten Erfolgen einige Abstriche machen, im Vergleich zu den Erwartungen, die man hatte.

Spannungsaspekte von Saturn, dem natürlichen Herrscher des zehnten Hauses, zum Geburtsherrscher in dieser Stellung sind besonders schwierig. Starke und gut gestellte Geburtsherrscher im zehnten Haus hingegen haben einen hohen positiven Einfluss darauf, dass der Horoskopeigner es zu dem Erfolg in der Welt bringt, den er sich wünscht und seinem Naturell nach verfolgt. Der positive Einfluss von guten Aspekten von Saturn und der Sonne oder zumindest von einem oder beiden dieser Planeten in einer starken, unterstützenden Horoskopstellung ist dabei besonders groß.

Elftes Haus – Als das Bedürfnis, sich durch Aktivitäten in Gruppen, Organisationen oder Formen der Massenkommunikation in einem größeren Rahmen auszudrücken. Das Internet ist eine gute Metapher für das elfte Haus, da es das Individuum mit dem Netzwerk verschiedenster Quellen und Kontakte verbindet. Wenn der Geburtsherrscher in diesem Feld steht, dann möchte der Horoskopeigner sein persönliches »Theater« im Allgemeinen einem größeren Publikum darbringen. Es besteht allerdings ein Unterschied zwischen einem Fünfthaus-Menschen, der sich gerne »zeigt und produziert«, und einem Elfthaus-Menschen, dessen Version des Schauspiels ein wenig anders aussieht. Im ersten Fall ist der Betreffende der Star und die anderen sind das geneigte Publikum, das ihm Anerkennung für seine Darbietung zollt. Im Fall des Elfthaus-Menschen ist die Situation etwas komplexer. Er mag zwar der Urheber dessen sein, was er erschaffen hat, aber er ist gleichzeitig auch ein aktives Mitglied der Gemeinschaft, einer unter vielen, eine Einheit, die auf der Suche nach Integration in das Kollektiv ist. Wenn der Geburtsherrscher im elften Haus steht, ist die Reichweite der eigenen Aktivitäten und die Art des persönlichen Strebens immer mit der aktiven Teilnahme und Reaktion vieler Individuen oder Gruppen verknüpft. Es besteht häufig der Drang, die eigenen Talente und Fähigkeiten für humanitäre Zwecke zu nutzen oder zumindest etwas zu tun, das viele Menschen mit einbezieht. Der Betreffende hat einen ausgeprägten Verbindungssinn, was andere Menschen angeht (im Gegensatz zu dem Bedürfnis des fünften Hauses, sich selbst nach außen zu projizieren), insbesondere wenn der Geburtsherrscher in einem Luftzeichen steht.

Merkur in dieser Position als Geburtsherrscher würde beispielsweise auf einen Menschen hinweisen, der ein großes Bedürfnis danach hat, seine Ideen, Ideale und Meinungen mit vielen anderen Menschen zu teilen. Jungfrau am Aszendenten mit Merkur als Herrscher in Krebs würde bedeuten, dass der Horoskopeigner viele Informationen und Daten sammelt und aufbewahrt, die er dann wieder über Computer oder andere Kommunikationsmedien verteilen kann. Ein Waage-Aszendent mit Venus als Herrscherin in Löwe im elften Haus wäre ein Mensch, der jedem, dem er begegnet, offen und freundlich entgegentritt (und das wären in diesem Fall nicht wenige Menschen). Der Betreffende würde sofort eine ganz persönliche Beziehung zu anderen Menschen aufbauen, selbst unter den unpersönlichsten Umständen. So jemand könnte im Bereich des Telekommunikationsmarketings arbeiten und jeden einzelnen unbekannten Kunden so begrüßen, als wäre er ein nahestehender Freund. Venus könnte in diesem Kontext aber auch auf eine künstlerische Begabung hinweisen. Das würde dann bedeuten, dass die Arbeit des Horoskopeigners eine Vielzahl von Menschen über Medien wie Fernsehen oder Computer erreichen würde – insbesondere, wenn

Venus in dieser Position auch noch im Trigon oder Sextil zu Uranus stünde.

Zwölftes Haus – als eine ausgesprochene Tendenz, aus dem Hintergrund zu agieren und zu wirken. Gleichgültig, was das übrige Horoskop aussagt, wenn der Geburtsherrscher im zwölften Haus steht, hat der Betreffende eine überaus private Seite seiner Persönlichkeit. Solche Menschen sind häufig allein, manchmal unfreiwillig, aber zumeist aus freien Stücken. Der Horoskopeigner kann ein natürliches Talent zur Forschung, zu genauen Untersuchungen oder zu okkulten bzw. metaphysischen Studien haben. Es besteht auch eine Neigung dazu, sich mit Menschen zusammenzutun, die sich entweder in unklaren Lebenssituationen oder in irgendeiner Notlage befinden. Das wäre vor allem der Fall, wenn Venus oder der Mond der Herrscher des Horoskops wären und entsprechend im zwölften Haus stünden. Je nach der Gesamtlebensausrichtung könnten sich Beziehungen »hinter den Kulissen« in der Art von heimlichen Liebschaften ergeben, oder der Betreffende arbeitet vielleicht mit den Insassen eines Gefängnisses oder kümmert sich um die Heilung von Patienten in einem Krankenhaus. Und wenn es ein besonders geschäftiger Zwölfthaus-Mensch ist, trifft gleich alles drei zu! Die persönlichen Grenzen eines Menschen mit dem Geburtsherrscher im zwölften Haus sind nicht verankert, fest oder sicher.

Aus einer positiven Perspektive betrachtet verleiht dies einem Menschen unbegrenzten Zugang zu anderen und umgekehrt, weil keine Grenzen da sind, die einen Austausch stoppen oder verhindern würden. Menschen, die intuitiv sehr begabt sind, psychologische Berater und Heiler haben häufig starke Besetzungen im zwölften Haus und oft eben auch den Geburtsherrscher dort stehen. Diese Stellung hat jedoch einen großen Nachteil, wenn das Gefühl des Horoskopeigners von persönlicher Integrität schwach ist oder besonders herausgefordert wird. Man wird dann allzu leicht von den Projektionen anderer Menschen durchdrungen, was es einem sehr schwer macht, am eigenen Standpunkt festzuhalten. So jemand fühlt sich von Menschen mit einem besonders starken Ego, aber auch von ganz normalen Menschen schnell überrollt.

Das zwölfte Haus gilt als »das Haus der verborgenen Schätze«, und einige Planeten, wie zum Beispiel Jupiter und Venus, fühlen sich hier recht wohl, wenn sie auch von Planeten über dem Horizont gut aspektiert sein müssen, um die verborgenen Schätze ans Licht der Öffentlichkeit bringen zu können. Planeten im zwölften Haus, die durch Neptun verletzt werden, sind besonders geschwächt, da dies die Tendenz zur Auflösung und Zerstreuung der entsprechenden Planetenenergie noch weiter verstärkt. Diese Wirkung ist natürlich besonders ausgeprägt, wenn es sich bei dem Planeten um den Geburtsherrscher des Horoskops handelt, weil die darin verkörperte Energie das Empfinden des Horoskopeigners für sich selbst symbolisiert. Ein starkes Empfinden für die eigene Persönlichkeit kann im zwölften Haus verloren gehen. Oder der Betreffende identifiziert sich mit einem besonders noblen, spirituellen oder humanitären Prinzip. Ein Quadrat, eine Opposition oder eine Konjunktion von Neptun zum Geburtsherrscher im zwölften Haus verstärkt diese Wirkung noch. Wenn der Geburtsherrscher im zwölften Haus jedoch stark im Zeichen steht und gut aspektiert wird, dann verfügt der Betreffende über unglaubliche spirituelle (insbesondere bei Feuer und Luft) und materielle (insbesondere bei Erde und Wasser) Ressourcen.

Der Sekundärdispositor

Unsere Analyse des Geburtsherrschers ist nicht vollständig, solange wir uns nicht die Stellung seines Dispositors angeschaut haben. Diese enthüllt viele weitere Details über die Art und Weise, wie sich das Lebensthema des Horoskopeigners entfaltet. Der Astrologe sollte dabei auf das Zeichen und die Hausplatzierung des Sekundärdispositors achten sowie auf alle Hauptaspekte, die diesen Planeten mit dem Geburtsherrscher verbinden. Im Horoskop von Diana auf Seite 96 haben wir hierfür ein ausgezeichnetes Beispiel.

Wir hatten bereits den Geburtsherrscher bestimmt, Jupiter in Wassermann im zweiten Haus. Einer der größten Wünsche in Dianas Leben war es, ihre eigenen Talente und Ressourcen dazu einzusetzen, ihr Selbstwertgefühl (und demzufolge auch ihre persönlichen Werte) dergestalt zu verankern, dass sie damit eine große Zahl von Menschen erreichen kann. Dies stellte sowohl eine große Konfliktquelle in ihrem Leben dar, als auch den Impuls, der ihr persönliches Wachstum und ihre Entwicklung stimulierte.

Jupiter wird sowohl von Uranus in Löwe im achten Haus als auch von Saturn in Steinbock im ersten Haus disponiert. Die Stellung von Uranus in Löwe sagt aus, dass Dianas persönliches Wertesystem sowie ihre Talente und Ressourcen auf eine sehr persönliche, individuelle und auffällige Art und Weise ausgedrückt werden müssen. Ihr Kleidungsstil legte denn auch immer davon Zeugnis ab, um wen es sich bei der Horoskopeignerin handelte, und sie war öffentlichen Diskussionen und Kritik ausgesetzt, weil sie das Geld ihres Gatten und öffentliche Steuergelder dazu benutzte, ihre Garderobe zu finanzieren. Diese Art von übermäßigem Konsum kann man dem Horoskop durch eine Analyse der Dispositoren entnehmen.

Jupiter steht in Wassermann, dem Zeichen der öffentlichen Ressourcen. Uranus, sein Herrscher, steht im achten Haus, dem Haus des Geldes des eigenen Partners bzw. dem Haus der Steuer. Uranus steht im Quadrat zu Venus in Stier (dem Zeichen persönlicher Finanzen). Das heißt, sie benutzte das Geld ihres Ehemannes und das der Öffentlichkeit so, als wäre es ihr eigenes. Das Quadrat deutet auf die Schwierigkeiten hin, die daraus erwuchsen. Aber dennoch gibt die humanitäre und idealistische Dynamik der Kombination der genannten astrologischen Faktoren auch bereits einen Hinweis auf das letztendliche Ergebnis dieser Geldausgaben. Eine der Aktivitäten Dianas, die von der Öffentlichkeit am stärksten wahrgenommen und geschätzt wurden (der kombinierte Einfluss von Wassermann und Schütze hat etwas mit Public Relations zu tun), war der Verkauf ihrer Garderobe. Diese Geste brachte ein kleines Vermögen für wohltätige Zwecke ein, und der erzielte Gewinn übertraf bei weitem die ursprünglichen Kosten. Außerdem wurden Dianas Kleider nach ihrem vorzeitigen Ableben noch wesentlich wertvoller (Uranus steht im achten Haus, dem Haus des Todes).

Die Umwandlung persönlichen Reichtums, so dass er zum Wohle anderer genutzt werden kann, ist ein Prozess des achten Hauses. Alle fixen Zeichen und die analogen folgenden Häuser haben mit Werten zu tun. Bei Stier und dem zweiten Haus geht es um persönliche Werte, Ressourcen und Reichtümer. Der Löwe und das fünfte Haus versehen das Potenzial des zweiten Hauses mit einem Etikett: »Das gehört mir und niemand anderem!« Dieses Zeichen bzw. Haus erlaubt es dem Betreffenden, das, was er wertschätzt und besitzt, durch die dynamische Projektion seines Selbstausdrucks zu verkörpern. Skorpion und das achte Haus stehen für den Weg des Konflikts und den Punkt der Verschmelzung zwischen dem Persönlichen (Stier) und dem, was der Gesellschaft und dem Kollektiv, in dem wir leben, gehört (Wassermann). Durch das Tor des Skorpion und des achten Hauses verankert der individuelle Mensch entweder seine Wünsche und persönlichen Bedürfnisse noch stärker und wird damit egozentrischer, oder er lässt diese Bedürfnisse los, um ein größeres spirituelles und soziales Bewusstsein zu erlangen. Wenn dieser Transformationsprozess richtig vollzogen wird, dann öffnet sich die Tür zum kollektiven Bewusstsein der Menschheit. Das entspricht dann Uranus und dem elften Haus, wo die kollektiven Ressourcen der Menschheit liegen und wo wir die Früchte dafür ernten, wie wir unser Leben in Bezug auf unseren sozialen Beitrag formuliert haben (zehntes Haus).

Uranus steht im achten Haus sehr stark.[22] Er steht in Skorpion erhöht und hat demzufolge eine besondere Affinität zum natürlichen Skorpionhaus. Wir sollten ebenfalls mitberücksichtigen, dass Skorpion an der Spitze des elften Hauses in Dianas Horoskop steht. Hierbei handelt es sich um eine Form der Rezeption, da der natürliche Herrscher des elften Hauses im natürlichen Haus von Skorpion steht, während Skorpion wiederum an der Spitze des elften Hauses steht. Als Astrologe sollte man sich dieser Affinitäten bewusst sein und sie im Hinterkopf behalten, da sie die subtilen Verbindungen in jedem Horoskop sichtbar machen. Diese Planetenstellungen tragen mit dazu bei, dass Diana einen sehr plötzlichen Tod durch einen Unfall erleben musste, als auch dazu, dass ihr Tod die Öffentlichkeit sehr berührte. Nur wenige Augenblicke, nachdem der Autounfall

22 Wir erkennen eine Tendenz zu einem Tod, der auch die Öffentlichkeit berührt, in diesem Horoskop wie folgt: öffentlich = elftes Haus, Tod = achtes Haus. Skorpion, das Zeichen des Todes, steht an der Spitze des elften Hauses. Der natürliche Herrscher und der Geburtsherrscher des elften Hauses stehen im achten, dessen natürliche Herrscher, Mars und Pluto, den Einfluss noch verstärken. Diana versuchte mehrfach, Selbstmord zu begehen. Der Geburtsherrscher des achten Hauses ist der Mond, der wiederum im Zeichen der Öffentlichkeit, in Wassermann, steht. Der Dispositor des Herrschers des achten Hauses (Uranus) steht außerdem noch in Opposition zum Herrscher des achten Hauses (Mond). Es gibt noch einen weiteren, wenn auch subtileren Faktor im Dispositorensystem, der uns auf diese Tragödie hinweist. Der Dispositor von Uranus ist die Sonne. Die Sonne wiederum (in jedem Horoskop das vitale Lebensprinzip) wird vom Mond disponiert, und dieser steht in Opposition zu Uranus im achten Haus, der wiederum der natürliche Herrscher des elften ist. Ich bin mir bewusst, dass dies eine höchst komplexe Analyse ist, aber, wenn der Leser die oben dargestellte Astro-Logik Schritt für Schritt nachverfolgt, wird ihm das Wesen der genannten Planetenstellungen sehr klar werden.

sie das Leben gekostet hatte, wurde die Szene schon fotografiert und ging um die ganze Welt. Ich sollte an dieser Stelle wohl noch hinzufügen, dass Mars und Pluto, die hier beide in ihrem natürlichen Haus, dem achten, stehen, Dispositoren des elften sind (die Öffentlichkeit, öffentliche Bekanntheit, Public Relations). Alle drei Planeten (Uranus, Mars und Pluto) stehen in Konjunktion zum Nordknoten im achten Haus, was die öffentliche Aufmerksamkeit in Bezug auf Dianas tragisches Ende stark erhöht.

Die Konjunktion des Nordknotens mit Uranus in Löwe trägt weiter zu Dianas Fähigkeit bei, eine enorme Anzahl von Menschen zu erreichen und dem kollektiven Bewusstsein ihren individuellen Stempel aufzudrücken. In der Mundanastrologie steht der Mond für die Massen und die unbewussten Verbindungen, die Menschen in biologischen und sozialen Gruppen zusammenhalten. Wir sollten dabei auch nicht vergessen, dass der Mond für die eigene Familie steht und in einem größeren Zusammenhang auch das eigene Volk, die Rasse oder nationale Zugehörigkeit umfasst. In den Horoskopen von Herrschern, Monarchen und politischen Führern steht der Mond für das Volk, das man regiert und auf das man aufgrund seiner sozialen Stellung einen Einfluss hat. Saturn, Steinbock und das zehnte Haus (die Verantwortung, die aus der gesellschaftlichen Position erwächst) stehen dem Mond, Krebs und dem vierten Haus gegenüber.

Anmerkung: Der in der Astrologie am meisten gebräuchliche Nord- und Südknoten ist der des Mondes, und seine Achse hat eine große Bedeutung im Horoskop. Die Positionen berechnen sich aus dem Schnittpunkt der Mondbahn um die Erde mit der Erdbahn um die Sonne. Das bedeutet, dass sich der individuelle Mensch durch die Stellung der Mondknoten im Horoskop mit dem Massenbewusstsein der Menschheit verbindet. Je entwickelter und ausgeprägter unser eigenes Bewusstsein ist, desto mehr lernen wir uns als Mitglied der menschlichen Rasse kennen. Aus diesem Grunde haben Menschen mit einem niedrigeren Bewusstsein so starke Vorurteile und empfinden sich als getrennte Wesen. Rassenhass, religiöser Fundamentalismus, die Verfolgung von Menschen oder Tierquälerei werden von Menschen entfacht, die so traumatisiert sind und so sehr durch ihre biologische Nabelschnur festgehalten werden, dass sie niemals aus den trüben Gewässern des unwirtlichen Mutterbauchs herauskommen.

Im Wesentlichen verleiht uns die Stellung des Nordknoten die Gelegenheit, unser Bewusstsein zu erweitern. Nur aus der Position des Nordknoten heraus können wir neue Erfahrungen in einem bestimmten Leben machen, die unser Herz und unseren Verstand füreinander öffnen. Im Horoskop eines Menschen, dessen Schicksal ihn mit vielen Menschen in Kontakt bringt, ist der Nordkoten noch bedeutungsvoller. Dianas Geburtsherrscher ist Jupiter in Wassermann, sein Dispositor, Uranus, steht in Konjunktion zum Nordknoten. Ist es da ein Wunder, dass Milliarden von Menschen an ihrem Leben und an ihrem Tod Anteil nahmen?

Die Stellung des Südknotens zieht uns zurück in den kollektiven unbewussten Mutterbauch. Es ist der Ort, von dem wir uns nicht weiterentwickeln. Er verhindert persönliches Wachstum und besteht schlimmstenfalls darauf, dass wir uns auf die Teile unserer Vergangenheit (sowohl der individuellen als auch der kollektiven) konzentrieren, die nicht unserem Wachstum dienen. Dianas Mond steht in Konjunktion zum Südknoten. Der Mond ist der Dispositor ihrer Krebs-Sonne und ihres Krebs-Merkur, und letzterer ist sowohl der natürliche als auch der tatsächliche Herrscher ihres sechsten Hauses, des Hauses der Gesundheit. Es wundert uns daher nicht, dass zu Dianas Krankheiten auch Essstörungen gehörten. Je mehr sie darauf bestand, von einer Familie aufgenommen zu werden, in der nicht wirklich Platz für sie war, desto mehr lehnte sie es ab, sich selbst zu nähren, ihren Selbstwert und ihren Körper (Mond im zweiten Haus). Denn wie gesagt, der Mond ist Dispositor über ihre Siebthaus-Sonne und ihren Merkur. Der Herrscher des siebten Hauses wiederum, das Symbol für Ihren Gemahl Prinz Charles, steht im siebten Haus in Krebs. Wenn ein Herrscher in dem Haus steht, über das er herrscht, dann kommt ihm immer eine besondere Bedeutung zu. Die Tatsache, dass der Signifikator für die Ehe in Krebs steht, verrät dem Astrologen, dass die Familie (Krebs) des Ehemannes einen großen Einfluss auf das Leben der Horoskopeignerin hatte. Aus der Tatsache, dass Merkur im Quinkux zu Jupiter steht, können wir entnehmen, dass es einiges an Konfliktstoff zwischen Diana (Jupiter) und ihrer ursprünglichen Art des Selbstausdrucks (Wassermann) auf der einen Seite und Charles (Merkur) und seiner Familie (Krebs) auf der anderen Seite gab.

Saturn als Mitherrscher in Wassermann spielt außerdem noch eine bedeutende Rolle als sekundärer Dispositor. Wir sollten beachten, dass das Zeichen an der Spitze des zweiten Hauses Steinbock ist, was Saturns Bedeutsamkeit betont, da er somit auch Dispositor des Hauses ist, in dem der Geburtsherrscher steht. Saturn steht in seinem eigenen Zeichen und weist damit auf den traditionellen Hintergrund Dianas hin sowie auf dessen besondere Regeln und Einschränkungen.[23] Er ist außerdem rückläufig in Steinbock, was uns zeigt, wie tief diese gesellschaftlichen Regeln und Bestimmungen in Bezug auf ihren Lebensweg verwurzelt waren. Ihr Bedürfnis nach Rebellion gegen diese soziale Dynamik wird durch Jupiter symbolisiert, der als Herrscher des expansiven Zeichens Schütze in dem revolutionären Zeichen Wassermann steht. Jupiter ist ebenfalls rückläufig, ein Hinweis darauf, dass das Bedürfnis nach Wachstum und Bruch mit den überlieferten Verhaltensmaßregeln ebenfalls tief in Dianas Charakter verankert liegt.

Man kann mit Sicherheit behaupten, dass nach Diana Spencer die britische Monarchie (die höchstwahrscheinlich durch Saturn in Steinbock symbolisiert wird) niemals mehr so sein wird wie zuvor.

---

23 Das erste Haus entspricht der früheren Umgebung des Menschen, insbesondere vor der ersten Saturnwiederkehr im Alter von 29 Jahren.

Kapitel fünf

Der Geburtsherrscher und seine Aspekte

Wenn der Geburtsherrscher ein Planet in Konjunktion zum Aszendenten ist

Wir haben bisher nur über den Geburtsherrscher gesprochen, wenn er gleichzeitig der Herrscher des Aszendenten ist. Wie ich aber schon angedeutet habe, gibt es noch einen anderen Fall der Geburtsherrschaft, der eintritt, wenn innerhalb eines Orbis von 5° ein Planet am Aszendenten im ersten Haus steht oder innerhalb eines Orbis von 3° ein Planet am Aszendenten im zwölften Haus steht. Dieser Planet und seine Zeichenstellung sowie seine Aspekte dominieren dann das Horoskop, und er nimmt die Rolle des Geburtsherrschers ein. Der Herrscher des Aszendenten spielt jedoch weiterhin eine enorm wichtige Rolle im Leben des Betreffenden.

Nehmen wir einmal an, wir hätten einen Aszendenten von 12° Jungfrau und Uranus stünde auf 14° in diesem Zeichen. Uranus in Jungfrau wäre dann der Geburtsherrscher, aber die Stellung Merkurs wäre nach wie vor wesentlich, um die ganze Bedeutung des Aszendenten zu verstehen. Wir sollten darauf achten, ob es eine Aspektverbindung zwischen diesen beiden Planeten gibt, wie z.B. Merkur auf 10° Steinbock im Trigon zu Uranus. In diesem Beispiel handelt es sich um einen Menschen, der einen sehr originellen Selbstausdruck hat. Es besteht ein enormes Bedürfnis, nicht wie alle anderen Menschen zu sein und eine unverwechselbare und einzigartige Persönlichkeit zu entwickeln. Diese Charakteristika müssen durch das Wesen und die Interessen des Zeichens Jungfrau ausgedrückt werden. Dies könnte also gut ein Mensch sein, der den Schwerpunkt seines individuellen Ausdrucks auf einen bestimmten Bereich seiner Arbeit legt. Mit Merkur in Steinbock im Trigon zu Uranus und dem Aszendenten in Jungfrau wäre es jemand, dem es leicht fiele, ganz individuelle Wege und Mittel zu finden, um seine Arbeit effizienter zu gestalten und auf eine einzigartige Weise ganz praktische Verbesserungen in seiner Umgebung durchzuführen.

Ein Planet in Konjunktion zum Aszendenten hat auch eine große Auswirkung auf das Erscheinungsbild der Person und ihren Charakter. Wenn wir ein Horoskop deuten, sollten wir immer daran denken, dass der Horoskopeigner das Wesen des Planeten am Aszendenten völlig verkörpert, *durch* die Färbung des Zeichens hindurch. *Anmerkung:* Werfen Sie immer einen Blick auf die Häuser der natürlichen Herrschaft bzw. der Radixherrschaft des entsprechenden Planeten. Wenn also Merkur in Konjunktion zum Aszendeten steht, schauen Sie sich das dritte und sechste Haus sowie die Häuser mit Zwillinge und Jungfrau an der Spitze an. Wenn der Planet am Aszendenten beispielsweise Saturn ist, dann sollten wir auf das zehnte Haus achten sowie auf die Häuser mit Steinbock und Wassermann an der Spitze. Wenn es sich dabei um den Mond handelt, dann müssen wir das vierte Haus und das Krebs-Haus genau untersuchen usw. Ein Verständnis für die Affinität zwischen dem Planeten am Aszendenten und seinen natürlichen bzw. im Radix beherrschten Häusern hilft uns, mehr darüber zu erfahren, wo und wie der Betreffende einen Großteil seiner Lebensinteressen und seines natürlichen Naturells auslebt.

Im Folgenden möchte ich eine kurze Liste der wichtigsten Kennzeichen und Verhaltensmerkmale für jeden Planeten in Konjunktion zum Aszendenten geben:

Sonne: Ein »sonniges« Naturell. Der Drang, die Umgebung durch die eigene Persönlichkeit zu dominieren, ist sehr stark. Es fällt dem Horoskopeigner schwer, den Unterschied zwischen sich selbst und seiner Umgebung zu sehen. Die unmittelbare Umgebung *ist* das Selbst, und alles und jedes dreht sich um diesen Sinn persönlicher Identität. Dieser Mensch kann eine großzügige, warme und energetisierende Persönlichkeit haben (insbesondere, wenn die Sonne in den Feuer- oder Luftzeichen steht), aber er hat auch ein höchst egozentrisches Wesen. Er muss lernen, andere Menschen wirklich *wahrzunehmen* und anzuerkennen, dass jeder Mensch eine Sonne ist. Das persönliche Erscheinungsbild und die Kleidung haben größte Bedeutung, und das Haar ist ein herausragendes körperliches Merkmal.

Mond: Wie zu erwarten, sind hier das Zuhause und die Familie ausgesprochen wichtig. Der Betreffende ist von den emotionalen Mustern seiner Herkunftsfamilie und seiner frühen Umgebung stark beeinflusst. Er hat ein starkes Bedürfnis, sich einen sicheren Schutzraum zu schaffen, der nur den Menschen den Zugang erlaubt, die er für ungefährlich hält. Man muss dem Menschen mit dem Mond am Aszendenten nicht unbedingt gut bekannt sein, um von ihm akzeptiert zu werden, aber man muss sich für ihn vertraut und familiär anfühlen. Auf Menschen, die der Betreffende als »psychisch fremd« ansieht, reagiert er sehr reserviert. Das Gesicht ist häufig rundlich, Haut und Muskulatur können weich sein. Nähren und Genährtwerden sind wichtige Faktoren im Leben des Horoskopeigners.

Merkur: Der Betreffende hat eine nervöse Disposition, ist unruhig und immer auf dem Sprung. Selbst in den gesetzteren Zeichen wie Stier oder Krebs sorgt Merkur am Aszendenten immer noch für einen starken Drang nach Erkundung der unmittelbaren Umgebung. Der rationale Verstand dominiert das Leben und führt dazu, dass man über das geschriebene oder gesprochene Wort kommuniziert. Der physische Körper ist meist schlank; beim Reden gestikuliert der Horoskopeigner stark. In den Erdzeichen spielen vor allem die Hände eine große Rolle bei der Arbeit. In den Wasserzeichen besteht eine ausgesprochene Neigung dazu, die eigenen Gefühle durch Handlungen rational zu begründen. In den Luftzeichen bilden Kommunikation und zwischenmenschliche Beziehungen den Fokus für jeglichen Selbstausdruck. In den Feuerzeichen ist das Bedürfnis groß, andere mit persönlichen, kreativen Impulsen und Gedanken zu inspirieren.

Venus: Ein wohlgeformter Körper und viel persönlicher Charme und Magnetismus zeichnen diese Planetenstellung aus. Selbst wenn der Horoskopeigner nicht im klassischen Sinne als schön zu bezeichnen ist, hat er das »gewisse Etwas«, das andere Menschen anzieht. Beziehungen spielen eine wichtige Rolle im eigenen Leben, weil man darauf ausgerichtet ist, mit anderen zu teilen. Dies ist die Personifizierung des Wunsches nach Verschmelzung. Ein Nachteil besteht in der Neigung dazu, alle Beziehungen nach dem eigenen Ideal oder der eigenen Vorstellung von einer perfekten Partnerschaft und einem perfekten Partner gestalten zu wollen. Der Betreffende hat das Bedürfnis, für Harmonie und Ausgewogenheit in seiner unmittelbaren Umgebung zu sorgen. Dieser Charakterzug kann sich als das Bedürfnis, selbst die ganze Zeit schön oder harmonisch zu sein, ausdrücken, wodurch natürlich persönliche Konflikte um jeden Preis vermieden werden.

Mars: Als durchsetzungsfähiger und dominanter Charakter mit entsprechendem Verhalten ist der Horoskopeigner mit Mars am Aszendenten nicht gerade kompromissbereit. Sein Sinn für Wettbewerb ist stark, und es besteht eine Haltung von »ich gegen den Rest der Welt«, die sich in jeder zwischenmenschlichen Begegnung bemerkbar macht. Die Persönlichkeit ist kampflustig und herausfordernd. Dieser Mensch langweilt sich, wenn es keine Gefechte auszutragen gibt. Er führt deswegen auch gerne Konfrontationen herbei, wenn eigentlich keine da sind. Er ist sehr direkt und häufig indiskret; man kann seine Form des Selbstausdrucks wahrlich nicht subtil nennen. Am deutlichsten kommen diese Eigenschaften zum Vorschein, wenn Mars in einem männlichen Zeichen steht. Wenn er in einem weiblichen Zeichen steht, besteht mehr der Drang nach passiver Aggressivität und strategischem Handeln. Sexualität spielt immer eine große Rolle und ist das ganze Leben hindurch ein motivierender und starker Faktor. Äußerlich finden wir häufig eine dominante Nase und einen stechenden Blick.

Jupiter: Ein kräftiger Körperbau und ein gewisses Imponiergehabe charakterisieren den Menschen mit Jupiter am Aszendenten. Dies ist ein Mensch, der immer auf der Suche danach ist, seinen Horizont zu erweitern. Vielleicht reist er viel, vielleicht besteht auch ein nie enden wollender Drang nach Bildung, insbesondere, wenn dieses Charakteristikum noch durch einen starken Einfluss des neunten Hauses unterstützt wird. Dies kann modifiziert werden, wenn Jupiter in Krebs oder in einem fixen Zeichen steht und/oder von Saturn oder dem Mond verletzt wird. In diesem Falle wird der Wunsch zum Reisen häufig frustriert oder von der Familie oder anderen häuslichen Umständen verhindert. Generell besteht die Tendenz, die eigene Bedeutung zu übertreiben, insbesondere, wenn Jupiter in Löwe oder im starken Aspekt zur Sonne steht. Mit Jupiter am Aszendenten fällt es einem nicht eben leicht, das Leben so zu akzeptieren, wie es ist. Das Bedürfnis danach, Bestehendes zu verstärken oder zu erweitern, ist groß. Wenn Jupiter in Jungfrau steht, macht der Betreffende vielleicht viel Wind um sehr persönliche Angelegenheiten. Wenn er in Krebs steht, strahlt er viel Freundlichkeit und Wärme aus, aber er hat auch die Neigung, seine persönlichen Gefühle in allen Belangen überzubetonen. In Steinbock beherrscht die Verfolgung persönlicher Ziele das Leben des Betreffenden. Nutzen Sie hier, wie sonst auch, Ihr Wissen um die Bedeutung der Tierkreiszeichen, um die Wirkung des Planeten näher zu bestimmen.

Saturn: Der Mensch wirkt meist sehr ernsthaft, und das Auftreten kann eine melancholische bis bedrückte Note haben, wenn Saturn am Aszendenten steht. Das Gefühl persönlicher Verantwortung für die Angelegenheiten des Lebens ist stark ausgeprägt. Wenn Saturn in Zeichen und Aspekt gut gestellt ist, lautet das Grundempfinden des Horoskopeigners, dass er jedes Ziel erreichen kann, wenn er nur lang und hart genug dafür arbeitet. Steht er jedoch geschwächt (insbesondere durch den Herrscher des zehnten Hauses), dann ist die Haltung gegenüber dem Leben eher von dem Gefühl geprägt, dass man ohnehin niemals sein Ziel erreicht, gleichgültig, wie angestrengt und emsig man sich darum bemüht. Dieser Mensch muss lernen, wie er an den ihm gesetzten Grenzen mitwirken kann, anstatt sich damit abzufinden, dass ihm seine Umgebung ständig Grenzen auferlegt. Es kann sein, dass er persönliche Sicherheit und seine materiellen Umstände zu stark überbewertet, insbesondere, wenn Saturn in einem Wasser- oder Erdzeichen steht. Eine dunkle Schönheit, ein tiefes irdisches Bewusstsein und das Empfinden, schon mal »hier gewesen« zu sein, sind Charakteristika für die Stellung dieses Planeten am Aszendenten.

Uranus: Ein ungewöhnlicher und einzigartiger Mensch, dessen Art des Selbstausdrucks nicht einfach vorherzusagen ist. Es besteht häufig ein Bedürfnis danach, sich im Auftreten von anderen Menschen zu unterscheiden, insbesondere, wenn Uranus in Löwe oder Wassermann steht. Man hat häufig das Gefühl, nicht richtig in die eigene Umgebung hineinzupassen bzw. nicht dazuzugehören, am ausgeprägtesten, wenn Uranus in Jungfrau oder in Steinbock steht. Man ist ein Rebell, ein Ausgestoßener, und unterscheidet sich von allen anderen, sogar von denen, die auch Uranus am Aszendenten haben. Man fühlt sich auch von ungewöhnlichen Menschen angezogen und hat das Bedürfnis, selbst ein ungewöhnlicher Mensch zu *sein*. In den meisten Fällen ist das jedoch nicht ganz einfach. Wenn Uranus in einem beweglichen Zeichen steht, ist das Leben am unberechenbarsten. In einem fixen Zeichen fühlt man sich eher frustriert, weil das Leben nicht aufregend genug ist. Mit Uranus in einem kardinalen Zeichen sorgt man selbst dafür, dass das eigene Leben so aufregend wie eben möglich ist.

Neptun: Hier besteht eine Neigung des Horoskopeigners zu einer gewissen Rätselhaftigkeit, sowohl was ihn selbst betrifft, als auch was andere Menschen angeht. Er verfügt über ein bestimmtes Maß an psychischer Sensibilität, das zwar noch keinen medial begabten

Menschen aus ihm machen muss, das ihn jedoch für Umweltbedingungen und soziale Gegebenheiten sensibilisiert. Der Betreffende fühlt sich im Allgemeinen nicht sonderlich wohl in der Öffentlichkeit, und seine individuelle Egostruktur ist möglicherweise nicht stark genug, um mit den Schwingungen anderer Menschen umzugehen. Zu viele Menschen im persönlichen Umfeld werden als ein Übermaß an psychischer Energie empfunden, mit dem man sich auseinander setzen und das man verarbeiten muss. Saturn oder der Mond am Aszendenten verleihen einem Menschen die Fähigkeit, andere Menschen abzublocken und sich zu verschließen. Mit Neptun ist das nicht der Fall. Menschen mit Neptun am Aszendenten haben zuweilen das Bedürfnis, sich auszuklinken und abzuschweifen, auch wenn sie mit jemandem zusammen sind, aber sie sind niemals in der Lage, die Energie anderer Menschen ganz abzublocken. Häufig versuchen sie, sich künstliche Grenzen mit Hilfe von Alkohol, Zigaretten oder anderen Drogen zu schaffen. Sie können jedoch auch versuchen, ein Gefühl für ihr eigenes Zentrum und einen persönlichen Schutzraum zu bekommen, indem sie sich ernsthaft der Meditation oder anderen spirituellen Praktiken widmen. Auf alle Fälle sind diese Menschen höchst sensibel und brauchen unbedingt regelmäßig Zeit für sich alleine. Im positiven Falle verleiht Neptun in dieser Stellung die Fähigkeit für ein spirituelles Leben und den Dienst am Leben. Wenn er schwierig aspektiert wird, insbesondere von Mars, Saturn oder dem Mond, besteht eine Neigung zu Depressionen, schwacher Moral und selbstzerstörerischen Gewohnheiten und Praktiken.

Pluto: Dieser Mensch durchläuft permanent Zyklen transformierender Krisen der Selbstentdeckung. Er steht ständig unter innerer Anspannung, so wie ein sich langsam bewegender und unter hohem Druck stehender Lavastrom, der auf den richtigen Zeitpunkt seines Ausbruchs wartet. Je nach den Aspekten zwischen Pluto und den übrigen Planeten, kann diese Kraft wohl reguliert sein und angemessen eingesetzt werden (wenn zum Beispiel Pluto im Trigon zu Saturn steht) oder auch missbraucht werden (wenn Pluto im Quadrat zur Sonne steht) bzw. zerstreut werden (Pluto im Quinkunx zu Merkur in einem Luftzeichen). Ein Horoskopeigner mit Pluto am Aszendenten hat eine große Wirkung auf seine Umgebung und kann große Veränderungen an bestehenden Bedingungen bewirken. Im Grunde seines Herzens ist er ein Einzelgänger, ein Mensch, der beständig von etwas ganz Magnetischem und Rätselhaftem tief in ihm selbst angezogen und motiviert wird.

Die oben stehenden Beschreibungen wurden alle unter dem Gesichtspunkt des Geburtsherrschers im ersten Haus gegeben. Sollte sich der Planet im zwölften Haus befinden, gelten zwar die gleichen Eigenschaften, allerdings ist die *bewusste Projektion* dieser Charakteristika etwas zurückgenommen. Ein Mensch mit der Sonne im zwölften Haus am Aszendenten hat von daher vielleicht auch ein »sonniges Gemüt«, aber er ist sich seines »Sonnenlichtes« weniger bewusst als ein Mensch mit der Sonne ganz knapp im ersten Haus. Der Unterschied ist sehr subtil, und man lernt erst im Laufe vieler Horoskopdeutungen eine Einschätzung. Die Unterscheidungsfähigkeit für Färbungen und Tönungen der Energie entwickelt sich im Laufe der Zeit. Es ist ein Geschenk, eine Intuition, die man im Gegenzug zur Investition vieler Jahre hingebungsvollen Studiums der unglaublich schönen Kunst und Wissenschaft der Astrologie erwirbt.

Ein gutes Beispiel für ein Horoskop, in dem der Geburtsherrscher in Konjunktion zum Aszendenten, aber mit einem Orbis von 2° im zwölften Haus steht, ist das Horoskop von Chris Sizemore. Über Sizemore wurde ein Bestseller geschrieben, der anschließend erfolgreich verfilmt wurde. Er hieß *Die drei Gesichter der Eva* und ist die wahre Geschichte einer Frau, die unter einer Form von Schizophrenie litt, die unter dem Begriff der multiplen Persönlichkeit bekannt ist. Sizemore hatte im Grunde noch mehr als nur »drei Gesichter«. Sie entwickelte im Laufe der Zeit über ein Dutzend verschiedener Persönlichkeiten. Sie schaffte es jedoch schließlich mit viel persönlicher Entschlusskraft und der entsprechenden psychiatrischen Unterstützung, ihre geistige Gesundheit wiederherzustellen.

Das Horoskop zeigt Neptun in Löwe am Aszendenten. Er wird von der Sonne in Widder im achten Haus disponiert, die in einem exakten Quadrat zu Pluto in Krebs steht. Pluto wird vom Mond disponiert, der wiederum im Quadrat zu Neptun steht. Die Herausforderung im Integrationsprozess einer persönlichen Identität wird durch dieses Muster planetarischer Kraftfelder deutlich sichtbar. Chris Sizemores psychische Sensibilität und Verletzlichkeit wird durch die Position Neptuns symbolisiert. Sein Quadrat zum Mond mit beiden Planeten an den Hauptachsen spricht von einem Menschen, der Schwierigkeiten damit hat, sich eine feste emotionale Struktur zu schaffen. Ein positiveres Zusammenspiel zwischen dem Mond und Neptun würde einen Menschen mit der Fähigkeit ausstatten, sich der Gefühle anderer Menschen stärker bewusst zu sein

Beispielhoroskop 10: Chris Sizemore[24] – Horoskopabbildung
4. April 1927, Colliers, SC, 15.00 h EST

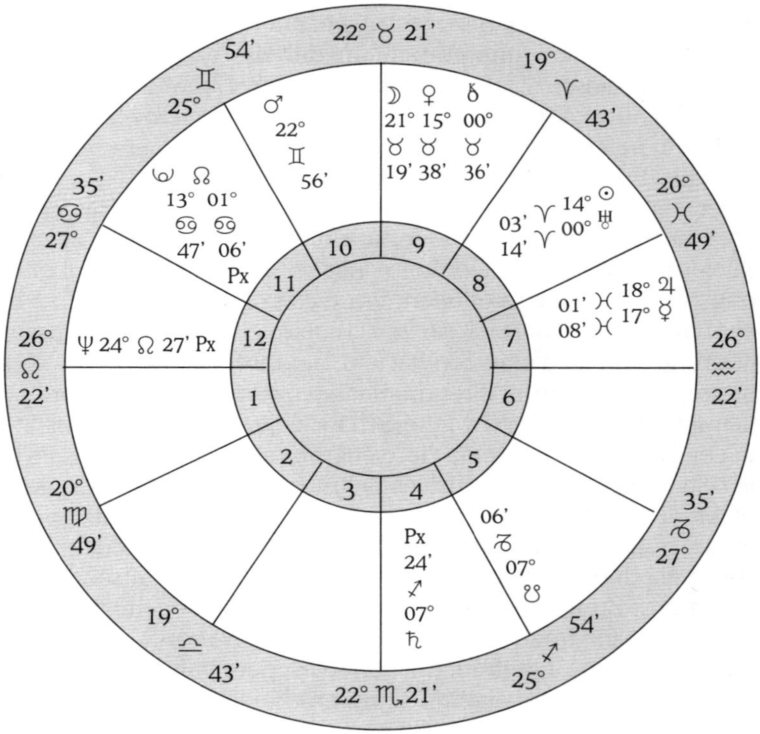

24 Datenquelle: Rodden, Lois M., op. cit., Seite 28.

und sich davor zu schützen. Jeder schwierige Aspekt zwischen diesen beiden Himmelskörpern erschwert die Stabilisierung einer solchen Sensibilität. Einfach ausgedrückt hatte Chris Sizemore keine emotionalen Grenzen und war sehr offen für eine ständige Invasion emotionaler Kräfte, die dazu beitrugen, ein Empfinden von persönlicher Ganzheit zu untergraben. In der esoterischen Astrologie würde man diesen Zustand wie folgt beschreiben: Es besteht ein »Leck« im aurischen Kraftfeld des Betreffenden, dessen Aufgabe es ist, die Energien der niedrigeren Astralebene an einem freien Zugang zum Bewusstsein zu hindern.[25]

Der verletzte Neptun am Aszendenten im zwölften Haus zeugt von einer Tendenz zur Maskierung und Demaskierung, zur Verschleierung und Entschleierung seiner selbst, ohne jedoch über die nötige Objektivität zu verfügen, um diesen Prozess im Griff zu haben. Eine gute Schauspielerin ist sich beispielsweise ihrer Formveränderung sehr bewusst. Sie hat ein Gefühl für einen festen Kern ihrer selbst im Zentrum ihrer *dramatis personae*. Chris Sizemore war auch tatsächlich eine sehr gute Schauspielerin, aber Neptuns Stellung im Horoskop und seine Herrscherbeziehungen zeigen, dass bei ihr kein Gefühl für ein zentrales Selbst existierte. Löwe am Aszendenten dramatisiert dabei noch zusätzlich jede Art der Selbstprojektion und fügt die Neigung hinzu, die verschiedenen Rollen mit ihren Kostümen und vollständigen Charakterisierungen tatsächlich zu verkörpern. Zu ihren verschiedenen »Gesichtern« gehörten daher Frauen wie eine freundliche, blinde Dame, eine vor Sex sprühende Prostituierte, eine Jungfrau, die sich selbst dem intimen Kontakt mit ihrem Ehemann verweigerte, und verschiedene andere »Charaktere«. Zu allem Überfluss ist die Sonne auch noch der Dispositor des Aszendenten und Neptun steht im Quadrat zu Pluto. Dieser Aspekt intensiviert jegliche Form der Selbstprojektion, aber verleiht ihr auch einen sehr selbstzerstörerischen Drang und destabilisiert das Gefühl für eine persönliche Identität, das für die geistige Gesundheit eines Menschen so wesentlich ist.

25 Dieser astrologische Zugang wird in dem Buch des Autors *Astrologie der Seele* erläutert, siehe oben.

Wenn der Planet in Konjunktion zum Aszendenten auch der Herrscher des Zeichens am Aszendenten ist

Wie ich schon zuvor erwähnt habe, liegt einer der Hauptschlüssel zur richtigen Deutung eines Horoskops in der Fähigkeit, den Stellenwert eines Planeten zu gewichten. Wir haben gerade gesehen, wie bedeutungsvoll der Geburtsherrscher für die Interpretation eines Radix ist. Dieser Bedeutung sollten wir zusätzliche Aufmerksamkeit verleihen, wenn der Herrscher des Aszendenten am Aszendenten selbst und in seinem eigenen Zeichen steht.

Dies ist zum Beispiel der Fall, wenn Mars in Widder in Konjunktion zum Widder-Aszendenten steht, Venus in Waage in Konjunktion zum Waage-Aszendenten, Saturn in Steinbock in Konjunktion zum Steinbock-Aszendenten usw. In diesem Fall sollten Sie den Interpretationsrichtlinien folgen, wie sie oben bereits erläutert wurden, dabei aber noch besonders beachten, dass der betreffende Planet sein Wesen auf die ihm gemäßeste Art und Weise ausdrückt. *Diese Planeten-Zeichen-Kombination beherrscht das ganze Leben des Horoskopeigners.* Es gibt *keinen* Dispositor des Planeten, das heißt, die Energie steht vollständig dem Ausdruck im ersten Haus zur Verfügung – sie wird keinem anderen Haus zugeführt! Der Horoskopeigner personifiziert das Wesen des Geburtsherrschers völlig. Wenn dieser Geburtsherrscher dann auch noch der *Enddispositor* des Horoskops ist, kann man ihm gar nicht zu viel Bedeutung beimessen. Dieser Enddispositor ist wahrlich kein »versteckter Herrscher«, der ein Geheimnis aus sich machen würde!

Das nachfolgend abgebildete Horoskop ist das einer Schauspielerin, die anfangs in der Öffentlichkeit als Model bekannt wurde und Werbung für Schönheitsprodukte und Kosmetik machte, insbesondere Haarkosmetik. Zum Höhepunkt ihrer Karriere gelangte sie durch die Fernsehserie *Drei Engel für Charlie*. Zu einem späteren Zeitpunkt überraschte sie viele Leute mit ihrer ausgezeichneten schauspielerischen Darstellung einer misshandelten Frau in dem Film *Das brennende Bett*.

Der Aszendent in Krebs bildet eine exakte Konjunktion zum Mond in Krebs. Farrah Fawcetts Sonne steht in Wassermann in Konjunktion zu Merkur und im Trigon zu Uranus in Zwillinge. Merkur und Uranus stehen in einer sehr starken und positiven Rezeption zuei-

Beispielhoroskop 11: Farrah Fawcett[26] – Horoskopabbildung
2. Februar 1947, Corpus Christi, TX, 15.10 h CST

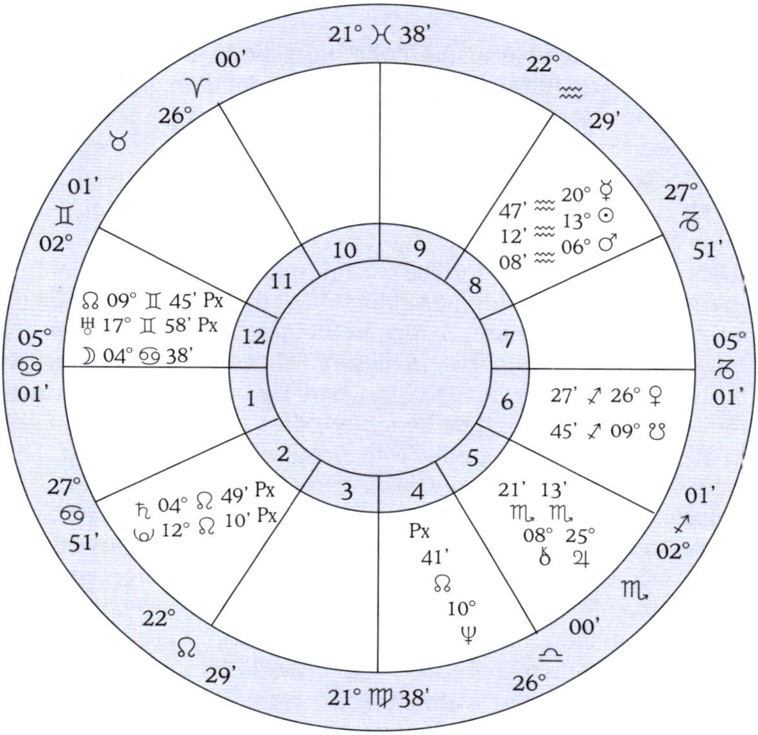

26 Datenquelle: Rodden, Lois M., op. cit., Seite 316.

nander. Diese drei Planeten bilden zusammen mit Neptun in Waage ein großes Trigon. Die Betonung des Luftelements zeigt, dass Farrah Fawcett kein Problem damit hat, viele Menschen zu erreichen. Die Herrscher des neunten (Verlagswesen) und des elften Hauses (Werbung, Kommunikation in der Öffentlichkeit) sind Uranus bzw. Mars. Mars steht im achten Haus, dem Haus der Tantiemen und Gewinnanteile. Farrah Fawcett hat ein Vermögen mit ihrer Werbung gemacht.

Menschen, die stark unter dem Einfluss von Uranus stehen, sind häufig so individualistisch, dass sie oftmals als Symbol und Beispiel für eine große Gruppe von Menschen dienen. Das ist gerade die besondere Dualität, die wir mit Uraniern verbinden. Sie sind so sehr sie selbst, dass sie genau dadurch eine Rolle als Repräsentanten für andere übernehmen. Uranus steht gut aspektiert im zwölften Haus, er bildet ein Trigon sowohl zum Geburtsherrscher seines Hauses (Merkur) als auch zum natürlichen Hausherrscher, Neptun. Diese Konstellation erlaubt es ihr, eine riesige Anzahl von Menschen zu erreichen und macht sie zu einem universellen Schönheitsarchetypus. Zu einer bestimmten Zeit wollten Millionen von Frauen so aussehen wie Farrah Fawcett. Sie heiratete sogar den perfekten männlichen Archetypus Lee Majors, besser bekannt als *Der sechs Millionen Dollar Mann*. Neptun, Signifikator für Kosmetik, Haar, Film und Glamour ganz allgemein, beherrscht ihr zehntes Haus der Karriere und steht im Trigon zur Sonne in Wassermann wie auch zum Dispositor der Sonne, Uranus, der wiederum in Neptuns eigenem Haus steht. Dies ist eine sehr starke Kombination von planetarischen Energien und Mustern, die die Entwicklung zu einem weltberühmten Star extrem begünstigen.

Der Mond in Konjunktion zum Krebsaszendenten ermöglicht Farrah Fawcett mit ihrem zarten Teint und ihrem unglaublichen Haar (alles Neptun/Mond-Indikatoren) die Verkörperung der strahlenden Schönheit. Die Tatsache, dass sie die Illusion des Glamours durch ihre Karriere ausdrückt, ist aus der Herrschaft von Neptun in Waage über ihr zehntes Haus ersichtlich, eine Stellung, die dem Ganzen außerdem noch einen Touch von Venus verleiht. Für uns als Astrologen ist es interessant zu sehen, dass Farrah Fawcett am meisten Anerkennung für ihre Talente und Fähigkeiten erhielt (der Mond herrscht auch über ihr zweites Haus), als sie nicht die Rolle der überkommerzialisierten, atemberaubenden Barbie-Puppe spielte, sondern als sie einen der unattraktivsten weiblichen Archetypen verkörperte – die misshandelte Frau. In dieser Rolle trat sie völlig ohne Make-up auf, abgesehen von den »Verschönerungen«, die ihr Gesicht als geschwollen und grün und blau geschlagen darstellten. Hier können wir sehen, wie ihr Krebsmond im Quadrat zu Neptun und im Quinkunx zu Mars es ihr ermöglicht, eine Frau darzustellen, die sich völlig zum Opfer macht und sich ihre Schönheit nehmen lässt. In dieser Rolle diente Farrah Fawcetts natürliches uranisches Talent zur Verkörperung eines Archetypus in einer höchst wassermännischen und humanitären Art und Weise dazu, die Not und das Leid solcher Frauen aus dem Verborgenen zu holen (Uranus in zwölf). Farrah Fawcett war so in der Lage, zwei der extremsten Facetten des Weiblichen (die glitzernde Göttin und das misshandelte Opfer) mittels ihrer unglaublich starken Persönlichkeit (Mond in Krebs am Aszendenten) nach außen zu projizieren. Es ist in diesem Zusammenhang sehr interessant, traurig und fast schon eine Ironie des Schicksals, dass Farrah Fawcett 1998 ihren zeitweiligen Liebhaber wegen körperlichen Angriffs und Misshandlung hinter Schloss und Riegel bringen ließ. Sie war zu dem Gegenstück, dem Schatten ihrer eigenen Projektion geworden.

Der endgültige Dispositor und der Geburtsherrscher

An diesem Punkt sollten wir versuchen, den Unterschied in der Gewichtung zwischen dem Enddispositor und dem Geburtsherrscher zu klären, wenn beide nicht ein und derselbe Planet sind. Der Geburtsherrscher und seine Stellung in Zeichen und Haus ist die planetarische Energie, die der Horoskopeigner am ehesten verkörpert, projiziert und durch seine Persönlichkeit darstellt. Ein Mensch mit Venus als Geburtsherrscherin wird immer die *Verkörperung* von Venus sein, er wird seine Handlungen also immer an den Menschen ausrichten, die das *Objekt* der Projektion seiner selbst sind. Und im Falle eines Venusgeborenen gibt es immer ein Objekt. Ein Horoskopeigner mit Jupiter als Geburtsherrscher ist der *personifizierte* Jupiter. Er wird danach streben, den Rahmen seines Handlungsspielraums stetig zu erweitern. Ein von Saturn beherrschter Mensch wird als Verkörperung und Personifizierung dieses Planeten beständig versuchen, sich von Begrenzungen freizumachen bzw. wird seiner Umgebung, seinen Handlungen und Aktivitäten seine ganz persönlichen Grenzen auferlegen. Fragen der Kontrolle werden sein Leben immer dominieren. Wenn der Astrologe den Geburtsherrscher einmal bestimmt hat, ist es ein Leichtes, die Schlüsselworte und -konzepte dieses Planeten auf die Handlungen und Charakteristika des Betreffenden anzuwenden.

Der Enddispositor ist eine Planetenkraft, die das Horoskop *durchzieht*. Es ist eine Energie, die sich wie ein roter Faden durch einen Webstuhl zieht, hoch und wieder runter, unter und über die anderen Fäden, durch alle Aktivitäten und Lebenssituationen. Wenn also Merkur in Zwillinge beispielsweise der Enddispositor ist, dann wird das Bedürfnis nach Vermittlung der eigenen Ideen und Gedanken zum roten Faden, der alles durchwebt. Der Horoskopeigner muss dann nicht unbedingt ein personifizierter Merkur sein. Er ist vielleicht nicht sonderlich nervös, drahtig oder unruhig, wie man es vermuten würde, wenn Merkur der Geburtsherrscher wäre oder direkt am Aszendenten stünde (vor allem in einem Luftzeichen). Es könnte beispielsweise ein von Jupiter beherrschter Mensch sein, dem es darum geht, sein persönliches Tätigkeitsfeld und seine persönlichen Eigenschaften zu entwickeln, zu erweitern oder sogar zu übertreiben. Aber *unter der Oberfläche* dieses recht offensichtlichen und objektiven Dranges läge immer das merkurische Thema der Kommunikation.

Das Verhältnis zwischen dem Geburtsherrscher und seinem Dispositor

Einer der wichtigsten Faktoren, die in der richtigen und vollständigen Bewertung des Geburtsherrschers berücksichtigt werden müssen, ist die Art der geometrischen Verbindung zwischen dem Herrscher und jedem anderen Horoskopelement. Die größte Berücksichtigung findet dabei ein Aspekt *zwischen dem Geburtsherrscher und seinem Dispositor*. Wenn also Widder am Aszendenten steht und es keinen anderen Planeten in Konjunktion zum Aszendenten gibt, dann wäre der Geburtsherrscher selbstverständlich Mars. Wollen wir einmal annehmen, dass Mars in Zwillinge stünde; dann wäre jeder Aspekt zwischen Mars und Merkur eine der drei wichtigsten Komponenten in der

Beurteilung der Auswirkung von Mars auf den Horoskopeigner.[27] In diesem Fall wissen wir, dass die Absicht und das Lebensthema eines Widder-Aszendenten lautet: Die Suche nach und das Durchleben von neuen Erfahrungen, die ein Bewusstsein für sich selbst erwecken und festigen, sowie die beständige Erprobung der eigenen Stärken und Schwächen, die für diesen Prozess der Persönlichkeitsentwicklung wesentlich sind.

Da Mars in unserem Beispiel in Zwillinge steht, liefe der Ausdruck der Absicht und des Themas über direkte (Mars) und höchst persönliche (Widder-AC) Formen der Kommunikation (Zwillinge). Der Betreffende würde also seine Meinungen und Ideen auf eine wettbewerbsorientierte Art und Weise artikulieren. Persönliche Durchsetzung sowie der Drang, für die eigene Person Raum zu schaffen, würden sich in seinen Worten und sonstigen Kommunikationsmitteln widerspiegeln. Wenn Merkur im Quadrat zu Mars in Zwillinge stünde, würden diese Neigungen noch extrem verschärft. Der Horoskopeigner fände sich dann zwar häufig in der Rolle des Vermittlers und Grenzgängers wieder, aber seine Absicht wäre es nicht, Menschen zu deren Wohlergehen und zum kreativen Kompromiss zusammenzuführen. Das wäre viel eher der Fall, wenn Venus in Zwillinge stünde. Ein Mensch mit Mars als Geburtsherrscher im Quadrat zu dessen Dispositor Merkur ist kein geborener Diplomat. (Diese Rolle könnte aber beispielsweise jemand übernehmen, dessen Merkur in Waage im Trigon zu Mars stünde, am besten noch mit einer gut gestellten und dominant positionierten Venus im Horoskop.) Der erstgenannte Mensch würde zwar von einem zum anderen reisen, um zur Kommunikation und zum Austausch anzuregen, aber immer mit dem Ziel, andere von den *eigenen* Ideen, Meinungen und Konzepten zu überzeugen. Denn hier geht es immerhin um einen Widder-Aszendenten!

---

27 Die anderen beiden Hauptfaktoren, die Berücksichtigung finden müssen, wurden im vorhergehenden Kapitel besprochen: die Stellung des Herrschers in Zeichen und Haus.

Die Auswirkungen anderer Aspekte zum Geburtsherrscher

In der Bewertung der Aspekte anderer Planeten zum Geburtsherrscher sollte man folgende wichtige Faktoren mit berücksichtigen:

1. Sind die beiden Planeten kompatibel? Obwohl auch im Grunde sehr widersprüchliche Planeten in einen zu vereinbarenden gemeinsamen Ausdruck gebracht werden können, wenn sie über ein Trigon oder Sextil miteinander verbunden sind, fühlen sich einige Planeten doch wesentlich wohler, wenn sie mit ganz bestimmten anderen Planeten verknüpft sind. Ein Trigon zwischen Venus und Saturn beispielsweise wird niemals für eine extrem venusische, also romantische oder frei fließende Beziehung sorgen. Venus/Saturn-Kombinationen bringen *immer* Verantwortung mit sich, allerdings fällt die Übernahme dieser Verantwortung mit dem Trigon leichter oder bringt sogar finanzielle oder soziale Vorteile. Mond und Venus sorgen immer in irgendeiner Form für angenehme Resultate im Leben – das kann selbst ein Quadrat zwischen den beiden nicht verhindern. Mond/Venus sorgt für sinnliche Freuden und romantischen Idealismus, allerdings kann das Quadrat bewirken, dass diese Freude und dieser Idealismus eher ein Hindernis bei der realistischen Einschätzung der Beziehung sind. Mond Quadrat Venus hält eben nicht viel von Vernunft…[28]
2. In welchem Zeichen steht der Dispositor des Geburtsherrschers? Beispiel: Steinbock-Aszendent, Saturn in Zwillinge (Geburtsherrscher), Merkur in Jungfrau (Dispositor des Herrschers).
3. Ist die sich ergebende Kombination von Planeten und Zeichen im Wesentlichen harmonisch oder disharmonisch?
4. Welcher Art ist der Aspekt, falls vorhanden, zwischen dem Geburtsherrscher und seinem Dispositor: Trigon, Sextil, Quadrat usw.?

28 Eine detailliertere Erörterung der Kompatibilität von Planeten befindet sich am Ende dieses Kapitels.

5. Falls der Dispositor im Zeichen des Geburtsherrschers stehen sollte, wird seine Bedeutung hervorgehoben und sollte dann auch entsprechend in der Gewichtung aller Faktoren berücksichtigt werden. In diesem Fall haben wir es immer mit einer Rezeption zwischen dem Geburtsherrscher und seinem Dispositor zu tun. Die Beziehung zwischen diesen beiden Planeten ist immer einer der wichtigsten Faktoren im Horoskop, wenn nicht *der* wichtigste überhaupt. Jedem Aspekt zwischen diesen beiden Planeten kommt eine herausragende Bedeutung zu. Beispiele: Waage-Aszendent mit Venus in Krebs im Sextil zum Mond in Stier; Wassermann-Aszendent mit Uranus in Waage im Trigon zu Venus in Wassermann; Skorpion-Aszendent mit Pluto in Schütze im Trigon zu Jupiter in Widder; Steinbock-Aszendent mit Saturn in Zwillinge im Quinkunx zu Merkur in Steinbock usw.
6. Wenn der Dispositor des Geburtsherrschers in seinem eigenen Zeichen steht, dann ist diese Planeten/Zeichen-Kombination eine sehr starke Kraft im Leben des Horoskopeigners. Beispiele: Krebs-Aszendent, Mond in Zwillinge und Merkur in Jungfrau; Widder-Aszendent mit Mars in Krebs und dem Mond in Krebs; Waage-Aszendent mit Venus in Skorpion und Mars in Widder.
7. Wenn der Dispositor des Geburtsherrschers in Konjunktion zu diesem *im Zeichen der Herrschaft des Dispositors* steht, dann vermindert dies den Einfluss des Geburtsherrschers und stärkt die Wirkung des Dispositors. Erinnern wir uns an das Beispielhoroskop mit Widder am Aszendenten, und nehmen wir einmal an, dass Mars in Zwillinge in Konjunktion zu Merkur im gleichen Zeichen stünde. Merkurs Einfluss wäre in diesem Fall eindeutig stärker als der von Mars. Zu den Charakteristika eines Menschen mit Widder am Aszendenten gehört es, sich auf geradem Wege auf das Objekt der persönlichen Begierde oder Projektion zu zu bewegen, und zwar so lange, bis man es erreicht hat. Diese direkte und folgerichtige Vorgehensweise von Mars wird in Zwillinge außer Kraft gesetzt. Hier besteht die Neigung, sich in mindestens zwei Richtungen gleichzeitig zu bewegen. Die Folge davon ist eine sehr unruhige, nervöse Disposition, die schnelle und impulsive Schlussfolgerungen zieht, die fast ausschließlich auf den selbst gewonnenen Informa-

tionen und Daten basieren. Obwohl also außerordentlich gute Reflexe und ein blitzschneller Verstand zu den Vorteilen dieser Konjunktion gehören, können recht einseitige Ansichten und eine häufig zu scharfe Zunge – die letztlich auch dem Horoskopeigner schadet – zu den Nachteilen dieser Konstellation gezählt werden.

Das Horoskop vom ehemaligen Präsidenten der USA, William Jefferson Clinton, beinhaltet viele Faktoren des Herrscher- und Dispositorensystems, die uns als Beispiele für einige der oben genannten Punkte dienen können. Bei der Untersuchung der Stärken und Schwächen in diesem Horoskop springen einige Dinge direkt ins Auge.

Das Horoskop wird von zwei Planeten beherrscht: von Venus und der Sonne. Venus ist Geburtsherrscherin, da Waage am Aszendenten steht und Venus im gleichen Zeichen im ersten Haus steht. Venus disponiert auch das gesamte Stellium im ersten Haus sowie den Stiermond, das MC, den Deszendenten und den Südknoten. Über alle übrigen Planeten und wichtigen Punkte im Horoskop disponiert die Sonne.

- Aszendent, Mars, Neptun, Venus, Chiron und Jupiter in Waage werden von Venus in Waage disponiert, ebenso der Mond in Stier; der Deszendent in Widder wird von Mars beherrscht, Mars in Waage wiederum von Venus in Waage; das MC in Krebs wird vom Mond in Stier beherrscht, dessen Dispositorin abermals Venus in Waage ist; der Südknoten in Schütze wird von Jupiter in Waage beherrscht, Dispositorin ist wieder Venus in Waage. Venus steht in ihrem Domizil.
- Sonne, Merkur, Saturn und Pluto in Löwe werden von der Sonne in Löwe beherrscht; das IC in Steinbock wird von Saturn beherrscht, dieser von der Sonne in Löwe disponiert; Uranus und der Nordknoten in Zwillinge werden von Merkur in Löwe beherrscht, dessen Dispositor wieder die Sonne in Löwe ist. Die Sonne steht in ihrem eigenen Zeichen.

Venus in Waage im ersten Haus verleiht ein persönliches Charisma und eine charmante Ausstrahlung. Die Sonne in Löwe im elften

Beispielhoroskop 12: Bill Clinton[29] – Horoskopabbildung
19. August 1946, Hope, AR, 8.51 h CST

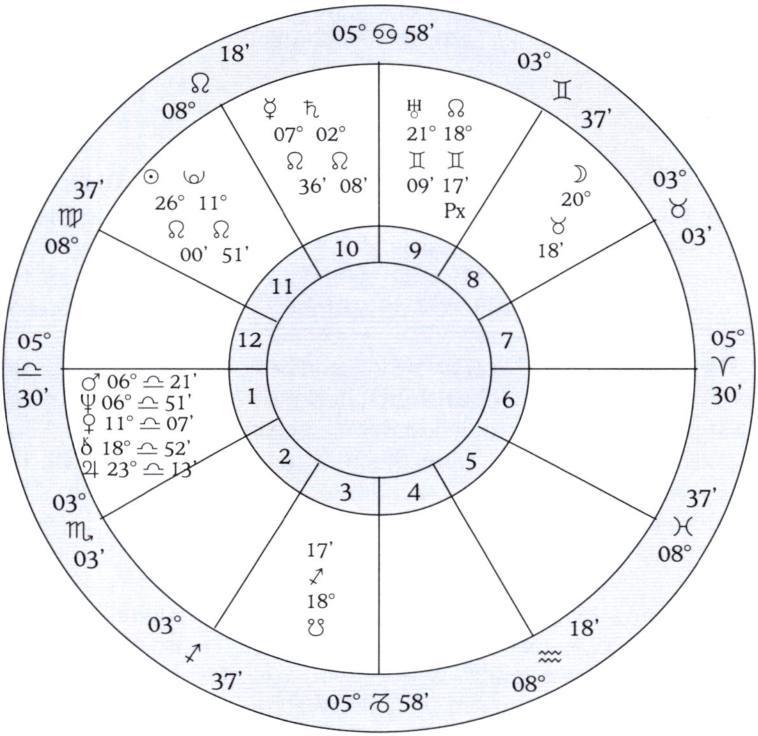

29 Quelle: Persönlich, bestätigt das gesamte eigene Forschungsmaterial des Autors.

Haus gibt dem Horoskopeigner die Fähigkeit, sich mit einer großen Anzahl von Menschen zu verbinden, und die Platzierung von Pluto im gleichen Zeichen und Haus fügt dem Ganzen ein Element von Willensstärke und Macht im Zusammenhang mit politischen Gruppen mächtiger Menschen hinzu (Plutokraten!).[30] Die Kombination von Venus und Löwe als den zwei bestimmenden Horoskopfaktoren erhöht die persönliche Anziehungskraft und macht es Clinton leicht, eine große Anzahl von Menschen in seinen persönlichen Einflussbereich zu ziehen.

Mars und Neptun stehen in Konjunktion zum Aszendenten. Die Kombination dieser beiden Planeten steht oft für sexuelle Komplikationen und Schwierigkeiten im Leben eines Menschen, da bei ihm der Sinn für klare Grenzen in Bezug auf seine persönlichen sexuellen Energien nicht sonderlich ausgeprägt ist. Da Waage (Partnerschaft) zusammen mit Löwe, dem Zeichen romantischer Affären und Vergnügungen, die vorherrschenden Zeichen sind, nimmt es nicht wunder, dass Clinton in verschiedene sexuelle und partnerschaftliche Abhängigkeiten verstrickt war. Obwohl die Stellung von Mars, Neptun und Venus schon aussagekräftig genug für diese Herausforderungen im Leben von Clinton sind, sollten wir auch einmal einen näheren Blick auf den Mond werfen.

Dieser steht in Stier im achten Haus, und die einzigen Aspekte, die er hat, sind die Quadrate zu Sonne und Pluto in Löwe sowie ein Quinkunx zu Jupiter in Waage. Außer für Partnerschaftsangelegenheiten ist Venus in jedem Horoskop auch Signifikator für die Finanzen. Der Mond in Stier (die persönlichen Ressourcen) in acht (das Geld anderer Leute) wird von Venus in Waage disponiert. An der Spitze des zweiten Hauses (Geld) steht Skorpion, und die Herrscher, Mars und Pluto, greifen beide Signifikatoren für finanzielle Angele-

30 In der esoterischen, seelenzentrierten Astrologie werden die Qualitäten des Ersten Strahls (Wille / Macht) dem Einfluss von Pluto zugeschrieben. Man kann viel über die fundamentalen Energien der Planeten und Zeichen lernen, wenn man sich mit der Dynamik der Strahlen beschäftigt, die ganz wesentlich zum Charakter der Planeten beitragen. Denen, die sich für die Lehre der Sieben Strahlen und deren Bezug zur menschlichen Psychologie interessieren, empfehle ich, *Esoteric Psychology*, Bd. I und II bzw. *Esoteric Astrology* zu lesen (Alice A. Bailey, The Lucis Trust, Pub.), sowie ein früheres Werk des Autors, *Astrologie der Seele* (Tabula Smaragdina).

genheiten an. Bei Mars geschieht das durch seinen Fall in Waage und durch seine Konjunktion mit Neptun und Venus. Dies ist keine »saubere« Konjunktion. Diese Konstellation erlaubt keine Klarheit in irgendeinem der für Venus, als Dispositorin der Konjunktion, relevanten Lebensbereiche, nämlich romantische Affären, Geld und hier insbesondere auch Clintons Selbstwert. Es ist recht leicht zu erkennen, wie Clintons Selbstwert untrennbar mit seinen komplizierten Beziehungen zu Frauen und seinen sexuellen Abhängigkeiten verbunden ist. Das Quinkunx zwischen dem Mond in Stier und Jupiter in Waage wird von Venus disponiert. Das Zusammenspiel der beteiligten Planetenkräfte führt zu einer Vorliebe für Vergnügen, Sinnlichkeit und Luxus. Es trägt außerdem zu einer Übertreibung der Mondqualitäten in diesem Horoskop bei, in diesem Fall zu einer andauernden Unsicherheit, wenn es um Frauen geht. Es genügt wohl, hier am Rande zu bemerken, dass Bill Clinton als kleiner Junge eine sehr zwiespältige Botschaft in Bezug auf Frauen, Sexualität, Macht und Missbrauch vermittelt bekam. Pluto steht im Quadrat zu seinem Mond und kommt durch diesen Aspekt der Sonne noch näher.[31] Diese besondere Kombination von Pluto, Sonne und Mond ist eine große Herausforderung und führt zu einem an Besessenheit grenzenden Wunsch nach persönlicher Macht sowie zu zwanghaften Impulsen, was Frauen angeht. Da die Grundstimmung des Horo-

31 Auf den ersten Blick mag der eine oder andere Astrologe das Quadrat zwischen Mond und Pluto vielleicht außer Acht lassen, weil es scheinbar zu weit ist. Aber wenn man genauer hinschaut, sieht man, dass der Orbis nur 8,28° beträgt. 9-10° sind ein durchaus zulässiger Orbis für ein Quadrat zwischen dem Mond und einem anderen Planeten; für eine Konjunktion, Opposition, ein Quadrat oder Trigon zwischen Sonne und Mond sind sogar 10-11° durchaus noch im Rahmen. Außerdem gibt es eine sehr wichtige althergebrachte Technik planetarischer Affinität, die darin besteht, die Einflüsse zweier Planeten zusammenzuführen. Man nennt diese Technik »Übertragung des Lichts«. Die Übertragung erfolgt, wenn wir drei Planeten haben, von denen zwei außerhalb eines Orbis für einen der Hauptaspekte voneinander liegen, der dritte aber im Aspekt mit jedem der anderen beiden steht. In diesem Fall stehen Pluto und die Sonne zu weit auseinander, um ihren Aspekt als Konjunktion zu bezeichnen (sie liegen ca. 14° auseinander), aber sowohl die Sonne als auch Pluto stehen im Quadrat zum Mond. Aus diesem Grunde, und weil die Sonne über Pluto disponiert, können wir sagen, dass Pluto »der Sonne näher kommt«.

skops außerdem ganz klar von der Venus-Neptun-Mars-Konjunktion am Aszendenten in Waage beherrscht wird, sollten uns die Skandale über Clintons sexuelles Privatleben nicht wundern. Die Tatsache, dass Frauen auch bei den Schwierigkeiten eine herausragende Rolle spielen, die mit seinen Skandalen um Geld einhergehen, spiegelt sich ebenfalls im Horoskop wider. (Der amerikanische Moralkodex bewertet finanzielle Verfehlungen als weniger unmoralisch als sexuelles Fehlverhalten; von daher werden finanzielle Verfehlungen im Allgemeinen mit weniger Aufmerksamkeit von der Öffentlichkeit bedacht und geringer bestraft. In Asien und Europa ist es genau umgekehrt.)

Psychologisch betrachtet können wir den Zwang in Bezug auf Frauen und Geld aus der Position des Mondes ableiten. Er steht mehr oder weniger allein, ohne Unterstützung von anderen Planeten. Die emotionale Botschaft an Clinton von diesem Mond lautet: »Du kannst nie genug bekommen!« Und ein Mond in Stier beschäftigt sich dabei vor allem mit Materie, Form und Menge. Die Botschaft des Mondes hängt mit den Schwierigkeiten zusammen, die dieser Planet dabei hat, Clintons Sinn für Identität, Lebenskraft und Wohlergehen (die Stellung der Sonne in Löwe) zu entsprechen und diese solare Seite zu unterstützen. Pluto und die Sonne haben in der Kombination einen unglaublichen Drang nach Macht, Zeugung und Selbstausdruck. Die Aufgabe des Mondes in einem Horoskop ist es, diese Bemühungen nach kreativem Selbstausdruck formell und psychologisch zu unterstützen. Im Grunde ist das die archetypische Rolle der Mutter. Der Mond in Bill Clintons Horoskop steht für starke Frauen: seine Mutter, Hillary, Jennifer und natürlich auch Monica, aber vor allem Clintons inneres Frauenbild, seine innere Mutter, seine Anima, übermitteln ihm im Grunde, dass er keine Unterstützung erhält (Mond Quadrat Pluto) oder dass eine solche Unterstützung das Risiko beinhaltet, sich selbst ganz aufzugeben (Pluto/Mond/Sonne und die Angst vor dem Tod).

Aus Sicht der astrologischen Analyse mag es vielleicht schwierig zu bestimmen sein, ob die Mars-Neptun-Konjunktion als Geburtsherrscher fungiert (da sie bis auf ein Grad exakt am Aszendenten steht) oder ob Venus die Herrscherin ist (da sie das Waage-Stellium im ersten Haus disponiert und auch selbst im ersten Haus steht). Es sind beides sehr starke Einflüsse, und sie werden jeweils noch durch das Sextil von Merkur zu Mars/Neptun bzw. durch das Sextil von Pluto zu Venus verstärkt. Dass Sexskandale Clinton beinahe in seinem Amt gestürzt hätten, wird daraus ersichtlich, dass *sowohl* Mars/Neptun *als auch* Venus im Quadrat zum MC stehen, dem Punkt persönlichen Erfolges und öffentlicher Position im Geburtshoroskop. Nur die unterstützende und regenerative Macht von Pluto/Sonne/Mond in den fixen Zeichen hat ihn vor völliger Vernichtung bewahrt.

Wenn wir zur Frage nach dem Geburtsherrscher zurückkehren, dann habe ich das Gefühl, dass Venus die dominierende Kraft ist, weil sie so stark hinter Mars und Neptun steht und auch den Mond beherrscht. Ihre Kraft scheint sogar die der Sonne an Einfluss in Clintons Leben zu übertreffen. Obwohl Venus also nicht der endgültige Dispositor ist, da auch die Sonne in ihrem eigenen Zeichen steht, ist sie die Herrscherin des Aszendenten und die Dispositorin der Mars-Neptun-Konjunktion. Da sie in ihrem Domizil steht, disponiert sie auch sich selbst. Zudem wird Venus durch die Konjunktion zu Chiron verletzt, der darüber hinaus im Quinkunx zum venusbeherrschten Mond steht. Man kann nur hoffen, dass Clintons Wunde beizeiten heilt und dass er das Potenzial seines Elfthaus-Löweherzens dazu nutzen kann, die Menschheit einen Schritt voran zu bringen.

KAPITEL SECHS

Überblick über die Herrscher des Horoskops und ihre Kompatibilität mit anderen Planeten[32]

32 Da das vorliegende Werk für Astrologen gedacht ist, die ihre Grundausbildung bereits abgeschlossen haben, geht der Autor von der Annahme aus, dass der Leser mit den Grundbegriffen der astrologischen Symbolsprache schon vertraut ist und daher die Zeichenkompatibilität der Planeten beherrscht. Dennoch finden sich eine kurze Zusammenfassung und ein Überblick über dieses Thema in Kapitel 1 der vorliegenden Arbeit. Es wird auch davon ausgegangen, dass der Leser die Art der sechs geometrischen Hauptaspekte kennt (Konjunktion, Sextil, Quadrat, Trigon, Quinkunx und Opposition). Die Erläuterungen und Kommentare des Autors in diesem Buch zielen darauf ab, einen Teil der wesentlichen Dynamik des Zusammenspiels der Planeten herauszuarbeiten, insbesondere die Faktoren, die mit der Position des Geburtsherrschers eines Horoskops verknüpft sind. Diese Faktoren verdienen erhöhte Aufmerksamkeit, denn sie kommen in den meisten anderen astrologischen Quellen zu kurz. Die Auflistung ist daher nicht als eine ausgiebige Abhandlung über all die Tausende von möglichen Planet-Zeichen-Aspekt-Kombinationen zu verstehen, die dem Werk eine enzyklopädische Länge verleihen würde. Stattdessen wird dem Leser empfohlen, die Literaturliste am Ende des Buches zu nutzen, um Bücher ausfindig zu machen, die die Kompatibilität der Zeichen und die Art der Winkel zwischen den Planeten stärker zum Thema machen.

Es folgt eine kurze Liste von Kommentaren, die die wichtigsten Auswirkungen eines jeden Planeten in Bezug auf alle anderen Planeten beleuchten, *wenn ersterer Geburtsherrscher ist*. Es gibt eine Hauptregel, die der Astrologe bei seiner Analyse berücksichtigen sollte, weil sie auf alle Planetenherrscher zutrifft:

Der Charakter des Horoskopeigners wird in höchstem Maße durch *die Art des exakten Hauptaspekts von irgendeinem anderen Planeten zu dem Geburtsherrscher* bestimmt. Nehmen wir an, Krebs steht am Aszendenten und der Mond in Fische in einer genauen Konjunktion zu Venus. Dieser Mond-Venus-Kontakt wird auf die Lebenshaltung und -ausrichtung in großem Maße abfärben. Dies wird noch bedeutender und sollte deswegen mit viel Aufmerksamkeit bedacht werden, wenn es einen starken Kontakt zwischen dem Geburtsherrscher und seinem Dispositoren gibt. Wenn also Löwe am AC steht und die Sonne in Steinbock im Quadrat zu Saturn in Widder, dann ist dieser Sonne-Saturn-Aspekt sicherlich lebensbeherrschend für den Horoskopeigner. Falls wir beispielsweise einen Skorpion-AC haben und Pluto in Jungfrau im Trigon zu Merkur in Stier steht, dann ist dieses Trigon das Hauptausdrucksmittel für die Persönlichkeit des Betreffenden. Hiernach sollte man also zuerst Ausschau halten, da dies viele andere Horoskopfaktoren dominiert. Wenn man nämlich die Hauptfäden eines Horoskops einmal gefunden hat, dann erkennt man auch die Handschrift seines Webers.

Löwe-Aszendent (Sonne als Herrscher)

Die Aufgabe der Sonne ist es, jeden Planeten, über den sie disponiert, zu energetisieren und mit Vitalität zu versorgen. Im Fall eines Löwe-Aszendenten ist es so, dass das Sonnenzeichen eine außerordentlich wichtige Rolle für das Horoskop spielt. Der Astrologe sollte die Art der Elemente und Qualitäten der Zeichen von

Sonne und AC berücksichtigen und sie auf den Grad ihrer Kompatibilität überprüfen. Bei einem »Doppel-Löwen« (Sonne und Aszendent in Löwe) gilt es noch zu beachten, ob die Sonne im ersten oder im zwölften Haus steht. Im ersten Fall haben wir es mit einem brüllenden »König« zu tun oder zumindest mit einem Menschen, der den Anspruch und den Ehrgeiz für eine solche Position hat, während die zweite Variante eine etwas ruhigere Herrschaft aus dem Hintergrund und Schutz seines Baus vorzieht.[33]

Im Allgemeinen ist die Sonne ein guter Geburtsherrscher, der dem Horoskopeigner Lebenskraft und Stärke verleiht, vor allem wenn sie in harmonischen Aspekten zu anderen Planeten steht. Falls sie aber in disharmonischem Aspekt mit einem der anderen Planeten steht, dann neigt sie dazu, diesen Planeten »überzuenergetisieren«, so dass dessen Einfluss auf das Horoskop dann zu stark wird.

Sonne/Mond: Der Mond kann in diesem Fall sehr viel heller scheinen, und das eigene emotionale Erleben wird entsprechend vitalisiert, wenn die Strahlen der Sonne harmonisch auf die Mondoberfläche fallen. Das Quadrat oder die Opposition zwischen Mond und Sonne können jedoch die Fähigkeit des Betreffenden schmälern, die magnetische Energie aufzubringen, die man braucht, um den kreativen solaren Drang zu binden und zu halten. Wenn zwischen Sonne und Mond also positive Aspekte bestehen, dann kann der Betreffende seinen Schöpfungen Struktur und Unterstützung verleihen. Das Umgekehrte gilt, wenn Sonne und Mond unharmonisch miteinander verbunden sind. Ein löwebeherrschter Mensch hat immer den Schwerpunkt der Konzentration auf seinen kreativen Ausdruck gerichtet. Wenn dies durch die Mondstellung Unterstützung erfährt, dann hat der Löwe es einfach leichter, sich vom Leben genährt und akzeptiert zu fühlen. Wenn der Mond jedoch das Licht der Sonne herausfordert, dann sieht der Löwe sich einem Kampf mit der Welt gegenüber, die sich weder sicher noch unterstützend für die eigene Kreativität anfühlt.

Sonne/Merkur: Wenn die Sonne zu nah bei Merkur steht – die beiden können ja niemals mehr als 28° voneinander entfernt stehen –, dann wird der Verstand überstimuliert. Daraus entsteht häufig eine

33 Ein »Doppel-Löwe« (oder auch jedes andere Zeichen) kann die Sonne auch noch im zweiten oder elften Haus stehen haben. Eine vollständigere Beschreibung der Herrscher in den Häusern finden Sie in den entsprechenden Passagen in Kapitel 4.

falsche Vorstellung des Betreffenden darüber, *dass er das ist, was er denkt*. Das Gefühl für sich selbst neigt zur Identifikation mit dem eigenen Verstand, und es besteht nur wenig Trennung zwischen den geistigen Aktivitäten des Betreffenden und seinem wirklichen Selbst. Als gute Regel hat es sich bewährt, davon auszugehen, dass der persönliche Denkprozess umso objektiver ist, je weiter Merkur von der Sonne entfernt steht.

Sonne/Venus: Da der Punkt der größtmöglichen Elongation zwischen Sonne und Venus 48° beträgt, kann zwischen diesen beiden Planeten kein Hauptaspekt außer der Konjunktion zustande kommen. Venus liebt es, im Sonnenlicht zu baden, und die Konjunktion von ihr zur Sonne verleiht der Löwe-Persönlichkeit in jedem Zeichen eine anziehende, charmante und künstlerische Note. Das Semisextil (30°) zwischen den beiden hilft dabei, harmonische persönliche Beziehungen zu führen, und verleiht dem eigenen Charakter einen angenehm musischen Touch. Das Halbquadrat (45°) kann zu einer gewissen Vergnügungssucht führen und den Betreffenden dazu auffordern, seine Beziehungen entsprechend der eigenen inneren Ideale und persönlichen Werte zu gestalten.

Sonne/Mars: Einige Planeten können durch den Einfluss der Sonnenstrahlen überreagieren, gleichgültig, ob sie in einem harmonischen oder disharmonischen Aspekt zur Sonne stehen. Mars kann zu stark werden, wenn er im Trigon zu einer Widder- oder Schütze-Sonne steht, weil es ihm dann unter Umständen zu sehr um die Eigendurchsetzung geht. Er hat eine größere Chance, sich angemessen zu entfalten, wenn er beispielsweise im obigen Fall im Sextil zur Sonne in Zwillinge oder Waage steht. Mars in Konjunktion zur Sonne in Löwe als Geburtsherrscherin könnte ein zu überwältigender Einfluss sein, als dass für andere mit diesem Menschen noch ein friedlicher oder zumindest passiver Umgang möglich wäre, es sei denn, die Sonne bezieht ihre Energie mehr von der Seelenebene als von der Persönlichkeitsebene. Letztere kann einfach zu hell sein und alles überstrahlen, was dann bewusstere Menschen dazu veranlasst, den Raum zu verlassen, in dem der Horoskopeigner sich aufhält, um sich vor dem dominanten, feurigen Ego zu schützen. Natürlich gibt es auch große Massen von weniger bewussten Menschen, die es genießen, sich in der Illusionswelt eines solchen »Stars« zu sonnen.

Sonne/Jupiter: Im Allgemeinen wirken Jupiter und die Sonne sehr gut zusammen und sorgen für ein kreatives Potenzial sowie eine robuste Gesundheit. Selbst ein Quadrat oder eine Opposition zwischen beiden kann den zugrunde liegenden Optimismus dieser Verbindung durch Aspekte oder Herrschaft nicht zerstören. Eine sehr starke Kombination beider Planeten kann allerdings eine Neigung zur Übertreibung der eigenen Wichtigkeit und des Unterschätzens der Fähigkeiten anderer Menschen verleihen. Diese Gefahr ist bei einem Löwe-AC natürlich besonders ausgeprägt und wird noch verstärkt, wenn die Sonne und Jupiter durch die Zeichen Löwe, Widder, Schütze oder Steinbock miteinander verbunden sind.

Sonne/Saturn: Ein ansonsten eher düsterer Saturn wird durch ein nettes Trigon von der Sonne als Geburtsherrscherin mächtig aufgemuntert. Saturn in Konjunktion, im Quadrat oder in Opposition zur Sonne verringert jedoch die potenzielle Vitalität der Sonne und lässt den Betreffenden mürrisch und pessimistisch wirken. Außerdem kommt ein ungesunder Drang nach Kontrolle über die eigenen Lebensumstände hinzu. Dies gilt generell für einen solchen Aspekt, aber wird natürlich noch betont, wenn die Sonne die Geburtsherrscherin ist.

Sonne/Uranus: Uranus und die Sonne statten die Persönlichkeit mit Willenskraft aus – oder auch mit Eigensinn! Bei den harmonischen Aspekten verstärkt sich das Bedürfnis nach Ausdruck der persönlichen Kreativität und der ganz eigenen Individualität. Weniger erfolgreiche Ergebnisse bringt ein disharmonischer Aspekt hervor. Wir sollten uns daran erinnern, dass ein Löwe-Aszendent gern glänzt, und wenn die Sonne in einem starken Aspekt zu Uranus steht, ist dieser Glanz einzigartig. Die Herausforderung besteht immer darin, wie eine von der Sonne beherrschte Persönlichkeit ihren kreativen Selbstausdruck in einen größeren sozialen Kontext integrieren kann (Uranus bzw. Wassermann), ohne diesen sozialen Kontext gleich völlig zu beherrschen.

Sonne/Neptun: Je nach Art des Aspekts verstärkt die Sonne entweder den neptunischen Drang nach Glamour, Selbstverleugnung und Illusion, oder sie verbrennt im Gegenteil den trügerischen Schleier Neptuns, so dass nur noch wirkliches Mitgefühl und wahre Liebe übrig bleiben. Zuweilen kann Neptun in einem starken Aspekt zur das Horoskop beherrschenden Sonne den Sinn für persönliche Identität aufheben, was entweder zu einer psychologischen Störung oder zu einem Einheitserlebnis mit der gesamten Schöpfung ohne jegliche persönliche Grenzen führen kann. Komplexer wird die Situation noch, wenn jemand zum Beispiel einen Löwe-Aszendenten hat mit der Sonne in Konjunktion zu Neptun in Waage. Hier haben wir ein konstantes Löwethema im Tenor von »Ich bin der Herrscher und möchte auch als solcher anerkannt werden«, neben dem ebenso konstanten Drang, die persönliche Identität innerhalb einer intimen Partnerschaft aufzulösen bzw. mit der Persönlichkeit des anderen zu verschmelzen. Dies wäre wieder anders, wenn bei dem Löwe-AC Neptun in Konjunktion zur Sonne in Schütze stünde. In diesem Fall bestünde ein großes Verlangen danach, sich mit einer idealistischen Ideologie oder einem spirituellen Weg persönlich zu identifizieren und ganz darin aufzugehen. Neptun in Skorpion im Quadrat zu einer Wassermann-Sonne, die als Geburtsherrscherin fungiert, würde den Drang verspüren, einen Aspekt des kollektiven Geschehens zu beeinflussen und die sozialen Gegebenheiten und Aktivitäten, in die man hineingeboren wurde, drastisch zu verändern. Dies könnte sich zu einer Art politischem Märtyrertum entwickeln, wenn es extrem ausgelebt würde, aber es könnte sich auch einfach nur als das Bedürfnis äußern, einen Platz in der Gesellschaft zu finden, an dem man den Einsatz der eigenen Persönlichkeit in den Dienst an einer Sache von gesellschaftlichem Interesse stellen kann. Wie bei allen Beispielen, so hängt auch hier vieles von anderen Horoskopfaktoren ab, insbesondere von der *Stellung des Dispositors des Geburtsherrschers*.

Sonne/Pluto: Die Generation mit Pluto in Löwe (1938 – 1957) besteht aus einer Gruppe von Menschen, die die Eigenschaft besitzen, sich selbst durch den Fokus ihrer Kreativität immer wieder zu erneuern und neu zu »erfinden«. Dies ist besonders der Fall für Menschen dieser Generation, die einen Skorpion-AC haben. Die Sonne als Dispositor von Pluto in Löwe verleiht Macht und starke regenerative Fähigkeiten. Die Macht kann missbraucht, verleugnet oder gegen sich selbst gerichtet werden, wenn Pluto und die Sonne disharmonisch miteinander verbunden sind. Man findet sehr häufig Menschen der Pluto-in-Löwe-Generation, die Pluto im Quadrat, in Opposition oder im Quinkunx zur Sonne stehen haben, die ständig Muster eines kreativen Selbstausdrucks abspulen, die sie kein Stück weiterbringen.

Eine der größten vorstellbaren Herausforderungen sähe beispielsweise wie folgt aus: Skorpion-Aszendent, Pluto in Löwe, Sonne in Skorpion im Quadrat zu Pluto in Löwe. Menschen mit dieser Konstellation im Horoskop führen zumeist extrem tiefe Auseinandersetzungen mit sich selbst. Ihr innerer Kampf basiert dabei auf Gewohnheiten, die sich ständig wiederholen, und Tätigkeiten, die keine Verbesserung bringen. Die Spannung baut sich meist bis zu einem bestimmten Punkt auf, der dann schließlich zu einer Wandlungskrise führt. Aber anstatt nun zu »sterben« und der Wandlung zu erlauben stattzufinden, begehen die Betreffenden den gleichen Fehler wieder und wieder. Dies führt nur erneut zu einer ähnlichen Krise, wobei die persönliche Vitalität immer weiter nachlässt und evolutionäres Wachstum verhindert wird. In einem solchen Fall ist es eine Frage der Ausrichtung des Willens der Persönlichkeit an der wahren Absicht der Seele oder des Höheren Selbst. Die Tatsache, dass sich die beteiligten Planeten in fixen Zeichen befinden, macht die Überwindung des Konflikts nicht gerade einfacher. Sie trägt jedoch, wenn der Betreffende es denn schafft, auch zu einem höchst lohnenden Ergebnis bei.

Ein Horoskopeigner mit Löwe am Aszendenten und der Sonne in Skorpion in Konjunktion zu Pluto in Skorpion (diese Konstellation findet sich recht häufig unter den Skorpiongeborenen zwischen 1984 und 1995) hat ein erstaunlich starkes Bedürfnis, andere Menschen zu dominieren und sie nach seinen persönlichen Wünschen zu formen. Wir müssen bei dieser Konstellation daran denken, dass der Dispositor der Skorpionsonne in diesem Fall Pluto in seinem eigenen Zeichen ist. Es wird sehr interessant sein zu verfolgen, wie diese noch junge Generation ihre Macht einsetzen oder missbrauchen wird. Durch die relativ häufigen und erschreckenden Morde, die bereits an amerikanischen *Middle* und *High Schools* verübt wurden, wissen wir bereits, dass diese Generation gezwungen sein wird, sich mit dem Tod auf eine höchst brutale und bedrohliche Art und Weise auseinander zu setzen. Diese jungen Menschen werden die Hilfe sowohl der vor ihnen geborenen als auch der nach ihnen geborenen Generation brauchen, um eine andere Sichtweise auf den Tod und dessen Instrumente (wie z.B. Handfeuerwaffen) zu erhalten.

Krebs-Aszendent (Mond als Herrscher)

Die Aufgabe des Mondes ist es, jedem Planeten, über den er disponiert, eine Energie der Gestaltung, des Zusammenhalts und des emotionalen und instinktiven Bewusstseins zukommen zu lassen. Wenn der Mond als Geburtsherrscher im Aspekt zu einem anderen

Planeten steht, *insbesondere zu seinem Dispositor*[34], dann wird das Thema des vom Mond aspektierten Planeten zu einer höchst persönlichen Angelegenheit für den Horoskopeigner. Und dies ist vor allem der Fall, wenn nicht nur der Aszendent, sondern auch der Mond oder der vom Mond aspektierte Planet in Krebs stehen. Es besteht dann die Neigung, dass die Energie des betroffenen Planeten entweder sehr unbewusst eingesetzt wird oder auf eine sehr persönlichkeitsorientierte Art und Weise. Die Energie dieses Planeten wird sich auf einer zutiefst subjektiven und unbewussten Ebene bemerkbar machen. Nehmen wir einmal an, der Mond steht bei einem Krebs-Aszendenten in Zwillinge im Quadrat zu Merkur in Jungfrau. In diesem Fall wird es dem Horoskopeigner bei der Wahl seiner Kommunikationsmethoden vor allem darauf ankommen, sich selbst zu schützen. In zwischenmenschlichen Beziehungen, vor allem im Bereich der Arbeit (Jungfrau), spiegeln sich die subjektiven Ansichten und Meinungen (Zwillinge) des Betreffenden auf eine einzigartige Art und Weise wider. Natürlich entwickelt sich dieses subjektive und selbstbezogene Kommunikationsverhalten in dem Maße weiter, wie auch das Bewusstsein des Horoskopeigners reift und sich entfaltet.

Mond/Sonne: In einem krebsbeherrschten Horoskop mit einem wichtigen Aspekt des Mondes zur Sonne werden die Motivation zum kreativen Selbstausdruck und die eigene Lebenskraft stark von den frühen psychologischen Bedingungen, in denen der Horoskopeigner aufgewachsen ist, stimuliert. Diese können seinen Selbstausdruck zunächst sogar völlig dominieren. Dies wäre zum Beispiel der Fall, wenn der Mond als Geburtsherrscher in Steinbock stünde. Dann könnte der Drang nach persönlicher Sicherheit das kreative Potenzial, das im gegenwärtigen Augenblick liegt, nur allzu leicht verdrängen. Dies würde verstärkt, wenn der Mond in Steinbock in einem Horoskop mit Krebs-AC auch noch einen Spannungsaspekt zu Saturn hätte. Die Vergangenheit und das biologische Karma dieses hypothetischen Horoskopeigners wären imstande, ihn von der objektiven Wahrnehmung des Augenblicks fernzuhalten und statt dessen vergangene Erfahrungen auf die aktuelle Situation zu projizieren. Der Einfluss von Steinbock führt uns ganz instinktiv dazu, die Gegenwart anhand der *Einflussfaktoren der Vergangenheit* zu strukturieren.

34 Beispiele: Krebs-Aszendent, Mond in Schütze im Quadrat zu Jupiter; Krebs-Aszendent, Mond in Widder im Trigon zu Mars usw.

Mond/Merkur: Merkur und der Mond arbeiten sehr gut zusammen, wenn sie einander harmonisch aspektieren. Diese Kombination kann nicht nur für ein hohes bildhaftes Vorstellungsvermögen und Gedächtnis sorgen (besonders, wenn die Planeten in Luft- bzw. Wasserzeichen stehen), sondern lässt auch im gesprochenen und geschriebenen Wort viel Mitgefühl und Verständnis durchscheinen (dies gilt besonders bei den Wasser- und Erdzeichen). Wenn Merkur und der Mond als Geburtsherrscher im Quadrat oder in Opposition zueinander stehen, bestehen für den Horoskopeigner Schwierigkeiten, die emotionalen und mentalen Aspekte seiner Persönlichkeit in Einklang miteinander zu bringen. In diesem Fall spaltet sich die Persönlichkeit in zwei Anteile, da der Betreffende ständig versucht, seine Emotionen zu rationalisieren oder seine Gedanken emotional zu unterstützen. Dieses Dilemma kann auf die Spitze getrieben werden, wenn der Mond und/oder Merkur in einem beweglichen Zeichen oder in Waage stehen.

Mond/Venus: Venus und der Mond passen im Allgemeinen sehr gut zueinander, da sie beide den Wunsch nach materiellem und emotionalem Wohlergehen fördern. Diese Tendenz verstärkt sich noch, wenn einer oder beide Planeten in Erd- oder Wasserzeichen stehen. Die emotionale Seite des Lebens steht natürlich bei einem Krebs-Aszendenten ohnehin immer im Vordergrund. Mond-Venus-Kontakte verleihen dem Horoskopeigner immer eine persönliche Anziehungskraft sowie den tiefen Wunsch nach Intimität in Beziehungen. Schwierigkeiten, die entstehen können, wenn diese beiden im Quadrat oder in Opposition zueinander stehen, resultieren aus einem Ungleichgewicht im Bereich des Gebens und Nehmens in einer engen Partnerschaft. Der Betreffende sucht sich dann vielleicht Partner aus, die nicht in der Lage sind, die entsprechende emotionale Unterstützung zu geben, die der mondbeherrschte Partner benötigt. Manche Menschen mit Spannungsaspekten zwischen Venus und Mond (insbesondere diejenigen mit einem oder beiden Planeten in Skorpion, Widder oder Steinbock) tun sich auch schwer damit, *anderen* die Art von emotionaler bzw. materieller Unterstützung zu geben, die diese wiederum brauchen.

Mond/Mars: Mars und der Mond sind im Allgemeinen eher inkompatibel. Während der Mond die emotionalen und physischen Formen des Lebens eher bewahren, schützen und pflegen möchte, ist es das Bestreben von Mars, neue Ausdrucksmöglichkeiten für die Persönlichkeit zu suchen und zu kreieren. In einem Horoskop mit

Krebs-AC geht es darum, sich Lebenssituationen zu schaffen, die die Vergangenheit bewahren und pflegen oder die zumindest den Status Quo aufrecht erhalten. Wenn Mars im Horoskop positiv gelebt wird, dann ist er ein Einfluss, der das Leben in neue Richtungen vorantreibt. Dieses Beschreiten neuer Pfade missfällt dem Mond jedoch, ganz besonders in einem Horoskop mit Krebs-AC, der eine stark konservative Wirkung hat.

Deswegen sorgen Aspekte zwischen diesen beiden Planeten meist für Unruhe, es sei denn, es sind sehr positive Aspekte im Horoskop eines emotional reifen Menschen. Wenn das der Fall ist, dann öffnet Mars die Türen für den Mond, um neue Situationen zuzulassen, die mit dem in Einklang stehen, was sich bereits als sicheres Terrain für den Horoskopeigner herauskristallisiert hat. Ein Trigon oder Sextil zwischen Mars und dem Mond, insbesondere in Erdzeichen, erhöht die Formkraft eines Krebs-Aszendenten. Der Mond ist der »Klebstoff«, der die entsprechende Form für jeden kreativen Impuls anzieht. Wenn er in einem Erdzeichen steht, dann verstärkt sich die Fähigkeit, Ideen und Emotionen in einer physischen Form zu manifestieren. Mars stimuliert und beschleunigt dann den Prozess. Der Betreffende kann sich auf neue Erfahrungen einlassen und die Umstände für solche Erfahrungen bestimmen und in eine Form bringen, die sein Gefühl von Sicherheit nicht gefährden. Ein krebsbeherrschter Mensch ist ständig damit beschäftigt, im Leben Situationen zu schaffen, die ihn und andere unterstützen und behüten. Spannungsaspekte zwischen Mars und dem Mond zerschneiden und durchtrennen Lebenssituationen und emotionale Kontakte, was sowohl emotionale Nähe als auch neue Erfahrungen verhindert.

Mond/Jupiter: Der Mond und Jupiter sind im Allgemeinen sehr verträgliche Energien; Jupiter steht in Krebs, dem natürlichen Zeichen des Mondes, ja auch erhöht. Wenn Krebs am AC steht und der Mond entweder in Schütze oder in Fische in einem harmonischen Aspekt zu Jupiter, dann hat der Betreffende im Bereich der Hausposition beider Planeten eine glückliche Hand. Aus seiner Fähigkeit, sich selbst und damit das Leben als Ganzes, annehmen zu können, resultieren Expansion und Wohlergehen. Zumindest ist der Betreffende in der Lage, andere Menschen liebevoll zu unterstützen, wenn er auch vielleicht nicht weiß, wie er sich selbst diese Zuwendung geben kann. Aus einem vom Mond beherrschten Horoskop zieht man immer dann am meisten, wenn man andere Menschen mit einbezieht und ihnen Mitgefühl entgegenbringt. Dann wird die ganze Welt zu der Familie, die man braucht. Das ist der Hauptgrund, warum die Erhöhung Jupiters im Zeichen des Mondes als so glückverheißend gilt. Schwierige Aspekte zwischen den beiden Planeten führen zu einer Übertreibung der persönlichen Bedürfnisse und zu einer extrem emotionalen Reaktion auf die gewöhnlichsten Alltagssituationen. Dies zeigt sich häufig in einer Persönlichkeit, die zu viel Besorgnis über die emotionale Sicherheit von sich und anderen an den Tag legt und dazu neigt, die Wichtigkeit der meisten Ereignisse zu übertreiben. Auf die Überdramatisierung von emotionalen Situationen folgt dann meist eine Enttäuschung.

Mond/Saturn: Saturn und der Mond haben sowohl einen ergänzenden als auch einen widersprüchlichen Charakter. In einem von Krebs beherrschten Horoskop führt jeder Hauptaspekt zwischen dem Mond und Saturn zu einer außerordentlichen Beschäftigung mit Sicherheitsfragen. Wenn der Mond in einem beweglichen Zeichen im Spannungsaspekt oder in Konjunktion zu Saturn steht, dann ist das Sich-Sorgen um die allernichtigsten Kleinigkeiten des Lebens ein integraler Bestandteil der Persönlichkeit. Wenn er in einem fixen Zeichen steht, findet man oft den Zwang, unbedingt die Liebe und Unterstützung der Mutter gewinnen zu müssen. Und dies wirkt sich dann auf das eigene Frau- bzw. Muttersein aus, oder auf die Beziehung, die man zu Frauen im Allgemeinen hat, unabhängig vom eigenen Geschlecht.

Wenn sich Spannungsaspekte von Mond und Saturn auf dem kardinalen Kreuz abspielen, dann werden sie zum eigentlichen Antrieb für alle emotionalen Begegnungen des Horoskopeigners. Spannungsaspekte zwischen Mond und Saturn stehen im Allgemeinen häufig für einen Menschen, der zutiefst unsicher ist und sehr manipulativ und kontrollierend sein kann. Wenn die beiden Planeten im Trigon oder Sextil zueinander stehen, ist der Betreffende eher dazu in der Lage, aus vergangenen Erfahrungen zu lernen, und kann daher Ereignisse, Umstände und Ressourcen besser in Formen und Strukturen bringen, die ihn unterstützen und sein Sicherheitsbedürfnis stärken. Diesen Menschen wird häufig Hilfe aus der Familie zuteil, was ganz sicherlich nicht der Fall ist, wenn die beiden Planeten zueinander im Quadrat oder in Opposition stehen. Eine Ausnahme bestätigt dabei die Regel: Wenn die Familie eines Mond-Saturn-Menschen ihn finanziell manipuliert, ihn in wirtschaftlicher Abhängigkeit hält. Aber dann wird diese Sicherheit emotional teuer bezahlt. Wenn der Mond und Saturn in einem krebsherrschten Horoskop kollidieren, dann ist es mit dem Gutgenährtwerden nicht so weit her, selbst wenn eine Menge Essen vorrätig ist!

Mond/Uranus: Hier kommen wir zu zwei weiteren im Grunde inkompatiblen Einflüssen, insbesondere in einem von Krebs beherrschten Horoskop – zum Mond und zu Uranus. Der Mond ist normalerweise eher konventionell, es sei denn er steht in Wassermann oder Schütze. Er möchte bewahren, nicht innovativ sein. Uranus ist hingegen die originellste und innovativste planetarische Wirkkraft und tut alles, was er kann, um die Geburt neuer Erfahrungen und Archetypen von Beziehungen im Leben eines Menschen zu initiieren. Ein Mensch mit dem Mond als Geburtsherrscher ist allerdings alles andere als begeistert von allzu großen Erfahrungen der Freiheit. Ein mondbeherrschter Mensch fühlt sich am wohlsten und am sichersten, wenn er das gleiche Essen bekommt, das schon Mama für ihn gekocht hat. Er wird kulinarisch sicher nicht mit südbolivianischer oder nordmongolischer Küche fremdgehen – es sei denn, Mama stammt aus diesen Ländern.

Ein echter Uranier hingegen ist genau das Gegenteil. Er ist die Art von Mensch, die die beiden oben genannten Küchen überhaupt erst in New Jersey eingeführt hat! Der Mond ist unglaublich sentimental, Uranus ganz und gar nicht. Der Mond ist instinktiv, Uranus ist eher intuitiv. Der Mond ist vertraulich, Uranus ist unpersönlich. Der Mond bewahrt und erhält, Uranus lässt die Vergangenheit hinter sich und öffnet die Tür in eine nicht vorhersehbare Zukunft. Diese Planetenkombination kommt zwar wahrscheinlich wesentlich besser in einem widderbeherrschten Horoskop zur Geltung, stellt aber auch für einen krebsbeherrschten Menschen eine lohnenswerte Herausforderung dar. Einer der Vorteile dieser Kombination ist beispielsweise, dass dem sensiblen Mond ein Touch mehr Objektivität verliehen wird. Der Horoskopeigner wird aus seiner Heimat in eine größere und wesentlich aufregendere Welt hinauskatapultiert. Wenn Mond-Uranus-Aspekte sich im Horoskop eines emotional reifen Menschen harmonisch entfalten, dann erlauben sie es dem Betreffenden, viele Arten von Beziehungen zu erleben und eine Tür zu einer größeren Vielfalt in Freundschaften zu öffnen. Ein offener Mond-Uranus-Mensch begegnet in seinem Leben auf jeden Fall einigen sehr interessanten Menschen!

Mond/Neptun: Wie Jupiter steht auch Neptun in Krebs erhöht. Deswegen wirken sich positive Aspekte zwischen dem Mond und

Neptun meist sehr positiv für ein tiefes und befriedigendes Gefühlsleben aus. Das stimmt aber nur, wenn der Betreffende ein bestimmtes Niveau von emotionaler Reife und spiritueller Entwicklung erreicht hat. Aspekte zwischen Mond und Neptun können den Wunsch wecken, armen oder weniger glücklichen Mitmenschen zu helfen und diese zu unterstützen. Sie führen uns dazu, nach Unterdrückung und Entrechtung Ausschau zu halten und den davon betroffenen Menschen Trost und materiellen sowie spirituellen Beistand zu bieten. Diese Aspekte symbolisieren zumindest einen unvoreingenommenen, fürsorglichen und offenen Zugang zur Welt und zu anderen Menschen. Schwierige Aspekte zwischen Mond und Neptun erzählen uns in einem krebsbeherrschten Horoskop etwas über eine emotional verletzte Mutter. Dies kann ein Hinweis auf Alkoholismus oder andere Formen von Drogenabhängigkeit in der Familie sein. Als Erwachsener tut man sich dann häufig schwer damit, sich gegenüber anderen Menschen emotional abzugrenzen. Man ist unsicher, wie weit die eigenen Gefühle für andere reichen bzw. reichen sollten oder wie tief man sich in Partnerschaften emotional einlassen sollte, und tut häufig zu viel des Guten.

Mond/Pluto: Als Gespann mit dem Mond intensiviert Pluto alle Gefühle und emotionalen Situationen. Pluto in Konjunktion zum Mond in Löwe in einem Horoskop mit Krebs-Aszendent weist beispielsweise auf einen Menschen hin, der die Bedeutung seiner Gefühle permanent überdramatisiert. Pluto in Krebs im Trigon zum Mond in Skorpion hilft dem Betreffenden dabei, Faktoren, die die eigene Sicherheit bedrohen könnten, durch effektive Maßnahmen einfach auszuschalten. Bei einem emotional sehr reifen und spirituell entwickelten Menschen kann der gleiche Aspekt bedeuten, dass dem Horoskopeigner starke Heilkräfte zur Verfügung stehen. Ein Krebs-Aszendent mit dem Mond in Konjunktion zu Pluto in Schütze in Opposition zu Saturn in Zwillinge kann auf ein starkes Bedürfnis hinweisen, das religiöse und philosophische Glaubensgebäude der Familie zum Einsturz zu bringen und zu transformieren, bevor man dann seinen eigenen Weg der spirituellen Entwicklung beschreitet. In allen Fällen, in denen Pluto und der Mond in einem krebsbeherrschten Horoskop aufeinander treffen, muss die Vergangenheit auf irgendeine Art und Weise in einen größeren Bezugsrahmen integriert werden. Der Prozess der Individuation kann und soll in einem solchen Fall jenseits des Kontextes des persönlichen psychologischen und physischen Erbes – des so genannten »biologischen

Karmas« – fortgesetzt werden. Kommt es nicht zu einem solchen Streben nach persönlicher Regenerierung, dann verstrickt sich der Betreffende nur noch weiter in alten Familienmustern.

Zwillinge- oder Jungfrau-Aszendent (Merkur als Herrscher)

Wenn Zwillinge am Aszendenten steht, dann ist Merkurs Funktion als Geburtsherrscher direkt mit der Kommunikation von Ideen, Gedanken und Meinungen verbunden. Der Horoskopeigner hat außerdem meist das Bedürfnis, als Bindeglied, als Vermittler zwischen Menschen und ihren Ideen zu fungieren oder Menschen aufgrund des eigenen Wissens und der eigenen Weltanschauung zusammenzubringen. Letzteres ist insbesondere der Fall, wenn Zwillinge am Aszendenten steht und Merkur in Waage. Wenn Jungfrau am AC steht, dann geht es Merkur weniger um die Kommunikation um der Kommunikation willen, sondern dann ist er damit beschäftigt, eine praktikable Form und ein Ventil für seine Ideen zu finden. Dann dominiert die Arbeit das Leben, und Beziehungen werden vor allem unter dem Gesichtspunkt betrachtet, ob sie das Bedürfnis des Betreffenden unterstützen, etwas zu schaffen.

Merkur/Sonne: Zusammen mit Merkur als Geburtsherrscher stimuliert die Sonne das mentale Potenzial des Horoskopeigners und führt ihm besondere Energie zu. Solange die Sonne und Merkur nicht zu nah beieinander stehen, also in einer Konjunktion mit weniger als 5° Orbis, unterstützt die Sonnenkraft das Streben des Betreffenden danach, seine sozialen und/oder praktischen Beziehungen und Ziele zu verfolgen. Ist die Konjunktion zwischen den beiden Planeten zu eng, wird die mentale Aktivität überstimuliert, was dem allgemeinen Charakter des Menschen ein hohes Maß an Nervosität beschert. Dies wird verstärkt, wenn die Konjunktion in einem Feuer- oder Luftzeichen stattfindet.

Merkur/Mond: In einem von Merkur beherrschten Horoskop ist die primäre Lebensausrichtung mentaler Natur. Der Mond sorgt gemeinsam mit Merkur für einen gewissen Magnetismus des Denkprozesses. Wenn die beiden Planeten harmonisch zueinander gestellt sind, dann gelingt es dem Betreffenden, seine Gedanken so zu strukturieren, dass sie seine persönlichen Pläne und Ziele oder seinen Wunsch nach Kommunikation fördern. Besteht ein Spannungsaspekt zwischen Mond und Merkur, dann kommt es häufig zu Verwirrung zwischen Gedanken und Gefühlen. Mit Jungfrau am AC und Merkur in Stier im Trigon zum Mond in Steinbock wäre es für den Horoskopeigner beispielsweise eher leicht, sich und seine Ressourcen für erfolgreiche Arbeitsprojekte zu organisieren und zu strukturieren. Dies ginge ihm ganz natürlich von der Hand. Zwillinge am AC und Merkur in Wassermann mit dem Mond in Waage würden das Zusammenkommen mit Gleichgesinnten fördern, mit denen man seine eigenen sozialen Ideen und Konzepte austauschen und vorantreiben könnte.

Merkur/Venus: Positive Aspekte zwischen Merkur und Venus bei einem merkurbeherrschten Aszendenten (oder auch einer Rezeption von Merkur in Waage und Venus in Jungfrau beispielsweise) verstärken künstlerische Talente und die Fähigkeit, Harmonie (Venus) und verbale Inhalte (Merkur) gemeinsam in ästhetisch ansprechende Päckchen zu packen. Diese Planetenkombination trägt auch dazu bei, Menschen zu wohltätigen Verkaufsveranstaltungen oder künstlerischen Events zusammenzubringen. Sehr häufig führt diese Konstellation dazu, dass der Horoskopeigner über eine sehr angenehme Sprache und Ausdrucksweise verfügt und sich elegant auf gesellschaftlichem Parkett zu bewegen weiß. Der einzige disharmonische Aspekt, der zwischen diesen beiden Planeten zustande kommen kann, ist das Halbquadrat. In diesem Fall muss der Betreffende lernen, wie er seine Ideen wirkungsvoller in einen adäquaten gesellschaftlichen bzw. arbeitsbezogenen Kontext integrieren und dort angemessen kommunizieren kann. Dies ist dann aber keinesfalls die größte Herausforderung im Leben.

Merkur/Mars: Diese zwei kommen sehr gut miteinander aus, wenn sie harmonisch miteinander verbunden sind. Wenn Zwillinge am Aszendenten steht und Merkur sich im Trigon zu Mars befindet, dann fällt es dem Horoskopeigner leicht, in seiner Kommunikation sehr direkt und ohne Umschweife zu sein. Wenn Jungfrau am Aszendenten steht und es ein Trigon zwischen Mars und Merkur gibt, dann ist die besondere Fähigkeit des Horoskopeigners, die aktuellen Umstände und die Situation schnell zu erfassen und zu durchschauen, meist von Erfolg gekrönt. Dies gilt ganz besonders für das Arbeitsumfeld. Eine Konjunktion zwischen den beiden Planeten kann die eigene Gestik und den Bewegungsablauf zu schnell und zu sprunghaft gestalten, während die Opposition und ganz besonders auch das Quadrat eher zu einer scharfen Zunge führen sowie dazu geneigt machen, vorschnelle und unüberlegte Urteile zu fällen. Wenn Jungfrau das Horoskop beherrscht und Merkur und Mars in einem Spannungsaspekt zueinander stehen, ist die Tendenz groß, im Arbeitsumfeld ständig dominieren zu wollen, ohne jedoch mit den Ergebnissen der eigenen Bemühungen jemals recht zufrieden zu sein. Harmonische Aspekte zwischen Merkur und Mars führen bei Jungfrau am Aszendenten häufig zu hoher Präzision und Akkuratesse sowie zu der Fähigkeit, sich voll und ganz auf die im Augenblick anstehenden Aufgaben und Herausforderungen konzentrieren zu können.

Merkur/Jupiter: Wenn Zwillinge das Horoskop beherrscht und sich gleichzeitig ein Aspekt zwischen Merkur und Jupiter bildet, dann haben wir es mit einem Menschen zu tun, der immer in Bewegung ist, der von seinem Naturell her ein Abenteurer, Reisender, Lehrer und Vermittler ist. Falls es sich um einen disharmonischen Aspekt handelt, verpasst er ständig das Flugzeug, hat viel mit verspäteten Zügen und Autopannen zu kämpfen und lässt sich auf diese Art und Weise in seinem Bewegungsdrang hemmen. Wenn der Spannungsaspekt auch noch in den fixen Zeichen stattfindet, dann können Reisepläne völlig zum Stillstand kommen. Auf dem beweglichen Kreuz neigt der Betreffende eher dazu, zu viele Pläne auf einmal zu machen. Wenn Jupiter und Merkur sich auf dem kardinalen Kreuz gegenüber stehen oder im Quadrat zueinander befinden, dann liegt die Herausforderung und Schwierigkeit eher in der *Motivation*, mit der man Reisen, Studien oder auch kommunikativen Austausch angeht. Mit Jungfrau am Aszendenten richtet sich die ganze oben genannte merkurische Dynamik auf praktische Ziele. Diese können erfolgreich verfolgt werden, wenn Merkur und Jupiter in einem harmonischem Aspekt zueinander stehen. Handelt es sich um einen disharmonischen Aspekt, trifft der Horoskopeigner jedoch häufig in unterschiedlichsten Stadien seiner Projekte auf Hindernisse, entweder schon bei der Planung, in der Durchführung oder in der Endphase. Die Aufgabe, die in allen Fällen der Verbindung von Merkur und Jupiter in einem merkurbeherrschten Horoskop ansteht, lautet: Dehne deinen geistigen Horizont durch Arbeit (Jungfrau) oder durch intellektuelle Tätigkeiten (Zwillinge) aus.

Merkur/Saturn: Diese beiden Planeten sind von Natur aus gute Freunde. In der seelenzentrierten Astrologie gilt Saturn als der Herrscher über die mentale Ebene, der die Gesamtstruktur des Verstandes und alle geistigen Fähigkeiten beeinflusst. Merkur hingegen gilt als der Vermittler zwischen verschiedenen Facetten des Verstandes. Im übertragenen Sinne könnten wir sagen, dass Saturn der ganze Bienenstock ist, während Merkur alle Kontakte und den kompletten Austausch zwischen den einzelnen Bienen wie auch den verschiedenen Hierarchie-Ebenen symbolisiert. Saturn sorgt also für die Gesamtstruktur und gibt dem Bienenstock seinen Sinn, während Merkur sich um die tatsächliche Zielverfolgung kümmert. Wenn Jungfrau am AC steht und Merkur und Saturn sich in Erdzeichen befinden, bekommt das Ganze eine eher praktische Komponente. Steht Zwillinge am Aszendenten und Merkur und Saturn sind harmonisch miteinander verbunden, haben wir es mit einem Menschen zu tun, der eine Begabung für Design, Entwürfe und Architektur hat. Diese architektonische Ausrichtung kann sich auch auf soziale Planung oder den Entwurf von Unternehmungen ausweiten. Stehen Merkur und Saturn in Spannung zueinander, dann führt das häufig zu einem überanalytischen Verstand, zu Unklarheiten zwischen dem Sinn einer Idee und der entsprechenden Vermittlung dieses Konzepts oder auch zu einem extrem pessimistischen Denken.

Merkur/Uranus: Wenn Uranus sich in einem Horoskop mit Zwillinge-AC positiv mit Merkur verbindet, dann ist der Betreffende höchstwahrscheinlich mit einem sehr schnellen, intuitiven Verstand gesegnet. Die Fähigkeit, viele unterschiedliche Fakten gleichzeitig aufzunehmen und all diese Informationen in eine logische Abfolge zu bringen, ist stark ausgeprägt. Dies ist sehr hilfreich, wenn es darum geht, mit vielen unterschiedlichen Menschen über diverse Themen zu sprechen. Solche Menschen sind sehr einfallsreiche und originelle Denker. Sind sie auch spirituell weit entwickelt, dann können sie ihre geistigen Fähigkeiten dem Wohl der Gemeinschaft zur Verfügung stellen. Stehen Merkur und Uranus bei einem Zwillinge-AC in einem Spannungsverhältnis zueinander, ist der Horoskopeigner unter Umständen sehr nervös und unruhig, besonders wenn die beiden Planeten sich in beweglichen Zeichen oder dem Luftelement befinden. Diese innere Unruhe kann dafür sorgen, dass Intuition und Logik völlig aus dem Gleichgewicht geraten. Dann hat der Horoskopeigner zwar immer die richtigen Argumente bei der Hand, aber nur, um damit zu falschen Schlussfolgerungen zu gelangen! Steht Jungfrau am Aszendenten und/oder Merkur und Uranus befinden sich in Erdzeichen, dann unterlaufen dem Betreffenden eher methodische oder technische Fehler, die den Ablauf behindern. Es kann sein, dass er zu viel experimentiert, ohne dabei zu praktischen Resultaten zu gelangen.

Merkur/Neptun: Bei einem Aspekt zwischen Neptun und Merkur handelt es sich um eine der widersprüchlichsten Planetenverbindungen. Selbst eine harmonische Verbindung dieser beiden Himmelskörper führt unter Umständen zu eher idealistischem Denken (Neptun) als zu Logik (Zwillinge). Oder auch zu einer bequemen und »jenseitsorientierten« Arbeitshaltung (Jungfrau). Im besten Fall arbeiten Merkur und Neptun in irgendeiner Form von Forschungsarbeit zusammen oder in einer Weise, die auf Heilung abzielt (Jungfrau) bzw. künstlerische Ziele verfolgt (Romane oder Gedichte schreiben), oder in Form von psychologischer Beratung (Zwillinge). Merkur braucht Logik und Präzision, um sich von seiner besten Seite zu zeigen, und dies ist nicht gerade Neptuns Stärke. Wenn Merkur und Neptun so richtig miteinander kollidieren, dann befindet sich der Horoskopeigner höchstwahrscheinlich mehr in einer Traumwelt als in der Realität. Bei einem Spannungsaspekt zwischen Merkur und Neptun in einem merkurbeherrschten Horoskop ist die Gefahr eines konfusen Denkens und Handelns groß, zumindest aber die Gefahr, *Ausflüchte* im Reden und im Tun zu suchen. Auf der Ebene der Persönlichkeit kommt es in diesem Fall häufig vor, dass der Betreffende nicht gern die Wahrheit sagt bzw. sie noch nicht einmal sieht. Es fällt ihm schwer, einen geraden Weg zu verfolgen bzw. logisch zu denken. Dies bedeutet jedoch nicht, dass es dem Horoskopeigner an mentalen Fähigkeiten mangelt; es bedeutet lediglich, dass man von ihm nicht unbedingt eine logische Abfolge von Gedanken oder Handlungen erwarten darf. Zuweilen kann ein Neptun/Merkur-Mensch wirklich dazu beitragen, spirituelle Wahrheiten zu entdecken. Spirituell unreife Menschen täuschen sich bei einer solchen Konstellation allerdings nur zu gern selbst, auch und gerade über ihren Grad an spiritueller Entwicklung.

Merkur/Pluto: Diese Planetenkombination schafft eine Verbindung, die den Verstand vertieft und verschärft. Bei einer disharmonischen Stellung können daraus jedoch leicht Misstrauen und Eifersucht resultieren, vor allem, wenn Merkur oder Pluto in Skorpion, Fische oder Krebs stehen. Ein Mensch mit dieser Konstellation hat die Mentalität eines »Spions«. Er dringt tief in Angelegenheiten oder Menschen vor und nimmt alle unterschwelligen und versteckten Faktoren in einer Situation oder einer Beziehung wahr. Das ist dann der Mensch mit Zwillinge am AC, der sagt: »Du hast mir noch nicht alles erzählt, was du weißt.« Das ist der Mensch mit Jungfrau am AC, von dem man zu hören bekommt: »Du gibst noch nicht dein Bestes – ich weiß, dass du noch mehr zu bieten hast!« Stehen Merkur und Pluto in Spannung zueinander, nimmt das Misstrauen überhand, im Extremfall entwickelt der Horoskopeigner eine regelrechte Paranoia (dies wird zum Beispiel durch eine Beteiligung von Neptun an der Konstellation verstärkt). Sind Pluto und Merkur harmonisch miteinander verbunden und Jungfrau steht am AC oder Merkur oder Pluto stehen in Jungfrau, dann entgeht dem Auge des Betreffenden nicht das geringste Detail.

Stier- oder Waage-Aszendent (Venus als Herrscherin)

Venus symbolisiert das, was einen Menschen anziehend und attraktiv macht bzw. worauf er anziehend wirkt. Wenn sie in Stier steht, dann zieht der Betreffende Form und materiellen Überfluss an, während sie in Waage ihre Funktion im Bereich der Beziehungen ausübt. In beiden Fällen verleiht Venus immer ein Gefühl für Ästhetik und eine gewisse Schönheitsliebe, bzw. sie untergräbt diese Fähigkeiten, wenn sie geschwächt wird.

Venus/Sonne: Die Sonne verleiht im Zusammenspiel mit Venus Vitalität und eine starke persönliche Anziehungskraft. In Konjunktion zu Venus weist die Sonne in einem Horoskop mit Waage-Aszendent allerdings auch auf einen gewissen Grad an Narzissmus hin. Dies wird verstärkt, wenn die Konjunktion ebenfalls in Waage stattfindet oder in Widder bzw. Löwe. In einem Horoskop mit Stier-Aszendent wirkt sich eine Konjunktion eher in einer extremen Selbstgerechtigkeit aus, vor allem, wenn die Konjunktion ebenfalls in Stier stattfindet. Ein Horoskopeigner mit dieser Konstellation ist übermäßig an seine persönlichen Wertvorstellungen gebunden. Natürlich sind alle Menschen an ihre Werte gebunden, aber das Ausmaß und die Intensität dieser Bindung werden in Stier verstärkt, in einem fixen Zeichen, das für den Selbstwert steht, der sich unter anderem durch Geld und materielle Form ausdrückt. In allen Fällen einer Planetenverbindung zwischen Sonne und Venus spielt die Liebe zur Kunst eine große Rolle im Leben des venusbeherrschten Menschen.

Venus/Mond: In einem Horoskop mit Waage-Aszendent verleiht ein Aspekt zwischen Mond und Venus dem Betreffenden ein instinktives Bauchgefühl für Beziehungen. Auch bei einem Stier-Aszendenten hat der Horoskopeigner ein sehr definitives Empfinden anderen Menschen gegenüber, woraus sich unmittelbare Sympathien und Antipathien, Anziehung und Abstoßung, ein Empfinden für Sicherheit oder Gefahr in zwischenmenschlichen Beziehungen ergeben. Wenn der Mond in Stier steht, unterstützt dies die formgebende Dynamik von Attraktivität und macht es – je nach Aspektart – leichter oder schwieriger, Geld und materielle Unterstützung anzuziehen. Wenn also Stier am AC steht und die Steinbock-Venus sich im Trigon zum Stier-Mond befindet, wird es für den Horoskopeigner relativ einfach sein, sich ein Vermögen aufzubauen bzw. Partnerschaften mit Menschen einzugehen, die ihn wirtschaftlich unterstützen. Steht die Steinbock-Venus jedoch beispielsweise in Opposition zum Krebs-Mond, dann bestimmt das Bedürfnis nach finanzieller Unterstützung die Partnerschaftssuche so sehr, dass man häufig letztlich doch die falsche Wahl trifft und sich damit genau der Sicherheit beraubt, die man eigentlich sucht. Eine Konjunktion oder ein Quadrat von Neptun zu einem der beiden Planeten würde dies noch extrem verstärken.

Venus/Merkur: Diese beiden Planeten haben im Allgemeinen ein gutes Verhältnis zueinander. Lesen Sie dazu auch die Erläuterungen unter dem vorherigen Kapitel »Zwillinge- oder Jungfrau-Aszendent«. Wenn Waage am AC steht, dann verleiht diese Konstellation umso mehr Leichtigkeit und Charme im zwischenmenschlichen Austausch. Steht Stier am AC, dann erleichtert eine Konjunktion oder ein Sextil zwischen Merkur und Venus es dem Betreffenden, sich seine Ideen so auszumalen, dass sie auch wirklich Form annehmen können. Zu den eigenen kreativen Bemühungen gesellen sich eine gute Unterscheidungsfähigkeit, ein Gefühl für Präzision und ein praktischer Sinn hinzu. Dem letztendlichen Ergebnis mangelt es selten an Gleichgewicht und Schönheit.

Venus/Mars: Wenn sich diese beiden Planeten miteinander verbinden, dann verstärkt sich die Libidoenergie des Horoskopeigners. Dies ist insbesondere dann der Fall, wenn eines der vier von diesen Planeten beherrschten Zeichen am Aszendenten steht (Widder, Skorpion, Stier und Waage – siehe auch den nächsten Abschnitt »Widder- oder Skorpion-Aszendent« für weitere Erläuterungen zu Mars). Ein von Stier beherrschtes Horoskop mit Venus in einem unterstützenden Aspekt zu Mars verleiht dem Betreffenden einen hohen Antrieb beim Verfolgen seiner materiellen und sexuellen Ziele. Die Motivation bei einem Quadrat oder einer Opposition ist zwar die gleiche, aber der Drang nach finanziellem oder sexuellem Erfolg kann dann geradezu übermächtig sein und in einem Ungleichgewicht oder gar einer Besessenheit münden. Eine Konjunktion von Venus und Mars verstärkt in jedem Zeichen den Sexualtrieb, und wenn sie beispielsweise zusätzlich noch in einem Spannungsaspekt zu Uranus oder Neptun steht, dann kann dies zu einem sehr unregelmäßigen oder gar zwanghaften Sexualleben führen. Ein Quadrat oder eine Opposition von Saturn auf diese Konjunktion weist auf sexuelle Frustration hin oder auch auf das Scheitern finanzieller Projekte. Die Intensität der persönlichen sexuellen oder finanziellen Wünsche bleibt die gleiche, nur das Ergebnis bzw. die Erfüllung lassen einiges zu wünschen übrig. Dies gilt im Allgemeinen für ein von Waage beherrschtes Horoskop genauso wie für ein von Stier beherrschtes, lediglich die Ausrichtung der Energie von Mars und Venus wird bei einem Waage-AC mehr auf den Partnerschaftsbereich verschoben. Spannungsaspekte von Neptun auf Mars und Venus können in diesem Fall zu Abhängigkeiten in Partnerschaften und Affären führen, denn man neigt dazu, sich selbst in Bezug auf enge Beziehungen etwas vorzumachen bzw. sich etwas vormachen zu lassen.

Venus/Jupiter: Diese Konstellation garantiert viel Lebensfreude und gute Zeiten. Wenn der Aspekt harmonisch ist, dann strebt der Horoskopreicher erfolgreich nach irdischem Glück. Wenn Stier am Aszendenten steht und Venus und Jupiter im Trigon oder Sextil zueinander stehen, dann wächst die Wahrscheinlichkeit für materiellen Reichtum, aber auch für überhöhte Geldausgaben erheblich. Dies wird noch verstärkt, wenn beide oder einer der beiden Planeten in einem Erdzeichen stehen. Die Wasserzeichen verstärken die Fähigkeit des Betreffenden, auf seine persönlichen Ressourcen zuzugreifen. In den Luftzeichen sorgt diese Konstellation für fruchtbare Ideen und soziale Kontakte, und in den Feuerzeichen schließlich werden die guten Zeiten noch viel schöner. Schwierige Aspekte zwischen beiden Planeten wirken sich nicht unbedingt nachteilig auf die potenzielle Fülle dieser Verbindung aus, aber sie zeugen meist von Verschwendung und Übertreibung. Bei einem Waage-AC trägt die Kombination von Jupiter und Venus zu den Annehmlichkeiten bei, die man in Partnerschaften zu empfangen und zu geben vermag. Schwierige Aspekte zwischen den beiden sorgen bei einem

Waage-Aszendenten für ein Ungleichgewicht im Beziehungsleben, da der eigene Idealismus meist größer ist, als es die reale Verwirklichung zulässt. Falls einer oder beide Planeten in beweglichen Zeichen stehen und in ihrer Wirkung geschwächt werden, muss man bei einem Waage-Aszendenten damit rechnen, dass der Horoskopeigner viele Beziehungen gleichzeitig unterhält, die in einem gewissen Konflikt zueinander stehen. Wenn es zu einer solchen Schwächung in den fixen Zeichen kommt, besteht die Neigung dazu, an Partnerschaften noch lange festzuhalten, selbst wenn diese schon längst überholt und für den Horoskopeigner eigentlich nicht mehr von Wert sind. Spannungsaspekte zwischen Venus und Jupiter auf dem kardinalen Kreuz weisen auf wiederholte Beziehungen hin, die auf falschen Idealen, Werten oder Vorstellungen beruhen.

Venus/Saturn: Dies ist nicht gerade die kompatibelste Planetenenergie, gleichgültig, um welchen Aspekt es sich handelt. Obwohl ein Saturn/Venus-Aspekt sich auf langfristige finanzielle (Stier-AC) oder romantische (Waage-AC) Partnerschaften durchaus positiv auswirken kann, nimmt Saturn einiges von dem Vergnügen, das eigentlich so sehr ein Teil venusischen Erlebens ist. Starke Venus/Saturn-Aspekte finden sich häufig in Horoskopen von Menschen, die aus Geld- und Statusgründen heiraten. Lukrative Ehen werden zuweilen durch das Trigon oder Sextil zwischen beiden symbolisiert. Venus und Saturn in der Kombination sind auch hilfreich in Beziehungen zu älteren Menschen. Wenn sie in fixen Zeichen stehen und harmonisch miteinander verbunden sind, dann erleichtert dies langfristige Bindungen. Ein Trigon oder Sextil kann bedeuten, dass der Horoskopeigner großen Wert auf dauerhafte Partnerschaften legt, aus dem Bewusstsein heraus, dass erst die Zeit den höheren Wert dieser Beziehungen zum Vorschein bringt. Das Quadrat, die Opposition und häufig auch die Konjunktion von Saturn und Venus im Horoskop können jedoch bedeuten, dass man solch langfristige Bindungen eher als Last denn als Freude empfindet, mehr wie die Abtragung einer Schuld denn als Belohnung. Auf jeden Fall sorgen Venus/Saturn-Kontakte für ein starkes Verantwortungsbewusstsein im Bereich finanzieller (Stier-AC) oder romantischer (Waage-AC) Beziehungen.

Venus/Uranus: Dies ist eine höchst interessante Planetenverbindung. Die daraus entstehenden Energien und Konsequenzen sind passender für einen Waage-AC als für Stier am Aszendenten. Wir müssen dabei bedenken, dass Uranus in Stier im Fall steht, da es einem Stier niemals behagt, gegen seinen Willen in Gang gesetzt zu werden, Uranus jedoch niemals etwas so belassen kann, wie es ist. Uranus fühlt sich aus mehreren Gründen in einem waagebeherrschten Horoskop um einiges wohler. Zum Ersten ist Uranus Herrscher in Wassermann – genau wie Waage ein Luftzeichen. Daraus resultiert eine starke elementare Affinität zwischen Venus und Uranus. Zum Zweiten beschäftigen sich beide Planeten damit, auf soziale Verhältnisse einzuwirken, wenn Venus dies auch mehr auf einer persönlichen Ebene tut und Uranus eher auf einer unpersönlichen. Zum Dritten ist Uranus aus esoterischer Perspektive der Herrscher in Waage. Und es ist die Absicht der Seele, die Persönlichkeit bei ihrer Entwicklung in eine zu bedingungsloser Liebe fähige Einheit zu unterstützen. Hierbei sind Uranus und Waage gleichermaßen hilfreich.[35]

Was die Aspektverbindungen angeht, so habe ich festgestellt, dass Uranus/Venus-Aspekte (und dabei vor allem das Quadrat) ein häufiger Signifikator für männliche Homosexualität im Horoskop ist. Das heißt jetzt nicht, dass jeder Mann mit einem Uranus/Venus-Kontakt unbedingt schwul sein muss. Es ist aber eine Tatsache, dass ein hoher Prozentsatz schwuler Männer einen solchen Aspekt im Horoskop hat. Ein starker Venus/Uranus-Aspekt bedeutet zumindest, dass der Betreffende das Thema Sexualität und emotionale Verbindung in vielen Variationen erleben muss. Steht Waage (oder Wassermann) am Aszendenten, dann verstärkt sich das Thema noch. Die gleiche Verbindung in einem stierbeherrschten Horoskop kann einen dazu bewegen, im Bereich finanzieller Investitionen zu experimentieren oder sich in finanzielle Unregelmäßigkeiten zu verstricken. Dies kommt daher, dass man mit Uranus im starken Aspekt zum Geburtsherrscher höchstwahrscheinlich keinen Regeln folgt außer den eigenen.

Venus/Neptun: Die Kombination dieser zwei Planeten verlangt hohe emotionale Reife, wenn der Betreffende nicht in die Abhängigkeitsfalle seiner Beziehungen geraten will. Es besteht kein Zweifel daran, das diese Konstellation alle möglichen Formen von großer Liebe zur Schönheit hervorbringt. Wenn der Aspekt jedoch schwierig ist (und dazu zählt auch die Konjunktion), besteht die Gefahr, dass man sich nur in die Schönheit verliebt – in die eigene oder die

35 Siehe auch das oben genannte Werk des Autors, *Astrologie der Seele*.

des Partners. Mit einem Waage-Aszendenten ist eine gewisse Blindheit für die praktischen Realitäten des Lebens ohnehin ein Thema in Beziehungen. Es kommt zu Abhängigkeiten, Co-Abhängigkeiten und zwanghaften Bedürfnissen in intimen Partnerschaften, so dass der Horoskopeigner sich niemals wirklich wohl fühlt, wenn er alleine ist. Es wird dann unter Umständen ein romantisches Drama um einen völlig ungeeigneten Partner kreiert, wobei die innere Aussage lautet: »Lieber führe ich eine schlechte Partnerschaft als gar keine.«

Mit Stier am AC und schwierigen Aspekten zwischen Venus und Neptun (oder auch sogar harmonischen Aspekten bei einer evolutionär gesehen noch jungen Seele) kommen viele ähnliche Neigungen zum Vorschein, aber in dem Fall können auch finanzielle Angelegenheiten von Ausflüchten und Täuschungsmanövern geprägt sein. Eine positiv gelebte Venus/Neptun-Kombination ist etwas Wundervolles und wahrhaft Erhebendes. Es ist eine sehr poetische Kombination, die die Sinne und die Sensibilität verfeinert. Gemeinsam sind Venus und Neptun in der Lage, einen Charakter zu prägen, der zu bedingungsloser und selbstloser Liebe fähig ist. In Kombination mit dem Zeichen Stier kann dies einen Horoskopeigner hervorbringen, der die Fähigkeit besitzt, kollektive Ressourcen für Menschen ausfindig zu machen, die seiner Hilfe bedürfen, und ihnen diese Ressourcen auch zugänglich zu machen.

Ein Mensch mit Stier am Aszendenten und Venus in Widder im elften Haus im Trigon zu Neptun in Schütze in sieben könnte beispielsweise als Katalysator wirken, um soziale Mittel aus staatlichen Quellen verfügbar zu machen, die dann für humanitäre Zwecke bereit gestellt werden. Der gleiche Mensch könnte sich jedoch auch in eine Vielzahl von Beziehungen stürzen, in denen falsche Versprechungen gemacht werden und die schon von Anfang an zum Scheitern verurteilt sind. Nach mehr als dreißig Jahren als Astrologe sehe ich immer wieder, dass Menschen mit extremen Schwierigkeiten im Privatleben konfrontiert werden, wenn die Energien von Neptun und Venus in der Kombination nicht auf der höchsten Ebene gelebt werden. Vielleicht ist das noch ein Überbleibsel aus dem von Neptun beherrschten Fischezeitalter (für Venus das Zeichen ihrer Erhöhung), denn nur allzu häufig richten Menschen mit starken Venus/Neptun-Kontakten allen Warnsignalen zum Trotz ihre Ideale, Sehnsüchte und Fantasien auf die Beziehungsebene aus, die dann von romantischen Dramen geprägt wird.

Venus/Pluto: Wie zu erwarten, bringt die Kombination von Venus und Pluto viel Intensität in Beziehungen. Hier kommt es häufig zu Eifersucht und Besitzdenken, wenn die beiden Planeten disharmonisch miteinander verknüpft sind, insbesondere dann, wenn einer von beiden in einem fixen Zeichen steht. Mit Waage am AC besteht die Gefahr, dass man genau die Menschen oder Beziehungen zerstört, die man am meisten liebt. Sind diese beiden Planeten jedoch harmonisch miteinander verbunden oder werden die Lektionen des Quadrates oder der Opposition am Ende doch gelernt, dann kann der Venus/Pluto-Mensch ein Katalysator sein, der alle möglichen verborgenen Talente in seinem Partner zum Vorschein bringt.

Wenn jemand diese Konstellation auf einer weniger persönlichen Ebene auslebt, zum Beispiel im Beruf, dann könnte er ein großartiger Psychologe oder Berater bzw. Personalchef sein. Wir haben es dann mit einem Menschen zu tun, der nicht nur heilsam auf Beziehungen einwirkt – sowohl auf seine eigenen als auch auf die zwischen anderen Menschen –, sondern der auch dazu in der Lage ist, Partnerschaften in eine tiefere Ebene von Verbundenheit zu transformieren. Bei Stier am Aszendenten und einer harmonischen Verbindung von Venus und Pluto kann der Horoskopeigner über die Fähigkeit verfügen, verborgene oder vergrabene Schätze zu finden. Er hat das Talent, in wenig bekannte Unternehmungen zu investieren, die am Ende großartige Ergebnisse erzielen. Die Wahrscheinlichkeit hierfür vergrößert sich noch, wenn Pluto beispielsweise in Jungfrau im Trigon zu Venus in Stier oder Steinbock steht. Wir dürfen allerdings nicht vergessen, dass Pluto lange braucht, um seine wirklichen Schätze zu enthüllen, ob es sich dabei nun um den Bereich der Finanzen oder den zwischenmenschlicher Beziehungen handelt.

Das nachstehende Horoskop ist ein gutes Beispiel für ein Ungleichgewicht im Zeichen Waage und spiegelt viele Themen eines waagebeherrschten Horoskops wieder.

Es ist das Radix eines der beiden Jungen, die für das Massaker vom 20. April 1999 in der *Columbine High School* in Littleton, Colorado, verantwortlich sind. Fünfzehn Menschen kamen dabei ums Leben. Obwohl diese Tat sicherlich auf eine ganz pervertierte Art eine Menge Mut erforderte, handelt es sich im Wesentlichen um das Horoskop eines eher schwachen Menschen. Das Horoskop zeigt sehr wenig Gefühl für ein zentriertes Selbst, aber dafür sehr viel von

Beispielhoroskop 13: Dylan Klybold[36] – Horoskopabbildung
11. September 1981, Denver, CO, 9.11 h MDT

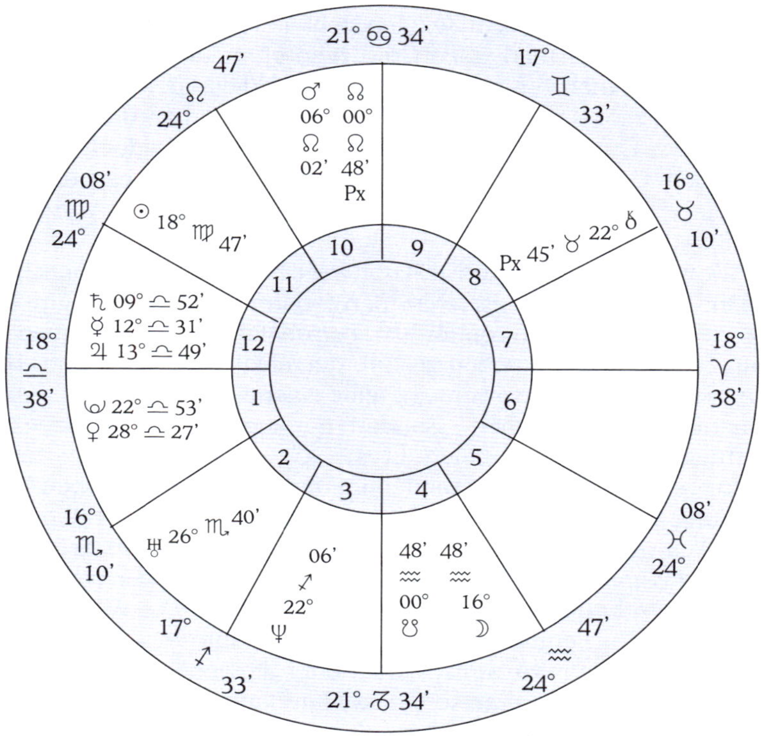

36 Datenquelle: Standesamt Colorado.

tief internalisierter Selbstzerstörung, die sich auf die schrecklichste Art und Weise nach außen ausdrückt.

Die Sonne hat sehr viel mit einem bewussten Selbst und einem Gefühl persönlicher Identität zu tun. Wenn sie im Quadrat zu Neptun steht und nicht von irgendwelchen anderen wesentlichen Planetenfaktoren unterstützt wird, dann ist die Vitalität der Sonne und dementsprechend die Verbindung zum persönlichen kreativen Kern geschwächt. Die Sonne in Dylan Klybolds Horoskop empfängt nur zwei wesentliche Aspekte: ein Quadrat von Neptun und ein Quinkunx vom Mond. Das Gefühl persönlicher Identität dieses jungen Mannes ist daher unklar und diffus und wird auch nicht durch andere Aspekte unterstützt, die zu einem positiveren Selbstbild beitragen könnten. Der Stand der Sonne im elften Haus weist darauf hin, dass er sich gesellschaftlich integrieren muss und von dem sozialen Umfeld, zu dem er gehört, Hilfe benötigt. Leider bekam er diese Unterstützung nur in Form einer geheimen Gruppierung, die völlig besessen war von antisozialen Idealen und wo man sich schwarz verschleierte, um die eigene Individualität zu maskieren und eine ganz spezielle, kollektive Identität anzunehmen (Neptun in Schütze im Quadrat zur Sonne). Das Problem gesellschaftlicher Ächtung wird durch das Quinkunx vom Mond in Wassermann (dem natürlichen Zeichen des elften Hauses) zur Jungfrau-Sonne noch verschärft. Wir haben es hier mit einem Menschen zu tun, dem es ein großes Bedürfnis ist, von einer gesellschaftlichen Gruppe aufgenommen zu werden, um ein Gefühl der Verankerung seiner selbst zu bekommen. Der Mond weist dieses Bedürfnis jedoch ab und erlaubt ihm kein klares, festes Gefühl gesellschaftlichen Angenommenseins. Darüber hinaus wird die Sonne als Herrscherin des elften Hauses von Merkur in zwölf in Konjunktion zu Saturn disponiert, was die restriktive soziale Dynamik des Horoskops nur noch verstärkt.

Die komplexen Themen sozialer Zugehörigkeit, die Dylan Klybolds Leben bestimmen, werden noch von der Stellung des Geburtsherrschers betont. Wir wollen diese Platzierung einmal nach der eingangs vorgeschlagenen Methode analysieren. Daraus wird ersichtlich, wie aufschlussreich solche Herrscherfaktoren für die Deutung eines Horoskops sind.

Waage steht am Aszendenten, und Venus befindet sich in enger Konjunktion zu Pluto. Der einzige andere Aspekt, den Venus noch bildet, ist ein Quadrat zu Mars in Löwe im zehnten Haus mit einem

Orbis von 7,35°. Das heißt, die einzigen Verbindungen zum Herrscher des Aszendenten werden von den zwei Planeten des Todes und der Zerstörung gebildet: Mars und Pluto. Außerdem können wir in diesem Fall sagen, dass Pluto in Waage der Geburtsherrscher ist, da er mit einem Orbis von nur etwas mehr als 4° am Aszendenten im ersten Haus steht. Diese Stellung von Pluto und seine Konjunktion mit seinem Dispositor, Venus, wiederholt sich entsprechend noch einmal im achten Haus, an dessen Spitze Stier steht und das demzufolge auch von Venus beherrscht wird – eine weitere Venus/Pluto-Verbindung.

Der tatsächliche und der natürliche Herrscher des achten Hauses (dessen Mitherrscher Mars ist) stehen also in Konjunktion in einem ebenfalls natürlicherweise von Mars beherrschtem Haus (dem ersten). Der rote Planet selbst steht im Quadrat zur tatsächlichen Herrscherin dieser beiden Häuser, zu Venus.

Diese Faktoren planetarischer Beziehungen bringen uns zu einem weiteren wichtigen Deutungsschritt: der Gewichtung des Herrschers von zwei oder mehreren Häusern. Diese Analyse kann man wie folgt vornehmen:

1. Bewerten Sie jedes der betreffenden Häuser daraufhin, wie es von dem Zeichen an seiner Spitze geprägt wird.
2. Kombinieren Sie den Einfluss beider Häuser.
3. Schauen Sie sich die Zeichen- und Hausposition des entsprechenden Herrschers an.
4. Schauen Sie sich den *Dispositor* des Herrschers an, und suchen Sie nach Aspekten zwischen beiden.

Wenn wir das oben genannte Prozedere einmal durchführen, dann kommen wir zu folgenden Schlussfolgerungen:

1. Im ersten Haus geht es um Kontakte, die der Mensch in jedem Augenblick mit seiner Umwelt eingeht. Es gibt außerdem Aufschluss über die physische Erscheinung, das Auftreten, die Haltung und die generelle Art, wie wir wahrgenommen werden. Im Fall von Dylan Klybold haben wir einen Waage-Aszendenten mit Venus im ersten Haus. Der junge Mann sieht gut aus, wirkt nach außen hin angenehm und ruhig und hat ein starkes Bedürfnis

danach, mit anderen Menschen in Kontakt zu treten und enge partnerschaftliche Bindungen einzugehen.

Das achte Haus mit Stier an der Spitze wird ebenfalls von Venus in eins beherrscht. Es ist das Haus des Todes, aber auch der Sexualität und Regeneration. Und gerade Regeneration ist hier ein ganz wichtiges Thema. Wenn ein Mensch seine Energie nicht frei fließen lassen kann, wenn sie blockiert und frustriert wird, dann müssen wir damit rechnen, dass die brutaleren und destruktiveren Seiten von Mars und Pluto, den natürlichen Herrschern dieses Hauses, mit aller Macht zum Vorschein kommen. Denn eine frustrierte Sexualität und eine verhinderte Regeneration der persönlichen Vitalkraft führen zu Gewalt und Krieg. Das liegt in der menschlichen Natur.

Sein achtes Haus und die damit zusammenhängenden Faktoren verleihen Dylan Klybold eine starke, aber auch extrem frustrierte Sexualität. Sein Horoskop verstärkt den ganz normalen Drang in seinem Alter, sich mit jungen Frauen zu treffen und zu einer allgemein akzeptierten Teenager-Clique zu gehören. Sein romantischer Drang wird jedoch in vielerlei Hinsicht gebremst, wie wir aus seinem Horoskop erkennen können.

Zum einen ist Uranus der Herrscher seines fünften Hauses, dem Haus der spielerischen Sexualität und Romantik. Dieser ist hoch aufgeladen durch das Zeichen Skorpion, in dem er steht, wird aber in das Gesamthoroskop nur durch zwei Spannungsaspekte integriert: eine Opposition zu Chiron im achten Haus und ein weites Quadrat zum Mond in Wassermann in vier. Die Opposition zu Chiron zeugt von seinem Bedürfnis nach Individualität, aber auch davon, dass er genau in diesem Prozess der Identitätsfindung »verwundet« ist. Uranus disponiert über den Mond und empfängt von ihm ein Quadrat. Das bedeutet, dass die chironische Wunde nicht so einfach heilen kann, weil die spezielle Ausrichtung des Wassermann-Mondes mit seinem Quadrat zu Chiron im achten Haus Dylans normalen Drang nach Gemeinschaft ausschließt und ihn geradezu am Abbau sexueller Spannung hindert. Außerdem steht der Mond – wie schon erwähnt – im Quinkunx zur Sonne im elften Haus. Zum anderen steht Venus im Quadrat zu Mars, dem natürlichen Herrscher beider Häuser, die Venus in diesem Horoskop beherrscht! Das Quadrat intensiviert natürlich die sexuelle Spannung noch, ohne jedoch ein Ventil zu bilden, diese Spannung auf eine einfache und gesunde Art abzubauen.

2. Die Energien und Prinzipien des ersten (Widder) und des achten Hauses (Skorpion) führen – wenn sie harmonisch miteinander verbunden sind – zu einer Regeneration der Persönlichkeit und demzufolge zur Abgabe neuen kreativen Potenzials des sich entwickelnden Selbst an die Umgebung. Frühere Selbstbilder sterben, so dass neue und bessere Facetten der Persönlichkeit zum Vorschein kommen können. Dieser Prozess wird in Dylan Klybolds Horoskop völlig verhindert. Wir können das in astrologischen Begriffen wie folgt ausdrücken: Der natürliche und tatsächliche Herrscher des ersten und achten Hauses stehen im Quadrat zueinander in den kardinalen Häusern eins und zehn. Der Drang nach Projektion der Persönlichkeit innerhalb eines gesellschaftlichen Kontextes (Waage) wird sowohl von einer intimeren, persönlichen Ebene (Herrscher des ersten im Quadrat zum Herrscher des siebten Hauses), als auch von einer eher gesellschaftlichen Ebene aus verhindert (Mars in zehn im Quadrat zu Venus in eins). Die sexuelle Potenz wird in ihrem normalen Ausdruck frustriert (Herrscher des achten Hauses und die Spannungsaspekte vom natürlichen sowie vom tatsächlichen Herrscher), was das Potenzial für Gewalt und Selbstzerstörung weiter erhöht.
3. Geburtsherrscher ist Pluto in Waage in Konjunktion zum Aszendenten und zu Venus, seiner Dispositorin. Pluto im ersten Haus intensiviert das Gefühl von Einsamkeit und gesellschaftlichem Ausschluss, das Dylan Kybold erlebte. Denn wir dürfen nicht vergessen, dass es ein sehr sozial orientiertes Horoskop ist und dass Gruppenzugehörigkeit für das Wohlbefinden des Horoskopeigners von essenzieller Wichtigkeit ist.

Das Horoskop weist aber darauf hin, dass sich der Horoskopeigner in Gesellschaft nicht wohl fühlt. Zu den vielen astrologischen Faktoren, die darauf Bezug nehmen, gehören: Mars in zehn Quadrat Venus; die Sonne im elften Haus im Quadrat zu Neptun (Dylan Klybold war Mitglied einer geheimen »öffentlichen« Gruppierung); der Südknoten in Wassermann und Mars am Nordknoten, Venus im Quadrat dazu; Waage-AC mit Venus im ersten Haus im gleichen Zeichen in Konjunktion zu Pluto; und zu guter Letzt der Mond in Wassermann im Quinkunx zur Sonne und in einer weiten Opposition zu Mars in zehn.

Ich möchte nun weiter mit der Zusammenfassung der Herrscher und der Kompatibilität von Planeten fortfahren. Ab jetzt sind viele der Auswirkungen der verschiedensten Planetenkombinationen bereits bekannt, da sie zuvor schon besprochen wurden. Erläuterungen zur Kombination von Mars und Sonne finden sich beispielsweise schon weiter oben. Dies gilt auch für Mars und Merkur sowie für andere Kombinationen. Lesen Sie dazu bitte auch immer die vorhergehenden Abschnitte. Ich werde mich bei den folgenden Kommentaren auf die Auswirkungen des *Geburtsherrschers des jeweiligen Aszendenten* beschränken, um mich nicht unnötig zu wiederholen.

Widder- oder Skorpion-Aszendent (Mars als Herrscher)

Mars ist definitiv der persönliche Herrscherplanet über diese beiden Zeichen, wenn Pluto auch über die Wirkung von Skorpion auf einer tieferen Ebene herrscht und von vielen Astrologen als zweiter Herrscher in Widder betrachtet wird. In der täglichen Deutung dieser beiden Zeichen regiert also eindeutig der rote Planet über Widder. Obwohl es zu Mars gehört, Türen zu öffnen und Menschen neue Gelegenheiten zu bieten (neben seiner anderen Aufgabe zu töten und zu zerstören), ist die Art dieses Prozesses in den beiden Zeichen seiner Herrschaft so unterschiedlich, dass ich jedem in diesem Kapitel einen eigenen Abschnitt widme – Mars/Widder und Mars/Skorpion.

Widder-Aszendent (Mars als Herrscher)

Mars/Sonne: Wenn wir es mit einem Widder-Aszendenten zu tun haben, sollte der Astrologe daran denken, dass die Vitalität und Energie der solaren Kraft von dem Betreffenden auf sehr spezifische persönliche Ziele und ein egozentrisches Verhalten gerichtet wird. Das Ego oder das »niedere Selbst« können dabei durchaus einen positiven Charakter haben und Gutes in der Welt anstreben, wie beispielsweise die Verfolgung humanitärer Ziele, die für einen widderbeherrschten Menschen von größtem Interesse sein können. Mars ist ja ein Krieger und Verteidiger, der es den bösen Jungs zeigt, die sein Territorium verletzen; deswegen haben wir es bei ihm nicht immer mit dem üblen Piraten zu tun, der nur vergewaltigt und plündert. Aber wenn wir es nun doch mit einem nicht so rechtschaffenen Marsianer zu tun haben, dann wird tatsächlich die Flagge mit dem Totenkopf gehisst, und die Sonne steuert noch das ihre zum zerstörerischen marsischen Feuer bei.

Mars/Mond: Bei einem Widder-Aszendenten kann man davon ausgehen, dass Mars den Mond dominiert. Wenn beide Planeten einen Spannungsaspekt zueinander bilden, dann führt der Betreffende meist einen endlosen Krieg mit seiner Mutter. Die mütterliche Energie wird sehr häufig als kastrierend erlebt oder zumindest als eine Bedrohung, sein Ding machen zu können, so wie man es selbst gern möchte. Im Horoskop eines Mannes führt dies oft zu psychologischer Kriegsführung mit Frauen. Was die ganze Angelegenheit noch verkompliziert, ist die Tatsache, dass gleichzeitig meist ein sehr intensiver sexueller Drang danach besteht, genau die Frauen zu erobern, die der Betreffende eigentlich fürchtet. In den meisten Fällen wird dieser Kampf auf sehr tiefen, unbewussten Ebenen ausgetragen, was dann in einer verpfuschten Ehe bzw. einer extrem problematischen Beziehung zum anderen Geschlecht resultiert. Positive Verbindungen zwischen Mars und dem Mond, insbesondere, wenn letzterer in einem Erdzeichen steht, verleihen dem Horoskopeigner ein tiefes Gefühl der Unterstützung durch seine Mutter und demzufolge auch durch andere Frauen in seinem Leben. Dies gilt natürlich auch, wenn ein anderes Zeichen am Aszendenten steht, aber bei einem Widder-Aszendenten sollte der Astrologe davon ausgehen, dass die Auswirkungen dieser Konstellation großes Gewicht im Leben des Betreffenden haben und es sich um ein Hauptlebensthema handelt, nicht nur um eine Facette unter vielen.

Mars/Merkur: Die Hauptauswirkung dieser Konstellation liegt bei einem von Widder beherrschten Horoskop in der Wichtigkeit, die es für den Horoskopeigner hat, seine Meinung zu äußern – und er hat immer eine Meinung, die er äußern möchte! Der Betreffende ist sich seiner Fähigkeit oder auch Unfähigkeit sehr bewusst, das, was er sagen möchte, auf eine Art auszudrücken, die andere von dem Gesagten überzeugt. Harmonische Kontakte zwischen den beiden Planeten bewirken, dass der Horoskopeigner sich mit dem Ausdruck seiner Ideen leicht tut und Erfolg damit hat, während das Quadrat oder die Opposition in den beweglichen Zeichen für Verwirrung sorgen kann, in den fixen für Frustration bzw. einen gehemmten Ausdruck und in den kardinalen Zeichen für Unklarheit in Bezug auf Absicht und Zweck der Kommunikation sorgt.

Die Konjunktion verstärkt immer das Bedürfnis danach, Ideen und Bilder auszudrücken. Bei diesem Aspekt sollte man nach weiteren Aspekten zur Konjunktion Ausschau halten. Saturn im Trigon zu einer Mars/Merkur-Konjunktion unterstützt beispielsweise langfristige sowie gut durchdachte Pläne und Projekte, während Uranus im Quadrat dazu den ohnehin schon Widder-dominierten Menschen nur noch impulsiver und voreiliger in seinen Gedanken und Handlungen werden lässt.

Mars/Venus: In einem Horoskop mit Widder-AC dominiert Mars immer über Venus. Das heißt, dass die Ampeln des Betreffenden eher auf »grün« geschaltet sind als auf »rot«. Anders ausgedrückt, der Horoskopeigner sieht in persönlichen Beziehungen immer eher ein Vorfahrtsschild als ein Stoppschild. Wenn dann noch Mars in Opposition zu Venus steht, dann entfällt so etwas wie eine Gelbphase für denjenigen völlig, und er kommt mit den sozialen Signalen seiner Umgebung garantiert durcheinander. Er hat einfach die Neigung, seine persönlichen Wünsche in das Energiefeld seines Gegenübers zu projizieren, den er höchstwahrscheinlich als Gegenstand seiner persönlichen sexuellen und zwischenmenschlichen Bedürfnisse betrachtet. Bei harmonischen Aspekten zwischen den beiden Planeten fällt der Kontakt mit anderen Menschen leicht und auch das Gleichgewicht zwischen romantischen und rein sexuellen Bestrebungen oder machtorientiertem Eroberungsdrang wird leichter gewahrt.

Mars/Jupiter: Wenn sich diese beiden in einem von Widder dominierten Horoskop zusammentun, dann kommt dabei ein sehr abenteuerlustiger Mensch heraus, der immer auf der Suche nach neuen Horizonten ist. Das kann sich in einer sehr ritterlichen, idealistischen bis naiven Haltung ausdrücken, die im schlechtesten Fall in »viel Lärm um nichts« mündet, wenn Mars und Jupiter disharmonisch miteinander verbunden sind. Sollten die Zeichen Schütze oder Löwe auch noch eine wichtige Rolle in dem Horoskop spielen, dann verstärkt sich die Neigung zur Dramatik noch weiter. Wenn die beiden Planeten jedoch in einem positiven Winkel zueinander stehen, dann haben wir es mit einem wirklich noblen Menschen zu tun, der immer darum bemüht ist, Menschen in Not mit gezücktem Schwert und in ehrlicher Absicht beiseite zu stehen. Eine gute Dosis Saturn sowie eine reife Steinbock-Komponente können dabei helfen, das Verantwortungsgefühl und ein entsprechendes Verhalten in dem betreffenden Menschen zu fördern.

Mars/Saturn: Wenn diese beiden Planeten in einem widderbeherrschten Horoskop zusammenkommen, dann sollten sie in einem positiven Aspekt zueinander stehen, damit sich der Horoskopeigner nicht in seinen Bemühungen um Selbstausdruck behindert oder frustriert fühlt. Mars steht zwar in Steinbock erhöht, Saturn aber steht in Widder im Fall. Das heißt, dass Mars sein Bestes zum Vorschein bringt und an der Erschaffung positiver Strukturen und Muster arbeitet, die auf jeden Fall gesellschaftliche Früchte tragen, wenn er in Saturns Zeichen steht. Saturn in Widder ist jedoch ein ziemlich einsamer Gesetzeshüter, allein auf weiter Flur. In einem Horoskop mit Widder-AC, in dem Saturn auch in Widder steht, muss der Horoskopeigner lernen, wie er nicht alles und jeden, mit dem er in Berührung kommt, kontrolliert. Eine Konjunktion, ein Quadrat oder eine Opposition zwischen Mars und Saturn können sich anfühlen, als hätte man einen Fuß am Gaspedal und einen auf der Bremse. Ein Trigon oder Sextil verleihen einem die Kraft, bei der Verfolgung der eigenen Lebensziele durchzuhalten, gleichgültig, wie schwierig das Leben sich auch gestalten mag.

Mars/Uranus: Die Kombination von Mars und Uranus in einem Horoskop mit Widder-AC kann auf einen Menschen hinweisen, der seiner Zeit weit voraus ist. Es könnte sich um einen sehr talentierten Innovatoren handeln – einen Menschen, der seine Ideen oder Erfindungen zur Unterstützung der menschlichen Evolution furchtlos in der Welt durchsetzt. Ich spreche hier natürlich von einem höchst begabten, geradezu genialen Menschen, der einen sehr reifen Blick auf das Leben hat und der das Bedürfnis, um jeden Preis immer der Erste zu sein oder ständig seine Umgebung zu schockieren, längst hinter sich gelassen hat. In den meisten Fällen führt eine Kombination von Mars und Uranus zu einem Charakter, der ein tiefes Bedürfnis danach verspürt, anders zu sein als andere – insbesondere in einem Horoskop, das von Widder beherrscht wird. Das kann sich durchaus in unsozialem Verhalten ausdrücken. Uranus in Krebs im Quadrat zu Mars in Widder beispielsweise kann sich so auswirken, dass der Betreffende gegen die Familiensitten oder auch die kollektiven sozialen Regeln seiner Generation rebelliert. »Ich muss unter allen Umständen ich selbst bleiben, auch wenn dies bedeutet, dass ich damit allein auf weiter Flur bin!« So oder ähnlich lautet das Lebensmotto dieses Menschen. Positivere Verbindungen zwischen den beiden Planeten verleihen den Wunsch und den Mut, sich von der Masse abzuheben. Dabei geht es dann nicht um die reine Wirkung, sondern um das wirkliche Bedürfnis, den eigenen Wesenskern stärker zu leben und sich wahrhaftig zu einem Individuum zu entwickeln. Vielleicht hört der Mensch einen inneren Ruf, der ihn auffordert, seinen eigenen, einsamen Weg im Leben zu gehen, was unter Umständen auch zu Kontakten mit anderen hoch begabten und exzentrischen Menschen führt.

Mars/Neptun: Dies ist nicht gerade die einfachste Planetenkombination. Während Mars nach vorn drängt, um dem Widder-Aszendenten den Raum zu bereiten, in den er seine Persönlichkeit projizieren kann, verwischt Neptun solche Projektionen bzw. löst sie geradezu auf. Ein Quadrat oder eine Opposition zwischen den beiden ist ganz besonders übel, denn das ist so, als würde der Betreffende seinen Namen mit einer Hand an die Tafel schreiben, während die andere Hand ihn mit einem Schwamm immer wieder auswischt. Mars und Neptun in Kombination verleihen dem Leben allerdings auch Hingabe an eine Aufgabe und ein gewisses missionarisches Bewusstsein. Dieser Missionarsdrang braucht eine praktische Ausrichtung, damit sich die Ziele des Horoskopeigners nicht in falschem Idealismus oder Selbstüberhöhung verlieren. Ein gutgestellter Saturn und/oder Planeten in den Erdzeichen können einem solchen Menschen sehr dabei helfen, ein gewisses Maß an Realitätssinn im Leben zu entwickeln. Positive Aspekte zwischen Mars und Neptun fördern das Bedürfnis des Betreffenden, den tieferen Wahrheiten des Lebens auf die Spur zu kommen. Demzufolge bringt diese Art von Aspektverbindungen (im Horoskop eines spirituell gereiften Menschen auch die schwierigeren Aspekte) häufig Philosophen und spirituell Suchende hervor. Diejenigen, die eher wissenschaftliche Interessen verfolgen, finden die Mars/Neptun-Verbindung vielleicht ganz nützlich für Forschungsarbeit und das Entschlüsseln von Geheimnissen der Natur. Ein Widder-Mensch ist immer auch ein Soldat in seiner Haltung dem Leben gegenüber. Wenn Mars sich mit Neptun verbindet, dann wird dieser Soldat unter Umständen ein Märtyrer für eine bedeutende Sache oder er opfert sich sinnloserweise im Kampf gegen Nebelwände mit stumpfen Waffen auf.

Mars/Pluto: Die Kombination von Mars und Pluto ist sehr machtvoll. Sie verleiht einem Menschen Spannkraft, Regenerationsfähigkeit, Vitalität und Antriebskraft. Bei einem Widder-Aszendenten verleiht einem das die Einstellung »Was mich nicht umbringt, macht mich stärker.« Man hat die Kraft, wirklich jeder Herausforderung zu begegnen. Und diese Kraft braucht ein Mensch mit einem starken Mars/Pluto-Aspekt im Horoskop auch, denn da wird es einige Herausforderungen geben, denen er begegnen muss! Eine Widder-Persönlichkeit hat die Aufgabe, neues Territorium für sich zu erobern. Sie kann nicht einfach in die Fußstapfen von jemand anderem treten, sondern muss ihren eigenen Weg gehen. Und auch den muss sie sich erst bereiten. Das ständige Bedürfnis, sich seinen eigenen Weg durch die Welt zu schlagen, wird durch einen engen Kontakt von Pluto zu Mars bei einem solchen Menschen noch potenziert. Der Drang, ein selbstbestimmtes Leben zu führen und jede Behinderung des persönlichen Ausdrucks beiseite zu räumen, wird durch eine Kombination beider Planeten ungemein verstärkt.

Wenn sie im Quadrat, in Opposition oder in Konjunktion zueinander stehen, dann kann der Drang nach Dominanz geradezu überwältigend sein, vor allem dann, wenn dies in den Feuerzeichen oder den kardinalen Zeichen stattfindet. Der Betreffende neigt dann unter Umständen dazu, Konflikte zu schüren, wo im Grunde gar keine sind, oder – was noch wahrscheinlicher ist – ständig im Kampf mit sich selbst zu liegen. Häufig läuft eine innere Auseinandersetzung zwischen dem niederen und dem höheren Selbst ab, wobei das niedere Ego aufgefordert wird, seine Begierden und Wünsche zu opfern und einem unpersönlichen und transzendenten Ziel Platz zu machen. Widerstand gegenüber diesem evolutionären Prozess wirkt sich in großen inneren Spannungen aus. Dies gilt insbesondere dann, wenn einer oder beide Planeten in fixen Zeichen stehen.

Skorpion-Aszendent (Mars als Herrscher)

Mars in Verbindung mit einem Skorpion-Aszendenten kann man im Prinzip ganz ähnlich deuten wie die Konstellationen von Mars in einem widderbeherrschten Horoskop. Es gibt jedoch einen wesentlichen Unterschied. In einem Horoskop mit Widder-Aszendent hat das Lebensthema immer damit zu tun, sich neues Territorium zu erobern. Und die Aufgabe von Mars ist es dabei, den Betreffenden voranzubringen, ihm dabei zu helfen, ein Gefühl für sich zu entwickeln, das aus einer ständigen Konfrontation mit dem Leben entsteht. Man muss sich vorwärtsbewegen und das Leben immer wieder mit aktiver Willenskraft angehen. Dieses dem Horoskop zugrunde liegende Prinzip nimmt bei den meisten Menschen die

Form von Wünschen und Begierden an: »Ich schreite durchs Leben, wohin mich meine Wünsche tragen, und nehme den Kampf auf, wenn man sie mir nicht freiwillig erfüllt.« Ein entwickelter Widder-Mensch ist immer kampfbereit, wenn es um Überzeugungen und Ideale geht, die ihm *und* anderen neue Lebensräume eröffnen. Der Kampf nimmt dann meist die Form eines voranschreitenden Bewusstseins an, dem das Wohlergehen der Menschheit am Herzen liegt.

Ein Mensch mit Skorpion-Aszendent ist beständig auf der Suche danach, sich neu zu erschaffen. Dies führt zu Konfrontationen, die entweder mit der Wiederholung alter Muster enden – und demzufolge mit einer weiteren Verhärtung dieser Verhaltensschienen in den tiefen Schichten der Persönlichkeit einhergehen – oder die in der Befreiung von eben diesen Mustern resultieren, was dann so viel Lebensenergie freisetzt, dass neue und besser geeignete Muster des Selbstausdrucks entstehen können. Deswegen sollten wir Mars immer als die Planetenkraft betrachten, die den Tod bringt, damit wirkliche Regeneration stattfinden kann. Dann handelt Mars in einer seiner entwickeltsten Formen, nämlich als Überbringer der regenerativen Ziele seiner höheren Oktave, Pluto. Mars kann sich allerdings auch durch seine negative Polarität als Herrscher im Skorpion äußern. In diesem Fall wird er zum Provokateur solcher Lebenssituationen, die keiner positiven, evolutionären Funktion dienen. Mars handelt dann als Agent für die Involution und die Inversion des Lebensprozesses und raubt dem Betreffenden durch seine Besessenheit von den niederen menschlichen Begierden seine Lebenskraft und Vitalität. Die Entschlusskraft, mit der Mars vorgeht, hängt von dem Grad des Seelenwachstums des betreffenden Menschen ab und kann nicht so einfach aus dem Radix bestimmt werden. Dies ist eine der Gelegenheiten, bei denen der Astrologe seine Intuition einsetzen muss, um das Gewicht und die Rolle eines Planeten im Leben eines Menschen einzuschätzen.

Um also die beiden Prinzipien nochmals zusammenzufassen: *Wenn Skorpion am Aszendenten steht*, dann tragen Mars und die Sonne entweder dazu bei, das Lebens- und Vitalitätsprinzip anzuregen oder zu schwächen. Mars und der Mond zerstören entweder instinktive, emotionale Reaktionen, die psychologisches Wachstum verhindern, oder sie stimulieren solche negativen, emotionalen Gewohnheitsmuster geradezu und verleihen ihnen damit umso mehr Kraft. Mars und Merkur zerstören entweder alte Gedankenmuster und erlauben so die Verfeinerung des Kommunikationsprozesses, oder sie verstärken alte Kommunikationsmuster und rauben dem Betreffenden so geistige Vitalität. Mars und Venus machen entweder Schluss mit alten Beziehungsmustern und erlauben der Liebe, in Harmonie mit der Sexualität zu gelangen, oder sie verstärken die Begierden des betreffenden Menschen in einem solchen Maße, dass die Liebe auf der Strecke bleibt. Mars und Jupiter bringen entweder tiefe und versteckte Wahrheiten zum Vorschein, Erkenntnisse, zu denen man auf Reisen oder mithilfe philosophischer Studien gelangt ist, oder machen den Betreffenden zu einem dogmatischen Verfechter der Theologie des niederen Selbst – »Ich bin der Herr oder die Herrin in meinem eigenen Mini-Universum«. Mars und Saturn verschaffen dem Horoskopeigner entweder die Gelegenheit, seine geistige und physische Struktur und Disziplin zu stärken und so für einen gezielten Einsatz seiner kreativen Energie zu sorgen, oder sie behindern ernsthaft den eigenen Erfolg und der anderer Menschen. Mars und Uranus werden entweder zu einem Hilfsmittel, den Prozess der Individuation voranzutreiben, oder sie machen den Horoskopeigner rebellisch bis zum Punkt der Selbstvernichtung. Mars und Neptun sorgen entweder für die Enthüllung der Geheimnisse des Universums, indem sie die Verbindung und die Identifikation des Betreffenden mit dem großen Ganzen des Lebens intensivieren, oder sie werden zu einer Quelle der Ohnmacht, weil der Mensch mehr und mehr in Abhängigkeit seiner selbstzerstörerischen Gewohnheiten gerät. Und zu guter Letzt, Mars und Pluto, die entweder als eine unglaubliche Quelle für die ständige Erzeugung des Willens zum Guten dienen oder als eine zerstörerische Waffe gegen das sich entwickelnde Selbst handeln.

Skorpion-Aszendent (Pluto als Herrscher)

In einem von Skorpion dominierten Leben herrscht eindeutig das Thema der Regeneration und der ständigen Neuerschaffung vor. Es ist, als würde der skorpionbeherrschte Mensch sich auf einer ständigen Gratwanderung zwischen Sieg und Niederlage befinden, zwischen evolutionärem Wachstum und völligem Stillstand der Lebenskraft, zwischen einer Verfeinerung des Drangs nach Leben und der scheinbaren Ruhe langer Zeiten der Stagnation. Das Ergebnis ist eine nicht enden wollende Spannung mit dem zusätzlichen Drang eines starken Sexualtriebs. Nicht gerade ein einfacher Weg! Bei keinem anderen Zeichen ist das Potenzial, auf einem evolutionären Testgelände zu leben, größer als bei Skorpion am AC. Was ist denn eigentlich der Sinn eines Skorpion-Aszendenten? Ein von Skorpion beherrschtes Leben ist eines, in dem das unbewusste innere Bedürfnis nach wiederholter, vollständiger Verwüstung so groß ist, dass man nur überleben kann (wenn man denn überhaupt überlebt!), indem man immer wieder von vorn anfängt. Diese Abfolge von »Mini-Inkarnationen« verleiht einem die Möglichkeit, die Grenzen des niederen Selbst zu durchbrechen und sein höheres Schicksal in Form von Dienst an der Menschheit anzunehmen. Eine Inkarnation, in der man einen Skorpion-Aszendenten hat, eröffnet einem unglaubliche Gelegenheiten für spirituelles Wachstum – und wer hat schon jemals behauptet, evolutionäre Entwicklung wäre leicht und ginge ohne Tränen vonstatten?

Mars ist der persönlichere Herrscher dieses Zeichens. Er zieht seinen Revolver und »Peng!«, du bist tot. Ganz schnell und einfach. Pluto ist jedoch nicht so gnädig. Wenn Sie schon einmal einen langen Plutotransit – und es gibt keinen kurzen – im Quadrat, in Opposition oder in Konjunktion zu einem Planeten erlebt haben, dann wissen Sie, dass man eine lange Periode des Todeskampfes durchleben muss, bevor der erlösende Todesstoß erfolgt. Wenn man es jedoch geschafft hat, wenn man von dem losgelassen hat, was Pluto von einem verlangt hat, wenn man das hat gehen lassen, was die höhere Natur des entsprechenden Planeten oder Horoskoppunktes, über den Pluto geht, noch behindert hat, dann wird man nach einer gewissen Zeit der Erholung stärker als jemals zuvor aus dem Prozess hervorgehen. Dieser Planet oder Punkt im Horoskop ist dann wirklich erneuert, verfeinert und regeneriert.

Pluto verlangt in einem Horoskop mit Skorpion-Aszendent von allen anderen Planeten im Horoskop, mit denen er in Verbindung steht, einen tiefen und intensiven Verwandlungsprozess, um so das Beste aus diesen Konstellationen herauszuholen. Wenn es sich um einen harmonischen Aspekt handelt, dann werden die Mittel zum Erreichen des gewünschten »Destillats aus hoch oktanhaltigem Planetenkraftstoff« entsprechend zur Verfügung stehen. Die erzielten Ergebnisse sind dann den Einsatz wirklich wert. Aber auch hier lässt uns Pluto keine Wahl: Verwandle dich oder stirb. Im Fall eines Quadrates, einer Opposition, einer Konjunktion oder eines Quinkunx zwischen Pluto als Geburtsherrscher und einem anderen

Planeten muss man mit einem ständigem Kampf rechnen, ohne dass man direkt das Licht am Ende des Tunnels sieht. Es wird sicher auch irgendwann sichtbar werden, aber das verlangt von dem Horoskopeigner eine vorhergehende seelische Suche im tiefsten und wahrhaftigsten Sinn des Wortes.

Pluto/Sonne: Diese intensive Planetenkombination führt entweder zur Regeneration oder zur Degeneration körperlicher Vitalität und zu der Fähigkeit, die Macht des eigenen Willens korrekt einzusetzen. Wenn diese beiden Planeten disharmonisch miteinander verbunden sind, ist es möglich, dass man anfangs einen gewissen Erfolg verzeichnen kann, nur um dann doch ganz böse abzustürzen. Dies gilt umso mehr, wenn der Spannungsaspekt auf dem fixen Kreuz liegt. Dann braucht man eine Weile, um sich wieder zu fangen, wieder aufzustehen und es noch einmal zu probieren. Die fixen Zeichen haben immer etwas mit einem Willenstest zu tun, die kardinalen fordern zu einer Überprüfung der persönlichen Motive auf, während die geschäftigen flexiblen Zeichen immer wieder ihre Richtung, ihre Mittel, Methoden und Vorgehensweisen überprüfen müssen. Die harmonischen Aspekte verleihen dem betreffenden Menschen eine ungeheure Lebensenergie, vor allem, wenn Pluto oder die Sonne auch noch in einem Feuerzeichen stehen. Pluto im Sextil oder im Trigon zur Sonne ist ein sehr fruchtbarer Faktor in einem Skorpion-Horoskop, da der Betreffende sich in einem konstanten, intensiven Stirb- und Werdeprozess befindet.

Pluto/Mond: Mond und Pluto haben damit zu tun, sich von biologischem Karma zu befreien, das man physisch durch die Gene und Chromosomen der Eltern geerbt und psychologisch durch das frühe persönliche Umfeld während der Kindheit gefestigt hat. Wir müssen dabei bedenken, dass ein Mensch mit Skorpion-Aszendent jemand ist, der sich inkarniert hat, um einen Zyklus oder eine Ebene des Selbstausdrucks abzuschließen und eine neue einzuleiten. Die Aspekte zu Pluto in solch einem Horoskop sind aus einer evolutionären Perspektive lebenswichtig. Der Mond im Spannungsaspekt zu Pluto spricht von der Notwendigkeit, nicht nur die Beziehung zur eigenen Mutter zu erneuern, sondern auch die gesamte instinktive Einstellung dem Leben gegenüber. Dies verlangt von dem Betreffenden, wenn möglich, sich alles Instinktive oder Unterbewusste bewusst zu machen. Dies erfolgt im Allgemeinen durch eine Reihe von sehr schwierigen emotionalen Erfahrungen. Das Ziel liegt darin, sich des emotional Subjektiven mental und objektiv bewusst zu werden. Positive Aspekte zwischen Pluto und dem Mond erleichtern diesen evolutionären Bewusstseinsprozess um einiges. Wenn Merkur ebenfalls stark gestellt ist, dann verfügt der Horoskopeigner über die Fähigkeit, zu bestimmten Zeitpunkten zu sagen: »Ah, *das* war die Lehre, die ich aus dieser Erfahrung ziehen sollte!«

Pluto/Merkur: Hier möchte ich noch einmal auf den vorhergehenden Abschnitt zu dieser Planetenkombination unter der Überschrift »Zwillinge oder Jungfrau am Aszendent (Merkur als Herrscher)« verweisen. Dabei sollten wir berücksichtigen, dass bei einem Skorpion-Aszendenten der Schwerpunkt auf Pluto und dem Thema der Regeneration liegt. Demzufolge sollte der Astrologe mit einer Intensivierung mentaler Prozesse rechnen, mit einem tiefgründigen und komplizierten Verstand, mit jemandem, der sich völlig der Erforschung und Weiterentwicklung von Ideen, Produkten und Dienstleistungen widmet. Wie auch bei Merkur in Skorpion gilt für diesen Menschen, dass er seine Gedanken und Ideen nicht leicht mitteilen kann und will. Wir werden bei diesem Menschen wenig Oberflächliches finden – jeder Gedanke reicht tief und ist extrem persönlich, wenn zum Skorpion-Aszendenten ein starker Kontakt zwischen Pluto und Merkur hinzukommt. Spannungsaspekte zwischen den beiden, insbesondere in den fixen Zeichen, führen zu dem, was wir eine »fixe Idee« nennen. Das ist dann ein Mensch, der von bestimmten Gedanken und Meinungen geradezu besessen ist und auch nicht davon loslassen kann, wenn diese ihm schon lange nichts mehr bringen (wenn sie ihm überhaupt jemals etwas gebracht haben). Schlimmstenfalls führen Merkur/Pluto-Kontakte zu einer Engstirnigkeit, die den Fluss mentaler Energie verhindert und nur noch die permanente Wiederholung immer wieder gleicher Gedankengänge zulässt.

Pluto/Venus: Auch hier möchte ich den Leser auf den vorangehenden Abschnitt zu Venus und Pluto verweisen. Da wir hier über die Herrschaft von Skorpion sprechen, wird Plutos Einfluss betont. Ein Quadrat, eine Opposition und manchmal auch eine Konjunktion (insbesondere in Löwe oder Skorpion) intensivieren die Anziehungskraft, die der Betreffende auf die Objekte seiner Liebe ausübt (die er wiederum allzu häufig mit Objekten seiner Begierde verwechselt). Diese Intensivierung führt unter Umständen zu einem regelrecht besessenen und zwanghaften Verhalten. Man kann den anderen nicht loslassen, selbst wenn man ihn längst schon nicht mehr liebt. Bei positiveren Kontakten liebt man sehr tief und wahrhaftig und es ist einem kein Opfer zu groß und keine Geste der Liebe zu gering.

Pluto/Mars: Hier tobt der Kampf um die Neuerschaffung und Neuausrichtung des niederen Selbst. An dieser Stelle möchte ich vollständig auf meine ausführlichen Kommentare in den vorhergehenden Abschnitten zu der Beziehung zwischen Mars und Pluto verweisen: Seite 186 (Skorpion-Aszendent / Mars als Herrscher) und Seite 188 (Skorpion-Aszendent / Pluto als Herrscher).

Pluto/Jupiter: Eins der bemerkenswertesten Merkmale eines entwickelten Menschen mit einem Skorpion-Aszendenten ist sein Bedürfnis, seine Verbindung zum höheren Selbst zu stärken. Diese Suche nach der wahren Bedeutung und dem Sinn des Lebens wird intensiviert, wenn zwischen Pluto und Jupiter eine positive Verbindung besteht. In der Regel lässt der Horoskopeigner die Religion oder das Glaubenssystem seiner Familie hinter sich. Er fühlt sich durch jede Art von orthodoxer oder konventionell ritualisierter Verehrung eingeschränkt. Wenn seine Ursprungsfamilie atheistisch war, dann wird er den Atheismus hinter sich lassen. Das tiefe Bedürfnis besteht hier darin, einen Weg zu den höheren geistigen Dimensionen des Lebens zu finden, der tiefgründiger und erfüllender ist, als das, was man in der Kindheit präsentiert bekam. Eine positive Kombination dieser beiden Planeten kann tatsächlich auch einen expansiven Effekt auf die eigenen Finanzen haben. Es handelt sich dann meist um eine Persönlichkeit, die ihre unternehmerische Ader auslebt und die ihr persönliches Einflussgebiet durch den Erwerb eines höheren materiellen Status ausdehnt. Letzteres trifft auch dann häufig zu, wenn Jupiter und Pluto im Quadrat oder in Opposition zueinander stehen, nur die Methoden, mit denen der Betreffende dies erreicht, mögen weniger rücksichtsvoll sein. Es ist auch möglich, dass Jupiter und Pluto in einem Spannungsaspekt zueinander zu einem bestimmten Zeitpunkt im Leben zwar einen erstaunlichen Fortschritt in der eigenen wirtschaftlichen Situation erlauben, dem aber kurz darauf ein ebenso großer Verlust folgt. Diese Gegensatzspannung lässt sich auch auf das religiöse oder spirituelle Leben anwenden: Hier kann der Betreffende große Durchbrüche erleben, auf die dann »die dunkle Nacht der Seele« folgt und darauf dann wieder ein vertieftes Verständnis.

Pluto/Saturn: Das Zusammenspiel von Saturn und Pluto drückt sich häufig durch den falschen oder rechten Gebrauch des Willens aus. Beide Planeten haben mit Macht und Autorität zu tun. Wenn sie sich in einem von Skorpion beherrschten Horoskop miteinander verbinden, dann ist der Betreffende in der Lage, aus fast nichts unglaublich viel herauszuholen. Dies ist dann ein Mensch, der seine Ressourcen so strukturieren kann, dass schon ein geringer Energieeinsatz hervorragende Ergebnisse erzielt. Die Gefahr bei dieser Kombination liegt in dem Kontrollzwang. Wenn dieses Bedürfnis ernsthaft auf das Wohlergehen von anderen Menschen gerichtet wird, dann kann der Saturn/Pluto-Mensch immer höhere und verantwortungsvollere Positionen einnehmen, ohne damit sich selbst oder anderen zu schaden. Sollte die Übernahme von zunehmender Macht jedoch aufgrund eines persönlichen Wunsches nach Dominanz erfolgen, dann drohen dem Betreffenden allerdings starke Herausforderungen: entweder von denen, über die er Macht ausübt, oder von denen, die ihm seine Macht streitig machen wollen. Spannungsaspekte zwischen Saturn und Pluto weisen zumeist auf eine gewisse Rücksichtslosigkeit in der Art der Machtausübung hin. Dies kann sich passiv manifestieren, also dass der Horoskopeigner selbst zum Opfer eines tyrannischen Vaters oder einer anderen Autoritätsfigur wird. Sollte das achte Haus betroffen sein, Saturn oder Pluto in Skorpion stehen oder auch entweder Saturn oder Pluto noch mit Mars verbunden sein, dann kann es auch zu sexuellem oder anderen Formen von Missbrauch kommen.

Pluto mit Uranus oder Neptun: Diese beiden Kombinationen, Uranus/Pluto und Neptun/Pluto, haben eher Generationswirkung. Millionen von Menschen haben beide oder auch nur eine der beiden Konstellationen in ihrem Horoskop. Die meisten zwischen Ende 1942 und Mitte 1945 Geborenen haben Uranus im Sextil zu Pluto *und* Pluto im Sextil zu Neptun. Über 80 Prozent aller im zwanzigsten Jahrhundert geborenen Menschen haben Pluto im Sextil zu Neptun in ihrem Horoskop. Eine ganze Generation zwischen August 1962 und September 1969 Geborener hat Pluto in Konjunktion zu Uranus und eine überwiegende Mehrheit einer kürzlich geborenen Gruppe von Menschen, die zwischen Januar 1994 und Januar 2000 zur Welt gekommen sind, ist wiederum mit einem Uranus/Pluto-Sextil gesegnet.

Es gibt nur zwei Faktoren, die solche subtilen Kontakte für das persönliche Horoskop wichtig machen können:

1. Ein Bewusstseinsniveau, das auf diese Planeten der »höheren Oktave« individuell reagieren kann.
2. Die Tatsache, dass der Geburtsherrscher (in diesem Fall Pluto) durch seine Verbindung mit einem der beiden Planeten in einem

vorhersagbaren Maße beeinflusst wird, das Rückschlüsse auf die Persönlichkeit des Horoskopeigners erlaubt.

Die erste Überlegung geht über den Umfang des vorliegenden Werkes hinaus, ist jedoch Grundlage für die esoterische, seelenzentrierte astrologische Betrachtungsweise. Ich möchte an dieser Stelle dazu nur sagen, dass es der Intuition des Astrologen überlassen bleibt, das Bewusstseinsniveau eines Menschen und die daraus resultierenden Auswirkungen der Planeten einzuschätzen. Wenn keiner der oben genannten Faktoren im Leben des Betreffenden zutrifft, dann bleiben solche Aspekte zwischen Pluto und Uranus oder Neptun für den bewussten Verstand oder die Sinnesorgane unbemerkt.

Falls der skorpionbeherrschte Mensch in der Lage ist, bewusst auf das Zusammenspiel dieser »hochoktavigen« Planeten zu reagieren, dann haben wir es mit einem Menschen zu tun, der sein Tun so ausrichtet, dass es sein spirituelles oder gesellschaftliches Leben bereichert. Die Aufgabe solcher Planetenkontakte ist es nämlich, ein Gefühl der Universalität oder Einschließlichkeit im Bewusstsein des Individuums zu fördern. In dieser Hinsicht bewirkt Uranus das Bedürfnis, Teil eines großen, kommunikativen Netzwerks zu sein oder in Gruppen gemeinsam mit anderen relativ entwickelten Menschen zusammenzuarbeiten, um die persönliche Evolution oder – auf allerhöchster Ebene – die evolutionäre Entwicklung der Menschheit weiter voranzutreiben. Mit Blick auf Neptun und Pluto bedeutet es, dass man einen ständigen Drang verspürt, den Schleier des Geheimnisses der materiellen Existenz zu lüften. Das Bewusstsein wird dann von dem subtilen »Wissen« durchdrungen, dass die unsichtbare Welt im Grunde eine greifbarere Realität besitzt als die sichtbare. Im Leben derjenigen, die immer noch dem Glanz und Zauber der Welt der Emotionen unterliegen, ist dann die Neigung stark, sich einer Kultgruppe oder einer Sekte anzuschließen, die Unsterblichkeit oder sofortige Erleuchtung verspricht. Hierbei handelt es sich eindeutig um eine Generationserscheinung.

Von den beiden Attentätern in Littleton, Colorado, ist Harris der stärkere. Sein Horoskop ist bei rein oberflächlicher Betrachtung sicherlich eher das eines gewalttätigen Menschens als das seines waagebeherrschten Partners. Das Zusammenspiel von Planeten und Zeichen in den Horoskopen von beiden Jungen ist jedoch erstaunlich ähnlich. Ich werde später nochmals auf das Horoskop von Dylan Klybold auf Seite 176 zurückkommen und beide Horo-

Beispielhoroskop 14: Eric Harris[37] – Horoskopabbildung
9. April 1981, Plattsburgh, NY, 21.37 h EST

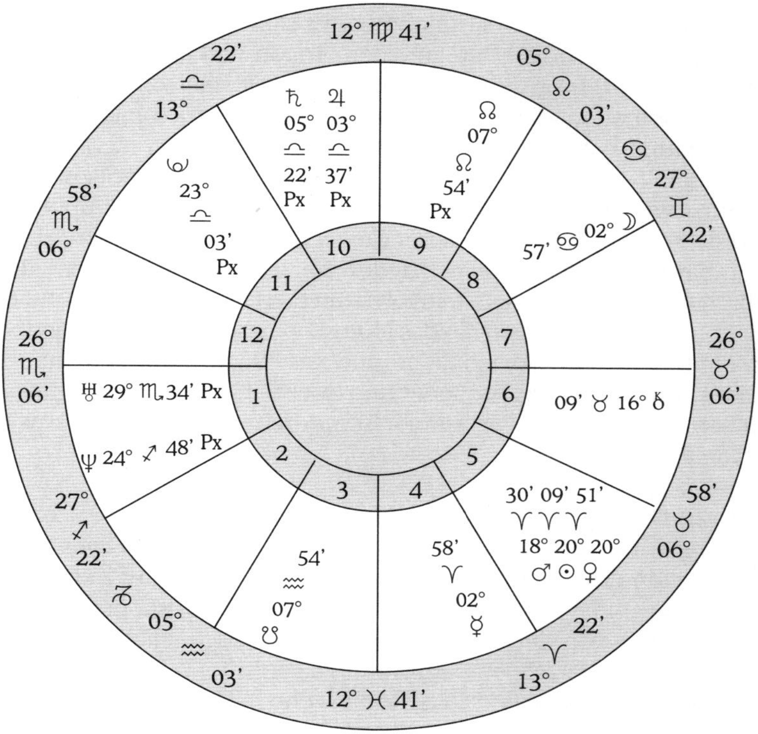

37 Datenquelle: Standesamt Colorado sw.

skope miteinander vergleichen, indem ich die wichtigsten Berührungspunkte herausstelle, doch zuvor möchte ich mich auf das Horoskop von Harris konzentrieren.

Uranus in Skorpion steht nah genug am Aszendenten, um die Rolle des Geburtsherrschers einzunehmen. Er steht in einer interessanten Kombination von Aspekten: in einem Trigon von Merkur in Widder und einem Sextil von Jupiter in Waage. Ich sage hier »interessant«, da die Kombination dieser drei Planeten eine stark philosophische Ausrichtung nahelegt. Allerdings passen die Zeichen nicht alle zueinander. Wir hätten es mit einem sehr harmonischen großen Trigon zu tun, wenn Uranus in Schütze stünde und Merkur und Jupiter da, wo sie tatsächlich stehen. Dieser Zeichenwechsel würde die Art von bombastischer Philosophie, zu der Harris sich hingezogen fühlt, abschwächen. So wie es ist, involvieren das Glaubenssystem und die Haltung zur Gesellschaft, die das Horoskop bestimmen, Harris jedoch in eine interessante persönliche und gesellschaftliche Vendetta. Er fühlt sich wie ein Ausgestoßener und ist entschlossen, in den Krieg zu ziehen. Dies können wir astrologisch durch die folgenden Aspekte erkennen:

1. Uranus in Konjunktion zum Aszendenten mit Jupiter in zehn in Waage in Opposition zu Merkur in vier in Widder. Diese Konstellation deutet auf ein Glaubenssystem hin, das auf Individualisierung und Vereinzelung beruht, da der Horoskopeigner sich persönlich von den vorherrschenden gesellschaftlichen und religiösen Anschauungen bedroht fühlt.
2. Jupiter in Konjunktion zu Saturn in zehn in Opposition zu Merkur in Widder in vier, beide im Quadrat zum Mond in Krebs in acht. Das bedeutet, dass die vorherrschenden sozialen Strukturen und Regeln den Ansichten und Gedanken des Horoskopeigners zuwider laufen und ihm nicht gerade das Gefühl vermitteln, in seinem sozialen Umfeld willkommen zu sein.
3. Der Mond in Krebs in acht im Quinkunx zu Uranus in Skorpion in eins in Verbindung mit den zuvor in Punkt 2 genannten Faktoren. Dies resultiert in einer großen Unsicherheit und einem Gefühl der Isolation und der gesellschaftlichen Ächtung – und damit im Drang, es den Widersachern heimzuzahlen.

Uranus wird als Geburtsherrscher von Mars und Pluto disponiert, die zwar keinen Aspekt zu Uranus bilden, die aber in Opposition zueinander stehen. Plutos Stellung ist besonders mächtig und schwierig, da er im natürlichen Haus des Uranus steht, dem elften, und sich zu dem tatsächlichen Herrscher des Hauses, Venus, in Opposition befindet. Venus in Widder steht in einer engen Konjunktion zur Sonne und zu Mars und wird von Mars in seinem eigenen Zeichen disponiert. Hier reihen sich also die Planetenkräfte auf, die Harris in einen unmittelbaren Konflikt mit der Gesellschaft bringen.

Der Drang nach persönlichem kreativem Selbstausdruck (die dreifache Konjunktion im fünften Haus) fühlt sich nicht im Einklang mit dem größeren sozialen Umfeld, von dem Harris ein Teil ist (Pluto in Waage im elften Haus). Die Tatsache, dass Plutos Dispositorin (Venus) in einem von Mars beherrschten Zeichen steht und mit Mars zusammen im Zeichen ihres Falls steht (Widder), trägt nur noch zur Verstärkung der Spannung in einer ohnehin schon spannungsgeladenen Planetengruppierung bei. Pluto/Mars und Venus beherrschen die AC/DC-Achse, und ihre Oppositionen erschweren es Harris, positive Beziehungen aufzubauen. Auch hier werden wir wieder mit sexueller Frustration im Horoskop eines höchst libidinösen Teenagers konfrontiert.

Eine Venus/Mars/Sonne-Konjunktion in Widder im fünften Haus (sexuelle Affären und Liebschaften) in einem von Skorpion beherrschten Horoskop ist ein klarer Hinweis auf einen sehr starken Sexualtrieb. Die Opposition von Pluto im Zeichen der Partnerschaft (Waage) zu seinem eigenen Dispositor, der gleichzeitig der natürliche und tatsächliche Herrscher des siebten Hauses (Partnerschaft) ist, nämlich Venus, gibt dem Astrologen Aufschluss darüber, dass einem einfachen und klaren Ausleben gesunder Beziehungen starke Hindernisse entgegen gesetzt werden. Venus herrscht in diesem Horoskop auch über das elfte Haus, die gesellschaftlichen Beziehungen. Ich habe den Eindruck, dass ein großer Teil der sexuellen/marsischen Frustration von den akzeptableren Eins-zu-eins-Kontakten der Ebene des siebten Hauses auf die größere Spielwiese des elften Hauses übertragen wird. Es ist, als würde das Horoskop sagen: »Wenn ich schon nicht mit einem Mädchen schlafen kann, dann kann mich die ganze Gesellschaft mal!«

Sexualität spielt in jedem Horoskop mit Skorpion am Aszendenten und starken Venus/Mars/Pluto-Kontakten eine große Rolle. Wenn dann noch das achte Haus involviert ist, dann wird der Schwerpunkt noch weiter auf die sexuelle Dynamik verlagert. Wir sehen dies sowohl in Bezug auf die Ereignisse, die durch diesen Menschen hervorgerufen wurden, als auch in der menschlichen Natur ganz generell. Wenn angemessene sexuelle Kontakte zwischen Menschen nicht möglich sind, dann treten häufig Gewalt, Missbrauch und Tod an ihre Stelle. Es ist kein Zufall, dass Mars und Pluto, Widder und Skorpion die Herrscher über Krieg, Tod, Sexualität, Regenerierung und Wiederauferstehung sind. Harris und Kybold haben diese dunkle Seite ausgelebt. Eine Widder-Sonne mit Skorpion-Aszendent ist immer ein sehr forderndes Horoskop. Es verlangt von dem Horoskopeigner, dass dieser sich aus seinen niederen Instinkten und seinem Zerstörungsdrang löst und sich zu einem Krieger des Lichts entwickelt. Unglücklicherweise hat Eric Harris den falschen Kampf geführt und seinen Krieg verloren, wobei er viele andere Menschen mit in den Tod riss.

Der Herrscher des achten Hauses ist Merkur. Merkur steht in Widder und wird von Mars in Opposition zu Pluto im elften Haus disponiert, der wiederum von Venus in Widder in Konjunktion zu Mars disponiert wird. Außerdem steht Merkur in Opposition zu Saturn und Jupiter sowie im Quadrat zu Neptun und zum Mond im achten Haus. Es ist ziemlich offensichtlich, dass der Junge sexuell sehr verwirrt war, dass er über mehr Mars-, Venus- und Plutoenergie verfügte, als er verkraften konnte und zu kanalisieren wusste. Außerdem machten es die herausfordernden Merkur-Aspekte – zusätzlich zu einem eher heimlichen Skorpion-Aszendenten – dem Horoskopeigner fast unmöglich, seine persönlichen Probleme mit irgendjemand anderem zu teilen als mit seinem Freund, Dylan Klybold, der ihn verstand und unterstützte. Sein inneres Drama fand eine öffentliche Bühne. Der Schwerpunkt liegt bei diesem Horoskop auf einem extrem angegriffenen Pluto im elften Haus. Und da Harris sich selbst nicht regenerieren kann, macht er sich daran, die Gesellschaft zu zerstören. Der Skorpion verkehrt sich ins Gegenteil, und der Widder zieht in den Kampf.

Diese zwei Horoskope ergeben auch eine höchst interessante Synastrie. Ich möchte hier auf einige wenige astrologische Indikatoren eingehen, die Hinweise dafür sind, dass die beiden Jungen in einer traurigen Tätergemeinschaft zueinander standen. Eine detaillierte Deutung ihrer tödlichen Symbiose muss ich mir aus Platzgründen sparen.

Zum einen wird Dylan Klybolds Horoskop von Venus beherrscht, während das von Eric Harris von Mars und Pluto dominiert wird.

Beide Jungen haben starke Kontakte und Spannungen dieser Planeten untereinander im Horoskop. Klybold hat Pluto in Konjunktion zu Venus in Mars natürlichem Haus (dem ersten) im Quadrat zu Mars. Harris hat die beiden Aszendentenherrscher (Mars und Pluto) in Opposition zueinander stehen und Mars auch noch in Konjunktion zu Venus, die ebenfalls in Opposition zu Pluto steht. Hieraus ergibt sich ein extrem antisoziales Verhalten. Wir sollten auch nicht vergessen, dass Dylan Klybold zwar einen Waage-Aszendenten hat, aber mit Pluto in Konjunktion zu Venus direkt am Aszendenten, im Quadrat zu Mars. Diese Kombination von Planetenverbindungen unterstreicht die Tatsache, dass Waage nicht nur das Zeichen für Partnerschaft ist, sondern in der klassischen Astrologie auch das Zeichen der »offenen Feindschaft« genannt wird. Dieses Thema balanciert sicher auch den stärker Mars/Pluto-dominierten Aszendenten von Eric Harris etwas aus. Zum anderen haben wir es in beiden Horoskopen mit einem starken Problem zu tun, das den Bereich des Mondes, Krebs und Uranus betrifft. Diese tragen dazu bei, dass sich die Horoskopeigner als Außenseiter der Gesellschaft fühlen.

Im Horoskop von Harris steht der Mond im achten Haus, dem Skorpionhaus, im Quinkunx zu Uranus in Skorpion. Klybolds Mond steht im vierten Haus in Wassermann im Quadrat zu Uranus in Skorpion. Und schließlich hat Harris die Jupiter/Saturn-Konjunktion in Waage in Opposition zu Merkur und im Quadrat zum Mond, während Klybold eine Saturn/Merkur/Jupiter-Konjunktion in Waage im Trigon zu seinem Mond hat, was auf eine hohe Intelligenz und ein Interesse an sozialen Fragen hinweist. Hätte das Schicksal dieser beiden Jungen einen anderen Weg genommen, dann wäre Dylan Klybold unter Umständen Jurist oder Lehrer geworden, während sich Eric Harris zu einem hervorragenden Computerspezialisten oder Ingenieur hätte entwickeln können.

Im Folgenden möchte ich die Erläuterungen der Zeichen-Herrschaft zu den noch verbleibenden Planeten fortsetzen.

Schütze-Aszendent (Jupiter als Herrscher)

Der Kentaur am Aszendenten ist immer auf der Suche danach, den Horizont des betreffenden Menschen zu erweitern. Als ein duales Zeichen schlägt der Expansionsdrang in Bezug auf den Umfang und den Sinn des Lebens im Allgemeinen zwei unterschiedliche Richtungen ein: den Weg über die Sinne und/oder über den Verstand. Erst wenn der von Schütze beherrschte Mensch es gelernt hat, sein Ziel und seine Richtung in Einklang mit seinem höheren Selbst zu suchen, kommt die höhere Natur des Zeichens zum Vorschein. Dann findet der Betreffende seinen Weg auch durch das Chaos und die Spannungen der Dualität. Ein Mensch mit Schütze am Aszendenten wird immer darauf ausgerichtet sein, den Umfang seiner Lebenserfahrung auszudehnen. Der Planet, der im engsten Aspekt zu Jupiter steht, weist auf die primäre Ausrichtung dieser Expansion hin. Vieles hängt bei der Deutung des Geburtsherrschers auch von der Zeichenplatzierung ab. Ein Schütze-Aszendent mit Jupiter in Widder im Trigon zur Sonne in Löwe betont beispielsweise den Drang nach kreativem Selbstausdruck auf eine sehr innovative und persönliche Art und Weise. Mit Schütze am Aszendenten ist das Leben immer ein Abenteuer und will durch selbstinitiierte Herausforderungen erkundet werden. Wenn Jupiter in Stier steht, dann geht es bei vielen der tieferen Lektionen des Lebens um eine größere Selbstwertschätzung. In Zwillinge findet Wachstum und Entwicklung durch Reisen und Bildung statt, und so können wir die Zeichen weiter durchgehen.

Der Leser wird gebeten, sich die entsprechenden Abschnitte in diesem Kapitel durchzulesen, die die Beziehung von Jupiter zur Sonne, zum Mond, zu Merkur, Venus, Mars und Pluto behandeln, um eine nähere Beschreibung zu diesem Geburtsherrscher zu erhalten, wenn er mit den oben genannten Planeten in Verbindung steht. Ich möchte hier nochmals betonen, dass wir es mit Schütze am Aszendenten immer mit dem Prinzip der Expansion als Lebensthema zu tun haben. Diese für den Schützen so charakteristische Expansion kann von der Aufblähung des Ego (Jupiter und Sonne), über das Fettansetzen an der Hüfte (Jupiter und Mond), über das Vollstopfen der eigenen Taschen (Jupiter und Venus) bis zur Erweiterung und Entwicklung des Verstandes (Jupiter und Merkur) oder einem spirituellen Wachstum führen (Jupiter und Neptun, Jupiter und Pluto).

Jupiter/Saturn: Wenn diese beiden Planeten sich in einem harmonischen Aspekt zueinander befinden, dann ist dies eine sehr hilfreiche Kombination für einen Menschen mit Schütze am Aszendenten. Das Bedürfnis nach Struktur und angemessenen Grenzen für das persönliche Wachstum wird hierdurch unterstrichen und kann auch problemlos in das Leben des Horoskopeigners integriert werden. Dies erlaubt dem Betreffenden dann, langfristige Pläne zu schmieden und den idealistischen Einfluss Jupiters mit den realistischen und pragmatischen Energien Saturns auszugleichen. Ein Quadrat zwischen beiden führt zu Schwierigkeiten beim Erreichen dieses Ziels. Das saturnische Prinzip (Struktur, Ordnung, Verantwortung) muss in die joviale, expansive Lebensanschauung integriert werden – aber wie stellt man das an? Blinde, emotional gesteuerte Expansion ohne die »Erlaubnis« von Saturn führt nur zu erzwungenen Einschränkungen und einem tiefen Gefühl persönlicher Begrenzung. Eine Opposition zwischen Jupiter und Saturn bewirkt im Allgemeinen, dass es Lebensphasen gibt, die extrem expansiv sind, gefolgt von Phasen, die sich sehr einschränkend anfühlen. Eine ausgewogene Harmonie zwischen diesen beiden Prinzipien wird in einem solchen Fall zu einer der wichtigsten Aufgaben im Horoskop eines Menschen mit Schütze-Aszendent. Dieser Mensch muss wirklich in guten Zeiten für die schlechten vorsorgen. Eine Konjunktion zwischen Jupiter und Saturn intensiviert das Bedürfnis nach einer Verbindung und Synthese zwischen diesen beiden gegensätzlichen Energien noch mehr. Mir ist aufgefallen, dass in Horoskopen von intellektuell begabten Menschen eine Konjunktion von Jupiter und Saturn zu einem Interesse an Geschichte, Jura und den Wirtschaftswissenschaften führen kann.

Jupiter/Uranus: Das ist eine Kombination, die für Überraschungen im Leben sorgt. Sie hat einen Bezug zu unerwarteten gesellschaftlichen Situationen, die das Verständnis für das Leben auf irgendeine Art und Weise erweitern. Man findet diese Verbindung häufig in Horoskopen von Menschen, die eher ungewöhnliche intellektuelle oder spirituelle Interessen verfolgen. Mit einem Schütze-Aszendenten und Jupiter in enger Verbindung zu Uranus sieht der Betreffende das Leben meist als eine große Schule. Wenn Uranus und Jupiter im Quadrat oder in Opposition zueinander stehen oder auch eng mit dem dritten und/oder neunten Haus des Horoskopeigners verbunden sind oder sich in Zwillinge und/oder Schütze befinden, dann hat der Betreffende es häufig schwer, eine formelle Ausbildung zu absolvieren. Das ist dann der Typ Mensch, der am liebsten direkt nur Wahlfächer belegen würde, anstatt das für Studienanfänger vorgesehene Pflichtprogramm zu absolvieren. Das ist womöglich auch der Grund dafür, warum viele Uranus/Jupiter-Menschen niemals einen offiziellen Abschluss machen. Die Intuition kann im Leben eines solchen Menschen sehr stark ausgeprägt sein. Schon der mythologische Kentaur besitzt die Gabe des Wahrsagens – durch einen starken Kontakt zu Uranus wird dies noch extrem intensiviert.

Jupiter/Neptun: Die Kombination von Jupiter und Neptun ist eine der unpraktischsten in einem Horoskop. Wenn sie jedoch in einem schützedominierten Horoskop gut aspektiert steht, dann kann dies den Horoskopeigner mit einem tiefen Mitgefühl und einem ungeheuren Drang ausstatten, anderen oder der Welt von Nutzen zu sein. Wenn es sich um einen weniger guten Aspekt handelt, dann verfügt der Betreffende über das gleiche mitfühlende Naturell, aber die Art und Weise, wie er es auslebt, kann zu unrealistisch sein, zu wenig »von dieser Welt«. Das wäre zum Beispiel insbesondere der Fall, wenn Jupiter und Neptun in Feuer- oder Wasserzeichen stünden. Diese Kombination sorgt auf jeden Fall für den Wunsch nach einem spirituellen Leben, wobei Spannungen zwischen den beiden Planeten – zumal wenn diese auch noch mit den beiden Lichtern des Horoskops in Verbindung stehen – dem Betreffenden eine Aversion gegen irdische Angelegenheiten sowie ein tiefes Bedürfnis nach Zurückgezogenheit und Kontemplation verleihen. Im Extremfall hat dieser Mensch Fluchttendenzen, da ihm die Welt bei seiner sensiblen Disposition als ein zu ungastlicher Ort erscheinen mag.

Ich habe außerdem festgestellt, dass der Geruchssinn bei dieser Planetenverbindung sehr stark ausgeprägt ist, so dass der Betreffende unter Umständen übersensibel auf Anästhetika, Drogen oder selbst starke Wasch- bzw. Putzmittel reagiert. Dementsprechend verfügt er natürlich auch über eine feine Nase für Parfum und Weine. Zuweilen trägt der Horoskopeigner auch zu viel von Ersterem und trinkt zu viel von Letzterem – insbesondere, wenn die Zeichen Löwe oder Fische mit im Spiel sind!

Jupiter/Pluto: In einem Horoskop mit Schütze-Aszendent liegt die Betonung auf Jupiter. Plutos Aspekte schaffen in diesem Fall einen ständigen Drang danach, das philosophische Glaubenssystem zu transformieren, das für den Horoskopeigner seine Lebensgrundlage bedeutet. In vielen Fällen führt die Kombination von Jupiter und Pluto zu dem Bedürfnis, eine höchst obskure, esoterische Doktrin und ein religiöses Dogma zu propagieren. Weitere Erläuterungen zu dieser Planetenverbindung finden Sie auf Seite 192.

Steinbock-Aszendent (Saturn als Herrscher)

In Griechenland ist Saturn unter dem Namen *Chronos* bekannt, was so viel wie »Zeit« bedeutet. Für philosophisch und mehr östlich orientierte Menschen ist Zeit etwas Zyklisches, Weibliches, Illusionäres und Unbestimmtes. Die meisten westlichen Menschen haben einen eher linearen, maskulinen, bestimmten und messbaren Zeitbegriff. Diese Sicht der Zeit herrscht in unserer Kultur vor und verleiht Saturn damit eine recht autoritäre Aura. Selbst in der esoterischen Astrologie ist Saturn als »Herr des Karma« bekannt, der von einem Menschen verlangt, zu einem Verantwortungsgefühl dafür zu gelangen, wie er seine Zeit hier auf der Erde verbringen möchte, bevor er die Erlaubnis erhält, weiter in die transzendenteren Gefilde der Seele vorzudringen.

Wenn Steinbock am Aszendenten steht, dann spielen die Zeit und die Grenzen der Sterblichkeit eine große Rolle bei der Art und Weise, auf die der Betreffende seinen kreativen Selbstausdruck manifestiert. Das Leben im Allgemeinen sowie die konkreten persönlichen Erfolgsmöglichkeiten im Besonderen haben für diesen Menschen immer das Gefühl der Begrenzung. Menschen mit einem Steinbock-Aszendenten und einem verletzten Saturn fühlen sich wie die Charaktere in einem der Horrorfilme der 30er Jahre, in denen Bela Lugosi auf einen Knopf drückte und die Bibliothekswände sich immer näher auf den unglücklichen Helden und seine Heldin hinzu zu bewegen begannen. Menschen mit einem solch verletzten Saturn tun alles, was in ihrer Macht steht, um das Gefühl von sich fern zu halten, dass sie täglich vom Leben an die Wand gedrückt werden, und sind demzufolge häufig angespannt, ängstlich und depressiv.

Andererseits enthüllt ein Horoskop mit Steinbock-AC und einem starkgestellten und positiv aspektierten Saturn einen Menschen, der ein wahrer Meister der Zeit und des Irdischen ist. Dieser Mensch ist ein Experte auf dem Gebiet der Effizienz, jemand, der genau weiß, wann was zu tun ist, sowie, wieviel Zeit und Energie man in ein Projekt stecken muss. Mein erster esoterischer Lehrer war ein solcher weiser Saturnier, und er lehrte mich, dass der Schlüssel zum Erfolg auf der irdischen Ebene in der Meisterschaft von »Ordnung, Struktur, Form und Prozessen« liegt. Ein schlecht aspektierter und schwach gestellter Saturn in einem von Steinbock beherrschten Horoskop deutet auf einen Menschen hin, der noch keine Meisterschaft auf den vier oben genannten Ebenen erlangt hat, während bei einem Saturn, der aus einer harmonischen Position heraus wirksam wird, diese vier Eigenschaften bereits einen integrierten Bestandteil der Persönlichkeit bilden.

Saturn/Sonne: Was den Einfluss der Planetenkombination Saturn mit Sonne, Mond, Merkur, Venus, Mars, Jupiter und Pluto angeht, so verweise ich auch hier wieder auf die vorhergehenden Passagen. Bei einem Steinbock-Aszendenten sollte man allerdings nicht außer Acht lassen, dass sich der Schwerpunkt der Beschreibung etwas verschiebt. So schwächt beispielsweise ein Sonne-Saturn-Quadrat die Vitalität in einem Horoskop mit Löwe-Aszendent. Der Betreffende hat das Gefühl, begrenzt und beschränkt zu werden, über nicht genügend Energie für seine kreativen Vorhaben und Wünsche zu verfügen. Dies kann bei einem Saturn-Aszendenten zwar unter Umständen auch zutreffen, aber dennoch verändert sich die Perspektive und Erfahrung. Der steinbockbeherrschte Mensch erschafft sich seine Begrenzungen mit Saturn im Quadrat zur Sonne selbst, indem er sich kontrollierend und bedrückend verhält. Er wird beispielsweise eher mit der Zeit auf Kriegsfuß stehen, während jemand mit Saturn im Trigon zur Sonne sich die Zeit zum Freund macht. Außerdem unterliegt er ständig der Versuchung, sein Umfeld, andere Menschen, die Zeit und die Lebensumstände ganz allgemein dominieren zu wollen. In beiden Fällen spielen Probleme mit Vater- und Autoritätsfiguren höchstwahrscheinlich eine bedeutende Rolle.

Im Fall eines Steinbock-Aszendenten mit der Sonne in einem Spannungsaspekt zum Saturn verstärkt sich der Konflikt noch, weil es für diesen Menschen zu einem der wichtigsten Dinge im Leben gehört, selbst eine Autorität zu sein. Man muss die innere Elternfigur in sich überwinden und zur gleichen Zeit diesen Archetypus in sich selbst neu erschaffen. Dieses Dilemma wird durch Saturn in Opposition, im Quadrat oder im Quinkunx zur Sonne in einem Horoskop mit Steinbock-AC ungeheuer betont.

Saturn/Mond: Wenn der Mond in einem von Steinbock beherrschten Horoskop involviert ist, dann dürfen wir nicht außer Acht lassen, dass es sich um den Herrscher des siebten Hauses handelt, da Krebs an der Spitze des siebten Hauses steht. Dies lässt erkennen, dass der Betreffende danach strebt, seinen Partnern Ordnung, Struktur und Form zu vermitteln, und zwar auf eine Art und Weise, die seiner emotionalen Sicherheit zuträglich ist. Das bedeutet, dass es häufig eine Wiederholung von frühen Mustern aus der Kindheit gibt, die der Horoskopeigner mit seiner Mutter und dem familiären Umfeld ganz allgemein erlebt hat. Für ein Gefühl von emotionaler Integration und Vollständigkeit ist ein Quadrat, eine Opposition, eine Konjunktion oder auch ein Quinkunx zwischen Saturn und dem Mond natürlich weder günstig noch unterstützend.

In diesem Falle hätten wir einen Menschen vor uns, der andere Menschen zu kontrollieren versucht, so dass die daraus entstehenden Beziehungen genau dem gleichen negativen Muster unterliegen wie die frühen Beziehungen in der Kindheit. Diese Wiederholung gibt einem zwar das Gefühl von Vertrautheit und damit von vermeintlicher Sicherheit, aber sie trägt im Grund nichts dazu bei, die wirklichen emotionalen Bedürfnisse des Horoskopeigners mit Steinbock am Aszendenten zu befriedigen. Im Horoskop eines Mannes sagt diese Planetenverbindungen etwas über die Frauen aus, die der Horoskopeigner in sein Leben zieht. Diese sind häufig älter, emotional verletzt und passen zumeist genau in das Loch, das der Betreffende unbewusst für sie in sich geschaffen hat. Mit anderen Worten: Eine solche Partnerschaft geht mit Sicherheit schief. Solange der Mann seine ursprünglichen emotionalen Lebensinhalte nicht erkannt und transformiert hat, heiratet er mit großer Sicherheit »ein Mädel, ganz ähnlich dem, das sein guter alter Vater sich damals zur Frau gewählt hat!«

Im Horoskop einer Frau führt diese Konstellation dazu, dass sich die Horoskopeignerin in die Form dieser unbefriedigenden emotionalen Muster presst und sich dann darüber wundert, warum die Männer in ihrem Leben gefühlsmäßig so kontrollierend und kontrolliert sind und/oder warum sie sich so wenig in der Lage sieht, sich selbst ihre persönlichen Bedürfnisse zu erfüllen.

Gleichgültig, welches Geschlecht der Horoskopeigner hat, die Situation wird nicht gerade leichter, wenn Mond oder Saturn in Krebs, Steinbock oder Skorpion stehen oder wenn Pluto mit einem oder sogar beiden Planeten eine Verbindung eingeht. Bei positiven Aspekten zwischen Saturn und dem Mond in einem Horoskop mit Steinbock-AC ist mit wohlwollender Unterstützung durch die Familie oder älteren Frauen zu rechnen, insbesondere durch die Großmutter oder großmütterliche Frauen. Diese Planetenkombination trägt außerdem dazu bei, dem Betreffenden ein inneres Gefühl von emotionaler Würde und Kultiviertheit zu verleihen. Oft findet man bei diesen Menschen auch ein instinktives »Wissen« darüber, wie man sich in der Gesellschaft zu verhalten hat – besonders, was ältere Menschen oder Autoritätspersonen angeht. Eine Ehe oder partnerschaftliche Bindung mit einem älteren Menschen oder jemanden in einer guten sozialen Position ist möglich. Manchmal stößt man mit dieser Konstellation auch auf »alteingesessenes Vermögen« oder eine reiche Familientradition, insbesondere, wenn das Saturn/Mond-Sextil oder Trigon in Erdzeichen steht.

Saturn/Merkur: Bei dieser Kombination in einem Horoskop mit Steinbock-Aszendent liegt der Schwerpunkt auf langfristigen Plänen und der damit einher gehenden Fähigkeit, Details *innerhalb des Kontextes eines strukturierten Ablaufplans* heraus zu arbeiten. Diese Betonung auf Ganzheitlichkeit und Langfristigkeit ist in einem Horoskop mit Zwillinge- oder Jungfrau-AC und der gleichen Verbindung zwischen Saturn und Merkur viel weniger gegeben. In dem Fall liegt der Fokus des Handelns viel eher auf unmittelbaren Bedürfnissen und Zielen. Menschen mit Steinbock am Aszendenten sehen das Leben immer im Hinblick auf langfristige Auswirkungen ihres persönlichen Handelns.

Saturn/Venus: Saturn ist danach bestrebt, gesellschaftlich akzeptable Beziehungen oder Partnerschaften einzugehen, die den persönlichen sozialen oder beruflichen Status verbessern, wenn er bei einem Steinbock-AC im Aspekt zu Venus steht. Diese gesellschaftliche Ausrichtung wird entweder behindert oder unterstützt, je nach Art des Aspekts zwischen den beiden Planeten. Auch wenn zwischen beiden kein Aspekt existiert, kann es sinnvoll sein, die Venusstellung zu untersuchen und deren Bedeutung in das allgemeine Beziehungsthema des Horoskops zu integrieren.

Saturn/Mars: In einem Horoskop mit Steinbock-Aszendent trägt ein guter Mars/Saturn-Kontakt dazu bei, die Fähigkeit zur Zielverfolgung und Durchsetzung zu stärken. Der Horoskopeigner hat einen starken Willen und er verfügt über einen Magnetismus, der es ihm erleichtert, seine Lebensumstände zu beeinflussen. Ein Spannungsaspekt verhindert all das und führt im Gegenteil zu Frustration bei der Verfolgung persönlicher Ziele. Wir dürfen nicht vergessen, dass Mars der natürliche Herrscher des Aszendenten ist, während Saturn in seiner natürlichen Zuordnung über das MC herrscht. Konflikte zwischen beiden sind also immer mit Herausforderungen bei der Integration dieser beiden wichtigen Punkte des Horoskops verbunden, während harmonische Winkel zwischen Mars und Saturn die Verbindung dessen, der man ist, mit dem, was man tut, ermöglicht.

Saturn/Jupiter: Jupiter in einem harmonischen Aspekt zu Saturn öffnet dem Erfolg Tür und Tor. Und um Erfolgt geht es bei einem Steinbock-Aszendenten immer. Dem Horoskopeigner fällt es leicht, langfristige Pläne zu ersinnen und umzusetzen. Er hat ein klares Verständnis dafür, wie er sich im Hinblick auf seine kreativen Pläne und Projekte einsetzen sollte, und kann für die Erschaffung der geeigneten Grenzen und Strukturen sorgen. Jupiter im Quadrat oder in Opposition zu Saturn erweckt bei dem gleichen Menschen Wünsche und Träume, die zu unpraktisch bzw. zu idealistisch sind, insbesondere, wenn die Wasser- oder Feuerzeichen betroffen sind.

Saturn/Uranus: Saturn und Uranus sind nicht gerade die besten Freunde. Kurz gesagt, repräsentiert Saturn die althergebrachte Ordnung, während Uranus der Verfechter der neuen Ordnung ist. In einem Horoskop mit Steinbock-AC ist natürlich immer Saturn der vorherrschende Einflussfaktor. Wenn Uranus und Saturn in einem harmonischen Aspekt zueinander stehen, dann benutzt der Betreffende neue soziale Kontakte oder innovative Ideen, um seine etablierte Position zu stärken. Eine positive Verbindung der beiden Energien erlaubt es dem Horoskopeigner außerdem, eine Brücke zwischen den Generationen oder zwischen Menschen sehr unterschiedlicher sozialer, nationaler oder rassischer Herkunft zu bilden. Das gilt insbesondere, wenn die Zeichen Zwillinge oder Waage involviert sind und wenn Venus in die harmonische Verbindung mit einbezogen ist. Ein sehr entwickelter Steinbock-Aszendent hat vielleicht eine traditionelle Ausrichtung, die aber aufgrund seines Entwicklungsniveaus schon wieder universell und damit in ihrer Absicht sehr integrativ ist. Wenn ich Steinbock am AC habe und beispielsweise eine Organisation aufbauen möchte, deren Ziel es ist, Nahrungsmittel an hungernde Menschen zu verteilen, dann liegt der Schwerpunkt meiner Aufgabe auf einem Dienst an der Menschheit. Wenn jetzt Saturn im Trigon zu Uranus in meinem Horoskop steht, dann setze ich unter Umständen die aktuellste Computertechnologie dazu ein, mir bei meinem edlen und selbstlosen Ziel zu helfen. Falls Saturn und Uranus in einem Spannungsaspekt stehen, entstehen Konflikte zwischen dem Neuen und dem Alten sowie die Schwierigkeit, mit dem kollektiven Gedankengut jüngerer Generationen umgehen zu können. Das wäre dann zum Beispiel ein Mensch, der sich weigert, mit der Zeit zu gehen. Ihn würde die Zeit dann letztlich auch zurücklassen. Mit einem Wort, ein typischer Kandidat, der sich zu einem »alten Spießer« entwickelt. Wenn Krebs, das vierte Haus, der Mond oder der Herrscher des fünften Hauses mit an der Kombination beteiligt sind, könnten wir es mit einem Menschen zu tun haben, der sich dem Standpunkt seiner Kinder verschließt oder der deren Ansichten für sich persönlich als bedrohlich empfindet.

Saturn/Neptun: Diese beiden sind auch nicht gerade die kompatibelsten Energien. Saturn ist sehr praktisch, während Neptun der unpragmatischste Planet von allen ist. Saturn ist sehr strukturiert und Zeit-orientiert; Neptun ist extrem desorganisiert und in seiner Orientierung viel universeller. Saturn ist sehr anspruchsvoll, während Neptun vieles zulässt. Saturn besteht auf Disziplin und Kontrolle, während Neptun über halluzinogene Drogen und andere Suchtmittel herrscht, die einen Kontrollverlust herbeiführen.

In einem Horoskop mit Steinbock-AC sind die Auswirkungen schwieriger Aspekte zwischen Saturn und Neptun regelrecht schädlich. Ein Mensch mit einem Quadrat oder einer Opposition zwischen beiden tritt eine persönliche oder berufliche Partnerschaft mit einer ungeheuren Angst an, in eine Falle zu geraten. Das heißt, das Erste, was er bei der Konfrontation mit einer Situation tut, die auch nur einen Hauch von Verantwortungsübernahme verlangt, ist, er sucht einen Fluchtweg! Nur wenn dieser Mensch weiß, wo und wie er sich aus dieser Lage auch wieder hinaus begeben kann, fühlt er sich sicher genug, um eine Weile dabeizubleiben.

Womöglich liegt der Betreffende auch in einem ständigen Kampf gegen seine Sucht, da er dazu neigt, Gewohnheitsmuster zu entwickeln, wie alle von Saturn beherrschten Menschen. Solche Gewohnheiten können sehr schädliche Auswirkungen haben. Eine Opposition zwischen Saturn und Neptun ist oft ein Hinweis auf einen Menschen, der zwischen einem sehr destruktiven Lebensstil und Phasen tiefer Hingabe an Disziplin und persönliche Ordnung hin und her schwanken kann. Harmonische Kontakte zwischen den beiden Planeten unterstützen eine Tendenz zum Strategentum. Sie verleihen die Fähigkeit, Planungen und Verhandlungen hinter den Kulissen zu führen. Wenn die Erdzeichen in dieser Verbindung eine Rolle spielen, dann verbindet sich hier gleichzeitig das Reale mit dem Idealen, was einen Menschen hervorbringen kann, der über eine spezielle Gabe oder Magie verfügt, selbst für sehr schwierige und höchst komplexe Probleme Lösungen zu finden. Ein Trigon oder Sextil zwischen Saturn und Neptun eignet sich auch ganz hervorragend für die Kreation von Spezialeffekten in Film, Fernsehen und Theater, vor allem, wenn Uranus dann noch helfend zur Seite steht. Zusammen mit einem gut gestellten Merkur ist es eine ausgezeichnete Kombination, um sich Geheimcodes und Computerspiele auszudenken.

Saturn/Pluto: Abschließend kommen wir zu Saturn und Pluto. Zusätzlich zu dem, was ich bereits auf Seite 188-199 unter der Überschrift »Skorpion-Aszendent (Pluto als Herrscher)« geschrieben habe, sollte man sich merken, dass der Schwerpunkt hier auf der Kultivierung des Gebrauchs der Willenskraft liegt. Diese Planetenkombination ist sehr kraftvoll, und damit sie richtig genutzt werden kann, muss der Betreffende reinen Herzens sein und klare Absichten verfolgen. Gleichgültig, um welchen Aspekt es sich zwischen Pluto und Saturn handelt, es ist eine Kombination, die in einem ohnehin schon macht- und willensorientierten Steinbockhoroskop die Neigung zur Kontrolle der Umgebung verstärkt. Eine harmonische Verbindung hilft dem Horoskopeigner dabei, Mittel und Wege zum Erreichen seiner Ziele zu finden. Diese Energiekonstellation erlaubt dem Betreffenden, das Beste oder auch das Schlechteste aus sich herauszuholen. Dies kann einen extrem skrupellosen Charakter hervorbringen (insbesondere bei Besetzung der Zeichen Widder, Löwe, Steinbock oder Skorpion), der nur seinem eigenen Gesetz folgt. Im Horoskop eines selbstloseren und vielleicht seelenzentrierten Menschen jedoch bildet dieser Aspekt eine ungeheure Quelle der Heilung, die vergangene Muster schädlichen oder verschwenderischen Verhaltens über Bord wirft und das Tor zu einem positiven und kraftvollen Umgang mit der eigenen Lebensenergie öffnet.

Wassermann-Aszendent (Uranus als Herrscher)

Die uranische Kraft im Horoskop ist es, die die Entwicklung des persönlichen Weges der Individuation erlaubt oder – falls sie verletzt steht – verhindert. Ältere Leser sind vielleicht schon mit den Auswirkungen des Transit-Uranus in Opposition zum Radix- Uranus vertraut. Dies passiert irgendwann zwischen dem 37. und 42. Lebensjahr, je nach Zeichenstellung von Uranus. Zu dieser Zeit im Leben wird der Betreffende aufgefordert, ein klarer definiertes Empfinden für sich selbst auf individueller Ebene zu entwickeln. Fragen, die man sich stellt, lauten zum Beispiel: Lasse ich das, was ich mir aufgebaut habe, wieder zurück und verfolge ich eine ganz neue Art der Arbeit, der Beziehung, neue ideologische Ziele? Lasse ich meine Vergangenheit los, oder nehme ich das Vergangene, wenn möglich, mit mir in neue Herausforderungen, die mir ermöglichen, ein klareres Bild davon zu bekommen, wer ich eigentlich bin und was ich hier auf diesem Planeten tue? Kein Wunder, dass die Uranus/Uranus-Opposition zum Zeitpunkt der so genannten Midlife-Crisis passiert. Sie *ist* diese Krise!

Wenn Wassermann am Aszendenten steht, dann haben wir es mit einem Menschen zu tun, der im Leben entweder immer darum kämpft, seine Ansichten zu verteidigen und das zu tun, was er will, gleichgültig, welche äußeren gesellschaftlichen Umstände herrschen, (und in einem von Uranus beherrschten Horoskop sorgt das Leben immer wieder für neue Überraschungen!) oder der Betreffende arbeitet hart daran, die Fesseln des bestehenden Status Quo zu sprengen. Jeder Planet, der in engem Kontakt zu Uranus steht, beleuchtet die Art dieser herausfordernden und/oder innovativen Lebensumstände näher und bestimmt deren Schwerpunkt. Es ist ein uranischer Drang, anders zu sein und seinen eigenen Weg zu gehen. Der Planet selbst ist sehr eigen. Uranus ist der einzige Himmelskörper im Sonnensystem, der sich auf seinem Äquator von Osten nach Westen dreht. Deswegen sehen wir bei Uranus am Himmel immer nur seinen Pol und die rückläufige Revolution um diesen Pol.

Uranus/Sonne: Hier verweise ich den Leser auf die vorhergehenden Kapitel mit den entsprechenden Planetenkombinationen, wobei man immer daran denken sollte, dass das Gewicht und die Betonung in einem Horoskop mit Wassermann-Aszendent natürlich auf Uranus und seinem Naturell liegt. Aspekte zwischen Uranus und der Sonne bringen immer das Individuelle ans Licht und führen dazu, dass der Betreffende mit seiner Kreativität experimentiert. Schwierige Aspekte zwischen beiden bewirken eine verminderte Vitalität und das Bedürfnis, um des Rebellierens willen zu rebellieren. Harmonische Verbindungen verleihen dem persönlichen kreativen Antrieb Stärke, Weite, Originalität und eine klare Richtung. Diese Eigenschaften hat der Horoskopeigner vielleicht auch bei einem Quadrat, einer Opposition oder einem Quinkunx zwischen der Sonne und Uranus. Die Schwierigkeit besteht dann zumeist nur in der oft chaotischen und stark auf sich bezogenen Haltung des Betreffenden, sein »Ding« ganz und gar auf seine eigene Art und Weise »durchzuziehen«.

Uranus/Mond: Uranus und der Mond in einem Horoskop mit Wassermann-Aszendent verleihen dem Horoskopeigner unter Umständen eine Distanz zum Emotionalen. Dies kann zum Beispiel auf eine sehr exzentrische Mutter oder ein ungewöhnliches Familienleben zurückzuführen sein, zumindest bringt es mit sich, dass der Horoskopeigner allzu sentimentale, emotionale Intimität eher meidet. Statt dessen stärkt diese Planetenkombination freundschaftliche Bindungen und den Sinn für eine tiefe Hinwendung zu Gruppen einer bestimmten ideellen Ausrichtung sowie zu »wahl- oder seelenverwandten« Menschen. Der Autor hat eine Mond/Uranus-Konjunktion in Zwillinge im siebten Haus im Quadrat zu Venus in Fische in vier. Als Kind habe ich mich immer wie ein Außenseiter gefühlt und wurde von anderen Kindern auch so behandelt. Ich hatte nur wenige Freunde, aber diese waren – genau wie ich – sehr außergewöhnlich bis exzentrisch oder auch extrem begabt. Ich habe meine Freunde oft aus der Schule zum Mittagessen mit nach Hause genommen, und meine Mutter meinte eines Tages zur mir: »Alan, ich freue mich, dass du deine Freunde mit nach Hause bringst, und ich koche auch gern für sie, aber kannst du nicht ab und an auch mal *normale* Kinder mitbringen?« Worauf ich ihr antwortete: »Mutter, ich *bin* kein normales Kind!« Und damit war die Diskussion beendet.

Uranus/Merkur: Hier haben wir es mit echten astrologischen Freunden zu tun! Wenn diese beiden in einem Horoskop mit Wasserman-AC harmonisch miteinander verbunden sind, dann können daraus viele wunderbare Einfälle und innovative Ideen entstehen. Wenn einer von beiden oder alle beide auch noch in einem Luftzeichen stehen, dann können wir schon mit einem Funken Genialität bei dem Betreffenden rechnen. Falls die Aspektverbindung eher gespannt ist – insbesondere in den beweglichen Zeichen –, dann haben wir es höchstwahrscheinlich mit einem Menschen zu tun, dessen mentale Energie sich schnell zerstreut und der häufig Ideen äußert, die einfach nicht zur Situation oder den gesellschaftlichen Bedingungen passen. Ganz unabhängig vom Aspekt hat der Horoskopeigner wahrscheinlich eine eher nervöse und leicht reizbare Disposition. Seine Ideen und seine Art zu kommunizieren unterscheiden sich von denen anderen Menschen und sind Ausdruck seines Dranges nach Individuation.

Uranus/Venus: Wenn Venus mit Uranus in einem Wassermann-Horoskop verbunden ist, dann weist der Betreffende einen Persönlichkeitszug auf, den diese Kombination mit Uranus/Mond gemeinsam hat – nämlich ein Bedürfnis nach Aufregung und Stimulation durch soziale Kontakte. Mit dieser Konstellation hat der Betreffende den Wunsch nach einer Vielzahl von zwischenmenschlichen Beziehungen. Dies gilt ganz besonders, wenn einer oder beide Planeten in beweglichen oder Luftzeichen stehen. Dann haben wir es mit einem Menschen zu tun, der ein künstlerisch sehr unkonventionelles Temperament hat und der sich am wohlsten in der Gesellschaft von eben solchen Menschen fühlt. Er neigt wahrscheinlich dazu, sich in Gruppen zu bewegen, die ein sehr spezielles Interesse miteinander teilen. Es sind häufig »alternative« Gruppierungen oder eben Menschen, deren Hobbys oder Interessen sich außerhalb des gesellschaftlichen Mainstreams bewegen.

Uranus/Mars: Die Auswirkungen einer Verbindung zwischen dem roten Planeten und Uranus können sehr unterschiedlich sein. Woran kein Zweifel besteht, ist, dass dieser Mensch unter allen Umständen eine einzigartige Persönlichkeit sein möchte. Wenn Mars und Uranus durch einen Hauptaspekt miteinander verbunden sind, dann verleihen sie dem Betreffenden viel Mut, das Leben und bestehende Umstände immer wieder herauszufordern. Im Extremfall – und Mars/Uranus-Menschen leben häufig an ihren Grenzen – führt dieser Aspekt zu einem sehr experimentierfreudigen Sexualleben und ganz allgemein einem »alternativen« Lebensstil. Das beste Beispiel dafür sind Sportarten wie Bungee Jumping, Paragliding und andere Aktivitäten, die es darauf anlegen, den Adrenalinspiegel (Mars) mit Hilfe extrem riskanter und individueller Aktivitäten (Uranus) zu puschen. Es braucht uns daher nicht zu verwundern, dass die hochriskanten Sportarten, die unter dem Begriff »X« (für »extrem«) bekannt sind, von der Generation mit Uranus in Skorpion (1974 – 1981) eingeführt worden sind. Der Weg zur Individuation besteht für Menschen vom Uranus/Mars-Typus unter anderem darin, das eigene Leben und das anderer Menschen zu riskieren und so die eigenen Grenzen auszuloten.

Uranus/Jupiter: Diese beiden Planeten können sich ganz fantastisch miteinander verbinden und bieten dem Horoskopeigner dann einen faszinierenden Zugang zu höheren geistigen Welten, zu Religion, Soziologie, den Rechtswissenschaften und zur Philosophie. Wenn Uranus und Jupiter in einem Horoskop mit Wassermann-AC einen starken Aspekt zueinander haben, dann haben wir es mit einem Menschen zu tun, dessen Hauptinteressen von einer idealistischen Perspektive auf das Leben gefärbt werden. Wenn es sich um einen Spannungsaspekt handelt, dann kann der Betreffende schon eine sehr eigene Anschauung haben, mit der er oft allein da steht. Zumindest aber wird er sich von ungewöhnlichen Kulten oder Sekten angezogen fühlen. Wenn Mars in der Konstellation noch eine Rolle spielt – vor allem im Spannungsaspekt oder in einer Konjunktion –, dann haben wir es unter Umständen mit einem ideologischen Fanatiker und Glaubenseiferer zu tun, weil diesen Menschen sein ganz individueller Pfad unweigerlich durch Glaubenssysteme und Anschauungen führt.

Uranus/Saturn: Wie ich schon in den vorhergehenden Passagen auf den Seiten 207-208 zu dieser Kombination erläutert habe, ist es für diese beiden Planeten nicht ganz einfach, sich harmonisch miteinander zu verbinden. Wenn sie es schaffen, dann ist der Betreffende womöglich der Initiator für ein neues soziales System, von dem viele Menschen profitieren. In einem Horoskop mit Steinbock-Aszendent versucht Saturn, Neues (Uranus) mit dem etablierten Sinn für eine persönliche oder kollektive Ordnung zu verbinden. Bei einem Wassermann-Aszendenten und einem Hauptaspekt zwischen den beiden Planeten besteht das Bestreben eher darin, das bereits Etablierte in etwas Neues und Visionäres umzuwandeln. In dem Fall wird aus der Vergangenheit entweder ein Stolperstein für die Zukunft (beim Quadrat oder der Opposition) oder sie wird ein Sprungbrett dafür, zu einer fortschrittlicheren Art der Integration persönlicher Ideale, der Gruppe oder auch nur der eigenen Persönlichkeit in das Kollektiv und die soziale Umgebung zu gelangen (beim Trigon oder Sextil). Der Weg der gesellschaftlichen Evolution und die eigene Rolle innerhalb dieses Prozesses wird so zum Weg der Individuation.

Uranus/Neptun: Hierbei handelt es sich nicht um eine persönliche, sondern um eine kollektive Kombination von Planetenkräften. Im Horoskop der meisten Menschen sind Spannungsaspekte zwischen beiden ein Anzeichen für ein Gefühl der Unzufriedenheit mit den bestehenden sozialen Bedingungen und Trends. Gefühle wie, »Ich weiß, dass es da etwas Besseres gibt, was ich aus meinem Leben machen könnte, aber ich weiß einfach nicht, was es ist«, kennzeichnen die Generation der zwischen 1951 und 1959 Geborenen, die Wassermann am Aszendenten haben mit Uranus im Quadrat zu Neptun. Ein Sextil zwischen beiden (Mitte 1965 bis Ende 1968) macht es um einiges leichter, seinen Platz oder seine Aufgabe in der Gesellschaft zu finden. Eine Konjunktion oder auch nur eine große

Nähe zwischen Uranus und Neptun in einem Horoskop mit Wassermann am AC (1989 – 1997) bringt eine sehr spezielle Generation von Menschen hervor, deren Aufgabe darin bestehen wird, als das kollektive Samenkorn für die Entfaltung eines langfristigen Zyklus von +/- 500 Jahren gesellschaftlicher Entwicklung zu dienen. Auf einer individuellen Basis werden diese Menschen höchst interessante Meinungen dazu vertreten, wie Menschen miteinander umgehen sollten, und werden jeder für sich spannende und faszinierende Lebenskonzepte und Ideen entwickeln. Dies wird sich in der gesamten Generation widerspiegeln, nicht nur in den Menschen mit Wassermann am Aszendenten, aber die letzteren werden eine eindeutigere soziologische (bzw. soziopathische, dies ist von anderen Einflüssen abhängig) Ausrichtung haben als ihre »Generationsgenossen« mit einem anderen Aszendenten. Der Weg zur Individualisierung findet bei diesen Menschen auf alle Fälle über eine klare Herausforderung des kollektiven Status Quo der Menschheit statt.

Uranus/Pluto: In Bezug auf die Auswirkungen von dieser Kombination sowohl auf Generations- als auch auf persönlicher Ebene verweise ich den Leser auf die entsprechenden Passagen dieses Kapitels unter der Überschrift »Skorpion-Aszendent (Pluto als Herrscher)« auf den Seiten 188-190. Mit Wassermann am Aszendenten verstärkt sich der Drang danach, neue Überzeugungen und andere Arten von sozialer Reformation voranzutreiben. Der Weg der Individuation führt über eine Zugehörigkeit zu Organisationen und Gruppen, die gesellschaftliche Veränderungen anstreben. Auf diese Art und Weise findet der Betreffende einen Weg, seine Ideale wirklich zu leben.

Fische-Aszendent (Neptun als Herrscher)

Wenn Neptun das Horoskop beherrscht, dann besteht ein starker Wunsch nach Hingabe. Dies kann sich als das Bedürfnis manifestieren, sich selbst für eine erhabene oder ideale religiöse, soziale oder philosophische Überzeugung aufzuopfern, kann bei egozentrischeren und weniger reifen Charakteren aber auch zu einem Verlust der Persönlichkeit durch Abhängigkeit und Sucht führen. Es stellt sich immer die Frage, welcher Art das Objekt der Hingabe im Falle eines Fische-Aszendenten ist. Ist es eine Hingabe, die sich auf die Erforschung der Sinne richtet, oder eine Hingabe an die Erkundung höherer Ideale und Prinzipien? Dienst an anderen wird auf jeden Fall immer eine große Rolle im Leben des Betreffenden spielen. Aber wir dürfen nicht vergessen, dass Fische ein duales Zeichen ist – der eine der beiden Fische schwimmt stromaufwärts in Richtung eines spirituellen Lebens und der andere Fisch schwimmt stromabwärts in die Welt der Persönlichkeit –, und wir müssen uns deshalb fragen, ob es sich um einen selbstlosen Dienst an der Menschheit handelt oder um ein Naturell, das keinem höheren Ziel dient, nur einen Götzendienst leistet und sich in Süchten verliert.

In Bezug auf andere Persönlichkeitsmerkmale intensiviert Neptun als Herrscher des Horoskops ganz allgemein die eigene emotionale Sensitivität (insbesondere gegenüber der unmittelbaren Umgebung) und verstärkt die psychische Sensibilität. Der Betreffende fühlt sich häufig stark von Kunst, Musik, Tanz, Theater oder Film angezogen. Das astrale Naturell hat eine große Kraft, und demzufolge hat der Horoskopeigner oft ein ausgeprägtes Traumerleben. Dieses Charakteristikum kann natürlich auch zu einem verträumten Naturell führen und zu der Neigung, immer leicht abwesend zu sein. Ein starker Neptunier ist nie so ganz »von und in dieser Welt«. Ein Aspekt seiner selbst, eine Facette seines Bewusstseins, scheint immer in irgendeiner anderen, nicht definierbaren Realität unterwegs zu sein.

Dies ist ein Mensch, der sich dagegen wehrt, festgelegt zu werden, und der jede Art von Selbstdisziplin meidet, die seine zerbrechliche Abgrenzung nach außen gefährdet. Aufgrund seiner neptunischen Energie wird dieser Mensch nämlich leicht von ihn umgebenden emotionalen Kräften vereinnahmt. Mitgefühl und der Wunsch nach Verschmelzung (freiwillig oder unfreiwillig) mit den Energien seiner unmittelbaren Umgebung sind hervorstechende Charaktereigenschaften eines Menschen mit Fische-Aszendent. Der Betreffende reagiert häufig übersensibel auf andere Menschen und muss viel Zeit allein verbringen, damit er seinen »psychischen Schwamm«, mit dem er alles aufgesogen hat, wieder auswringen und unwillkommene Energien loswerden kann.

Neptun/Sonne: Alle möglichen Planetenkontakte mit Neptun sind schon in den vorhergehenden Abschnitten dieses Kapitels angesprochen worden. Der Astrologe sollte bei einem Fische-Aszendenten nur daran denken, dass der Schwerpunkt für die Deutung auf den Auswirkungen *Neptuns* auf den jeweiligen anderen Planeten liegt, nicht anders herum.

Die Sonne in Kombination mit Neptun verleiht der Psyche in einem fischebeherrschten Horoskop Stärke und Vitalität. Ein Mensch mit dieser Kombination, der aus seinem Herzen heraus lebt, hat einen starken Drang danach, für andere Menschen da zu sein, wenn diese ihn brauchen. Sonne/Neptun kann in diesem Fall eine Quelle der Stärke für Menschen in Not sein. Sollten sich Neptun und die Sonne allerdings im Quadrat oder in Opposition zueinander befinden, dann ist es möglich, dass sich der Betreffende in dem Wunsch, anderen Menschen Trost und Zuversicht zu spenden, regelrecht verliert. Es könnte sich so auswirken, dass der Horoskopeigner dazu neigt, seine eigene Macht abzugeben und sich auf das Ideal des Helfens (Neptun) zu konzentrieren, anstatt auf seine persönliche Vitalität (Sonne), die ihm dazu zur Verfügung steht. Dieses Verhalten geht letztlich immer auf Kosten des Menschen mit Fische-Aszendent.

Neptun/Mond: Bei einem Fische-Aszendenten und Mond und Neptun in einem starken Aspekt zueinander liegen das Emotionale und Unterbewusste ganz nah an der Oberfläche. Der Horoskopeigner betrachtet sein persönliches emotionales Drama womöglich als universell bedeutsam. Jeder andere erhält einen Part in seinem Theaterstück, und auch er übernimmt eine Rolle in den Theaterstücken anderer Menschen. Deswegen ist hier eine emotionale Unterscheidungsfähigkeit so wichtig. Je reifer der Betreffende auf einer spirituellen Ebene ist, umso stärker wird diese Planetenverbindung sein Verständnis für andere prägen und es ihm dadurch erleichtern, anderen Menschen Hilfe und Unterstützung zukommen zu lassen.

Neptun/Merkur: Weil der Schwerpunkt auf dem emotionalen und nicht auf dem mentalen Erleben liegt, wenn Neptun das Horoskop beherrscht, muss jeder Aspekt zwischen Neptun und Merkur in diesem Licht betrachtet werden. Wenn Neptun bei einem Fische-AC im Quadrat, in Opposition oder in Konjunktion zu Merkur steht, ist es sehr schwierig, zu einem klaren, logischen Denken zu gelangen. Die mentale Struktur des Betreffenden wird häufig von Wellen aus dem Unbewussten überflutet. Aus dieser Verbindung können deswegen phantastische Poesie oder auch Theaterstücke entstehen, und wenn die Seele im Horoskopeigner die Führung übernimmt, ist er in der Lage, einen Kanal für intuitive Einsichten und Botschaften bereitzustellen. Wenn derjenige allerdings glamourösen Einbildungen seines astralen Naturells erliegt, dann kann eine solche Merkur/Neptun-Verbindung dazu führen, dass der Betreffende irgendeinen Unsinn channelt.

Neptun/Venus: Diese Verbindung ist so schön wie sie auch gefährlich sein kann, zumindest was Selbsttäuschung in Beziehungen angeht. Wenn die Betonung, wie in diesem Fall, auf Neptun liegt und er einen harmonischen Aspekt zu Venus bildet, dann haben wir es mit einem sehr mitfühlenden und hilfsbereiten Menschen zu tun. Er neigt dazu, alles und jeden zu lieben und sein persönliches Charisma und seinen Magnetismus als Mittel zur Heilung in allen zwischenmenschlichen Beziehungen einzusetzen. Handelt es sich um einen Spannungsaspekt oder ist sich der Betreffende nicht darüber klar, wo er in Bezug auf seine eigenen Bedürfnisse in Beziehungen und seinen Selbstwert eigentlich steht, dann können abhängige Liebesbeziehungen zu Menschen entstehen, die sowohl selbstzerstörerisch als auch gefährlich sind.

Neptun/Mars: Wenn Neptun einen stärkeren Einfluss auf das Leben des Horoskopeigners hat als Mars, wie zum Beispiel in einem Horoskop mit Fische am Aszendenten, dann muss der Betreffende mit der Integration dieser Kombination von Planetenkräften sehr vorsichtig umgehen, denn dort liegt einiges an Möglichkeiten verborgen. Das astrale Leben des Betreffenden ist sehr stark, was zu einer Reihe von unnötigen Schlachten führen kann, die geschlagen werden, und zu schwierigen sexuellen Verstrickungen. Dies gilt für jede Art von Aspekt zwischen den beiden Planeten, wobei die Ausprägung natürlich am stärksten ist, wenn es sich um eine Konjunktion, ein Quadrat, eine Opposition oder ein enges Quinkunx handelt. Wenn der Horoskopeigner mit Fische am AC ein emotional reifer Mensch ist, dann ist dies eine Konstellation, die einen hohen und verdienten spirituellen Fortschritt verheißt. In einer starken Neptun/Mars-Verbindung liegt das Versprechen, die dunklen Kräfte im Leben, die das Licht der Liebe zu verdunkeln suchen, zu konfrontieren und sie zu besiegen. Ein solcher Mensch kann sich zu einem wirklichen spirituellen Krieger entwickeln, wenn er seine eigene niedere Natur besiegt hat.

Neptun/Jupiter: Hierbei handelt es sich um eine sehr idealistische Kombination. Weil Jupiter und Neptun beide über das Zeichen Fische herrschen, ist der Unterschied bei einem Aspekt zwischen beiden in einem Horoskop mit Schütze-AC und einem mit Fische-AC nicht so groß. In einem von Schütze beherrschten Horoskop wird der durch diese Kombination empfundene Idealismus im Allgemeinen jedoch eher mental ausgedrückt, während bei einem Fische-AC die Hingabe an das eigene höhere Naturell mehr über die Emotionen geschieht. In beiden Fällen besteht eine Neigung zur Selbsttäuschung, was den eigenen Glauben angeht, sowie die Möglichkeit, tiefe philosophische und spirituelle Wahrheiten mit anderen Menschen zu teilen. Wie bei allen Aspekten, an denen Neptun beteiligt ist, hängt die Art der Auswirkung dieses Planeten von dem Grad der emotionalen Reife und der Ebene spiritueller Entwicklung des Betreffenden ab.

Neptun/Saturn: Wann immer es einen engen Aspekt zwischen Neptun und Saturn in einem von Fische beherrschten Horoskop gibt, haben wir es mit der Auflösung von Strukturen und Grenzen zu tun. Es ist deshalb wichtig herauszufinden, ob diese Grenzen bestehen *müssen*. Deiche sind nötig, um das Meer daran zu hindern, das Land zu überfluten, und Felder können nicht richtig bewässert werden, wenn die Bewässerungskanäle keine entsprechende Struktur aufweisen. Wenn ein Mensch bewusst und kreativ mit dieser Art von Schutz in seinem Leben umgehen muss, dann kann sich ein disharmonischer Einfluss von Saturn und Neptun sehr nachteilig auswirken. Nehmen wir einmal an, Fische steht am Aszendenten und Neptun in Waage im siebten Haus im Trigon zu Saturn in Zwillinge im dritten Haus. Das ist eine sehr gesunde Kombination, die die kontinuierliche Kultivierung und Strukturierung des Verstandes durch partnerschaftliche Verbindungen erlaubt. Diese Planetenverbindung stattet den Betreffenden mit der Fähigkeit aus, mit Menschen in Kontakt zu sein, die ihn ständig unterstützen und inspirieren. Diese Partnerschaften und engen Freundschaften erlauben ihm, seine Kommunikationsmethoden zu strukturieren, so dass er seine Erkenntnisse, Ideen und Meinungen mit anderen teilen kann.

Wie bereits erwähnt, sind Neptun/Uranus- und Neptun/Pluto-Kontakte so langfristig, dass sie ganze Generationen beeinflussen. Es ist in beiden Fällen wichtig, zu schauen, ob diese Kombinationen irgendwelche Kontakte zur Sonne oder zum Mond haben. Wenn das der Fall ist und der Horoskopeigner über das entsprechende Entwicklungsniveau verfügt, um damit umzugehen, dann besteht die Möglichkeit, in bewusstem Kontakt mit den kollektiven Wellen evolutionärer Bewegung zu stehen, die unseren Planeten durchfließen und dabei alles und jeden berühren. Menschen mit Fische am Aszendenten, die fähig sind, sich auf diese universellen Einflüsse einzustimmen, werden zu unseren herausragendsten Denkern, spirituellen Führern und Heilern.

Kapitel 7:

Die Stellung des Herrschers in den Häusern

Nachdem wir uns bisher auf den Aszendenten, seinen Herrscher, seine Auswirkung und Bedeutung konzentriert haben, können wir uns jetzt den Herrschern der anderen elf Häuser des Geburtshoroskops zuwenden. Wir kommen hier in den Bereich der wirklichen astrologischen Kunst, und zwar der *Kunst der Synthese*. Die Fähigkeit, Energiemuster und ihre Beziehung untereinander – ausgedrückt durch die astrologische Symbolik und Geometrie – synthetisch zu erfassen, ist eins der größten Geschenke, die diese alte Wissenschaft dem praktizierenden Astrologen machen kann. Wenn man in der Lage ist, das Ganze wirklich synthetisch zu erfassen, dann tritt der Mensch aus dem Horoskop mit all seinen Talenten und Traumata, mit all seinen Potenzialen und Neigungen hervor. Die Dynamik persönlichen Schicksals enthüllt sich, und der Astrologe kann seinem Gegenüber wirklich hilfreiche Unterstützung bieten.

Dieses Kapitel ist ein Führer zu einem allgemeinen Verständnis der Auswirkungen jedes Häuserherrschers, wenn dieser in verschiedenen Lebensbereichen platziert ist. Es ist nahezu unmöglich, all die Zehntausende von möglichen Variationen von Planeten, Zeichen, Häusern, Aspekten und Dispositorenverhältnissen aufzulisten, die es in einem Geburtshoroskop geben kann. Es vereinfacht und beschleunigt den Prozess der Herleitung schon, wenn wir uns die astrologischen Schlüsselworte merken. Für die Häuser, Planeten und Zeichen gibt es grundlegende Definitionen. Dieses »astrologische Alphabet« finden wir durch die gesamte astrologische Literatur, und es ist dem Leser zweifelsohne bekannt. Ich füge daher die folgenden Deutungsvorschläge dem schon bestehenden Werk mit besonderem Augenmerk auf die Anfangsphase des Wassermannzeitalters an, in dem wir uns augenblicklich befinden.

Nutzen Sie die unten stehende Zusammenfassung von astrologischen Schlüsselbegriffen und Sätzen, um die grundlegende Bedeutung einer spezifischen Planetenplatzierung zu erfassen. Wenn beispielsweise Mars im zweiten Haus steht, dann könnten Sie den Begriffen entnehmen, dass die Einstellung des Betreffenden gegenüber Geld und dem Ausdruck seines Selbstwertes mit einem bestimmten Anspruch und einer entsprechenden Selbstbehauptung verknüpft ist. Seine Fähigkeit, zu Wohlstand zu kommen, ist direkt von seinem Energiepotenzial abhängig. Wenn wir dann noch ein Zeichen mit einbeziehen, zum Beispiel Krebs, erhalten wir folgende Deutungsformel aus der Zusammenfassung der astrologischen Begriffe: Das Bedürfnis danach, individuelle Ressourcen zu erschließen und zu nutzen, hängt von der Erschaffung persönlicher Sicherheit und der Verankerung der eigenen psychologischen Basis ab. Experimentieren Sie auf diese Art und Weise mit allen Planeten-Zeichen-Haus-Kombinationen.

Während Sie sich die ganzen verschiedenen Häuserherrscher-Kombinationen durchlesen, die anschließend folgen, wäre es gut, wenn Sie die folgende *Herleitungsregel* im Hinterkopf behalten würden: Wenn ein Planet in einem bestimmten Haus in einem Aspekt mit einem anderen Planeten steht, der sich im natürlichen Zeichen der Herrschaft des entsprechenden Hauses befindet, dann betont dies die Bedeutung der Planetenkonstellation, sowohl in positiver als auch in negativer Hinsicht, je nach Art des Aspekts. Ein Beispiel hierfür wäre der Mond in Jungfrau im zweiten Haus im Trigon zu Merkur in Stier.

Astrologische Stichworte und Schlüsselbegriffe

Die Planeten

Sonne: Vitalität, kreatives Potenzial, Verbindung zur Lebensessenz
Mond: instinktives Naturell, emotionale Reaktionsfähigkeit, formgebend, Verbindung zum biologischen Karma
Merkur: kommunikatives Naturell, allgemeine geistige Aktivität, Verbindung zu Sprache
Venus: Werte, Ästhetik, Kontaktbedürfnis, Verbindung zur Gesellschaft
Mars: Selbstbehauptung, sexueller Antrieb, Territorialempfinden, Verbindung zum Energiepotenzial
Jupiter: Expansion, Streben, Unternehmung, Großzügigkeit, Verbindung zum wertfreien Verständnis

Saturn: Grenzen, Struktur, Verantwortung, Verbindung zum Reifungsprozess der Persönlichkeit
Uranus: Drang nach Individualität, Intuition, Verbindung zum Netz des kollektiven Geistigen
Neptun: Universalitätsempfinden, spirituelle Sensibilität, Illusion, Hingabe, Verbindung zum kollektiven Herzen
Pluto: Regenerierung, Transmutation, Transformation, Verbindung zur Unsterblichkeit

Die Zeichen in ihrem positiven polaren Ausdruck

Widder: Sein, Projektion, Unmittelbarkeit, das Erwecken der Gelegenheit, Selbstbehauptung
Stier: Haben, Halten, Magnetismus, die Verankerung der Gelegenheit, Selbstwertschätzung
Zwillinge: Kommunikation, Objektivierung, Verbindung, die Multiplikation der Gelegenheit, Verbindung des Selbst
Krebs: Gefühl, Subjektivierung, Integration, die Gelegenheit persönlich gestalten, Selbstsicherung
Löwe: Ausdruck, Vergrößerung, Verschönerung, Steigerung der Gelegenheit, Selbsterschaffung
Jungfrau: Unterscheidung, praktisches Tun, Lernen, die Gelegenheit spezifizieren, Selbstsynthetisierung
Waage: Sich verbinden, Beziehung herbeiführen, Engagement, Idealisierung, die Gelegenheit teilen, Selbstreflexion
Skorpion: Transmutation, Kultivierung, die Lebensharmonie durch Konflikt verstärken, vererben, die Gelegenheit neu definieren, Eigentransformation
Schütze: Streben, Wegorientierung, Suche, Generalisierung, die Gelegenheit idealisieren, Selbsterweiterung
Steinbock: Wollen, Zielorientierung, Muster schaffen, konstruieren, planen, Gelegenheiten formen, Selbststrukturierung
Wassermann: Netzwerkarbeit, Kategorisierung, Archetypisierung, Kollektivierung, die Gelegenheit erfinden, Individuation
Fische: Heilung, einschließen, fließen, die Gelegenheit spiritualisieren, Selbsterfüllung

Die Zeichen in ihrem negativen polaren Ausdruck

Widder: dominieren, erobern, eindringen, den anderen verleugnen, die Gelegenheit abtöten, Selbstinversion
Stier: besitzergreifend, Verneinung der Zirkulation, »schwarzes Loch« – kein Licht dringt durch, ausgedörrt, die Verneinung der Gelegenheit, Selbstabwertung
Zwillinge: Ausflüchte, Verwirrung, ungelöste Dualität, Gefühlskälte, Zerstreuung von Gelegenheiten, Selbstbetrug
Krebs: Traumatisierung durch die Vergangenheit, Fixierung auf das Überleben, ängstlich, unterstützt Gelegenheiten nicht positiv, selbstsüchtig
Löwe: egozentrisch, energieraubend, schattenwerfend, blind für die Gelegenheit, kreiert ein Drama um sich selbst
Jungfrau: chaotisch, nicht unterscheidungsfähig, promiskuitiv, nicht integrierend, unzusammenhängende Reaktion auf Gelegenheiten, selbstabwertend
Waage: unstet, flüchtig, nicht verbindlich, polarisierend, manipulativ, zögerlich beim Ergreifen der Gelegenheit, Selbstablehnung
Skorpion: lebensverschlingend, energieverzehrend, degenerativ, zerstört die Gelegenheit, selbstzerstörerisch
Schütze: verschwenderisch, voreingenommen, wahllose Expansion, übertriebener Opportunismus, zügellos
Steinbock: Gefangener der Form, Missbrauch von Ressourcen, diktatorisch, kontrollierend, manipuliert Gelegenheiten, selbstkristallisierend
Wassermann: zersetzend, oberflächlich, nicht mit seinem Herzen verbunden, bindungslos, zerstreut Gelegenheiten, beurteilend
Fische: reagiert unbewusst, wahllose Sinnlichkeit, abhängig, löst Gelegenheiten auf, selbstzerstörerisch

Die Häuser – aus einer sozial entwickelten Perspektive

Erstes: Was ich für mich selbst bin und auf andere projiziere
Zweites: Was ich habe, an mir schätze und anderen schenke
Drittes: Was ich denke und anderen zu übermitteln versuche

Viertes: Das Fundament, auf dem ich stehe, damit ich anderen etwas geben kann
Fünftes: Was ich erschaffe und gern mit anderen teile
Sechstes: Was ich in mir integriere, damit ich anderen dienen kann
Siebtes: Was ich in mir selbst in Harmonie zu bringen suche, und was sich dann in meinen Beziehungen zu anderen wieder ausdrückt
Achtes: Was ich in mir transformieren muss, damit ich andere besser heilen kann
Neuntes: Was ich in mir selbst erweitere und so andere lehren kann
Zehntes: Was ich durch meine Bemühungen erreiche, damit ich andere unterstützen kann
Elftes: Was ich als Wahrheit ansehe und wie ich diese Vision anderen mitteilen kann
Zwölftes: Woran ich im Leben glaube, so dass ich andere inspirieren kann

Die Häuser – aus einer mehr traditionellen astrologischen Perspektive

Erstes: das Ego in Aktion, der erste Kontakt zur Umwelt, die primären Persönlichkeitsmerkmale, die körperliche Erscheinung
Zweites: Geld, Selbstwert, Besitz, Werte, Ästhetik, Fähigkeit, zu Wohlstand zu kommen
Drittes: Methoden der Kommunikation, frühe Erziehung und Umgebung, Geschwister, enge Freunde
Viertes: die psychologischen Wurzeln, die eigene Familie, insbesondere die Mutter, häusliche Angelegenheiten, Heimat
Fünftes: Vergnügen, Kinder, Arten oder Bereiche des kreativen Selbstausdrucks, Romanzen und Liebesabenteuer
Sechstes: Arbeit, Gesundheit, Haustiere, Angestellte, Techniken der Selbstvervollkommnung
Siebtes: Beziehungen ganz allgemein, Ehe oder Geschäftspartnerschaften im Besonderen; was ich in anderen suche

Achtes: Sexualität, Tod, Steuern, ererbter oder geteilter Wohlstand, der aus Partnerschaften resultiert, Methoden der Regeneration, das Traumerleben
Neuntes: höhere Bildung, religiöse oder philosophische Glaubenssysteme, Reisen ins Ausland, Verlagswesen
Zehntes: Karriere, Status in der Welt, der Vater, der Höhepunkt professioneller Aktivitäten
Elftes: Gruppen und Organisationen, Freunde und Verbündete, Hoffnungen, Wünsche und Bestrebungen
Zwölftes: alles Verborgene und Dunkle, heimliche Liebhaber, verborgene Schätze, Stärken und Schwächen

Das Wesen des zweiten Hauses

Dieser astrologische Bereich ist mit zwei primären Bedeutungen verbunden. Die erste ist sehr physisch und konkret: unser Geld, unsere persönlichen Besitztümer, unser materieller Reichtum und unsere Substanz. Obwohl sich all das physisch manifestiert, ist es relativ ungeformt, mehr wie das Erz in einer Mine, ein Potenzial, das darauf wartet, verarbeitet und in verschiedene Formen gebracht und einer Verwendung zugeführt zu werden. Das Zeichen an der Spitze des zweiten Hauses und die Stellung seines Herrschers symbolisieren unsere natürlich Haltung gegenüber Geld im Allgemeinen und unsere persönliche finanzielle Situation im Besonderen.

Die zweite Bedeutung dieses Hauses ist mehr übertragend und psychologisch, da sie sich mit unseren innersten Gefühlen darüber beschäftigt, was wir am meisten bzw. am geringsten schätzen. Auf diese Art und Weise beschreibt es unseren Selbstwert, unsere persönliche Wertschätzung und unser persönliches Wertempfinden. In einem größeren Zusammenhang gibt uns das zweite Haus Hinweise darauf, von wo wir finanzielle Unterstützung erhalten und wo diese hingeht. Wenn das zweite Haus und sein Herrscher verletzt sind, ist unser Verhältnis zu unserer Schatzkammer unter Umständen gestört. Das Ergebnis daraus ist Bewusstseinsarmut, Geldmangel und ein daraus folgendes fundamentales Mangelempfinden in uns selbst.

Wenn der Herrscher des zweiten Hauses im ersten steht, dann können wir sagen, dass der Horoskopeigner »seinen Selbstwert auf seiner Zunge trägt«. Je näher der Herrscher am Aszendenten steht, desto offensichtlicher wird die Verbindung zwischen dem, was wir in uns selbst wertschätzen und rein physisch besitzen, und dem, was wir als Bild unserer selbst nach außen projizieren. Wenn unsere Selbstachtung sehr gering ist (was zum Beispiel daraus hervorgehen kann, dass Saturn den Herrscher des zweiten Hauses verletzt und/ oder Venus schlecht gestellt ist), dann gibt der Betreffende wahrscheinlich ein schlechtes Bild von sich selbst ab. Der Herrscher des zweiten Hauses im ersten weist auf den Drang hin, das, was wir besitzen, an die vorderste Front unseres Lebens zu bringen. Es ist im Grunde ein Weg auszudrücken: »Ich bin, was ich habe.« Schütze an der Spitze des zweiten Hauses und Jupiter in eins kann beispielsweise ein Hinweis auf einen Spieler sein, einen Menschen, der mit seinen finanziellen Ressourcen spielt. Auf einer nicht materiellen Ebene kann die gleiche Konstellation Ausdruck für einen Menschen sein, der ein geborener Lehrer ist. Das ist dann jemand, der in seinen augenblicklichen Kontakten mit dem Leben immer wieder sagt: »Mein Wissen ist mein Reichtum. Was ich von mir selbst denke, ist, wer ich wirklich bin, und das wirkt sich auf meine Sicht der Welt aus.« Wenn eine solche Perspektive von dem Grad der individuellen psychologischen oder spirituellen Reife begrenzt wird, dann kann es sich bei dem Betreffenden womöglich um einen sehr selbstgerechten Menschen handeln. Das wäre vor allem der Fall, wenn der Herrscher des zweiten Hauses verletzt in einem fixen Zeichen im ersten Haus stünde.

Wenn der Herrscher des zweiten Hauses im zweiten steht, dann gewinnen die Angelegenheiten dieses Lebensbereiches enorm an Bedeutung. Der Betreffende muss seine finanziellen und sonstigen Ressourcen auf eine sehr persönliche Art und Weise nutzen. Wenn es sich beispielsweise um die Sonne handelt (Löwe an der Spitze des zweiten Hauses), dann identifiziert sich der Horoskopeigner stark damit, was er hat oder nicht hat. Für diesen Menschen ist es sehr wichtig, seine Ressourcen so einzusetzen, dass seine Talente und Fähigkeiten dadurch zum Vorschein kommen. Er drückt ständig aus: »Alles, was mir gehört, ist so sehr ein Ausdruck meiner Identität, dass es immer meinen ganz persönlichen Stempel trägt.« Wenn Saturn in Stier im Quadrat zur Sonne in Löwe im zweiten Haus steht, dann haben wir es mit jemandem zu tun, der in seinem Selbstwert extrem verletzt ist und sich in seiner Fähigkeit beschränkt fühlt, seine Sonne auf diesen Lebensbereich scheinen zu lassen. Das Gefühl der Begrenzung ist wahrscheinlich ursächlich auf einen materialistisch eingestellten Vater zurückzuführen (Saturn in Stier), der vielleicht selbst Probleme mit seinem Selbstwert hatte. Dieser vorgenannte Aspekt ist besonders stark, da die Sonne in Löwe im zweiten Haus im Quadrat zu einem Planeten in Stier steht, dem natürlichen Zeichenherrscher des zweiten Hauses. Eine detaillierte Deutung des zehnten und vierten Hauses (Familie, Eltern, psychologische Wurzeln) könnte in diesem Fall weitere Hinweise dazu geben.

Wenn der Herrscher des zweiten Hauses im dritten steht, dann muss die Art des Selbstwerts oder auch die tatsächlich vorhandene materielle Substanz (Geld zum Beispiel) kommuniziert werden. Das Bedürfnis, sich mit Menschen oder Situationen zu verbinden, die die eigenen Möglichkeiten erweitern, ist enorm. Jeder Planet, der im dritten Haus steht, wird dazu benutzt, Kontakte zu knüpfen. Wenn es der Herrscher des zweiten Hauses ist, dann sucht man nach solchen Verbindungen, die den potenziellen Einsatz der eigenen Talente und Ressourcen fördern. Falls der Planet verletzt steht, gibt es Hindernisse oder Schwierigkeiten dabei, Kontakte zu knüpfen. Nehmen wir einmal an, Jungfrau sei an der Spitze des zweiten Hauses und Merkur stünde in Löwe im dritten Haus, im Quadrat zu Saturn in Skorpion. In diesem Fall hätte der Horoskopeigner einen starken Drang danach, den Reichtum und Wert seiner persönlichen Ideen und Ansichten zu vermitteln, würde daran aber durch Saturn gehindert. Die Ursache könnte in der Unfähigkeit liegen, die in der Kindheit erlernten Kommunikationsmuster zu überwinden. Das Quadrat von Saturn in Skorpion zeigt an, dass Merkur daran gehindert wird, sich von diesen frühen Gedankenmustern (Kombination aus fixem Zeichen und drittem Haus) zu lösen. Ganz allgemein gilt bei der Stellung des Herrschers vom zweiten im dritten Haus, dass eine ganz natürliche Orientierung besteht, auf viele verschiedene Arten mit der Erfahrung und der Entdeckung des eigenen Selbstwertes sowie dem Einsatz der persönlichen Ressourcen zu experimentieren. Diese Neigung wird noch verstärkt, wenn der Herrscher des zweiten Hauses im dritten in einem beweglichen Zeichen steht.

Wenn der Herrscher des zweiten Hauses im vierten steht, dann weist dies darauf hin, dass der Selbstwert sehr stark mit den Werten der Eltern verbunden ist. Es besteht das Bedürfnis, die eigenen Ressourcen als ein Fundament für den Aufbau eines größeren Potenzials an Gelegenheiten zu nutzen, um ein stabiles Gefühl persönlicher Sicherheit im Leben zu erhalten. Wenn zum Beispiel

Krebs an der Spitze des zweiten Hauses und der Mond als Herrscher des zweiten in Jungfrau im vierten stünde, dann hätte der Horoskopeigner den starken Wunsch, die richtige Arbeit zu finden, die ihm erlaubt, seine persönlichen Talente und Ressourcen vollständig zu nutzen. Wenn der Mond in diesem Fall auch noch im Trigon zu Jupiter in Stier stünde, dann wäre es für den Betreffenden unter Umständen lohnend, in Immobilien zu investieren oder auch in dieser Branche zu arbeiten. Das können wir aus der astrologischen Symbolik ersehen: Mond = Häuser; viertes Haus = Bezug zu häuslichen Angelegenheiten und Grundlagen; Jungfrau = kommerzielle Unternehmungen, die praktische Nutzbarmachung von Land; Jupiter in Stier = Expansion in irdischen Angelegenheiten und in nicht beweglichen Gütern wie zum Beispiel Grundbesitz; Trigon = unterstützende Gelegenheit.

Dieser Aspekt wirkt hier doppelt gut, weil Jupiter im natürlichen Zeichen des Mondes, in Krebs erhöht steht, und Jupiters Stellung in Stier betont diesen positiven Austausch zwischen den beiden Planeten nochmals. Zudem ist Stier das Zeichen der Erhöhung des Mondes, und der Mond steht in seinem eigenen Haus, eine sehr förderliche Stellung. Als Astrologe würde man dem Horoskopeigner raten, sich bei seinen Investitionen Zeit zu lassen, ganz langsam eins auf dem anderen aufzubauen, da Jupiter in Jungfrau im Fall steht. Doch insgesamt überwiegt die positive Dynamik dieser Konstellation die negativen Nebenwirkungen bei weitem.

Wenn der Herrscher des zweiten Hauses im fünften steht, dann nutzt der Betreffende seine Ressourcen womöglich zu seinem eigenen Vergnügen. Diese Stellung scheint zu sagen: »Ich hab's, ich hab's mir verdient und jetzt will ich meinen Spaß haben!« Es besteht auch eine Neigung, den persönlichen Selbstwert und die eigenen Besitztümer auf seine Kinder zu projizieren, da das fünfte Haus auch das Haus der Kinder ist. Falls der Herrscher vom zweiten Haus im fünften irgendwie verletzt wird, könnte dies ein Hinweis darauf sein, dass der Betreffende das Empfinden hat, seine Kinder kämen ihn teuer zu stehen, oder dass das Tun und Lassen seiner Kinder nicht unbedingt seinen Selbstwert stärkt. Positive Aspekte zu dieser Stellung würden die oben genannten Auswirkungen umkehren, und der Horoskopeigner würde durch seine Kinder oder seinen kreativen Selbstausdruck eine Stärkung seines Selbstwertgefühls erfahren.

Wenn der Herrscher des zweiten Hauses im sechsten steht, dann muss der Horoskopeigner für sein Geld arbeiten und dabei seine persönlichen Fähigkeiten, erlernten Methoden und Techniken anwenden, um seinen Selbstwert zu verbessern. Wenn der Herrscher des zweiten Hauses im sechsten gut gestellt ist, dann kann das Verdienen des Lebensunterhaltes tatsächlich unter recht angenehmen Umständen erfolgen. Der Betreffende stellt dann vielleicht fest, dass seine Erfahrungen auf der Arbeit ihm sehr viel Selbstwert vermitteln und er demzufolge auch gut verdient. Eine solch positive Situation hätten wir zum Beispiel, wenn Venus die Herrscherin des zweiten Hauses wäre (Waage an der Spitze) und in Wassermann im sechsten Haus im Sextil zu Merkur stünde. Finanzieller Lohn für die eigenen Bemühungen und die Entwicklung eines gestärkten Selbstwertes würden durch soziale Kontakte zustande kommen (Venus als Herrscherin von Waage/Beziehungen in einem positiven Aspekt zu Merkur, dem Herrscher über die Kontaktfähigkeit). In diesem Beispiel würde der Betreffende viel Kameradschaft und Freundschaft (Wassermann = Freunde und Gleichgesinnte) am Arbeitsplatz (sechstes Haus) erleben dürfen.

Wenn der Herrscher des zweiten Hauses im siebten steht, dann bildet Partnerschaft für den Betreffenden die Grundlage für den Ausdruck seines Selbstwertgefühls und für wachsenden persönlichen Wohlstand. Gleichgültig, um welchen Planeten es sich in diesem Fall handelt, der Astrologe sollte sich auf jeden Fall die Stellung der Radixvenus anschauen. Und zwar deshalb, weil Venus der natürliche Herrscherplanet sowohl über das zweite als auch über das siebte Haus ist. Jeder Aspekt, den Venus zum Herrscher des zweiten Hauses im siebten Haus macht, ist in diesem Fall ein extrem bedeutsamer Faktor, der sowohl die finanzielle (zweites Haus) als auch die soziale (siebtes Haus) Situation des Betreffenden näher beschreibt. Eine Schwierigkeit, die daraus entstehen könnte, wäre, dass der Horoskopeigner zutiefst von seinen Beziehungen abhängt, um daraus Selbstwert zu schöpfen.

Falls der Herrscher des zweiten Hauses im siebten verletzt ist, dann ist es um das Selbstwertgefühl nicht so gut bestellt. Wenn der Spannungsaspekt auch noch vom Herrscher des siebten Hauses käme, dann hätte der Betreffende höchstwahrscheinlich mit finanziellen Problemen in Partnerschaften zu kämpfen. Ein gutes Beispiel dafür wäre zum Beispiel, wenn Waage an der Spitze des zweiten Hauses stünde und Venus in Fische in sieben in Opposition zu Neptun in Jungfrau. Hier ist die Botschaft sehr klar: Der Horoskopeigner neigt dazu, sich bezüglich finanzieller Angelegenheiten (Herrscher des zweiten Hauses) mit Partnern (im siebten Haus) etwas vorzumachen (Neptun in Opposition dazu im ersten Haus).

Wenn der Herrscher des zweiten Hauses im achten steht, ist das ein Hinweis darauf, dass der Horoskopeigner seine persönlichen Ressourcen geerbt hat oder dass sein Selbstwertgefühl mit den Werten verknüpft ist, die schon seit Generationen in seiner Familie bestehen. Letzteres träfe insbesondere zu, wenn das vierte Haus und sein Herrscher und/oder die Zeichen Krebs oder Steinbock mit beteiligt wären. Das folgende Beispielhoroskop illustriert diese Prinzipien sehr klar.

Christina Onassis war das einzige überlebende Kind eines der reichsten Männer Europas, Aristoteles Onassis, dem zweiten Ehemann von Jacqueline Kennedy Onassis. Ihr Geburtshoroskop zeigt, dass der Herrscher des zweiten Hauses, Merkur, in Steinbock im achten steht. Merkur befindet sich in Opposition zu Uranus in Krebs im zweiten Haus in einem T-Quadrat zu Saturn in Waage. Diese schwierige Konstellation weist auf die vielen Konflikte in ihrem Privatleben hin, die dieser ungeheure Reichtum für sie gebracht hat. Sie zeigt auch auf, dass die Familie dabei eine große Rolle spielte (die Zeichen Krebs und Steinbock sind betont), sowie den starken Fokus auf den Vater (Saturn am Apex des T-Quadrats). Christina erbte nach dem Unfalltod ihres Bruders das gesamte Vermögen ihres Vaters, der selbst ein Steinbock war. Dies lässt sich erkennen, wenn wir die Spur des dritten Hauses, der Geschwister, verfolgen. Hier finden wir Krebs an der Spitze und den Herrscher, Mond, in Konjunktion zu Mars und im Quadrat zu Neptun. Diese Aspekte deuten auf den möglichen Tod eines Bruders oder einer Schwester hin, mit der Möglichkeit, dass Alkohol oder andere Drogen dabei eine Rolle spielten. Diese Indikatoren werden noch verstärkt (und bei wichtigen Schlussfolgerungen sollte der Astrologe immer nach zusätzlichen Bestätigungen Ausschau halten), wenn wir das zehnte Haus untersuchen, das Haus des Todes der Geschwister, als das achte Haus (Tod) vom dritten (Geschwister). An der Spitze des zehnten Hauses steht Wassermann, der erste Herrscher dieses Hauses ist daher Uranus, der zweite Saturn. Die beiden stehen im Quadrat zueinander, Uranus selbst steht im zweiten Haus, dem Haus persönlichen Reichtums, und Saturn ist der Dispositor von Merkur in Steinbock, dem Herrscher des zweiten Hauses. Dieser steht im achten, ebenfalls im Quadrat zu seinem Dispositor Saturn.

Beispielhoroskop 15: Christina Onassis[38] – Horoskopabbildung
11. Dezember 1950, New York, NY, 15.00 h EST

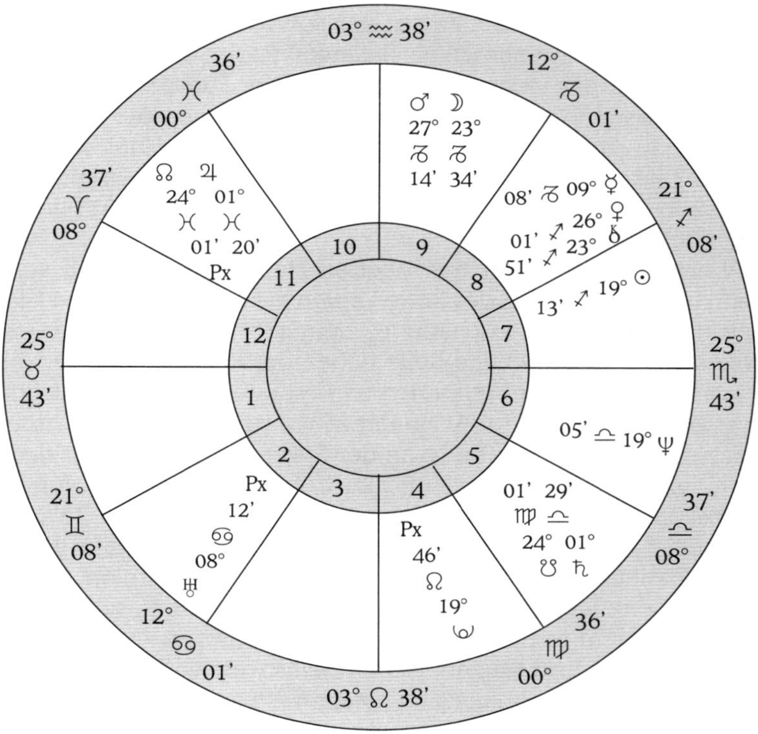

38 Datenquelle: Profiles of Women, op. cit., S. 257.

Die Tatsache, dass Geld ihr Leben dominierte, können wir auch daraus entnehmen, dass Stier das Zeichen am Aszendenten ist und Venus, seine Herrscherin und natürliche Herrscherin des zweiten Hauses, auch im achten Haus in Konjunktion zu Chiron und zur Sonne steht. Christina Onassis war sowohl in Liebesangelegenheiten als auch in finanziellen Belangen stark verletzt. Die Sonne herrscht über das vierte Haus, das Haus der Familie, und ist auch ein Indikator für den Vater, besonders im Horoskop einer Frau. Aber wir können ebenso gut einen Blick in das »offizielle« Haus des Vaters werfen, das zehnte, und sehen, dass dessen Herrscher, Uranus, wiederum in Christinas zweitem Haus steht, im Bereich ihrer persönlichen Ressourcen also.

Wenn der Herrscher des zweiten Hauses im neunten steht, dann ist der Selbstwert des Betreffenden ganz eng mit seinem Glauben und seiner Weltanschauung verknüpft. Religion und Philosophie spielen eine wichtige Rolle dabei, die Richtung der persönlichen Entwicklung zu bestimmen, insbesondere bei der Festlegung der persönlichen Werte. Wenn der Mond beispielsweise Herrscher des zweiten Hauses ist (Krebs an der Spitze), dann geht der eigene Weg zum Selbstwertgefühl und zu Geld ganz allgemein für den Horoskopeigner über die Erkenntnis, wie tief er in diesen Belangen von seiner Familie beeinflusst wurde. Stünde der Mond in Wassermann im neunten Haus im Quadrat zu Saturn in Skorpion, wäre es für den Betreffenden eine extreme Herausforderung, sein eigenes Glaubenssystem in Bezug auf Zweithaus-Fragen zu entwickeln. Er würde vorerst dazu neigen, seinen Selbstwert von den Anschauungen der Familie abhängig zu machen – was in diesem Fall nicht gerade positiv ausfiele. Eine weitere Auswirkung des Herrschers von zwei in neun ist die, dass der Horoskopeigner seine Talente und Ressourcen durch andere Facetten des neunten Hauses ausleben könnte: durch Reisen, publizistische Tätigkeiten oder Lehren, um nur einige Beispiele zu nennen.

Wenn der Herrscher des zweiten Hauses im zehnten steht, dann hat der Betreffende die Gelegenheit, das Beste aus dem zu machen, was er besitzt. Wir sollten nicht vergessen, dass das zehnte Haus das Haus *der Kulmination und der Erfüllung* ist. Das zweite Haus stattet uns mit den Rohstoffen aus, aber erst das zehnte erlaubt uns, unser Potenzial an die Welt abzugeben und den Lohn unserer Bemühungen zu ernten, nachdem dieses Potenzial im sechsten Haus kultiviert und bearbeitet wurde. Das zweite und zehnte Haus stehen in einer natürlichen positiven Verbindung zueinander, unter anderem weil der natürliche Herrscher des zehnten, Saturn, in Waage, dem zweiten von Venus beherrschten Zeichen, erhöht steht. Beides sind Erdhäuser, in denen es um die materielle Dynamik des Lebens geht. Wenn der Herrscher des zweiten Hauses im zehnten verletzt steht, insbesondere durch den Herrscher des zehnten Hauses selbst, dann stellt es für den Betreffenden eine große Herausforderung dar, aus seinen natürlichen Talenten Kapital zu schlagen. Falls Saturn an dem Spannungsaspekt beteiligt ist, dann fühlt sich der Horoskopeigner immer irgendwie zu kurz gekommen und meint, sein Potenzial würde irgendwie von den Lebensumständen begrenzt oder beschränkt, selbst wenn er durchaus erfolgreich ist. Wird der Herrscher des zweiten Hauses von einem anderen Planeten des Horoskops positiv unterstützt, dann ist die Wahrscheinlichkeit hoch, dass der Betreffende sein inneres Gold entdeckt und dieses in bare Münze umwandeln kann.

Wenn der Herrscher des zweiten Hauses im elften steht, dann haben die eigenen Talente und Fähigkeiten einen Bezug zu Freunden, Bekannten und Gleichgesinnten. Das elfte Haus ist der Bereich der kollektiven sozialen Werte der Gesellschaft, in der man lebt. Ein Mensch mit der Stellung des Herrschers des zweiten Hauses in diesem Bereich wird damit konfrontiert, dass seine persönlichen Werte und sein Selbstwertgefühl von seinem sozialen Umfeld entweder bejaht oder angefeindet werden. Die Beziehung zwischen dem Betreffenden und seinem sozialen Umfeld ist daher von herausragender Bedeutung für diesen Menschen. Ihm kann durch öffentliche Anerkennung seiner Talente materieller Zugewinn entstehen oder er kann durch Ablehnung seiner Werte von außen daran gehindert werden, finanzielles Wachstum zu erleben. Wenn der Herrscher des zweiten Hauses im elften verletzt steht, dann ist unter Umständen mit materiellen Verlusten zu rechnen, wenn man Geld an Freunde oder Partner verleiht. Unter solchen Umständen kommt das Hamlet-Zitat, »Sei weder ein Leiher noch ein Borger, denn durch Leihen richtet man oft sich selbst und seinen Freund zugrunde«, voll zur Geltung. Andererseits darf ein Mensch mit einem gutgestellten Herrscher von zwei in elf materielle und moralische Unterstützung von Freunden und verschiedensten Gesellschaftsgruppen erwarten, denen er angehört.

Wenn der Herrscher des zweiten Hauses im zwölften steht, dann liegen die persönlichen Ressourcen häufig im Verborgenen.

Wenn er jedoch gut aspektiert ist, dann weist der Herrscher des zweiten im zwölften Haus auf die Fähigkeit hin, verborgene Schätze auszugraben, Werte, die in solch obskuren Quellen wie Flohmärkten, Dachböden oder Sonderangeboten versteckt liegen. Diese Stellung kann auch die Bedeutung eines »guten finanziellen Schutzengels« haben, der einem Geld und andere Unterstützung aus heimlichen Quellen, von unbekannten Menschen oder durch unbekannte Umstände bescheren kann. Wenn beispielsweise der Herrscher des ersten Hauses (Tanten und Onkels väterlicherseits) in einem positiven Aspekt zum Herrscher des zweiten im zwölften Haus steht, könnte der Horoskopeigner überraschend zu einem Erbe aus diesem Verwandtschaftszweig kommen. In einigen Fällen handelt es sich auch um einen Menschen, der sich seiner wirklichen Talente und Fähigkeiten gar nicht bewusst ist und der erst in der Not oder unter extremen Umständen auf seinen inneren Reichtum stößt. Ein Zweithausherrscher im zwölften Haus, der Spannungsaspekte empfängt, kann auch auf Verschwendung von persönlichen Ressourcen hinweisen oder darauf, dass unkluge Investitionen den Horoskopeigner in finanzielle Nöte zu bringen vermögen.

Das Wesen des dritten Hauses

In diesem geschäftigen Haus begegnen wir einer Vielzahl von Faktoren. Zuerst einmal ist es das Haus der Beziehung zu unserer unmittelbaren Umgebung. Es erzählt uns etwas von unseren verbalen Fähigkeiten und der Art, wie wir unsere Gedanken, Ideen und Meinungen über das gesprochene und geschriebene Wort vermitteln. Unser geistiger Rahmen wird von den frühen Lernbedingungen bestimmt, und erst, wenn wir Kontakt mit der großen, weiten Welt aufnehmen, die außerhalb unseres unmittelbaren Umkreises liegt, kommen wir mit einer höheren Bildung in Kontakt, die uns unseren Horizont zu erweitern hilft. (Diese Erfahrung findet sich im Allgemeinen in den Häusern des Horoskops über dem Horizont wieder.) Im dritten Haus geht es noch um kurze Reisen, um unsere Grundschulausbildung und die Menschen in unserer Familie, die uns altersmäßig am nächsten stehen: Brüder und Schwestern, Cousins und Cousinen und lebenslange Freunde, die wie Geschwister für uns sind.

Wenn der Herrscher des dritten Hauses im ersten steht, dann tragen wir unsere Meinungen und Ideen wie einen Schild vor uns her. Wer wir sind, ist eng damit verbunden, was wir denken und wie wir diese Gedanken mit anderen teilen. Häufig beschreibt ein Dritthausherrscher auch das Wesen oder das äußere Erscheinungsbild eines Geschwisters oder nahen Freundes, der eine wichtige Rolle in unserem Leben einnimmt. Saturn als Herrscher würde beispielsweise auf einen älteren Bruder oder eine Schwester hinweisen, die oder der uns dabei half, unsere frühe Kindheit zu strukturieren. Der Mond in der gleichen Stellung könnte auf eine Schwester oder einen Bruder hinweisen, der eine Art Mutterrolle für uns übernommen hat, als wir klein waren, und der einen besonderen Einfluss auf das Bild hatte, das wir von uns selbst nach außen projizieren.

Der Planet verrät uns auch noch etwas über unsere Art und Weise der Kommunikation. Saturn in dieser Stellung (insbesondere in Krebs oder in Steinbock) zeigt an, dass wir stark vom traditionellen Gedankengut unserer Familie oder unseres frühen sozialen Hintergrundes beeinflusst wurden. Der Mond in dieser Position weist darauf hin, dass unsere Gedanken und Kommunikationsprozesse sehr durch unsere Mutter bestimmt wurden, und dass es uns nicht gerade leicht fällt, uns von diesen Einflüssen der Vergangenheit zu befreien. Mars in dieser Stellung sagt aus, dass es sich um einen Menschen handelt, der seine Umgebung in seinen unmittelbaren Kontakten gern mit seinen Gedanken und Meinungen dominiert. Steht er als Herrscher des dritten Hauses im ersten Haus verletzt, dann kann das ein Hinweis auf einen Bruder oder eine Schwester sein, mit dem wir viele Konflikte auszutragen haben. Es ist auf jeden Fall ein Mensch, der die Ausdrucksweise anderer nicht gut akzeptieren kann, wenn sie im Widerspruch zu seiner eigenen steht. Ein Mensch, der derart von Mars bestimmt wird, verteidigt seine Ansichten um jeden Preis und stößt demzufolge häufig auf Widerspruch beim Ausdruck seiner Ideen.

Wenn der Herrscher des dritten Hauses im zweiten steht, dann haben wir es mit einem Menschen zu tun, der immensen Wert auf seine eigenen Gedanken legt. In einigen Fällen liegt im Verstand des Betreffenden sein wahrer Reichtum verborgen, und seine geistigen Fähigkeiten bilden die primäre Quelle seiner Stärken und Schwächen. Eine gut aspektierte Venus in dieser Stellung ist zum Beispiel ein Hinweis darauf, dass der Betreffende wirklich über einen wahren »Ideenschatz« verfügt und dass er dieses kostbare Gut dazu einsetzen kann, im Leben voranzukommen – insbesondere, wenn Venus im Trigon zum MC oder dessen Herrscher steht. Ein starker

Saturn in dieser Position spricht von einem Menschen, der seine Gedanken oder Ideen sehr vorsichtig einsetzt, keine Worte verschwendet und der eher zurückhaltend ist und nicht allzu viel von sich preisgibt. So in etwa wie ein Schriftsteller, der lieber mehrere Bücher schreibt, um seine Gedanken – auch finanziell gesehen – bestmöglich zu nutzen, als dass er alles in ein einziges Buch packt. Ein verletzter Saturn in der gleichen Stellung kann auf einen Menschen hinweisen, der den Wert seiner Gedanken als sehr begrenzt empfindet, vor allem, wenn er noch dazu in Stier steht oder einen Spannungsaspekt zu einem anderen Planeten in diesem Zeichen bildet. Er lebt dann mit dem inneren Glaubenssatz: »Meine Gedanken sind ja ohnehin wertlos.«

Wenn der Herrscher des dritten Hauses im dritten steht, dann können Geschwister eine wesentliche Rolle im Leben des Horoskopeigners spielen. Dieser Planet gibt dann Hinweise auf die Person und die spezifischen Umstände der Beziehung. Wenn Mars der Herrscher des dritten Hauses ist und in Spannung zu Uranus steht, dann haben wir es vielleicht mit einem rebellischen Bruder oder einer Schwester zu tun, die zu Unfällen neigt. Wenn es sich bei dem Herrscher um eine gut gestellte Venus handelt, vorzugsweise in Waage, Stier oder Fische, dann haben wir es eher mit einem künstlerischen und häufig auch sehr hübschen Bruder oder einer entsprechenden Schwester zu tun. *Planeten sind Menschen*, und gleichgültig, wo sie im Horoskop auftauchen, beschreiben sie Menschen, denen der Horoskopeigner aller Wahrscheinlichkeit nach begegnet oder zu denen er Beziehungen unterhält, je nach dem Haus, in dem sie stehen. In Hinsicht auf die Einstellungen des Betreffenden und seine Art zu kommunizieren, können wir bei einem Dritthausherrscher in seinem eigenen Haus damit rechnen, dass der entsprechende Planet ein Symbol für das Denken und die Ausdrucksweise des Horoskopeigners ist. Seine Zeichenstellung und seine Aspekte erteilen uns nähere Auskunft darüber. Wenn wir die gleichen Beispiele wie vorhin nehmen, als wir die Deutung auf die Geschwister bezogen haben, dann können wir sie ebenso gut als Indikatoren für die geistig-verstandesmäßige Ausrichtung des Horoskopeigners deuten. Ein rebellischer Mars im Quadrat zu Uranus als Herrscher des dritten Hauses bringt sicherlich keinen friedliebenden Denker und Kommunikator hervor, sondern eher jemanden, der auf Teufel komm raus seine eigenen Ansichten mitteilen will. Der Betreffende reagiert auf anderslautende Meinungen und Gedanken leicht ärgerlich und aufbrausend. Er sagt schnell (und absichtlich!) verletzende Dinge und fühlt sich auch bei unpersönlichen Themen sehr schnell auf die Füße getreten. »Das Ganze hat überhaupt nichts mit dir persönlich zu tun – warum reagierst du so sauer?«, könnte man einen Mars/Uranus-Dritthaus-Menschen fragen. Venus in Waage als Dritthausherrscherin würde auf einen Friedensübermittler hinweisen, einen Menschen, der alle Gespräche harmonisch bereichert und der sich als Anwalt des Friedens in seinen Beziehungen versteht. Diese Stellung könnte auch ein Indikator für einen künstlerisch begabten Verstand sein und von einem Menschen zeugen, dessen Ideen häufig einen musischen Bezug haben.

Wenn der Herrscher des dritten Hauses im vierten steht, dann sind die eigenen Ideen und Meinungen höchst subjektiv. Es ist auch möglich, dass der Horoskopeigner mit einem Gefühl wie, »Ich behalte meine Ideen für mich selbst«, durch das Leben geht. Das träfe insbesondere zu, wenn der Herrscher in einem der Wasserzeichen oder in Stier stünde. Neptun, Saturn oder der Mond in einem starken Aspekt zum Herrscher des dritten im vierten Haus könnte den Kommunikationsprozess entweder einschränken oder noch weiter subjektivieren. Bei diesem Menschen hat man es eindeutig mit einem sehr tiefsinnigen Denker zu tun, dessen Gedanken aber ausgesprochen persönlich sind.

Als Astrologen sollten wir nie vergessen, dass ein paar Planeten über mehr als ein Haus herrschen. Nehmen wir einmal an, wir haben Widder an der Spitze des dritten Hauses. In diesem Fall steht in gemäßigten Breiten Skorpion am MC. Wenn Mars, als Herrscher des dritten *und* des zehnten Hauses im vierten steht, dann besteht die Möglichkeit, dass die sehr persönliche Art und Weise der Kommunikation des Betreffenden seine beruflichen Interessen (zehntes Haus) fördert. Was die anderen Themen des dritten Hauses angeht, so gibt es oft etwas sehr Wichtiges in Bezug auf die Geschwister. Diese Stellung des Dritthausherrschers kann auch bedeuten, dass der Horoskopeigner gerne in der Nähe oder sogar direkt bei seinen Brüdern und Schwestern lebt.

Wenn der Herrscher des dritten Hauses im fünften steht, dann hat der Horoskopeigner einen sehr kreativen Verstand und den starken Drang, etwas von intellektueller Bedeutung zu vollbringen. »Wie kann ich meine Gedanken praktisch nutzbar machen?«, lautet die Frage, die man sich stellen würde, wenn der Herrscher in einem Erdzeichen stünde. »Wie können meine Ideen mir (Widder oder

Löwe) oder dem, was ich glaube (Schütze) vollständig Ausdruck verleihen?« »Wie kann ich mein Wissen nutzen, um meine Kreativität für kommunikative Zwecke zu fördern?«, würde die Frage lauten, wenn der Herrscher in einem Luftzeichen stünde. Jemand mit dem Herrscher des dritten Hauses in fünf in einem Wasserzeichen stellt sich eher die Frage: »Wie kann ich mir selbst und anderen größeren emotionalen Halt geben bzw. meine kreativen Talente besser nutzen?« Wenn er gut aspektiert steht, dann zeigt diese Herrscherstellung auch ein prinzipielles Talent im Umgang mit Kindern und jungen Menschen an.

Wenn der Herrscher des dritten Hauses im sechsten steht, dann sind die eigenen Gedanken und der Verstand im Allgemeinen auf die praktischen Themen des Lebens gerichtet. Der Horoskopeigner hat ein immerwährendes Bedürfnis danach, sich weitere Fähigkeiten anzueignen und Kommunikationswege zugänglich zu machen, die er in seine Arbeit und seinen Alltag integrieren und dort anwenden kann. Wenn er selbst Angestellte hat und Mars der Herrscher des dritten Hauses ist und verletzt im sechsten Haus steht, dann ist mit ständigen Auseinandersetzungen zwischen ihm und seinen Angestellten zu rechnen. Wenn der Herrscher des dritten Hauses dagegen ein gut aspektierter Mond ist, dann pflegt der Betreffende einen sehr beschützenden, fürsorglichen Umgang mit seinen Angestellten. Menschen mit einem starken und gut aspektierten Herrscher des dritten Hauses im sechsten haben generell einen guten Draht zu Haustieren und Tieren generell. Hier kann es sogar passieren, dass ein Haustier wie ein Bruder, eine Schwester oder ein guter Freund geliebt wird. Der Planet selbst beschreibt dann vielleicht die Persönlichkeit und das Äußere eines solchermaßen geliebten Tieres. Wenn wir die vorstehend aufgelisteten Stichworte auf die verschiedenen Zeichen und Planeten anwenden, dann erfahren wir in allen Fällen einiges über die kommunikativen Fähigkeiten des Betreffenden. Wir können dem Horoskop fast alles entnehmen, vorausgesetzt, wir wissen es zu deuten.

Wenn der Herrscher des dritten Hauses im siebten steht, dann weist das auf einen Menschen hin, der in sehr enger Kommunikation mit anderen Menschen stehen muss. Wassermann an der Spitze des dritten Hauses und ein gut aspektierter Uranus in Zwillinge im siebten Haus zeugt zum Beispiel von jemandem, dessen gesprochenes und geschriebenes Wort eine große Anzahl von Menschen erreichen kann. Dies ist ein Mensch, der einen sehr persönlichen Kontakt zu anderen herstellen kann, selbst wenn ihm diese Menschen völlig fremd sind. Auf einer intimeren Ebene bedeutet diese Konstellation auch, dass der Horoskopeigner ein großes Bedürfnis nach Kommunikation mit seinem Partner bzw. seinen Partnern hat. Derjenige muss wahrscheinlich Beziehungsfragen immer direkt mit dem Partner selbst klären, als seinem wichtigsten Ansprechpartner. Es besteht ein ständiger Drang danach, »die Beziehung zu verarbeiten«. Für diesen Menschen ist es darüber hinaus wichtig, Zuhörer für das zu haben, was er zu sagen hat, denn er braucht das Feedback zu seinen Gedanken in Form von der Meinung anderer Menschen.

Wenn der Herrscher des dritten Hauses im achten steht, dann verspürt der Horoskopeigner das Bestreben, das Denken anderer Menschen mit seinen persönlichen Ansichten und Meinungen zu beeinflussen. Im negativen Fall kann daraus kommunikative Manipulation entstehen. Das wäre insbesondere der Fall, wenn der Herrscher des dritten Hauses Merkur in Konjunktion, im Quadrat oder in Opposition zu Pluto wäre bzw. umgekehrt. Bei einem sehr skrupellosen Menschen würde aber selbst ein Sextil bzw. ein Trigon zwischen Merkur und Pluto in diesem Fall die Manipulationsfähigkeit noch verstärken. Positive Aspekte sind kein Hinweis auf einen moralisch einwandfreien Charakter, lediglich darauf, dass die entsprechend eingebundenen Energien leicht Ausdruck finden können.

Im Horoskop eines positiv gestimmten und hilfsbereiten Menschen würden die gleichen Merkur/Pluto-Verbindungen eine Möglichkeit darstellen, die Gedanken und Meinungen anderer Menschen so mit zu kultivieren, neu auszurichten und zu definieren, dass sie das kreative Potenzial der anderen fördern. Spannungsaspekte wären in dem Fall lediglich ein Hinweis darauf, dass dieser wohlmeinende Mensch sich leicht in ideologische Auseinandersetzungen mit anderen verstricken könnte und dass dies den eigentlich angestrebten Transformationsprozess behindern würde. Der Herrscher von Haus drei in Haus acht ist eine hilfreiche Konstellation für Psychologen, Psychiater und ganz generell Menschen in beratenden Berufen. Wenn die Konstellation in Erd- oder Wasserzeichen stattfindet, dann kann es sich auch um einen guten Investment-Berater handeln. Ein starker Neptun als Herrscher des dritten Hauses in acht ist möglicherweise ein Hinweis auf einen Menschen, der ein sehr aktives Traumleben hat. Wenn der Herrscher von drei in acht in einem Wasserzeichen steht und vielleicht zusätzlich noch im Aspekt zu Jupiter, dann haben wir es unter Umständen mit einem medial begabten Menschen zu tun, der prophetische Aussagen treffen kann.

Wenn der Herrscher des dritten Hauses im neunten steht, dann ist der Aus- und Weiterbildung Tür und Tor geöffnet. Hier haben wir es mit einem Menschen zu tun, der seinen geistigen Horizont erweitern möchte und der dies im Allgemeinen auch durch Reisen und Studien verwirklicht, die seinen niemals enden wollenden Wissensdurst stillen. Das bewegliche Element, das wir mit dem dritten und neunten Haus und ihren Zeichenentsprechungen Zwillinge und Schütze verbinden, wird im Horoskop noch verstärkt und hervorgehoben, wenn der Herrscher von drei in einem beweglichen, feurigen oder luftigen Zeichen steht. Weniger Unruhe, aber dafür eine größere Konzentrationsfähigkeit haben wir, wenn der Herrscher des dritten Hauses in neun in einem fixen Zeichen steht. Wenn er in einem Erdzeichen steht, ist das Streben nach praktischem Gewinn aus den eigenen Studien höchstwahrscheinlich von Erfolg gekrönt. Eine Schwierigkeit, die sich aus dieser Konstellation ergeben kann, insbesondere, wenn der Dritthausherrscher in neun in Spannung zu Jupiter oder dem tatsächlichen Herrscher dieses Hauses steht, ist, dass der Betreffende seine persönlichen Gedanken, Ideen und Meinungen für universell maßgeblich oder einschließlicher und umfassender hält, als sie in Wirklichkeit vielleicht sind.

Wenn der Herrscher des dritten Hauses im zehnten steht, dann nutzt der Horoskopeigner seine Kommunikationsfähigkeiten höchstwahrscheinlich auch für Karrierezwecke. Bei dieser Konstellation besteht das Bedürfnis, die eigenen Anschauungen in einen größeren Rahmen zu stellen. Ein stark verletzter Dritthausherrscher in zehn in einem Luftzeichen könnte ein Hinweis auf einen Menschen sein, der seinen Lebensunterhalt mit kommunikativen Aufgaben bestreitet, jedoch den reinen Horror davor hat, in der Öffentlichkeit zu sprechen und/oder dies nur sehr schlecht kann. Ein verletzter Mond und/oder ein schwierig gestellter Herrscher des zweiten Hauses würden diese Annahme bestätigen. Ein starker Herrscher von drei in zehn symbolisiert einen Menschen, der gerne Zuhörer hat und der sich wohl und glücklich dabei fühlt, wenn andere Menschen seinen Ideen entsprechend handeln. Im zehnten Haus geht es auch um Führungsqualitäten. Bei Saturn oder der Sonne als Herrscher von drei in zehn haben wir es mit jemandem zu tun, der mit Sicherheit gern Anweisungen gibt. Wie diese Anweisungen wiederum aufgenommen und behandelt werden, darüber erteilen Aspekte von anderen Planeten zum Dritthausherrscher Auskunft, entsprechend den Häusern, über die diese Planeten wiederum herrschen. Wenn beispielsweise Steinbock an der Spitze des dritten Hauses steht und sich Saturn in zehn im Trigon zu Mars, dem Herrscher des sechsten Hauses (Widder an der Spitze), befindet, dann hätten wir es mit jemandem zu tun, der seinen Angestellten Respekt einflößt (oder sogar Angst) und für den es klar ist, dass man seine Befehle ausführt!

Wenn der Herrscher des dritten Hauses im elften steht, dann braucht der Drang zur Kommunikation des Betreffenden eine größere Zuhörerschaft, in Form einer Gruppe, einer Organisation oder in Form von allgemeinen gesellschaftlichen Kontakten. Wenn Venus die Herrscherin ist, dann kann der Horoskopeigner sein natürliches Charisma dazu einsetzen, Menschen zum Wohle aller Beteiligten zusammenzuführen. Bei dieser Stellung des Dritthausherrschers besteht der primäre Impuls zur Kommunikation darin, ein Forum zum Ideenaustausch zu gründen. Außerdem könnte Interesse daran bestehen, neue und einzigartige Kommunikationswege zu finden, um den Austausch eigener Ideen und Gedanken sowie kollektiver Ideologien und umfassenderer Konzepte zu erleichtern, die in einem solchen Fall so sehr einen Teil des eigenen Lebens bilden. Dies ist eindeutig eine der besten Stellungen für den Herrscher des dritten Hauses, in Bezug auf die persönlichen evolutionären Wachstumsmöglichkeiten, da sie es den eigenen Ideen gestattet, mit einem größeren Konzept zu verschmelzen. Da bleibt nur noch zu hoffen, dass der Horoskopeigner die richtige Gemeinschaft dafür ausgewählt hat.

Wenn der Herrscher des dritten Hauses im zwölften steht, dann ist man häufig mit versteckten, geheimen oder möglicherweise esoterischen und okkulten Angelegenheiten beschäftigt. Bei einer guten Aspektierung ist dies eine ausgezeichnete Stellung für Forschung und Ermittlung. Der natürliche Drang des Horoskopeigners besteht darin, einen Blick hinter die Kulissen zu werfen und das zu erkunden, was aufgedeckt werden muss. Bei schlechter Aspektierung, insbesondere durch Neptun oder wenn das Zeichen Fische mit betroffen ist, besteht die Neigung, jedermanns Meinung zuzustimmen und keine klar definierte eigene Einstellung zu haben. Andererseits verstärkt diese Konstellation die medialen Fähigkeiten des Betreffenden, ganz besonders dann, wenn der Planet in einem Wasserzeichen steht. Dies ist auch bei dem folgenden Horoskopbeispiel so, dem von Alice A. Bailey. Alice Bailey wirkte dreißig Jahre lang als Schreibmedium für den Tibetischen Meister, Djwhal Khul, mit dem sie in direktem intuitiven Kontakt stand. Gemeinsam erschufen sie ein großartiges und erstaunliches Werk, die klarsten Abhandlungen über die Alten Weisheitslehren, die im 20. Jahrhundert geschrieben wurden.

Wir sehen, dass in ihrem Horoskop Jungfrau an der Spitze des dritten Hauses steht (ihre gesamten Schriften waren ein reiner Dienst an der Menschheit), und Merkur, der Herrscher, in Krebs im zwölften Haus steht, mit Krebs an der Spitze des Hauses. Dies bestätigt ganz klar die mediale Sensibilität von Alice Bailey. Merkur als Herrscher des dritten Hauses steht in einem Wasserzeichen im zwölften Haus, im Sextil zu Neptun sowie im Quadrat zu Jupiter. Diese beiden Planeten sind die natürlichen Herrscher von Haus zwölf. Darüber hinaus wird Merkur vom Mond im dritten Haus disponiert, was die geistige Sensibilität und Offenheit noch verstärkt. Der Mond wiederum wird von Venus in elf disponiert, deren Dispositor wieder Merkur ist; und aus den Lehren und Schriften von Alice Bailey geht ganz klar hervor, dass ihre Arbeit absolut gemeinschaftsorientiert ist. Sie war die Gründerin eines spirituellen Verlages (Jupiter in neun im Quadrat zu Merkur, und der Herrscher von neun im Sextil zu Merkur), anfangs vor allem für ihre eigenen Schriften (Merkur als Herrscher von drei). Außerdem gründete sie eine esoterische Bildungsorganisation, die Arkana Schule. Wir können den verschiedenen Merkur/Jupiter/Neptun-Verbindungen aus ihrem Horoskop entnehmen, dass sie eine natürliche Vorliebe für die Verbreitung esoterischen Gedankenguts hatte.

Das Wesen des vierten Hauses

Traditionsgemäß mit der Mutter und häuslichen Angelegenheiten im Allgemeinen in Verbindung gebracht, zeigt uns das vierte Haus das emotionale Klima, das uns zum Zeitpunkt unserer Geburt und während unserer ersten Lebensjahre umgab. Dies ist die dritte Komponente des Horoskops, die uns, mit den Umständen des ersten und dritten Hauses zusammen genommen, ein recht vollständiges Bild der frühen prägenden Lebensbedingungen liefert, die sich auf die individuelle psychologische Lebensausrichtung auswirken. In der astrologischen Literatur häufig als »Nadir« oder »IC« bezeichnet –

Beispielhoroskop 16: Alice Bailey[39] – Horoskopabbildung
16. Juni 1880, Manchester, England, 07.32 h GMT

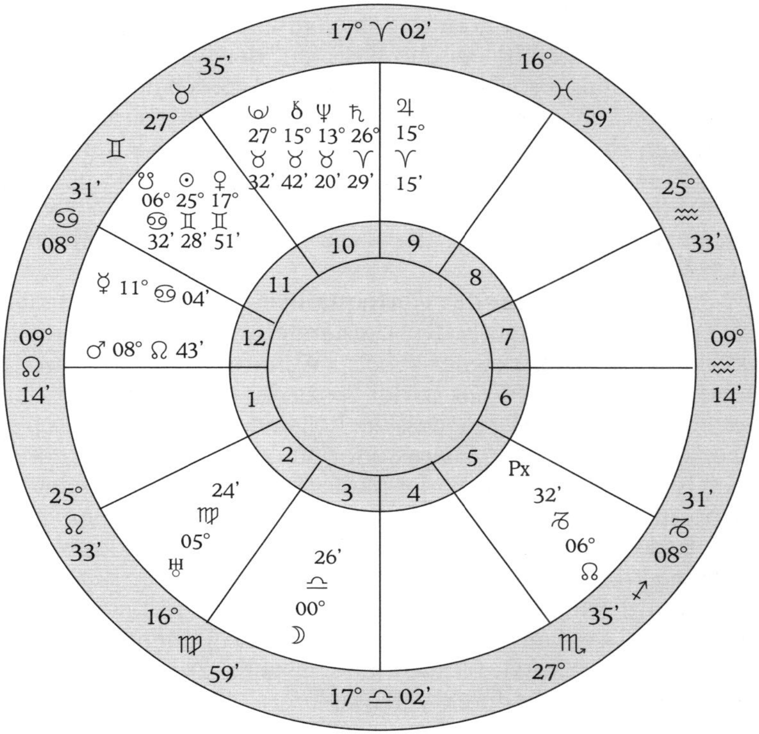

39 Datenquelle: Jones, Marc Edmund, *Die sabischen Symbole in der Astrologie*, Edition Astrodata.

die Abkürzung für das Lateinische *immum coeli*, was soviel wie »Himmelstiefe« bedeutet –, steht die Spitze des vierten Hauses stellvertretend für die persönlichste Facette unseres Wesens. Das vierte Haus bildet definitiv einen Schlüssel zu unseren primären Wurzeln (das, was ich gern das »biologische Karma« nenne) und symbolisiert die psychologische Basis, auf der wir unser gesamtes Leben aufbauen. Gemeinsam mit dem Mond, dem natürlichen Herrscher dieses Lebensbereiches, dem tatsächlichen Geburtsherrscher des vierten Hauses und der Planetenbesetzung des vierten Hauses zeigt uns der Herrscher des vierten Hauses eine Menge darüber, was wir aus der Vergangenheit übernommen haben: unsere Familie, unseren »Stamm«, unsere Rasse, Nationalität und die ererbten sozialen Muster.

Wenn der Herrscher des vierten Hauses im ersten steht, dann prägen die frühen häuslichen Umstände und die Beziehung zur Familie den Horoskopeigner zutiefst. Wenn es sich dabei um den Mond selbst handelt (Krebs an der Spitze des vierten Hauses), dann besteht kein Zweifel daran, dass die Rolle der Mutter die ausschlaggebendste Kraft bei der Charakterformung des betreffenden Menschen ist. Die Persönlichkeit der Mutter und die Beziehung des Horoskopeigners zu ihr bestimmen die emotionale Einstellung sich selbst und anderen gegenüber. Wenn im Horoskop eines Mannes der Mond in dieser Stellung verletzt steht (insbesondere durch Pluto oder Saturn), kann es in Beziehungen zu Frauen zu Schwierigkeiten kommen, da er dann eine emotionale intime Beziehung zu einer Frau sucht, die der zu seiner Mutter gleicht. Zuweilen wird das Ganze auch noch dadurch verkompliziert, dass der Mann selbst gern die mütterliche Rolle übernimmt – und zwei Köche verderben bekanntermaßen den Brei!

Der Herrscher des vierten Hauses im ersten bringt viele Kindheitsthemen an die Oberfläche. Wenn es sich dabei beispielsweise um eine gut aspektierte Venus handelt, dann ist der Betreffende ein Überbringer des Friedens und der Schönheit in jede Situation, die er oder sie berührt (auch wenn die Werte und der ästhetische Geschmack denen der Mutter sehr ähnlich sein mögen). Wenn es sich dagegen um einen disharmonischen Mars handelt, dann muss der Horoskopeigner sich für jede Kleinigkeit beweisen. Die auf Wettbewerb und Überleben ausgerichtete Einstellung, die man im Hintergrund immer hat, gerät dann bei allen unmittelbaren Kontakten mit der eigenen Umgebung in den Vordergrund.

Wenn der Herrscher des vierten Hauses im zweiten steht, dann bestimmen frühe Kindheitsfaktoren unser Werteempfinden und ganz besonders unseren Umgang mit Geld. Unser Selbstwertgefühl, die Meinung, die wir über unsere inneren Ressourcen haben, die Art und Weise, wie wir unseren persönlichen Besitz mit anderen teilen – all das wird durch unser psychologisches Erbe bestimmt. Obwohl das achte Haus der wichtigste Indikator für Erbangelegenheiten ist, hat auch ein gutgestellter Herrscher des vierten Hauses im zweiten einen Bezug zu Geld und finanzieller Unterstützung durch die Familie. Das wäre besonders dann der Fall, wenn es sich bei dem Herrscher um Venus, Jupiter oder den Mond handeln und die Konstellation sich in den Zeichen Stier, Steinbock oder Krebs abspielen würde. Im Falle des Mondes, also mit Krebs an der Spitze des vierten Hauses und einem gut aspektierten Mond in Stier im zweiten Haus, hätten wir einen klaren Hinweis auf das Erbe von Grundbesitz im Allgemeinen und Familienbesitz im Besonderen. Bei Spannungsaspekten zum Herrscher des vierten Hauses im zweiten, insbesondere bei einer Besetzung in den Zeichen Krebs und Steinbock und/oder Saturn oder Mond in Steinbock als Herrscher, ist es möglich, dass der Horoskopeigner die finanzielle oder emotionale Verantwortung für seine Eltern übernehmen muss.

Wenn der Herrscher des vierten Hauses im dritten steht, dann haben die Eltern und die gesamte frühkindliche Umgebung eine besonders starke Auswirkung auf die Art und Weise, wie der Mensch denkt und kommuniziert. Nehmen wir einmal an, Steinbock stünde an der Spitze des vierten Hauses und Saturn befände sich im dritten Haus im gleichen Zeichen. Dies wäre ein Hinweis auf einen Menschen, der aus einem extrem traditionellen Hintergrund stammt, wo die Energie des Vaters (Saturn in Steinbock) großen Einfluss auf die Formung der Gedanken und Meinungen des Horoskopeigners hatte.

Wir sollten dabei nicht vergessen, dass das vierte Haus nicht immer das Haus der Mutter ist. Es weist häufig auf den Vater hin, wenn Letzterer aus einer psychologischen Perspektive der einflussreichere ist. Im Zweifelsfall, wenn man sich unsicher ist, welcher Elternteil in welches Haus »gehört«, sollte man einfach nur auf das Zeichen an der Häuserspitze achten oder auch auf die Planeten, die drinstehen und den Elternteil näher beschreiben. Wenn möglich, hilft auch ein Blick auf die Horoskope der Eltern selbst, um zu einem umfassenderen astrologischen Eindruck zu gelangen.

Im Falle meines Sohnes zum Beispiel steht Widder an der Spitze des vierten Hauses und Waage in Haus zehn. Ich selbst bin Widder mit einem Skorpion-Aszendenten und Mars in Krebs und war für den Jungen die primäre Bezugsperson. (Überdies steht mein Mond in Konjunktion zu seiner Sonne.) Die Mutter meines Sohnes hat ein sehr venusisches Horoskop (fünf Planeten in Stier, einschließlich Venus in Konjunktion zur Sonne im ersten Haus), und ihre Beziehung zu unserem Sohn zeichnet sich definitiv durch eine große Ästhetik aus. In diesem Fall werden die Eltern also wesentlich besser durch eine umgekehrte Zuordnung der Häuser zu der traditionellen Zuordnung beschrieben. Manchmal bedeutet der Herrscher des vierten im dritten Haus auch, dass der Betreffende auch im Erwachsenenalter noch in der Nähe seiner Eltern lebt, da wir im dritten Haus auch unsere Nachbarn finden.

Wenn der Herrscher des vierten im vierten steht. Ich liebe die Astrologie! Manchmal ist die Symbolik so präzise, so klar, dass es völlig offensichtlich wird, wie sehr das Zitat aus den Alten Weisheitslehren, »Gott hat für alles eine Ordnung geschaffen«, zutrifft. Dies ist nämlich der Fall, wenn wir die Bedeutung des Vierthausherrschers im vierten Haus erkunden und uns zu diesem Zweck das Horoskop von Julia Child anschauen.

Wenn wir einmal das Beispiel eines Hauses nehmen und den verschiedenen Räumen oder Hausteilen je ein Haus des Horoskops zuordnen, dann entspräche das erste Haus dem Eingangsbereich; das zweite den Safes, Gewölben und sonstigen Aufbewahrungsorten für wertvolle Gegenstände; das dritte dem Arbeits- und Studierzimmer sowie den Verbindungsfluren; das fünfte dem Kinder- oder Spielzimmer; das sechste dem Garten, dem in das Heim integrierten Geschäft oder Büro, der Abstell- und Wäschekammer, sowie weiten Teilen des Badezimmers (einschließlich dem Medizinschränkchen); das siebte entspräche dem Wohnzimmer, Esszimmer und gemeinsamen Schlafzimmern; das achte den Toiletten sowie den Bereichen, wo Abfälle und Recyclingmaterial gesammelt wird; das neunte entspräche dem Bücherregal oder der Bibliothek; das zehnte der allgemeinen Struktur des Hauses und seiner Funktionsweise; das elfte entspräche den Bereichen, wo Computer stehen, aber auch den gemütlichen Räumen, wo man sich mit Freunden versammelt; das zwölfte dem Dachboden, der Garage, dem Keller und natürlich der Badewanne oder dem Swimmingpool. Und das vierte Haus? Es entspräche der Küche, insbesondere dem Herd!

Beispielhoroskop 17: Julia Child[40] – Horoskopabbildung
15. August 1912, Pasadena, CA, 23.30 h PST

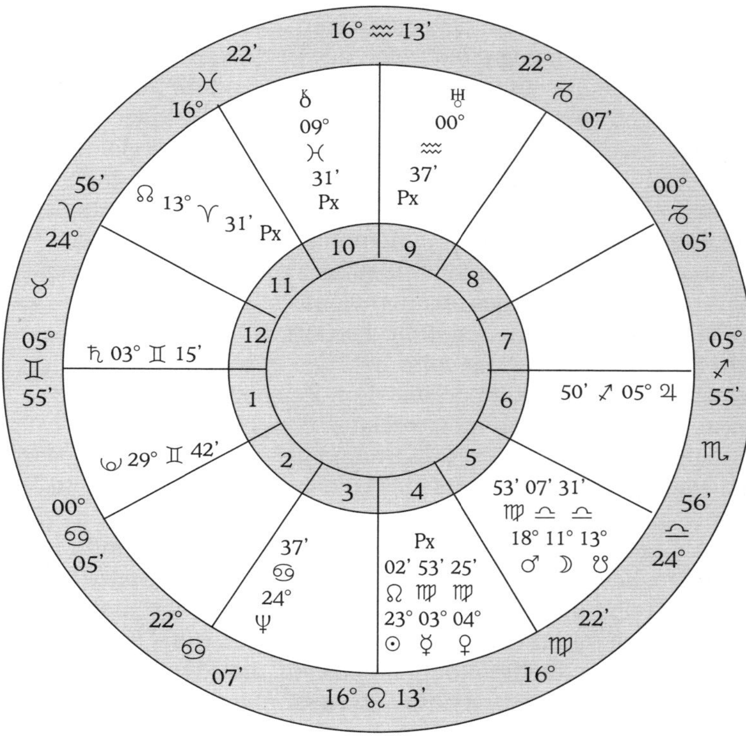

40 Datenquelle: Profiles of Women, op. cit., S. 149.

Julia Child ist die bekannteste amerikanische Köchin. Ihre Kochbücher verkaufen sich in Millionenauflagen, und ihre Fernsehshows sind die beliebtesten dieser Art seit zwei Generationen von Fernsehzuschauern. Ist es da ein Wunder, dass der Herrscher des vierten Hauses in Haus vier steht und dass dieser Herrscher eine Löwe-Sonne ist? Julia Child ist eindeutig die Königin des Kochfachs, wenn sie in ihrer imposanten Größe auf unnachahmliche Art und Weise über ihr Terrain herrscht. Wenn wir uns ihr Horoskop ein bisschen näher anschauen, dann sehen wir, dass Saturn am Aszendenten ihren Auftritten Autorität und Würde verleiht, während die Konjunktion von Merkur und Venus in Jungfrau im vierten Haus ihrer Vorgehensweise und ihren Rezepten eine klare Methodik und Präzision verleiht.

Aus einer mehr psychologischen Perspektive muss der Horoskopeigner der Meister seines eigenen Heims sein, wenn der Herrscher des vierten Hauses in vier steht. Die Art und Weise, wie dies von dem Betreffenden verfolgt wird und wie er sein Privatleben im Allgemeinen gestaltet, können wir dem Zeichen an der Häuserspitze sowie allen Planeten in diesem Haus entnehmen. Beim Herrscherplaneten selbst in diesem Haus und im gleichen Zeichen verstärken sich alle astrologischen Aussagen, die man treffen kann. Also Widder an der Spitze des vierten Hauses mit Mars in Widder in vier ist eindeutig ein Symbol für einen Menschen, der »Herr und Meister« in seinem eigenen Refugium sein muss. Stier an der Spitze von vier mit Venus darin ist ein Hinweis auf einen Menschen, der viel Heiterkeit, Frieden und Schönheit in seiner häuslichen Umgebung benötigt und der auch für andere Menschen, die er zu Hause besucht, eine Quelle der Ruhe und positiven Ausstrahlung, ja eine regelrechte Bereicherung ist. Wassermann an der Spitze mit Uranus im vierten Haus weist auf ein ungewöhnliches Heim hin, eins, das alles andere als traditionell ist, entweder aus Sicht der Familientradition gesehen oder auf die Art und Weise bezogen, wie man sich seine häuslichen Beziehungsstrukturen schafft. Man könnte vermuten, dass der Betreffende häufig Freunde zu Besuch zu Hause hat und überall viele technische Geräte herumliegen. Falls Uranus in dieser Stellung verletzt steht, insbesondere wenn er auch im Zeichen Wassermann steht, dann muss der Horoskopeigner sich sicherlich oft mit technischen und elektrischen Problemen herumschlagen, die ihn immer wieder unangenehm überraschen.

Wenn der Herrscher des vierten Hauses im fünften steht, dann muss der Betreffende seiner subjektiven Persönlichkeit eine Form und einen Schwerpunkt verleihen, um ihr kreativ Ausdruck zu geben. Wenn zum Beispiel Waage an der Spitze des vierten Hauses steht und Venus sich im fünften befindet, dann verfügt der Horoskopeigner über ein inneres Gleichgewicht und eine Wertschätzung für jegliche musische Betätigung. Im fünften Haus hat diese Venus die Chance, sich künstlerisch zu entfalten. Diese Stellung gibt dem Impuls die Gelegenheit, sich selbst auszudrücken und der eigenen Kreativität eine ganz persönliche Note zu verleihen. Das künstlerische Talent, das hier freigesetzt wird, kann sich auch über die eigenen Kinder ausdrücken. Wenn Steinbock an der Spitze des vierten Hauses steht und Saturn im fünften Haus in Steinbock verletzt ist, dann hält der Horoskopeigner sich in seinem dynamischen Ausdruck eher zurück. Bei dieser Saturnstellung würde er eine bestimmte Lebensreife erreichen und eine gewisse Erfahrung sammeln müssen, bevor seine Kreativität vollständig zum Vorschein kommen und frei fließen kann.

Wenn der Herrscher des vierten Hauses im sechsten steht und der Herrscher verletzt ist, dann sucht der Betreffende nach Methoden und Techniken, um frühe Familientraumata zu heilen. Ist der Herrscher gut aspektiert, dann fällt es ihm leicht, Bedingungen und Umstände zu finden, die ihm helfen, seine psychologischen Wurzeln, seine Basis zu kultivieren, zu verfeinern und ihr eine neue Form zu verleihen. Dies ist ein Hinweis auf eine stärkere Integration des eigenen inneren Potenzials, so dass der Betreffende sich bei seiner Arbeit, im Alltag und bei allem, was er tut, immer wohler und mit sich selbst im Einklang fühlt. Wenn der Herrscher von vier beispielsweise in sechs im Zeichen Krebs steht, dann sucht er nach Wegen, sich selbst mehr Fürsorge entgegenzubringen. Wenn der Vierthausherrscher in Stier steht, dann lautet das Ziel, ein stärkeres Selbstwertgefühl zu entwickeln. Die Wahl des richtigen Arbeitsgebiets und der richtigen Lebensführung sind bei dieser Form des persönlichen Wachstums und der persönlichen Entwicklung ungeheuer wichtig und hilfreich. Auf einer anderen Ebene kann der Herrscher von vier in sechs auch etwas über das Verhältnis des Horoskopeigners zu Haustieren aussagen und zeigt eine starke Verbindung zwischen dem Betreffenden und seinen Haustieren an.

Wenn der Herrscher des vierten Hauses im siebten steht, dann hat die Beziehung der Eltern des Horoskopeigners sehr viel damit zu tun, auf welche Art und Weise er selbst seine Partnerschaften führt. Ein verletzter Planet in diesem Haus verrät dem Astrologen, dass die Wahrscheinlichkeit hoch ist, dass es in der Familie des Horoskopeigners große Auseinandersetzungen gab und dass sich diese Schwierigkeiten womöglich in der Ehe oder Partnerschaft des Betreffenden wiederholen. Denn das siebte Haus ist gleichzeitig das vierte vom vierten, und damit ein Anzeiger für *das Familienleben der Eltern*. Andererseits ist ein gut gestellter Herrscher des vierten Hauses in diesem Lebensbereich eine Hilfe für den Horoskopeigner, sich auf positive partnerschaftliche Beziehungen vorzubereiten. Er kann auch darauf hinweisen, dass Partnerschaft für den Betreffenden eine gute Möglichkeit darstellt, sein eigenes, inneres Wesen herauszubilden und zu formen und so sein Gefühl persönlicher Sicherheit im Leben zu stärken. Zumindest würde diese Herrscherstellung aber anzeigen, dass die Dynamik der partnerschaftlichen Beziehungen (siebtes Haus) ein Katalysator für den Horoskopeigner ist, eine integre Persönlichkeit (viertes Haus) zu entwickeln. Das Maß an Unterstützung oder Herausforderung in diesem Prozess wird durch die Aspekte und sonstigen Bedingungen symbolisiert, denen der Herrscherplanet von vier in sieben ausgesetzt ist.

Wenn der Herrscher des vierten Hauses im achten steht, gibt es verschiedene wichtige Deutungsmöglichkeiten. Zuallererst erfahren wir durch diese Konstellation, was der betreffende Mensch von seiner Familie erbt. Hierbei kann es sich sowohl um ein emotionales, psychologisches Erbe als auch ganz konkret um ein rein materielles Vermächtnis handeln. Steht der Herrscher in Stier, Krebs, Skorpion oder Steinbock und ist gut aspektiert –, insbesondere durch Venus, Jupiter, Pluto oder den Mond –, dann verstärkt sich die Möglichkeit einer finanziellen Erbschaft. Diese Deutung wird nochmals bestätigt – auch wenn es keine 100%-ige Garantie des Kosmos dafür gibt –, wenn der Herrscher von acht mit Planeten im zweiten Haus oder dem Herrscher von zwei gut verbunden ist. Sollten die oben genannten Aspektverbindungen eher schwierig sein, dann ist auch mit Schwierigkeiten in Bezug auf das Erbe oder bei finanzieller Unterstützung durch die Familie zu rechnen.

Im Hinblick auf das psychologische Vermächtnis zeigt der Herrscher von vier in acht oft das Bedürfnis an, die frühe Konditionierung der Persönlichkeit in der Kindheit aufzulösen und zu verwandeln, die Persönlichkeit neu auszurichten. Im achten Haus sind immer die Energie der Transformation und die daraus entstehenden Lektionen des Lebens enthalten. Der Planet und das Zeichen, in dem er steht, sind ein Hinweis darauf, wo der Schwerpunkt dieses Transformationsprozesses liegt. Falls es sich dabei um Venus oder einen Planeten in Stier handelt, dann muss die persönliche Einstellung gegenüber Geld als ein Ausdruck des Selbstwerts überprüft werden. Wenn der Herrscher gut gestellt ist, dann können die Familienwerte für den Betreffenden ein wunderbares Sprungbrett auf dem Weg zu noch mehr innerem und äußerem Reichtum sein. Bei schwierigen Aspekten verhindern oder verzögern die finanzielle Situation und die materiellen Bedingungen womöglich das Erreichen höherer persönlicher Werte auf diesem Lebensgebiet. Ein Blick in die astrologische Stichwortliste hilft dabei, die Bedeutung dieser und anderer Herrscherstellungen im Radix näher zu entschlüsseln.

Wenn der Herrscher des vierten Hauses im neunten steht, dann wird der Wunsch danach, sich mithilfe der eigenen religiösen Weltanschauung oder Lebensphilosophie eine Basis zu verschaffen, zu einem Punkt von herausragender Wichtigkeit im Leben des Horoskopeigners. Einer der Hauptwege zur Entwicklung persönlichen Bewusstseins ist das Stadium in unserer Entwicklung, wenn wir die subjektiven Motivationen zu verstehen lernen, die so viele Reaktionen in unserem Leben bestimmen. Wenn wir einmal unsere inneren Muster und die psychologischen Umstände erfasst haben, die unsere Instinkte prägen, dann hören wir auf, unser Leben, »von außen nach innen« zu führen. Wir sind dann keine »karmischen Opfer« mehr und nehmen die äußere Welt nicht mehr lediglich als die Reflektion unserer persönlichen psychologischen Konditionierung wahr. Wir gewinnen langsam Objektivität uns selbst gegenüber und lernen, unser Leben »von innen nach außen« zu leben. Wir werden uns unseres ganz privaten »Films« bewusst und spielen nicht mehr länger unbewusst die Hauptrolle darin. Wenn der Herrscher von vier in neun steht, erhalten wir die Gelegenheit, die Reichweite unserer grundlegenden Anschauungen, die uns von klein an geprägt haben, zu erweitern. Wenn der Herrscher gut aspektiert ist (insbesondere in einem beweglichen Zeichen oder auch in Widder oder Waage), dann führt er uns in dieser Stellung über uns selbst hinaus zu einer wesentlich größeren Welt und einem viel umfassenderen Verständnis.

Ist der Herrscher von vier in dieser Position verletzt (insbesondere, wenn er in einem fixen Zeichen oder in Krebs oder Steinbock steht), dann hängt der Betreffende stärker an seinen Glaubensmustern und den Familienwerten. Die Herausforderung, die mit solchen astrologischen Faktoren einhergeht, kann entweder ein großer Anreiz für das persönliche Wachstum sein oder auch in einem Verhaften in der von zu Hause mitgebrachten Weltanschauung resultieren, selbst wenn dies auf Kosten der persönlichen Entwicklung geht. Häufig weist der Herrscher von vier in neun auch auf die Neigung hin, in ein fremdes Land auszuwandern oder an einen Ort zu ziehen, der weit von zu Hause entfernt ist. Ein Herrscher in dieser Stellung, der stark unter Spannung steht, kann anzeigen, dass der Horoskopeigner gegen seinen Willen gezwungen ist, sein Heimatland oder seinen Geburtsort zu verlassen.

Wenn der Herrscher des vierten Hauses im zehnten steht, verspürt der Horoskopeigner das starke Bedürfnis nach Erfolg im Leben. Öffentliche Anerkennung wird dann zu einem wesentlichen Element der Persönlichkeit. »Ich möchte so akzeptiert werden, wie ich wirklich bin, wie ich mich subjektiv als Wesen empfinde«, könnte eine Aussage des Horoskopeigners lauten, wenn der Herrscher von vier in zehn steht. Das ist oft nicht ganz so leicht zu erreichen, weil der, als den man sich subjektiv und häufig auch unbewusst empfindet (viertes Haus), nicht unbedingt dem öffentlichen Bild entspricht, das man entsprechend seiner gesellschaftlichen Stellung nach außen projiziert (zehntes Haus). Dieser Wunsch nach Akzeptanz kann also zu einem gewissen Maß an psychologischer Verletzlichkeit beitragen, wodurch jede Kritik an der eigenen Person und an dem, was man tut, sehr tief empfunden wird. Es ist nicht leicht, sich ein dickes Fell zuzulegen, wenn man – psychologisch gesehen – lediglich mit Unterwäsche bekleidet durchs Leben geht.

Wenn der Herrscher von vier in zehn ein schlecht gestellter Neptun oder ein anderer Planet ist, zu dem Neptun in einem Spannungsaspekt steht, dann trifft der Horoskopeigner höchstwahrscheinlich auf Situationen im Berufsleben, in denen er missverstanden oder sogar getäuscht wird. Wenn es sich bei dem Herrscherplaneten um einen gut gestellten Jupiter im zehnten Haus handelt, dann haben wir es mit jemandem zu tun, der die Fähigkeit besitzt, andere Menschen davon zu überzeugen, woran er glaubt, und daraus auch noch *zu profitieren*, wenn Jupiter in einem Erdzeichen oder in einem positiven Aspekt zu Venus, Pluto oder fast allen anderen Planeten in einem Erdzeichen steht. Manchmal ist der Herrscher von vier in zehn auch ein Hinweis darauf, dass die Mutter der bedeutsamere oder einflussreichere Elternteil für den Horoskopeigner ist. Bei einer guten Aspektierung ist der Einfluss der Mutter unter Umständen sehr hilfreich für die Karriere oder den öffentlichen Status des Betreffenden. Das Umgekehrte gilt natürlich gleichermaßen. Bei einem verletzten Herrscher von vier in zehn kann der psychologische Einfluss der Mutter oder der Familie ganz allgemein weltlichen Erfolg für den Horoskopeigner erschweren oder sogar völlig verhindern.

Wenn der Herrscher des vierten Hauses im elften steht, dann neigt der Horoskopeigner dazu, sich unter seinen Freunden zu Hause zu fühlen, oder er bewegt sich in einem gesellschaftlichen Rahmen, der sich sehr förderlich und sicher anfühlt. Man verspürt mit dieser Stellung häufig den Impuls, das Eigene und ganz Persönliche mit anderen zu teilen und von Freunden, Bekannten und Gleichgesinnten wertgeschätzt und anerkannt zu werden. Wenn der Herrscher von vier in elf in einem fixen Zeichen steht (insbesondere in Stier), dann möchte man eine Gruppe finden, in der auch die eigenen Wertvorstellungen unterstützt werden. Sollte der Herrscher in dieser Position verletzt stehen, dann findet man oft nicht die entsprechende Anerkennung und fühlt sich in seinem Selbstwert häufig herausgefordert. Wenn der Herrscher von vier in Wassermann steht oder es sich um Uranus selbst handelt, dann haben wir es mit einem Menschen zu tun, dessen Wahl seines Freundeskreises sich *stark* von den Menschen unterscheidet, mit denen er aufgewachsen ist. Weil das elfte Haus auch traditionell mit den eigenen Hoffnungen, Wünschen und Bestrebungen in Zusammenhang gebracht wird, kann der Herrscher von vier in dieser Position auch bedeuten, dass der Betreffende das, womit er sich persönlich identifiziert, auch in die Welt als Ganzes bringen will. Sein Lebensmotto könnte also lauten: »Das, was ich mir für mich persönlich wünsche, wünsche ich auch allen anderen Menschen.« Falls die Bestrebungen eher selbstzerstörerisch sind (Mars als Herrscher von vier in elf im Quadrat zu Neptun beispielsweise oder Neptun als Herrscher im Quadrat zu Mars), dann beschwört der Horoskopeigner möglicherweise immer wieder höchst kritische gesellschaftliche Situationen herauf. Sollte es genau umgekehrt sein und der Betreffende einen tiefen inneren Wunsch nach Frieden und Harmonie verspüren (Venus als Herrscher von vier im Trigon zu Neptun, dem Mond oder Jupiter bzw. einer von diesen drei Planeten als Herrscher im Trigon zu Venus), dann projiziert der Mensch diese positive persönliche Einstellung nach draußen in die Welt der öffentlichen Verbindungen und erntet auch entsprechende Reaktionen auf seine positive Vorgehensweise.

Wenn der Herrscher des vierten Hauses im zwölften steht, dann hat der Horoskopeigner ein Bedürfnis nach Einsamkeit und verspürt den Drang, fern von dem Lärm und der Intensität des modernen Lebens ein Zuhause zu finden. Selbst wenn dieser Mensch in einer großen Stadt wohnt, wird er sich eine Wohnung oder ein Haus suchen, das in einem relativ ruhigen Teil der Stadt liegt. Falls das nicht möglich sein sollte, dann müsste es zumindest eine Wohnung sein, die dem Straßenlärm nicht unmittelbar ausgesetzt ist, zum Beispiel in einem Haus in einer Sackgasse. Im schlimmsten Fall würde sich der Betreffende in dem ruhigsten Raum des Hauses sein Schlaf- oder Arbeitszimmer einrichten. Der Herrscher von vier in zwölf kann auch ein Hinweis auf einen Menschen sein, der sehr stark dem Einfluss der ungeklärten oder sogar heimlichen familiären Probleme unterliegt, der »Leichen im Keller«. Es kann sich dabei auch um einen Elternteil handeln, der zwar nicht bei der Familie gelebt hat, der aber dennoch einen subtilen oder heimlichen Einfluss auf den Horoskopeigner hatte. Viele Menschen mit einer mystischen Orientierung dem Leben gegenüber haben den Herrscher vom vierten im zwölften Haus, da diese Stellung auf einen Menschen hinweist, der sich mit sehr umfassenden Ideen, Anschauungen und Glaubenssystemen identifiziert. »Die ganze Welt ist meine Familie, und meine Wurzeln sind universell«, könnte so jemand sagen. Wie auch Neptun im Quadrat, in Opposition oder in Konjunktion zum Herrscher des vierten Hauses, kann diese Konstellation für eine Waise oder ein adoptiertes Kind stehen, dessen Eltern und Herkunft unbekannt oder sehr schwer zu verfolgen sind, vor allem, wenn ein verletzter Mond oder Saturn mit im Spiel ist.

Das Wesen des fünften Hauses

Wie wir wissen, ist der natürliche Zeichenherrscher des ersten Hauses Widder und sein Herrscherplanet ist Mars. So können wir also in einem Wort sagen, dass das erste Haus direkt mit der »Projektion« der Persönlichkeit verbunden ist. Aber erst durch das fünfte Haus, das von Löwe und der Sonne beherrscht wird, erhält diese Projektion eine Färbung und Lebendigkeit. Das Geschenk (und die Herausforderung) der Erfahrung des vierten Hauses besteht darin, dass es einen Anker oder eine Basis für die Integration der Persönlichkeit in eine zusammenhängende Einheit bildet. Im fünften Haus wird dieses Stadium unserer Entwicklung seinem nächsten logischen Schritt zugeführt – hier zeigen wir uns selbst und anderen, was man mit seiner Persönlichkeit und all ihren Talenten und Fähigkeiten anfangen kann. Das fünfte Haus beschreibt entsprechend nicht so sehr, *wer* wir sind, *sondern wie wir unsere persönliche Identität*, so wie wir sie empfinden, durch das *ausdrücken*, was wir hervorbringen. Diese kreative Funktion nimmt zwei grundsätzliche Formen an: die unserer Kinder und die anderer Werke, die wir erschaffen. Wenn ich Schriftsteller bin, dann sind meine Bücher meine »Kinder« im Sinne des fünften Hauses. Wenn ich Maler bin, dann finde ich im fünften Haus meine Bilder. Wenn ich Architekt bin, dann drückt das fünfte Haus sehr viel darüber aus, wie ich meine architektonischen Fähigkeiten auslebe und was ich mit ihrer Hilfe erschaffe. Das fünfte ist auch das »Partyhaus«, da wir mit ihm unsere Hobbys, Interessen und die Freuden des Lebens verbinden. Es ist auch das Haus der Romanzen, in dem sich unsere Liebhaber befinden, während sich unsere vertraglich bestätigten Partnerschaften im siebten Haus abspielen.

Wenn der Herrscher des fünften Hauses im ersten steht, dann betont dies die persönliche Kreativität. Hierbei handelt es sich um einen Menschen, der seine kreativen Ziele auf eine sehr persönliche Art und Weise verkörpert, jemand, der im Allgemeinen sehr stark damit beschäftigt ist, sich einen Namen in der Welt zu machen. Wir Astrologen können uns daher den Grad der Frustration im Leben eines solchen Menschen vorstellen, wenn es sich beim Herrscher des fünften Hauses um einen verletzten Saturn handelt. Eine solche Konstellation würde anzeigen, dass dem schöpferischen Ausdruck enorme Grenzen gesetzt werden und dass der ganze kreative Antrieb total gebremst wird. Das träfe insbesondere dann zu, wenn Saturn verletzt in einem fixen oder in einem weiblichen Zeichen stünde. Nehmen wir im Gegensatz dazu einmal an, Mars wäre der Herrscher von fünf und stünde in einem männlichen Zeichen im ersten Haus. Wir hätten es dann mit einem Menschen zu tun, der seine eigene Kreativität sehr stark fördert und vorantreibt. Wir könnten auch davon ausgehen, dass dieser Mensch eine starke sexuelle Ausrichtung hat und von daher immer auf der Suche nach romantischen Eroberungen ist.

Diese Stellung würde auf einen Menschen hinweisen, der sich ganz persönlich mit seinen Kindern oder anderen Ergebnissen seines Schaffens identifiziert. Wenn es sich bei dem Herrscher um eine gut aspektierte Sonne handelt, dann haben wir es in der Tat mit einem sehr stolzen Vater oder einer sehr stolzen Mutter zu tun! Nimmt jedoch ein verletzter Neptun diese Stellung ein, dann haben wir hier einen Vater oder eine Mutter mit Kindern, die eine Neigung zu Suchtproblemen haben, oder einen Horoskopeigner, der seine Kinder nicht sonderlich gut versteht. Wie viel oder wenig Freude und Vergnügen der Betreffende in seinem Leben erlebt, ist auch etwas, das man an einem Herrscher von fünf in eins ausgesprochen gut ablesen kann. Jemand mit Schütze an der Spitze des fünften Hauses und einem gut gestellten Jupiter in Löwe im ersten Haus, ist mit Sicherheit ein Mensch, der das Leben und sich selbst liebt und das Beste daraus macht. Steinbock an der Spitze von fünf und ein schlecht aspektierter Saturn im ersten Haus symbolisiert hingegen eher einen etwas mürrischen Menschen mit wenig Humor, der sich selbst nur wenig Freude und Vergnügen gönnt.

Wenn der Herrscher des fünften Hauses im zweiten steht, dann besteht eine enge Verbindung zwischen dem, was man erschafft, und den persönlichen Ressourcen. Wenn es sich bei dem Herrscher von fünf in zwei um einen verletzten Neptun handelt, dann könnte der Betreffende das Opfer eines Finanzbetrugs durch seine eigenen Kinder werden. Ein gut aspektierter Jupiter in der gleichen Position ist ein Hinweis auf einen Menschen, dem eine Fülle von Ressourcen zur Verfügung stehen, die er unter anderem für die höhere Bildung seiner Kinder nutzen kann. Dies kann auch bedeuten, dass seine Kinder die Rolle eines Lehrers ihm gegenüber einnehmen und ihm dadurch helfen, seinen Selbstwert zu stärken, oder dass sie sogar zu einer Quelle des Wohlstands für ihn werden. Natürlich muss man als Astrologe einen Blick auf das gesamte Horoskop werfen, um die Bestätigung für solche oder andere Vermutungen zu erhalten. Eine bewährte Regel dafür lautet: Für jede bedeutendere Schlussfolgerung sollte man drei astrologische Indikatoren haben. Und wenn sie da sind, wissen wir jetzt zumindest, wie wir sie finden können! Im Grunde suchen wir beim Herrscher von fünf in zwei immer nach einer Antwort auf die folgende Frage: Was bewirkt der Ausdruck meiner Kreativität im Hinblick auf meine persönlichen Ressourcen und mein Selbstwertgefühl? Beziehungsweise wie unterstützen mein Selbstwertgefühl und meine mir zur Verfügung stehenden Mittel den Ausdruck meiner kreativen Kraft?

Wenn der Herrscher des fünften Hauses im dritten steht, dann ist die Kommunikation und der schriftliche Ausdruck unmittelbar mit dem kreativen Selbstausdruck des Horoskopeigners verbunden. Ein Blick auf das Horoskop von Helena Blavatsky zeigt Mars als den Herrscher vom fünften Haus in Jungfrau. Er steht in einer engen

Beispielhoroskop 18: Helena P. Blavatsky – Horoskopabbildung
12. August 1831, Ekaterinoslav, Russland, 01.57 h EET

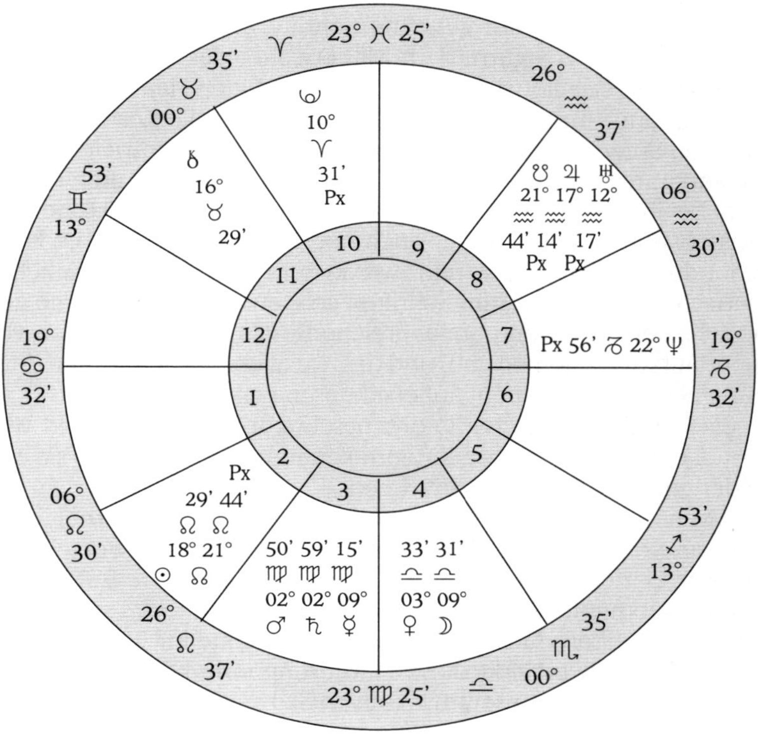

Konjunktion zu Saturn und Merkur im dritten Haus. Madame Blavatsky ist die Autorin vieler esoterischer Texte, insbesondere des außergewöhnlichen Werkes namens *Die Geheimlehren*. Wenn wir das zwölfte Haus untersuchen, dann finden wir dort Zwillinge an der Spitze (ein Hinweis auf geheime Schriften), und sein Herrscher, Merkur, steht bei Saturn, dem Mitherrscher des neunten Hauses (Philosophie, Religion, höhere Bildung) im dritten Haus. Helena Blavatsky ist auch für ihre umfangreiche internationale Korrespondenz in vielen Sprachen bekannt. Auch das Schreiben von Briefen gehört zu Merkur und dem dritten Haus. Der Herrscher des fünften Hauses steht bei ihr in Jungfrau, einem Merkurzeichen, und – wie oben bereits erwähnt – steht Merkur auch noch in Konjunktion zum Herrscher des fünften Hauses, und zwar in dem Haus seiner natürlichen Herrschaft. Jeder, der ihre Schriften gelesen hat, weiß, dass sie gerne sehr detaillierte und umfangreiche Beschreibungen zu den von ihr erläuterten Themen gab, und dass sie allen, die eine andere Meinung als sie selbst hatten, äußerst kritisch gegenüber stand.

Ein Fünfthausherrscher in drei beschreibt auch die Art und Weise, auf die wir mit unseren Kindern kommunizieren, wie wir sie ausbilden und wie wir mit ihnen reisen.

Wenn der Herrscher des fünften Hauses im vierten steht, dann ist unsere Kreativität eng mit unseren psychologischen Wurzeln und unserer Beziehung zu unseren Eltern, insbesondere zu unserer Mutter, verknüpft. Das verstärkt sich noch, wenn Krebs sich an der Spitze des fünften Hauses befindet und der Mond in Haus vier steht. Ganz allgemein bewirkt diese Platzierung eine höchst subjektive Haltung gegenüber unserem kreativen Selbstausdruck. Es mag dem Betreffenden schwer fallen, »aus sich herauszugehen«, da seine kreative Inspiration aus seiner ganz persönlichen Erfahrung stammt. Das ist nicht gerade eine Konstellation für jemanden, der viel reist und dann darüber schreibt oder malt oder sich auf eine andere Art und Weise inspiriert fühlt, das in den anderen Ländern und mit anderen Menschen Erlebte auszudrücken. Die Erfahrungen des Horoskopeigners dienen der Stimulation seines subjektiven Standpunktes und seiner persönlichen Meinung, und er nimmt die Welt um sich herum aus seiner ganz persönlichen Perspektive wahr. Dieser Mensch würde beim Genuss eines Espresso auf der Piazza San Marco nicht über die Gewohnheiten der Venezianer schreiben, sondern sich daran erinnern, was seine italienische Mutter oder Großmutter immer kochte, als er noch ein kleiner Junge war.

Wenn der Herrscher des fünften Hauses im fünften steht, dann verstärken sich die Themen von Kreativität, Liebesabenteuern, Kindern und alle anderen Themen dieses Hauses zum Guten oder auch zum Schlechten, je nach Stellung und Aspektierung des Herrscherplaneten. Löwe an der Spitze dieses Hauses und eine gute aspektierte Sonne in fünf ist ein Symbol für einen sehr potenten und leidenschaftlichen Menschen, für jemanden, der sehr stolz auf das ist, was er hervorbringt. Ist die Sonne in dieser Stellung jedoch verletzt, insbesondere durch Saturn oder Neptun, dann hat der Betreffende vielleicht nicht die Lebenskraft oder die Vitalität, die er für seine Ansprüche an sich und seine Kreativität eigentlich bräuchte. Vielleicht geraten in so einem Fall auch die eigenen Kinder nicht so, wie man es sich gewünscht oder erwartet hatte. Es kommt bei dieser Konstellation leicht zu persönlicher Enttäuschung. Waage an der Spitze des fünften Hauses mit Venus in fünf ist der »geborene Liebhaber« oder die »geborene Liebhaberin«. Dieser Mensch ist nicht nur ein wirklicher Künstler in der Art seines schöpferischen Selbstausdrucks, sondern er ist auch ein Liebeskünstler. Falls er Kinder hat, dann ist zumindest eins von ihnen (im Allgemeinen der oder die Erstgeborene) sehr schön anzuschauen und auch selbst künstlerisch veranlagt. Wassermann an der Spitze von fünf mit Uranus in fünf bringt häufig ungewöhnlichen Nachwuchs hervor, der die eigenen sozialen Ansichten über den Haufen wirft. Ein Wort, das man immer im Hinterkopf haben sollte, wenn man den Herrscher vom fünften Haus im fünften Haus untersucht (oder auch jeden anderen Herrscher, der in dem Haus steht, über das er natürlicherweise oder tatsächlich im Horoskop herrscht), lautet *Betonung*. Alle Ereignisse, Menschen und Themen, die mit dem entsprechenden Haus in Verbindung stehen, werden durch diese verdoppelte Konstellation verstärkt und erhalten mehr Gewicht.

Wenn der Herrscher des fünften Hauses im sechsten steht, dann können wir mit Belohnungen rechnen, die entweder durch unsere Kinder oder andere Formen kreativen Ausdrucks zu uns kommen. Das sechste Haus ist das zweite vom fünften und hat als solches mit den persönlichen Ressourcen (Stichwort für das zweite Haus) zu tun, die ein direktes Ergebnis von Angelegenheiten des fünften Hauses sind. Nehmen wir einmal an, Stier befände sich an der Spitze des fünften Hauses und Venus stünde gut aspektiert im gleichen Zeichen im sechsten Haus. Eine Annahme, die man als Astrologe treffen könnte, wenn sie auch durch das zweite Haus bestätigt wird, wäre, dass es für den Horoskopeigner ein Leichtes ist, mit seinen kreativen Erzeugnissen Geld zu verdienen. Man müsste natürlich schauen, ob diese Vermutung durch eine genaue Deutung des zweiten Hauses, der Planeten darin und seines Herrschers untermauert wird, und ob es weitere astrologische Verbindungen zwischen dem sechsten und dem zweiten Haus gibt.

Die Verbindung zwischen dem fünften und dem sechsten Haus sagt außerdem etwas über den allgemeinen Gesundheitszustand des Horoskopeigners aus, und zwar in Relation zu seinen kreativen Möglichkeiten. Wenn der Herrscher des fünften beispielsweise die Sonne wäre, die im sechsten Haus in einem Spannungsaspekt zu Saturn stünde, dann böten sich die folgenden verschiedenen Interpretationen an: 1. Der Horoskopeigner verfügt möglicherweise nicht über die Stärke und Lebenskraft, um so kreativ zu sein, wie er es gern sein würde. 2. Der Horoskopeigner hat womöglich Schwierigkeiten, eine Arbeitsstelle zu finden (sechstes Haus), in der er seinen kreativen Drang (Löwe Spitze fünf) wirklich ausleben kann. 3. Der Horoskopeigner schraubt seine eigenen Ansprüche an seine kreativen Leistungen so hoch, dass sie seine Fähigkeiten übersteigen (eine mögliche Auswirkung eines Saturn/Sonne-Quadrats).

Wenn der Herrscher des fünften Hauses im siebten steht, dann haben wir eine symbolische Konjunktion der Sonne mit Venus, was immer für einen sehr künstlerischen und romantischen Menschen spricht. Aber entspricht dies der Realität im Leben des Menschen, dessen Horoskop wir da vor uns haben? Auf folgende Regel kann man sich als Astrologe wirklich verlassen: Wenn die Herrscher der beiden Häuser in einem harmonischen Aspekt zueinander stehen, dann heiratet der Horoskopeigner wirklich aus Liebe. Wenn auch die Erdzeichen noch harmonisch mit eingebunden sind, dann heiratet der Betreffende wahrscheinlich aus Liebe *und* aus finanziellen Gründen und hat mit beidem Erfolg! Nehmen wir den optimalen Fall, dass Waage an der Spitze des fünften Hauses steht und Schütze Spitze sieben. Und nehmen wir weiterhin an, dass Venus in Steinbock im Trigon zu Jupiter in Stier steht. Soviel Glück sollten wir alle einmal haben! Das ist das perfekte Beispiel für den Himmel auf Erden für einen Menschen, der ein tiefes romantisches Bedürfnis hat (Waage Spitze fünf) und der dieses Bedürfnis innerhalb seiner Partnerschaft genießen und vertiefen möchte (Schütze Spitze sieben).

Wenn wir es weniger auf die romantische Seite des Lebens beziehen, dann kann die gleiche Planetenkombination auch materiellen

Erfolg anzeigen, der aus Geschäftspartnerschaften mit den eigenen Kindern entsteht. Sie kann auch bedeuten, dass sich dem Horoskopeigner Gelegenheiten bieten, mit anderen Menschen in Kontakt zu kommen, die sein kreatives Potenzial zum gegenseitigen Nutzen erweitern. Wenn das Umgekehrte der Fall ist und der Herrscher von fünf schlecht aspektiert im siebten Haus steht, dann muss der Betreffende mit Enttäuschungen in der Liebe rechnen, mit komplizierten Liebesbeziehungen und Herausforderungen in seinem Verhältnis zu seinen Kindern.

Wenn der Herrscher des fünften Hauses im achten steht, dann wird alles Romantische stark sexualisiert. Das ist ein Mensch, der seine Libidoenergie sehr ernst nimmt! Sollte einer der beteiligten Planeten Mars oder Venus sein, dann wird dies noch verstärkt. Das intensive Verlangen nach Vergnügen durch romantische Affären kann zu einer Besessenheit werden, wenn sich die Konstellation in den fixen Zeichen befindet und/oder Pluto daran beteiligt ist. Daraus ergeben sich aller Wahrscheinlichkeit nach große Schwierigkeiten, wenn diese Indikatoren nicht von anderen Faktoren des Horoskops (oder auch ein wenig Bewusstsein, das über das rein Hormonelle hinausgeht) modifiziert werden. Die kreative Dynamik eines gut gestellten Herrschers von fünf in acht (insbesondere bei Mars, Pluto oder Sonne) ist jedoch enorm. Diese Stellung des Herrschers von fünf befähigt den Betreffenden, seine kreativen Fähigkeiten immer wieder zu regenerieren und stellt ihm eine sehr tiefe und sprudelnde Quelle der Vitalität zur Verfügung. Jeder Kontakt mit dem achten Haus muss jedoch genau im Auge behalten werden, weil es immer einen Preis zu zahlen gibt, wenn dieses Haus in einem Horoskop besetzt oder betont ist. Und der Preis lautet Transformation.

Mit anderen Worten, damit der Horoskopeigner in der Lage ist, mit seinem Herrscher vom fünften Haus im achten das Potenzial zur Regeneration anzuzapfen, das diese Konstellation zur Verfügung stellt, muss der Betreffende zuerst eine Wandlungskrise durchlaufen. Dies ist meist ein evolutionärer Prüfungsprozess, an dessen Ende aus dem *instinktiven Schaffensdrang* eine *objektive Kreativität* geworden sein sollte. Erst dann wird aus der Suche nach Vergnügen eine intensive Hingabe an die Heilung anderer Menschen durch die eigene Schaffenskraft.

Wenn der Herrscher des fünften Hauses im neunten steht und gut aspektiert ist, dann erwächst dem Betreffenden aus weiten Reisen und höherer Bildung viel Freude, und ihm entstehen dadurch viele kreative Möglichkeiten. Auch seine Religion und seine Aktivitäten in dieser Richtung können für ihn eine Quelle des Vergnügens darstellen. Falls der Herrscher von fünf im neunten Haus nicht sonderlich gut gestellt ist, dann stößt man bei derlei Aktivitäten unter Umständen auf Schwierigkeiten. In einigen Fällen ist es auch so, dass die Kinder das eigene Glaubenssystem anzweifeln und sich von der Religion oder dem spirituellen Hintergrund abwenden, den man ihnen zur Verfügung gestellt hat. Diese Vermutung muss durch eine Deutung des ersten Hauses untermauert werden, da dieses das neunte Haus vom fünften ist und demzufolge etwas über den Glauben der eigenen Kinder aussagt. Ein gut aspektierter Herrscher von fünf in neun verheißt immer viel persönliche Befriedigung durch weite Reisen. Sollte es sich bei dem Herrscherplaneten um Venus handeln, ist es gut möglich, dass man eine wichtige Liebesbeziehung zu einem Menschen unterhält, der in einem fremden Land geboren wurde.

Wenn der Herrscher des fünften Hauses im zehnten steht, dann ist dies ein starker Hinweis darauf, dass die eigene kreative Schaffenskraft in den Beruf integriert werden soll. Und das ist durchaus nicht selbstverständlich. Viele Menschen üben Berufe aus, die ihnen nicht wirklich Freude bereiten bzw. die nicht diese Qualität von Vergnügen mit sich bringen, die Aktivitäten des fünften Hauses im Allgemeinen haben. Unsere liebsten Hobbys und Freizeitaktivitäten sind häufig leider nicht das, was wir beruflich machen. Aber wenn der Herrscher des fünften Hauses gut aspektiert im zehnten steht, dann bereitet einem der eigene Beruf normalerweise viel Freude. Nehmen wir einmal an, Schütze stünde an der Spitze des fünften Hauses und Jupiter wäre in zehn im Trigon zu Merkur. Hierin liegt die klare Aussage verborgen, dass der Horoskopeigner gerne schreibt und Reisen unternimmt und nicht nur gut in einem Reisebüro oder als Reiseschriftsteller arbeiten könnte, sondern bei solchen Aktivitäten auch glücklich wäre und Erfolg damit hätte. Der Astrologe sollte auf jeden Fall das Zeichen an der Spitze des zehnten Hauses und seinen Herrscher näher anschauen, um die so getroffenen Annahmen weiter zu untermauern. Wenn wir noch einmal einen Blick auf das Horoskop von Madame Blavatsky werfen (siehe Seite 257), dann sehen wir, dass Pluto Mitherrscher über das fünfte Haus ist und in zehn steht. Helena Blavatsky kehrte ihrer Familie und ihrer relativ hohen sozialen Stellung den Rücken, um ihr eigenes Leben und ihre eigene Karriere aufzubauen. Pluto steht in Widder (die völlige Regeneration der Persönlichkeit) in Opposition zum Mond in Waage im vierten Haus (die familiären Wurzeln). Um ihre Familie überhaupt verlassen zu können, arrangierte Helena Blavatsky schon in recht jungen Jahren eine Hochzeit mit einem älteren Mann, den sie dann nach sehr kurzer Zeit wieder verließ (Pluto in Opposition zu einer Venus/Mond-Konjunktion in Waage). Dies sollte Helena Blavatskys einzige Ehe bleiben. Sie war die treibende Kraft bei der Verwandlung von östlichem Mystizismus und Okkultismus. Durch ihren intensiven Schaffendrang (Skorpion an der Spitze des fünften Hauses) öffnete sie die Tür (Widder) zu einem riesigen Strom okkulter spiritueller Lehren, die die esoterische Orientierung von Zehntausenden Menschen in der westlichen Welt veränderten. Zusätzlich zu den oben genannten Punkten finden wir beim Herrscher von fünf in zehn auch Hinweise in dieser Konstellation über die Arbeit unserer Kinder oder deren Gesundheitszustand, da das zehnte Haus das sechste vom fünften ist.

Wenn der Herrscher des fünften Hauses im elften steht, dann ist unser kreativer Selbstausdruck stark mit den sozialen Gruppen verknüpft, zu denen wir gehören. Der persönliche Schaffensdrang ist sehr eng mit dem größeren kollektiven und sozialen Umfeld verbunden, in dem wir leben. Falls der Herrscher verletzt ist, besteht die Herausforderung für den Horoskopeigner darin, seinem Beitrag in dem größeren Rahmen einen individuellen Ausdruck zu verleihen. Das wäre zum Beispiel ganz besonders der Fall, wenn die Sonne Herrscher des fünften Hauses wäre, also Löwe an der Spitze von fünf stünde, und sich die Sonne in Wassermann in elf befände. Das Gleiche ist der Fall, wenn der Herrscher des ersten Hauses gleichzeitig Mitherrscher von fünf ist. Dies haben wir zum Beispiel bei einem Skorpion-Aszendenten mit Widder an der Spitze des fünften Hauses, wobei Mars dann in Waage in elf steht. Es träfe auch zu, wenn Stier am Aszendenten und Waage Spitze fünf stünde, mit Venus in Widder im elften Haus. In dem ersten Beispiel, bei einer Skorpion/Widder-, Ersthaus/Fünfthaus-Betonung haben wir es mit einem extremen Individualisten zu tun, der sich sehr stark selbst zu kreativen und sexuellen Aktivitäten motiviert. Mars in Waage in elf weist darauf hin, dass der Horoskopeigner höchstwahrscheinlich häufiger auf gesellschaftlichen bzw. partnerschaftlichen Widerstand bei der Verfolgung seiner Ziele trifft. Das zweite Beispiel, ein Mensch mit Stier/Waage, Ersthaus/Fünfthaus-Betonung ist sehr partnerschaftlich orientiert, auch und gerade wenn es um das Bedürfnis nach kreativem Selbstausdruck geht. Venus in Widder im elften Haus zeigt jedoch an, dass der Betreffende beständig einen persönlichen und immer etwas konfrontativen Standpunkt einnehmen und sich innerhalb eines Gruppenkontextes behaupten muss. Und das geht seiner Stier/Waage-Natur im Grunde gegen den Strich, weil es dem Partnerschaftsbestreben zuwider läuft.

Wir können den Herrscher von fünf in elf auch als einen Indikator für unsere Schwiegersöhne und -töchter sehen, denn das elfte Haus ist das siebte vom fünften und hat demzufolge etwas mit den Partnern unserer Kinder zu tun.

Wenn der Herrscher des fünften Hauses im zwölften steht, neigt der Horoskopeigner unter Umständen zu heimlichen Liebesaffären oder anderen geheimen Vergnügungen. Das muss natürlich nicht immer so sein, aber es hat sich in einer Vielzahl von Fällen immer wieder bestätigt. Es genügen hierzu die Stichworte: heimliche (zwölftes Haus) Liebschaften und andere Vergnügungen (fünftes Haus). Es ist uns Astrologen bekannt, dass schon Venus allein im zwölften Haus ein Indikator für heimliche Liebesabenteuer ist. Sollte Venus zusätzlich noch Herrscherin des fünften Hauses sein und im zwölften stehen, dann wird diese Annahme nur nochmals bestätigt. Diese Konstellation kann auch auf einen Menschen hinweisen, der seine kreativen Talente am besten ausdrücken kann, wenn er sich in der Zurückgezogenheit befindet: als Künstler in einem abgelegenen Atelier, als Schriftsteller in einer Hütte im Wald, als Dichter auf einer Insel usw. Die Platzierung des Fünfthausherrschers in zwölf sagt auch immer etwas über den Tod unserer Kinder aus, da es das achte Haus vom fünften ist.

Das Wesen des sechsten Hauses

Das sechste Haus kann man das »Haus des persönlichen Wohlbefindens« nennen, da es traditionsgemäß mit der Gesundheit in Verbindung gebracht wird. Physische Vollkommenheit ist jedoch nicht das einzige Anliegen dieses Hauses. In einem umfassenderen und gleichzeitig tieferen Sinne ist dies der Bereich des Horoskops, der uns Aufschluss darüber gibt, welche Hilfsmittel, Techniken, Prozesse und Methoden uns dabei helfen, vollkommener und heiler zu werden. Es ist deswegen völlig richtig, das sechste Haus das »Haus der persönlichen Vervollkommnung« zu nennen. Es ist der letzte Abschnitt im Horoskop, der in der nördlichen Hemisphäre liegt, der subjektiven Hälfte des Horoskops. Die ersten sechs Häuser befassen sich mit den persönlicheren Seiten unseres Wesens, mit unserer Persönlichkeitsentwicklung: damit, wer wir sind (erstes Haus), was wir haben (zweites Haus), wie wir denken (drittes Haus), woher wir kommen (viertes Haus) und mit dem Ausdruck unserer kreativen Kraft (fünftes Haus). Wenn wir einmal die Schwelle in die obere, objektive Hemisphäre des Horoskops überschritten haben, dann erreichen wir zuerst den Bereich des siebten Hauses, der Beziehungen also, und bewegen uns dann beständig weiter nach oben in zunehmend unbekanntes, unpersönliches und universelles Territorium. Das sechste Haus dient dazu, uns auf diese Reise vorzubereiten.

Und dies tut es, indem es uns Unterscheidungsfähigkeit und Synthese lehrt. Es zeigt uns, wie wir unser Leben zusammenfügen, so dass es effektiver funktioniert. Es ist ein praktisches Haus und weist uns auf unsere Schwächen – ob körperlicher oder anderer Natur – sowie auf unsere besonderen Fähigkeiten und den Weg hin, der zur Kultivierung und Verfeinerung unserer Persönlichkeit führt. Durch das ständige Training des sechsten Hauses gehen wir letztendlich als eine gesellschaftsfähige Einheit hervor, sind bereit, andere Menschen zu treffen und den Abenteuern des Lebens außerhalb unseres instinktiven, subjektiven Wesens zu begegnen. In der traditionellen exoterischen Astrologie finden wir im sechsten Haus außerdem unsere Haustiere, unsere Arbeit und unsere Angestellten.

Wenn der Herrscher des sechsten Hauses im ersten steht, dann nehmen Fragen der Gesundheit häufig einen hohen Stellenwert im Leben ein. Wenn der Herrscher von sechs in eins schlecht aspektiert ist, dann könnte die körperliche Konstitution unter Umständen zu wünschen übrig lassen. Der Planet selbst gibt Aufschluss über den Körperteil, der betroffen sein könnte. Die Sonne ist beispielsweise ein Hinweis auf das Herz, aber auch auf die Vitalität insgesamt. Beim Mond könnte es sich um eine Schwäche des Lymphsystems handeln oder im Fall einer Frau auch Schwierigkeiten mit dem Menstruationszyklus bzw. den Brüsten anzeigen. Wenn die Zeichen Steinbock oder Krebs betroffen sind, dann ist es höchstwahrscheinlich, dass es sich um ererbte Krankheiten handelt. Auch Wasseransammlung im Körper ist eine mögliche Auswirkung, wenn der Mond als Herrscher von sechs in eins steht, insbesondere, wenn er auch noch in einem Wasserzeichen steht oder sich in einem schwierigen Aspekt zu einem Planeten in einem fixen Zeichen befindet.

Ein verletzter Merkur hat einen Bezug zum Nervensystem. Falls das Zeichen Zwillinge dabei eine Rolle spielt, können auch die Lunge, die Arme und Hände Schwachstellen darstellen. Venus ist ein Hinweis auf die Nieren und den Blasentrakt, während Mars viel mit den Sexualorganen, den Augen und dem Blut zu tun hat, insbesondere mit den roten Blutkörperchen. Wenn das Zeichen Widder mit betroffen ist, dann könnte der Kopf besonders anfällig sein; während wir es bei einer Beteiligung von Skorpion an der Spitze des sechsten oder ersten Hauses eher mit den Fortpflanzungsorganen zu tun haben. Ein schwacher Jupiter in dieser Konstellation verrät uns, dass der Horoskopeigner eine schwache Leber hat, während Saturn ein Hinweis auf Knochen-, Zahn-, Knie- oder Gelenkprobleme ist. In einigen Fällen kann er auch bedeuten, dass der Körper einen Überschuss oder einen Mangel an mineralischen Kristallisationsprozessen zeigt. Uranus ist immer ein Hinweis auf den Kreislauf und die Haut. Wenn Mars beispielsweise im Quadrat, in Opposition oder in Konjunktion zu Uranus als Herrscher des sechsten Hauses in eins steht, dann ist die Wahrscheinlichkeit für Hautausschläge groß. Falls das Zeichen Widder beteiligt ist, haben wir Hautausschläge im Gesicht; bei Krebs ist die Haut über der Brust oder der Magengegend wahrscheinlich sehr sensibel; bei Fische ist die Haut an den Füßen extrem empfindlich usw. Ein verletzter Neptun als Herrscher von sechs in eins ist ein Hinweis auf psychosomatische Erkrankungen, insbesondere in einem Wasserzeichen, oder auf geistige Störungen, vor allem, wenn Neptun in einem Luftzeichen steht. Ein verletzter Pluto in dieser Stellung zeigt Schwierigkeiten bei der Zellregenerierung und einen generellen Verlust von Vitalität an, insbesondere, wenn er ein Quadrat oder eine Opposition zur Sonne hat.

Es gibt noch andere Bereiche des sechsten Hauses, die von vorrangigem Interesse im Leben des Horoskopeigners sind, wenn der Herrscher von sechs in eins steht. Zum Beispiel Beziehungen zu Haustieren oder auch Situationen, die sich auf die Arbeit beziehen. Wenn der Herrscher von sechs in dieser Stellung positiv aspektiert wird, dann stehen die Chancen gut, dass der Betreffende sich in seinem Job wohl fühlt und mit Angestellten oder Untergebenen auf der Arbeit sehr gut zurecht kommt. Wenn der Herrscher von sechs in eins zusätzlich noch einen guten Aspekt zum Herrscher des zehnten Hauses, dem Bereich der Berufung, bildet, dann hat der Betreffende aller Wahrscheinlichkeit nach großen Erfolg in seinem erwählten Beruf.

Wenn der Herrscher des sechsten Hauses im zweiten steht, dann stellt sich dem Horoskopeigner wiederholt die Aufgabe, von seinen persönlichen Talenten und Ressourcen für seine tägliche Arbeit Gebrauch zu machen. Falls er über ein schwaches Selbstwertgefühl verfügt, wird er Schwierigkeiten dabei haben, seine Arbeit erfolgreich zu erledigen. Ein verletzter Herrscher von sechs in zwei drückt auf das Gefühl des persönlichen Wertes, weil derjenige häufig um die Erledigung von Aufgaben gebeten wird, für die ihm entweder die entsprechenden Fähigkeiten fehlen oder die seiner natürlichen Lebensausrichtung völlig zuwider laufen. Andererseits kann ein gut aspektierter Herrscher von sechs in dieser Stellung ein Hinweis darauf sein, dass der Betreffende seine Fähigkeiten problemlos auf der Arbeit einsetzen kann. Bei einem verletzten Herrscher kann es zu finanziellen Schwierigkeiten mit Angestellten kommen. Auch Haustiere können in so einem Fall zu einem teuren Vergnügen werden.

Wenn der Herrscher des sechsten Hauses im dritten steht, dann verlangt die Arbeit des Horoskopeigners meist eine gute Beherrschung seiner kommunikativen Fähigkeiten von ihm. Schreiben, sprechen und die Durchsetzung seiner Ideen und Meinungen sind meist wichtige Punkte der beruflichen Tätigkeitsbeschreibung des Betreffenden. Wenn ein Luftzeichen und/oder Merkur oder Jungfrau eine Rolle spielen, dann ist die Arbeit primär intellektueller Natur. Wenn ein Wasserzeichen und/oder der Mond Signifikatoren sind, dann gehört die Übermittlung von Gefühlen und Emotionen zum natürlichen Arbeits- und Interessensgebiet des Betreffenden. Ein Erdzeichen weist auf den Einsatz des gesunden Menschenverstandes und eine pragmatische Vorgehensweise bei den gestellten Aufgaben hin. Mit einem Feuerzeichen kommt ein kreativer Impuls und Drive dazu, wobei eine verletzte Herrscherstellung in einem Feuerzeichen oder in einem Spannungsaspekt zu Mars oder der Sonne auf Schwierigkeiten mit Mitarbeitern und Angestellten hinweisen kann, weil das Bedürfnis des Horoskopeigners nach Anerkennung seiner Person so groß ist.

Nehmen wir einmal an, Löwe stünde an der Spitze des sechsten Hauses und die Sonne in Stier in drei in Opposition zu Jupiter in Skorpion. Das Zeichen Löwe gibt uns Aufschluss darüber, dass es sich hier um einen Menschen handelt, der seine Arbeit sehr persönlich nimmt. Das Bedürfnis nach individueller Anerkennung ist in dem von Löwe angeschnittenen Häuserbereich immer stark ausgeprägt. Ein solcher Mensch hätte also auf jeden Fall die Neigung, seiner Meinung und seinen Wertvorstellungen gezielt Ausdruck zu verleihen. Dieser Mensch kommuniziert seine kreativen Impulse dergestalt, dass seine persönliche Identität über seine Arbeit gestärkt wird. Die Opposition zu Jupiter in Skorpion würde diese Neigung noch verstärken, aber auch einen gewissen Widerstand dagegen anzeigen, die eigenen Ansichten etwas zurückzunehmen, um dadurch mit Mitarbeitern und Angestellten unter Umständen besser zurecht zu kommen.

Wenn der Herrscher des sechsten Hauses im vierten steht, arbeitet der Horoskopeigner vielleicht gern zu Hause. Falls das nicht möglich ist, so schmückt er zumindest sein Büro mit Bildern seiner Familie oder hat gern vertraute Dinge von zu Hause auf seinem Schreibtisch, an den Wänden oder einfach nur im Zimmer. Sein Arbeitsplatz soll sich wie ein Zuhause anfühlen. Auf einer psychologischen Ebene ist es für den Betreffenden wichtig, seine ganz persönlichen Fähigkeiten für seinen Beruf einsetzen zu können. Man könnte sagen, dass bei der Stellung des Herrschers von sechs in vier der Arbeitsbereich die Basis bildet, auf der alles andere aufbaut. Erfolg oder Misserfolg bei der Arbeit, die Wahl der richtigen Lebensführung, die Fähigkeit, gut mit Angestellten auszukommen, all das bekommt besondere Bedeutung und beeinflusst die Einstellung des Betreffenden gegenüber allen anderen Lebensbereichen.

Dies ist ein Mensch, der es schwierig finden könnte, seiner Arbeit gegenüber objektiv zu sein, und der im Allgemeinen nicht einfach um 17 Uhr den Bleistift fallen lassen kann, um seinen Arbeitstag hinter sich zu lassen und in den Feierabend zu gehen. Auch Fragen der Gesundheit gewinnen bei dieser Konstellation an Bedeutung. Wenn der Herrscher von sechs beispielsweise ein verletzter Saturn in Skorpion ist (Steinbock an der Spitze des sechsten Hauses), dann kann der eigene Gesundheitszustand zu einer an Besessenheit grenzenden Sorge werden. Wenn es sich bei dem Herrscher um einen verletzten Neptun in Steinbock handelt (Fische an der Spitze des sechsten Hauses), dann reagiert der Betreffende unter Umständen sehr stark körperlich und höchst persönlich auf die emotionale Arbeitsatmosphäre. Daraus können psychosomatische Krankheiten entstehen, die das psychologische Fundament des Horoskopeigners schwächen, was es ihm wiederum erschwert, beruflichen Erfolg zu haben. Andererseits verstärkt ein starker und gut aspektierter Sechsthausherrscher im vierten Haus die persönliche Einstellung des Betreffenden gegenüber seiner Gesundheit und seiner Arbeit, was ihm ein Gefühl der Zugehörigkeit und der Integration verleihen kann.

Wenn der Herrscher des sechsten Hauses im fünften steht und gut aspektiert ist, dann bildet die tägliche Arbeit eine große Quelle der Freude und des Vergnügens für den Betreffenden. Leider gilt natürlich auch das Umgekehrte, wenn der Herrscher verletzt ist. In dem Fall würde der Beruf der Lebensfreude förmlich im Wege stehen. Darüber hinaus kann diese Stellung des Sechsthausherrschers bedeuten, dass man seine Haustiere wie eigene Kinder behandelt. Zumindest ist es sehr wahrscheinlich, dass dieser Mensch Haustiere besitzt, die ihm sehr am Herzen liegen.

Das nachstehende Beispielhoroskop ist das von Robyn Smith, des ersten professionellen weiblichen Jockeys in den Vereinigten Staaten. Herrscherin des sechsten Hauses ist Venus, die in Jungfrau in fünf steht. Jungfrau wird im Allgemeinen eher mit kleinen Tieren assoziiert, aber wenn wir genau hinschauen, dann sehen wir, dass sich Venus in exakter Konjunktion zu Jupiter befindet. Alles, was mit diesem Planetenprinzip in Verbindung steht, wird erweitert und vergrößert. Das heißt, wir können hieraus Robyn Smiths Beziehung zu Pferden erkennen, wobei Jupiter als Herrscher von Schütze, dem Zentauren, nochmals eine besondere Affinität zu Pferden hat. Die Stellung im fünften Haus verrät dem Astrologen, dass Robyn Smith aller Wahrscheinlichkeit nach viel Freude an ihrer Arbeit hat. Das fünfte ist auch das Haus des (Glücks)Spiels, und Venus und Jupiter in diesem Bereich können ein Hinweis darauf sein, dass Tiere, insbesondere Pferde, eine Rolle dabei einnehmen. Die Tatsache, dass Robyn Smith auf eine gewisse Art und Weise ein »Original« und die Beste in ihrem Fach ist, können wir dem Horoskop auch entnehmen. Uranus steht im ersten Haus, eine sehr rebellische Energie, die für einen Menschen steht, der seinen eigenen Weg im Leben gehen muss. Außerdem ist Uranus auch noch der Herrscher des zehnten Hauses, des Berufs und der Karriere, und steht im Quadrat zu Venus, der Herrscherin von sechs. Dies bedeutet, dass sie in einem offenen Konflikt (erstes Haus) zum traditionellen sozialen Verhalten steht, was die Wahl ihres Berufs angeht (Uranus Quadrat Venus und ihre entsprechende Häuserherrschaft).

Wenn der Herrscher des sechsten Hauses im sechsten steht, dann sind die Themen Selbstvervollkommnung, Gesundheit und

Beispielhoroskop 19: Robyn Smith – Horoskopabbildung
14. August 1944, San Francisco, CA, 12.03 h PWT

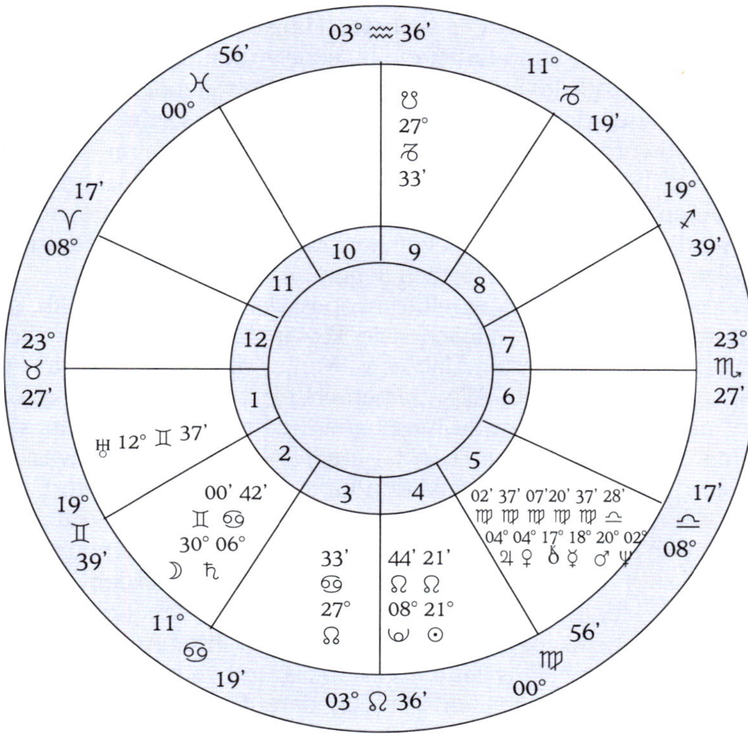

Arbeit höchstwahrscheinlich stark betont im Leben des Horoskopeigners. Wenn der Herrscher eines Hauses in seinem eigenen Domizil steht, dann erhalten die Angelegenheiten des betreffenden Hauses immer eine ganz besondere Wichtigkeit. Steht zum Beispiel Krebs an der Spitze des sechsten Hauses und der Mond steht im gleichen Zeichen in sechs, dann haben wir es mit einem Menschen zu tun, der sich besonders um sein Heim kümmert und dort laufend für Verbesserungen sorgt. Sein Hauptaugenmerk richtet sich darauf, seinen Wohn- und/oder Arbeitsbereich so angenehm wie möglich zu gestalten, damit er sich dort wohl und geborgen fühlt. Es ist daher zu erwarten, dass man im Büro dieses Menschen vertraute Gegenstände von zu Hause findet oder Photos von geliebten Menschen – nicht zu vergessen, den Minikühlschrank für das liebste Vergnügen eines Krebses! Bei einer solchen Planetenstellung wäre es auch gut möglich und nur natürlich, wenn der Betreffende glücklich darüber wäre, sein Büro zu Hause zu haben oder in einem Beruf zu arbeiten, wo emotionale Intimität einen Teil der Arbeit ausmacht, wie etwa in der Familienberatung oder als Familienarzt.

Ein verletzter Herrscher von sechs in sechs kann ein Hinweis auf ganz bestimmte Krankheiten sein. Dies lässt sich leicht durch die Zuordnung der Planeten zu den Teilen und Organen des Körpers bestimmen. Hier einige Beispiele: Löwe an der Spitze des sechsten Hauses und die Sonne in Löwe in diesem Haus in Opposition zu Saturn in Wassermann. Der Betreffende könnte im Alter Herzprobleme und/oder Arthritis bekommen. Das wäre insbesondere dann der Fall, wenn schon der Vater oder der Großvater väterlicherseits an diesen Beschwerden gelitten haben. Wenn Waage an der Spitze von sechs steht und Venus in Waage im gleichen Haus in einem Spannungsaspekt zu Saturn steht (besonders wenn dieser sich in Steinbock befindet), dann könnte der Horoskopeigner mit Nierensteinen oder anderen Beschwerden der Nieren zu tun haben.

Wenn der Herrscher des sechsten Hauses im siebten steht, dann könnte man daraus schließen, dass der Horoskopeigner mit seiner Arbeit verheiratet ist. Die Frage, die sich uns als Astrologen dann noch stellt, lautet: Handelt es sich dabei um eine glückliche oder unglückliche Verbindung? Vieles hängt von dem Zustand des Herrschers ab. Wenn Venus die Herrscherin des sechsten Hauses in sieben ist und im Trigon zum Mond steht, dann zieht der Betreffende sicherlich große persönliche Befriedigung aus seiner Arbeit. Ein solcher Mensch würde dieses persönliche Wohlergehen auch in seine anderen Beziehungen hineintragen. Falls er eine Führungsposition innehätte, könnte er mit der Unterstützung seiner Angestellten rechnen. Venus im Trigon oder Sextil zu Jupiter würde für eine regelmäßige finanzielle Einkommensquelle in Form von Arbeit oder auch für wachsende soziale Kontakte stehen. Stünde jedoch Saturn im Quadrat zu Venus in dieser Stellung, dann würde der Horoskopeigner diese »Ehe« sicherlich als eine Belastung empfinden. Sein Job wäre dann eine große Bürde für ihn, und er würde sich der Verantwortung nicht gewachsen fühlen.

Mit Stier an der Spitze des sechsten Hauses und Venus in sieben im Quadrat oder in Opposition zu Saturn könnten auch Sorgen darüber aufkommen, ob man mit seiner beruflichen Tätigkeit genügend Geld verdienen kann. Bei Waage an der Spitze des sechsten Hauses lägen die Schwierigkeiten eher in einer fehlenden Kooperationsbereitschaft von Seiten der Angestellten oder Vorgesetzten, denn hier geht es primär um Arbeitsbeziehungen.

Wenn der Herrscher des sechsten Hauses im achten steht und gut aspektiert ist (insbesondere vom Herrscher des achten Hauses oder von Pluto), dann bietet die Arbeit dem Horoskopeigner viele Gelegenheiten zur Weiterentwicklung und Neuorientierung seiner Fähigkeiten. Wenn ein Erdzeichen mit eingebunden ist, dann kann die eigene Arbeit auch Mittel zur finanziellen Einkommensverbesserung zur Verfügung stellen. Bei einer schlechten Aspektierung ist damit zu rechnen, dass sich im Bereich der Arbeit keine neuen Erfahrungen bieten und dass der Horoskopeigner sich einer stagnierenden Situation gegenüber sieht. Das wäre ganz besonders dann der Fall, wenn Saturn oder die fixen Zeichen an einem Spannungsaspekt beteiligt wären.

Bei einem verletzten Herrscher von sechs in acht ist mit gesundheitlichen Problemen zu rechnen. Löwe an der Spitze des sechsten Hauses und die Sonne im achten Haus im Spannungsaspekt zu Pluto, Saturn oder Neptun könnten unter Umständen zu chronischen bzw. psychologischen Störungen führen. Bei einer von den gleichen Planeten gut aspektierten Sonne würde der Horoskopeigner hingegen über eine ausgezeichnete Regenerationsfähigkeit (Pluto), eine starke allgemeine Konstitution (Saturn) bzw. eine hohe Sensibilität für andere Menschen (Neptun) verfügen.

Wenn der Herrscher des sechsten Hauses im neunten steht, dann lässt dies auf einen Menschen schließen, dessen Arbeitsgebiet etwas mit Reisen, Lehren, Verlagswesen und dem Wissenserwerb zu tun hat. Wenn der Herrscher positive Aspekte empfängt, vorzugsweise von Jupiter oder von der Sonne, dann wird der Betreffende jede erdenkliche Anstrengung auf sich nehmen, um seine Fähigkeiten, Techniken und Methoden in der Arbeit, die er verrichtet, zu erweitern und zu verbessern. Bei einer schlechten Aspektierung fühlt sich der Horoskopeigner unter Umständen für seine Arbeit überqualifiziert oder sein Arbeitsgebiet entspricht nicht seinen Erwartungen.

Die Sonne, Mars oder Jupiter als Herrscher von sechs in neun weisen auf einen Menschen hin, der sich ständig bemüht, den vorgegebenen Rahmen seiner Arbeit zu sprengen und darüber hinaus zu gehen, vor allem wenn sie verletzt stehen. Bei einer positiven Aspektierung kommen die Verbesserungen und Beförderungen im Bereich der Arbeit in regelmäßigen Abständen von ganz allein. Menschen, deren Horoskope eine Neigung zu den Heilkünsten anzeigen, profitieren sehr von einem gut aspektierten Sechsthausherrscher in neun, da diese Stellung viel Fortbildung in diesen Bereichen verspricht und alle Lernaktivitäten fördert, die zur persönlichen Vervollkommnung dienen.

Wenn der Herrscher des sechsten Hauses im zehnten steht und gut aspektiert wird, dann verfügt der Horoskopeigner über die Fähigkeit, seine verschiedenen Fähigkeiten alle in den Beruf seiner Wahl einfließen zu lassen. Das Leben bekommt eine höchst praktische Note, und der betreffende Mensch ist äußerst bestrebt, in seiner gesellschaftlichen Stellung weiterzukommen und Erfolg zu haben. Wenn Saturn beispielsweise der Herrscher des sechsten Hauses ist und gut aspektiert in zehn steht, dann geschieht der Aufstieg an die Spitze höchstwahrscheinlich langsam und stetig, mit großer Aussicht auf Erfolg. Mars in dieser Stellung weist auf einen Menschen hin, der die Erfolgsleiter hinaufstürmt. Venus erreicht den Weg nach oben durch ihre gesellschaftlichen Verbindungen und Kontakte und den der Persönlichkeit eigenen Charme. Das Besondere an dieser Position ist, dass der Horoskopeigner möglicherweise seinen Weg nach oben aus einer niedrigeren sozialen Position oder Arbeitssituation heraus gefunden und seine ganz persönlichen Fähigkeiten für sein berufliches Fortkommen genutzt hat.

Wenn die Erdzeichen eine Rolle dabei spielen, dann hat der Betreffende eine recht materialistische Einstellung, was seinen Erfolg angeht. Bei den Wasserzeichen arbeitet er womöglich nicht nur, um schöne Dinge zu erwerben oder finanzielle Mittel zur Verfügung zu haben, sondern vielleicht auch aufgrund eines Ideals, das er verfolgt. Die Beteiligung der Luftzeichen sind ein Hinweis darauf, dass zwischenmenschliche Beziehungen und eine gute Kommunikationsfähigkeit eine große Rolle bei der Arbeit spielen. Besonders gut aspektierte Planeten in den Luftzeichen als Signifikatoren der Beziehung zwischen dem sechsten und dem zehnten Haus sprechen davon, dass der Horoskopeigner über hoch entwickelte Kommunikationsmittel und -techniken verfügt.

Wenn der Herrscher des sechsten Hauses im elften steht, dann bezieht der Arbeitsbereich meist auch Gruppen und Institutionen mit ein. Wenn wir ein Luftzeichen oder Merkur bzw. Uranus als Signifikatoren haben, denn gehört Kommunikation in einem größeren Rahmen oder Netzwerk wahrscheinlich zum Aufgabengebiet des Betreffenden. Dieser Mensch lernt aus dem Zusammensein mit anderen. Wenn der Herrscher gut aspektiert ist, dann fühlt sich der Horoskopeigner in größeren Firmen oder Institutionen womöglich sehr wohl. Dieser Mensch nimmt gern an Gruppen- bzw. Firmenaktivitäten teil bzw. vertritt unter Umständen die Interessen seiner Kollegen in einem dafür vorgesehenen Rahmen, wie in einem Betriebsrat beispielsweise. Falls Jungfrau an der Spitze des sechsten Hauses steht, Wassermann an der Spitze von elf und Merkur in Wassermann in diesem Haus steht, dann hätten wir hier einen perfekten Kundendienstmitarbeiter für eine Telefongesellschaft! Was die Gesundheit angeht, so eröffnet die Stellung des Herrschers von sechs in elf einige interessante Möglichkeiten. Wir dürfen nicht vergessen, dass das elfte ein gesellschaftliches Haus ist. Ein Hausherrscher in diesem Feld bringt die Aktivitäten des Hauses, über das er herrscht, in einen größeren Zusammenhang. Wenn Löwe beispielsweise an der Spitze des sechsten Hauses steht und die Sonne in elf in Wassermann im Quadrat zu Neptun in Skorpion steht, dann haben wir es mit jemandem zu tun, der sich leicht Erkältungen und Grippekrankheiten zuzieht, die allgemein im Umlauf sind. Diese Krankheiten werden dadurch verursacht, dass er mit vielen anderen Menschen zusammenarbeitet oder viel mit öffentlichen Verkehrsmitteln unterwegs ist. Mit anderen Worten, der Horoskopeigner neigt zu übertragbaren Krankheiten.

Wenn der Herrscher des sechsten Hauses im zwölften steht, dann zieht der Betreffende vielleicht eine Tätigkeit vor, die im Hintergrund stattfindet oder sich mit geheimen Sachverhalten auseinander setzt. Es ist auf jeden Fall ein Mensch, der gern allein in einer friedlichen Umgebung arbeitet. Die Stellung des Herrschers von sechs in zwölf eignet sich außerordentlich gut für Labor- und Forschungsarbeiten. Der Betreffende hat häufig Zugang zu geheimen Informationen, Akten und Daten. Auch Bibliotheksrecherche gehört in diesen Bereich. Diese Konstellation findet sich auch häufig in den Horoskopen von Menschen, die in medizinischen Berufen arbeiten oder die mit Menschen umgehen, die in Institutionen leben. Wenn der Herrscher des sechsten Hauses in dieser Stellung verletzt steht, insbesondere durch Neptun oder Saturn, dann ist es für den Betreffenden unter Umständen schwierig, eine Arbeit zu finden, bzw. wenn er einmal eine gefunden hat, diese auch zu behalten.

Bei Verletzungen des Sechsthausherrschers durch Neptun besteht eine ständige Unsicherheit darüber, was man tut; man hat vielleicht das Gefühl, dass »irgendetwas in meiner Arbeit fehlt, aber ich weiß nicht genau, was das eigentlich ist.« Bei einer Beteiligung von Saturn als Herrscher oder aspektierender Spannungsplanet hat man eher ein Gefühl von Belastung oder das Empfinden, durch die Arbeit regelrecht eingesperrt zu sein. Was die Gesundheit angeht, so ist ein schlecht gestellter Herrscher von sechs in zwölf (insbesondere, wenn es sich dabei um die Sonne oder den Mond handelt bzw. der Herrscher von den beiden Lichtern Spannungsaspekte empfängt) ein Hinweis auf chronische Krankheiten, die einen unter Umständen daran hindern, einer Berufstätigkeit nachzugehen.

Das Wesen des siebten Hauses

Wenn wir über das erste Haus und dabei vor allem über den Aszendenten sprechen, dann sprechen wir vom »Ich«, vom Empfinden für die eigene Person, das aus dem unmittelbaren Kontakt mit der Umgebung in jedem einzelnen Augenblick entsteht. Wie wir gesehen haben, sagt das erste Haus viel über das Wesen, den Charakter und die Eigenarten des betreffenden Menschen aus. Das siebte Haus, insbesondere das Zeichen am Deszendenten, erteilt dem Astrologen Auskunft über das »Nicht-Ich« bzw. das, was uns am meisten zu anderen Menschen hinzieht. Darüber hinaus beschreibt der Deszendent das, was der Horoskopeigner in anderen Menschen sucht, weil er es nicht ohne weiteres in sich selbst finden kann. Im Grunde ist das siebte Haus die Ergänzung der Persönlichkeit, mit anderen Worten, der Partner. In der traditionellen Astrologie als Haus der Ehe bekannt, verlangt das heutige Zeitalter eine Erweiterung dieser Definition von Ehepartner zu dem Menschen, der einem viel bedeutet. Deswegen erteilt uns das siebte Haus Auskunft über die Menschen, mit denen wir uns gern verbinden, die Art und Weise dieser Verbindung und die Umstände, die zu dieser Verbindung führen.

Wir finden im siebten Haus auch unsere Geschäftspartner und ganz allgemein unsere Integrationsfähigkeit für andere Menschen in unserem Leben. Interessanterweise ist das siebte auch das Haus der »offenen Feinde« bzw. der Menschen, mit denen wir uns häufig in Konflikt- oder Wettbewerbssituationen wiederfinden. Der Mensch ist nun einmal so geartet, dass er seine ernsthaftesten zwischenmenschlichen Schwierigkeiten mit den Menschen austrägt, die ihm am nächsten stehen. Bei dem Versuch, diese Differenzen und Spannungen beizulegen, kommen wir häufig mit unseren eigenen Schattenanteilen in Berührung. Unsere Aufgabe besteht daher darin, das Licht der Seele in dieses Schattenreich scheinen zu lassen, damit die Dualität auf der persönlichen Ebene ein Ende finden kann und wir in der Lage sind, unser Spiegelbild in dem anderen Menschen wahrzunehmen. Die meisten Männer begegnen ihrer eigenen *Anima* durch ihre intimen Partnerschaften, und die meisten Frauen ihrem *Animus*. Die Verschmelzung von männlicher und weiblicher Energie in jedem Einzelnen von uns erlaubt es uns, einen Zustand persönlicher Integration und Ganzheit zu erreichen, eine bewusste Androgynität, die uns zu verstärkter spiritueller Entwicklung und der Vervollkommnung unseres kreativen Potenzials führt.

Wenn der Herrscher des siebten Hauses im ersten steht, dann erhalten persönliche Beziehungen einen hohen Wichtigkeitsgrad und eine herausragende Stellung im Leben – nicht immer zum Besten des Horoskopeigners. Wenn das, was ich bin und was ich tue, um mich als »Ich in der Welt« zu behaupten (der Aszendent) immer mit Partnerschaft verbunden ist, dann kann ich selbst dabei unter Umständen auf der Strecke bleiben. In einigen Fällen ist der Betreffende für den Einfluss, den andere Menschen über ihn haben, regelrecht blind. Das ist zum Beispiel der Fall, wenn Neptun als Herrscher von sieben in eins steht (Fische an der Spitze des siebten Hauses und Neptun entweder in Jungfrau oder in Waage in eins), insbesondere, wenn er auch noch in einem Spannungsaspekt zum Herrscher des ersten Hauses steht. Wenn es sich dabei um Venus als Herrscherin handelt, dann ist der Betreffende höchst wahrscheinlich sehr charmant und »für die Liebe geschaffen«, aber auch in einer Partnerschaft besteht die Notwendigkeit nach individuellen Aktivitäten und Entscheidungen. Falls der Herrscher des siebten Hauses in Konjunktion zur Sonne in eins steht, werden Beziehungen zu anderen Menschen weniger zu einer Verschmelzung von zwei Menschen in eine dritte Einheit – die Beziehung nämlich –, sondern mehr zu einer Verschmelzung des anderen mit dem Betreffenden selbst. Mit anderen Worten, das Empfinden persönlicher Identität ist so sehr mit der Realität des Betreffenden (bzw. mit dem *projizierten Konzept* dieser Realität) verbunden, dass dieser Mensch mit Venus in Konjunktion zur Sonne im ersten Haus intime Beziehungen immer in Bezug auf seine subjektiven Bedürfnisse definiert. Der Partner (symbolisiert durch den Herrscher des siebten Hauses) hat überhaupt keine Chance, objektiv und unabhängig betrachtet zu werden. Obwohl der Herrscher von sieben in eins ein Hinweis darauf ist, dass der Horoskopeigner niemals zu lange allein sein wird, tut es jedem Menschen zu bestimmten Zeiten im Leben gut, seinen persönlichen Raum klar zu definieren. Und das ist mit dem Herrscher des Partnerschaftshauses im Haus des eigenen Selbst nicht gerade einfach.

Wenn der Herrscher des siebten Hauses im zweiten steht, dann sind Partnerschaften sehr wichtig für die Bestimmung und den Einsatz der Talente und Fähigkeiten des Horoskopeigners. Wenn der Herrscher von sieben im zweiten Haus gut aspektiert steht, könnte ein solches Arrangement für beide Partner sehr vorteilhaft sein. Nehmen wir einmal an, Saturn in Jungfrau ist der Herrscher des siebten Hauses und steht im zweiten Haus im Trigon zum Mond in Stier. Das wäre ein Hinweis darauf, dass der Betreffende sich von Natur aus zu älteren bzw. emotional reiferen Menschen hingezogen fühlt. Solche »älteren« Partner wären für ihn hilfreiche Führer auf dem Weg zur Bestimmung und Strukturierung seines Selbstwertempfindens, insbesondere zur erfolgreichen Umsetzung praktischer Ziele. Was wäre, wenn das Zeichen an der Spitze des siebten Hauses beispielsweise Stier wäre und Venus in Schütze in zwei im Sextil zur Sonne in Waage stünde? Dieser Mensch würde sehr leicht hilfreiche und unterstützende Beziehungen herstellen. In diesem ganz besonderen Fall kann man auch davon ausgehen, dass der Horoskopeigner Partner anzieht, die ihn lehren, wie er seine Talente und Ressourcen am besten nutzen und ausbauen kann.

Wenn wir bei dem gleichen Beispiel bleiben, aber zusätzlich noch ein Quadrat zur Venus von Neptun in Jungfrau haben, dann herrscht unter Umständen der Idealismus und die mangelnde Praktikabilität der Waage/Schütze-Verbindung vor und bringt die Beziehung aus dem Gleichgewicht. Denn immerhin ist Venus nicht nur die Herrscherin des siebten Hauses, sondern disponiert auch noch die Sonne, nimmt also eine zentrale Stellung in dieser Kombination von Einflüssen ein. Diesen Menschen sollte man davor warnen, fragwürdige Ratschläge in Bezug auf finanzielle Angelegenheiten von anderen Menschen anzunehmen. Denn diese Ratschläge könnten zu Betrug und Enttäuschung führen. In diesem Fall wäre ein Kommentar wie dieser angebracht: »Mein Freund, investiere kein Geld in die Projekte von Menschen, mit denen du dein Bett teilst!«

Wenn der Herrscher des siebten Hauses im dritten steht und gut aspektiert ist, dann können Partner gleichzeitig die besten Freunde sein. Die Kommunikation mit dem geliebten Menschen läuft dann problemlos und einfach. Jemand, der den Herrscher von sieben in drei hat, wird oft von Menschen angezogen, die ihn geistig anregen. Es besteht der Wunsch danach, einen Partner zu haben, der einen positiven Einfluss auf die eigene Gedankenwelt hat. Denn der Herrscher des siebten Hauses (der Partner) steht ja im dritten Haus des Horoskopeigners (die Art und Weise, wie dieser seine Meinungen und Ideen ausdrückt). In einigen Fällen weist diese Position auch auf einen Bruder oder eine Schwester als Geschäftspartner hin oder deutet an, dass ein Geschwister die Rolle eines Beraters für den Betreffenden einnehmen kann (Ratgeber fallen ebenfalls in die Domäne des siebten Hauses).

Da das dritte Haus auch etwas mit Nachbarschaft zu tun hat, könnte unser Lebenspartner aus einem ähnlichen ethnischen, sozialen oder geographischen Hintergrund kommen wie wir, wenn der Herrscher von sieben dort steht. Falls er verletzt ist, neigt der Horoskopeigner unter Umständen dazu, seine Gedanken und Ideen stark von seinem Partner beeinflussen zu lassen. Nehmen wir einmal an, dass Skorpion im siebten Haus steht und Pluto sich in drei in Krebs im Quadrat zu Merkur befindet. Dies kann ein Hinweis auf geistige Manipulation und mentalen Missbrauch in der Ehe oder Partnerschaft sein.

Wenn der Herrscher des siebten Hauses im vierten steht, besteht ein ausgeprägtes Interesse daran, mit dem Partner ein gemeinsames Heim zu haben. Die Kombination von Venus und dem Mond (den beiden natürlichen Herrschern dieser Häuser) ist ganz besonders »häuslich«. Wann immer es eine enge Kombination der von diesen beiden Planeten beherrschten Häuser gibt, steht die Frage des Heims und des Wunsches nach Intimität im Leben des Betreffenden im Vordergrund. Sie lautet dann: »Welcher *Art* ist diese Intimität und wie *unterstützend* ist die Partnerschaft für den Betreffenden?« Wenn der Herrscher von sieben in vier steht, dann gestatten wir anderen Menschen, in unsere privateste Sphäre vorzudringen. Wir nehmen sie sozusagen in uns auf und sind infolgedessen psychologisch sehr verletzbar, und zwar für Verletzungen durch unsere Intimpartner. Wenn es zu der Frage kommt: »Gehen wir zu dir oder zu mir?«, kann man sicher sein, dass ein Mensch mit dem Herrscher von sieben in vier immer antworten wird: »Zu mir.« Trotzdem bleibt die Frage immer noch offen, wie sicher es »bei dir« eigentlich ist. Bei einem gewissen Maß an emotionaler Reife unterstützt und verschönert die Beziehung das psychologische und physische Heim des Horoskopeigners. Falls der Herrscher von sieben jedoch verletzt steht (insbesondere, wenn es sich dabei um einen Spannungsaspekt zum Herrscher von vier handelt), dann hat der Weg zur Intimität seinen Preis. Welchen, darüber erteilt der Spannungsplanet nähere Auskunft.

Wenn der Herrscher des siebten Hauses im fünften steht, dann hat der Horoskopeigner eine starke Neigung zu Romantik. Denn hier steht das Symbol für unsere Ehepartner im Haus der Liebhaber. Obwohl dies eine ideale Situation zu sein scheint, ist dem nicht immer so. Denn es kann sein, dass der Betreffende mit dieser Kombination erwartet, dass die Flitterwochen ewig währen. Wenn es auch noch einen Spannungsaspekt zwischen den beiden Häuserherrschern gibt, insbesondere in den beweglichen Zeichen, dann neigt der Horoskopeigner unter Umständen zu Promiskuität. Das heißt, der Betreffende verliert niemals so ganz seine Schwäche für intensive, leidenschaftliche Begegnungen. Falls es sich bei dem Herrscher des siebten Hauses um Neptun handelt oder wenn ein anderer Planet (vor allem Venus oder der Mond) in einem Spannungsaspekt zu Neptun steht, dann haben wir es unter Umständen mit einer regelrechten Beziehungsabhängigkeit zu tun. Das manifestiert sich dann im Leben des Betreffenden so, dass er ohne Partner niemals wirklich glücklich ist, dass er mit einem Menschen eine intime und romantische Partnerschaft führt, selbst wenn die Art der Beziehung ihn nicht wirklich unterstützt oder ihm hilft. Es geht dann nur noch um Beziehung um der Beziehung willen. Dies ist sicherlich ein Extremfall, der jedoch nicht unwahrscheinlich ist, wenn die

Herrscherplaneten so kombiniert sind wie oben beschrieben. Häufiger jedoch steht die Kombination der Herrscher von sieben und fünf für Spaß und Freude in der Partnerschaft, da dies das natürliche Ziel eines Menschen ist, der eine solche Herrscherverknüpfung in seinem Horoskop hat. Wenn der Herrscher von sieben gut aspektiert ist, dann gibt der Partner unter Umständen einen guten Elternteil für die Kinder des Horoskopeigners ab, gleichgültig, ob dies nun seine eigenen oder seine Stiefkinder sind. Wenn es Stiefkinder gibt, sollte man danach schauen, ob und wie Saturn oder Uranus mit dem fünften Haus in Beziehung stehen.

Wenn der Herrscher des siebten Hauses im sechsten steht und gut aspektiert ist (insbesondere, wenn die Erdzeichen betont sind), dann hat der Partner unter Umständen einen positiven Einfluss auf die praktischen Seiten des Lebens. Dies ist eine gute Stellung für Geschäftspartner, insbesondere, wenn der andere die Stellung des Juniorpartners innehat. Was Ehe und romantische Partnerschaften angeht, so hat der Horoskopeigner hier ein glückliches Händchen, was die Hilfsbereitschaft seines Partners angeht. Dies ist ein Mensch, der dem Betreffenden mit all seinen Fähigkeiten und seiner Einsatzbereitschaft zu Diensten steht, wann immer er Hilfe braucht oder darum bittet. Falls der Herrscher von sieben in sechs verletzt steht oder einen Spannungsaspekt zum Herrscher des sechsten Hauses bildet, kann diese Partnerschaft einen unguten Einfluss auf die Gesundheit des Betreffenden haben. Der Ausdruck »Du machst mich krank!« wäre hier wohl passend. Aber was in dem anderen Menschen bringt den Horoskopeigner aus dem Gleichgewicht und sorgt für mangelnde Stabilität? Welche spezifische Eigenschaft in der Persönlichkeit des Partners stört oder verärgert ihn? Und vor allem, wofür *steht* diese Schwierigkeit oder Irritation durch den Partner in Bezug auf die Psychologie bzw. das »Karma« des Betreffenden?

Warum sollte etwas in *dir* eine Krankheit in *mir* hervorrufen? Denn schließlich fühlt sich der Horoskopeigner von diesen Umständen angezogen und zieht sie und den entsprechenden Partner somit in sein Leben. Von welcher Art ist der persönliche Schattenanteil, der hier Heilung erfahren möchte? Die Antwort finden wir in dem Siebthausherrscher selbst und in dem Zeichen, in welchem er steht. Wenn es sich beispielsweise um einen verletzten Mond in Krebs handelt, dann hat der Betreffende wahrscheinlich ein Fürsorgeproblem, entweder, weil er sich nicht um sich selbst kümmert oder weil er dies nicht auf die richtige Art und Weise tut. Der Partner könnte dann zum Beispiel ungeheuer bedürftig oder emotional erdrückend sein, eine Situation, die den Horoskopeigner depressiv und psychologisch krank machen könnte. Der Planet erzählt uns in jedem Fall die Geschichte; wir müssen nur wissen, wie wir sie richtig zu interpretieren haben. Was wir natürlich nicht wollen, wenn der Herrscher von sieben in sechs steht, ist, dass unser Partner zu unserem Haustier wird!

Wenn der Herrscher vom siebten Haus im siebten Haus steht, dann steht Partnerschaft an erster Stelle im Leben. Der Herrscher von sieben gibt in diesem Fall eine recht spezifische Auskunft darüber, welche Art von Mensch uns am meisten anzieht. Wenn er verletzt ist, dann sagt das etwas darüber aus, welche Art von Beziehung zu problematischen Situationen für den Horoskopeigner führt. Nehmen wir als Beispiel für den ersten Fall einmal Stier an der Spitze des siebten Hauses und Venus in Stier im Trigon zum Mond in Steinbock. In diesem Fall haben wir es ja mit einem Skorpion-Aszendenten zu tun, so dass man davon ausgehen kann, dass der Betreffende häufig finanzielle Unterstützung und Stabilität in der Partnerschaft sucht, da Skorpion das Zeichen der Ressourcen anderer Menschen ist. In diesem Fall müssen wir gar nicht weiter suchen. Die Stellung der Venus verrät uns, dass der Horoskopeigner bei anderen Menschen genau das findet, was er sucht. Der Partner erweist sich wahrscheinlich nicht nur als attraktiv und als Quelle materieller Sicherheit, sondern könnte auch noch aus einer wohlhabenden Familie stammen. Nehmen wir für den umgekehrten Fall einmal an, Widder stünde an der Spitze des siebten Hauses und Mars stünde ebenfalls in Widder im Quadrat zu Uranus. Wir wissen, dass es sich um einen Waage-Aszendenten handeln muss und dass wir schon aus diesem Grund einen Menschen vor uns haben, für den Partnerschaft ein Schlüsselelement im Leben darstellt. Dieser Mensch wäre außerdem immer um eine friedliche und harmonische Selbstdarstellung bemüht. Aber wehe ihm, wenn er sich wirklich jemandem nähert und dem Chaos von Mars im Quadrat zu Uranus als Signifikatoren für die Partnerschaft begegnet! Ihm wird sich ein nicht gerade erfreulicher Anblick bieten; aufregend vielleicht, mit ein paar eingestreuten außergewöhnlichen sexuellen Begegnungen, aber sicher nicht in Übereinstimmung mit den Wünschen nach heiterem partnerschaftlichen Einklang, die eine Waage-Persönlichkeit im Allgemeinen hegt. Wir können erahnen, dass der Horoskopeigner mit einem derart konfrontativen Mars in Widder als Herrscher vom siebten Haus in Spannung zum unruhigen Uranus auf seiner Suche nach dem perfekten Partner eine Reihe von unangenehmen Überraschungen erleben wird.

Wenn der Herrscher des siebten Hauses im achten steht, dann spielen Geld und gemeinsame Ressourcen eine wichtige Rolle in der Partnerschaft. Wenn der Herrscher positiv aspektiert ist, insbesondere wenn die Erdzeichen mit im Spiel sind, dann hat der Horoskopeigner voraussichtlich Erfolg mit gemeinsamen Investitionen oder heiratet jemanden, der gut mit Geld umgehen kann. Ist der Herrscher jedoch verletzt, dann könnte die Beziehung durch Geldprobleme belastet werden. Nehmen wir einmal an, Steinbock stünde an der Spitze des siebten Hauses und Saturn stünde in Wassermann in acht in Opposition zur Löwe-Sonne des Horoskopeigners im zweiten Haus. Das wäre ein eindeutiger Hinweis darauf, dass dieser Löwe-Mensch sich einen Partner mit einem extremen Kontrollbedürfnis suchen würde (ein verletzter Saturn in einem fixen Zeichen). Der Horoskopeigner hat einige tiefe Vaterthemen zu klären, die ihm durch seine Partnerschaft immer wieder begegnen (Opposition zum Herrscher des siebten Hauses). Diese Probleme werden wahrscheinlich die Form von finanziellen Auseinandersetzungen annehmen (eine Opposition zwischen dem zweiten und dem achten Haus).

Wir dürfen nicht vergessen, dass Planeten auch ganz direkt für Menschen stehen und diese recht exakt beschreiben. Diese Planeten- und Häuserkombination betrifft noch zwei andere Gebiete im Horoskop, die mit Partnerschaft zu tun haben, Sexualität und Transformation nämlich. Es ist nur natürlich, dass wir unsere Sexualität mit unserem Partner ausdrücken. Diese Facette der Partnerschaft wird für einen Menschen mit dem Herrscher von sieben in acht ganz besonders wichtig sein. Nehmen wir einmal an, Schütze stünde am Deszendenten. Dies sagt aus, dass wir über unsere Partner nach Wachstum streben und dass wir, entsprechend unserem Zwillinge-Deszendenten, auch gern reisen und eine schöne Zeit mit unserem Partner verbringen. Wenn Jupiter, der Herrscher von sieben, dann beispielsweise in Steinbock im achten Haus steht, wird unser auf reines Vergnügen ausgerichteter Beziehungswunsch ein wenig eingeschränkt. Der Horoskopeigner käme in der Partnerschaft nicht so sehr auf seine Kosten, wie er es sich vorgestellt hat. Natürlich hat die Beziehung mit Schütze als Zeichen an der Spitze von sieben immer noch etwas sehr Fruchtbares; allein der Partner könnte etwas knauserig oder gehemmt sein (Steinbock). Der Einfluss des achten Hauses auf den Herrscher von sieben bewirkt außerdem, dass die Partnerschaft eine entscheidende Rolle dabei spielt, den betreffenden Menschen in Transformationskrisen zu führen, die zu persönlicher Regenerierung (oder auch Degenerierung!) führen.

Wenn der Herrscher des siebten Hauses im neunten steht, dann bedeutet Partnerschaft eine Lernerfahrung. Die generelle Orientierung besteht darin, einen Partner zu suchen, mit dem man viele (1) intellektuelle, (2) philosophische bzw. (3) spirituelle Interessen teilen kann. Für den Fall (1) sollte es Verbindungen zwischen dem siebten und dem neunten Haus geben, in denen Merkur, Saturn oder Uranus als Signifikatoren fungieren bzw. die Luftzeichen vorherrschen; für den Fall (2) suchen Sie nach Jupiter und den Feuer- und Wasserzeichen; für den Fall (3) sollten Neptun und die Wasserzeichen involviert sein. In allen drei Fällen wird es dem Betreffenden wichtig sein, mit seinem Partner zu reisen, da die Abenteuerlust eine große Rolle in der Beziehung spielt. Sollten Mars oder Jupiter und die Zeichen Widder oder Schütze irgendwie mit eingebunden sein, dann muss der Partner auf jeden Fall jemand sein, mit dem man mutig neue Horizonte entdecken kann.

Wenn der Herrscher des siebten Hauses im zehnten steht, hat der Horoskopeigner den Wunsch nach einem Partner, der seine eigene soziale Stellung stärkt. Wenn er durch das Zeichen, seine Aspekte oder andere Indikatoren geschwächt wird, dann kann der Partner eine Quelle für Schwierigkeiten beim Erreichen dieses Ziels darstellen. Nehmen wir einmal an, dass Zwillinge an der Spitze des siebten Hauses steht und Merkur in Jungfrau im zehnten Haus im Quadrat zu Neptun in Schütze steht. Der Horoskopeigner hält von Natur aus Ausschau nach einem Partner, dessen intellektueller Rat in praktischen Angelegenheiten ein Hauptaugenmerk für die Beziehung bildet. Er könnte dabei jedoch an jemanden geraten, dessen Rat ihn in die Irre führt, der zu idealistisch ist oder der ihn im besten Fall lediglich verwirrt. Stier an der Spitze des siebten Hauses mit Venus in Konjunktion zu einer gut aspektierten Sonne in Löwe in zehn ist ein Hinweis darauf, dass dem Partner öffentliche Anerkennung wichtig ist und er für den Erfolg beider Partner eine wichtige Unterstützung ist.

Eine weitere Interpretation dieser Stellung wäre, dass der Partner selbst sehr erfolgreich ist und dass sich dieser Erfolg auf das Leben des Horoskopeigners ausdehnt. Wie immer bei einer individuellen Häuser-Planeten-Kombination muss das gesamte Horoskop in die Betrachtung mit einbezogen werden.

Wenn der Herrscher des siebten Hauses im elften steht, dann suchen wir nach einem Menschen, der nicht nur unser Partner, sondern auch unser Freund ist. Damit diese Beziehung gut gelingt, müssen die Partner einige Interessen miteinander teilen. Der Signifikator für Partnerschaft im elften Haus bedeutet, dass der »bedeutende andere Mensch« in unserem Leben uns in vielerlei Hinsicht ähneln sollte und dass es besonders wichtig ist, einen gemeinsamen Freundeskreis und ähnliche soziale Ansichten zu haben.

Das Horoskop von Prince Charles ist ein sehr gutes Beispiel für den Herrscher von sieben in elf. Viele Probleme, die Prince Charles in seiner Ehe zu Prinzessin Diana hatte, sowie auch die Beziehung, die er mit Camilla Parker-Bowles führt, können auf die Deutung des siebten, elften und fünften Hauses im Horoskop des Prinzen zurückgeführt werden.

Charles hat Uranus als den Herrscher von sieben in elf in exakter Opposition zu Jupiter in Schütze stehen. Diese Konstellation spricht von philosophischen und soziologischen Differenzen, die er mit jeder potenziellen Ehefrau hätte. Sie zeugt auch von großen sozialen Unterschieden zwischen seinem eigenen Freundeskreis und dem seiner Gattin.

Obwohl Lady Diana Spencer einen perfekten sozialen Hintergrund hatte, war sie doch dreizehn Jahre jünger als er, kam also aus einer ganz anderen astrologischen Generation; sprich, keiner der äußeren Planeten stand bei ihr noch im gleichen Zeichen wie bei ihm. Sie hatte völlig unterschiedliche Freunde und Lebenserfahrungen. Als Anwärter auf den Thron ist Charles in einer streng überwachten, reglementierten, traditionellen und strukturierten Umgebung aufgewachsen. Dies können wir der Tatsache entnehmen, dass der Herrscher des dritten Hauses (Merkur) im vierten Haus in einem engen Sextil zu Saturn in Jungfrau steht. Sein Leben wird nicht nur völlig von seiner Mutter, Queen Elizabeth, dominiert, sondern auch von der Stellung als König, die er einnehmen soll, falls und wenn er den Thron erbt. Diese Situation wird im Horoskop sehr eindeutig durch die Stellung des Mondes in Stier im zehnten Haus im Trigon zu Saturn gespiegelt (dieser Mond steht übrigens in exakter Konjunktion zur Sonne von Queen Elizabeth!).

Die Sonne, der Mond und der Aszendent (plus der Herrscher des Aszendenten) stehen alle in fixen Zeichen, was auf ein Leben hinweist, das eher unbeweglich und gesetzt ist. Die große Leidenschaft seines Lebens ist der Sport, insbesondere Polo (Mars in Konjunktion

Beispielhoroskop 20: Prince Charles von England[41] – Horoskopabbildung 14. November 1948, London, England, 21.14 h GMT

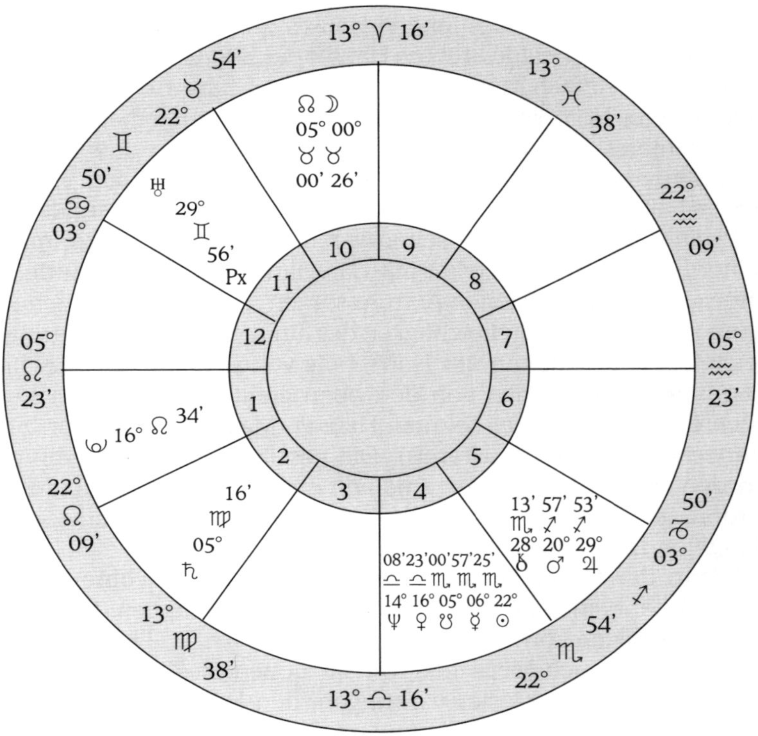

41 Datenquelle: Verlässliche Kontakte des Autoren im Vereinten Königreich.

zu Jupiter in Schütze im fünften Haus des Vergnügens und der Freude). Aber auch Liebesabenteuer können dazu gehören, da Mars und Pluto, die Dispositoren der Sonne in Skorpion, die in diesem Fall auch der Geburtsherrscher ist, im Trigon zueinander stehen. Wenn wir die Signifikatoren des fünften Hauses der Liebesabenteuer entsprechend mit denen des siebten Hauses der Ehepartner vergleichen, müssen wir einfach zugeben, dass Prince Charles ein wesentlich glücklicheres Horoskop für eine Affäre als für eine Ehe hat.

Was interessant (und außerdem so britisch!) ist, ist dass Camillas Urgroßmutter die Dauergeliebte von Charles Urgroßvater war. Im besten Falle kann Charles eine, wenn auch turbulente, Freundschaft mit seiner Ehefrau haben, seine wahre Liebe gälte jedoch immer seiner Geliebten. Eine Heirat mit Camilla Parker-Bowles würde für enormen gesellschaftlichen Aufruhr sorgen, weil sich die Beziehung dann von der relativen Leichtigkeit des fünften Hauses auf die angezeigten Komplikationen des Herrschers von sieben in elf verschieben würde. Abgesehen von den oben genannten Faktoren steht auch der Herrscher des zehnten Hauses (Mars) in Opposition zum Herrscher von sieben (Uranus). Die gesellschaftliche Stellung des Prinzen würde durch seinen erneuten Ehestatus ernsthaft herausgefordert, genauso wie dies durch die Ehe und anschließende Scheidung von Diana der Fall war.

Wenn der Herrscher des siebten Hauses im zwölften steht, dann besteht eine Neigung zu heimlichen Beziehungen. Dies kann unterschiedliche Formen annehmen, je nach Art des Planeten. Sehr häufig haben auch Menschen, die ihr Leben im Krankenhaus, im Gefängnis oder im Kloster verbringen, den Herrscher des siebten Hauses im zwölften stehen. Andere Signifikatoren für heimliche Beziehungen sind: Der Herrscher von zwölf im Aspekt zum Herrscher von sieben, Neptun im Aspekt zum Herrscher von sieben oder Neptun im Aspekt zu Venus (siehe auch Prinz Charles Horoskop als Beispiel hierfür). Der Herrscher von sieben in zwölf ist immer ein Merkmal für einen Menschen, der viel Privatsphäre für sein Leben braucht. Ein gut aspektierter Herrscher in dieser Stellung kann eine große Quelle innerer Stärke darstellen und als ein »verborgener Engel oder guter Schutzgeist« fungieren, der dem Betreffenden heimlich, still und leise durch das Leben hilft. Andererseits jedoch kann ein verletzter Herrscher des siebten Hauses in dieser Stellung auch zu Skandalen und enormen Schwierigkeiten führen, insbesondere, wenn Neptun, Pluto und Uranus eine Rolle spielen.

Das Wesen des achten Hauses

Im Prozess atomarer Spaltung wird ein so genannter Zyklotron eingesetzt. Der Sinn dieser Maschine ist es, Atome zu zerschmettern, so dass sie ihre Form verlieren und die in der Form gebundene Energie freigesetzt wird. Dies gestattet dann, die durch einen derart gefährlichen (und erstaunlichen) Prozess freigesetzte Kraft in andere Quellen zu kanalisieren, sowohl in destruktive als auch in konstruktive. Im Grunde wird das Wesen des Atoms transformiert und seine essenzielle Vitalität durch einen Akt des kreativen Willens anderen Zwecken zugeführt. Das achte Haus ist der Zyklotron des Horoskops. Kein Wunder, dass dieses Haus und sein natürlicher Zeichenherrscher Skorpion bei Astrologen so berüchtigt sind.

Im achten Haus finden wir einige der herausforderndsten und zwanghaftesten Bereiche des Lebens: den Tod, die Sexualität und Steuern! Und dennoch kann die diesem astrologischen Domizil zugrunde liegende Dynamik in einem einzigen Wort zusammengefasst werden: Transformation. Wir können auch noch einige andere Worte hinzufügen, um diesen Begriff zu erweitern: Regeneration und Rezirkulation. Obwohl das achte Haus tatsächlich viel über die Art unseres physischen Todes aussagt (sowie auch über unsere generelle Einstellung gegenüber dem Tod), hat es auch viel mit den Krisen im Leben zu tun, die letztlich zu psychologischem und spirituellem Wachstum führen. In diesem Sinne »sterben« wir also und verlassen ein bestimmtes Entwicklungsstadium, damit wir »wiedergeboren« und erneuert werden können.

Sexualität ist ein anderer Lebensbereich, der uns einerseits einen Weg in die Unsterblichkeit weist und andererseits das völlige Loslassen und völlige Hingabe der eigenen Person voraussetzt. Durch unsere Sexualität erschaffen wir uns eine relative physische Unsterblichkeit in Form unserer Kinder, und indem wir dies tun, ermöglichen wir auch den Fortbestand zukünftiger Generationen. Durch eine Umlenkung sexueller Energie ist es mystisch orientierten Menschen außerdem möglich, den Zustand eines höheren Bewusstseins zu erreichen. Für viele Menschen jedoch wird Sexualität zu einem zwanghaften Instrument der Selbstverleugnung und Selbstvernichtung. Dieser so natürliche und schöne Teil des menschlichen Wesens wird allzu häufig pervertiert und durch Angst, Vorurteile, Kriminalität und heutzutage auch durch Werbung fremd besetzt. Auch wenn dies hier keine Abhandlung über Sexualität ist, so ist es doch wichtig zu bedenken, dass unsere Reise durch das achte Haus unserem spirituellen Weg (dem neunten Haus) vorausgeht.

Wenn der Herrscher des achten Hauses im ersten steht, dann wird das Bedürfnis nach persönlicher Transzendenz in nicht unerheblichem Maße betont. Diese beiden Häuser haben eine sehr starke Verbindung zueinander. Sie haben nämlich den gleichen natürlichen Herrscher, Mars. Wenn der rote Planet in Skorpion steht, dann bringt dies eine Intensivität des persönlichen Antriebs mit sich, der den Abschluss und die darauffolgende Transformation bestimmter persönlicher, emotionaler und von unseren Wünschen abhängigen Prozesse beschleunigt. Mars in Widder öffnet die Tür für die Anregung *neuer* Wünsche, Ziele und Impulse, die erst später im Leben »gekillt« und in eine höhere Ausdrucksform umgewandelt werden müssen.

Wenn der Herrscher des achten Hauses stark und gut aspektiert im ersten Haus steht, dann verfügt der Horoskopeigner über einen sprudelnden Quell regenerativer Energie. Wenn beispielsweise Löwe an der Spitze des achten Hauses und die Sonne in Steinbock in eins steht, dann ist es ein Grundbestreben des Betreffenden, sich das Leben so zu gestalten, dass jeder Augenblick als Potenzial für das Wachstum und die Regenerierung seiner persönlichen Kraft und Stärke dienen kann. Dieses Charaktermerkmal könnte sich leicht in einer kontrollierenden Persönlichkeit manifestieren, in einem Menschen, der eine Welt erschaffen möchte, in der er der oberste Diktator ist. Dies ist auf jeden Fall jemand, der die Ressourcen anderer nimmt und sie in die Strukturen seines eigenen Lebens integriert. Eine solch negative Ausprägung wird energetisch unterstützt, wenn Mars und/oder Saturn sich in einem Hauptaspekt mit der Sonne in der genannten Position befinden.

Zusätzlich zu den Aspekten ist auch das Niveau der spirituellen Entwicklung des Menschen in diesem Fall ausschlaggebend dafür, ob er in seinem Bereich ein wohlwollender oder ein bösartiger Herrscher ist. Der Herrscher von acht in eins weist auch darauf hin, dass Sexualität ein primäres Mittel der Persönlichkeit im Umgang mit der Umgebung ist. Wenn es sich bei dem Herrscher also um einen verletzten Saturn handeln würde, dann hätte das Gefühl sexueller Hemmung einen dominierenden Einfluss auf das Selbstbild des Betreffenden und würde seine Beziehungen entsprechend prägen. Wenn ein starker Mars oder eine starke Venus die Herrscher wären, dann wäre im Falle von Mars ein Großteil des Lebens durch einen starken aggressiven, sexuellen Wettbewerb bestimmt bzw. im Falle von Venus durch einen besonders magnetischen und charismatischen, sinnlich ausgedrückten Drang nach Verschmelzung.

Wenn der Herrscher des achten Hauses im zweiten steht, dann existiert eine enge Verbindung zwischen den finanziellen Ressourcen des Partners und denen des Horoskopeigners. Das astrologische Häusersystem ist in dieser Hinsicht sehr logisch aufgebaut. Das achte Haus ist nämlich das zweite vom siebten aus gesehen. Im zweiten Haus geht es um die eigenen Ressourcen, im zweiten vom siebten geht es entsprechend um Geld aus Partnerschaften. Dies ist der Grund, warum das achte Haus auch als das Haus der Unterhaltszahlungen gilt, also Ressourcen, die durch den *Tod* einer Partnerschaft entstehen. Wenn Venus beispielsweise Herrscherin des achten Hauses ist und durch ein Trigon von Jupiter oder Pluto unterstützt wird, dann ist es recht wahrscheinlich, dass der Betreffende seinen persönlichen Besitz durch eine Ehe oder eine Geschäftsbeziehung bereichert. Falls jedoch Neptun in Jungfrau der Herrscher des achten Hauses ist (Fische steht dann an der Spitze von acht) und im Quadrat zu Merkur, dem Herrscher von zwei, steht (Jungfrau Spitze zwei), dann könnte es sein, dass der Horoskopeigner seine persönlichen Mittel durch einen betrügerischen oder skandalträchtigen Missbrauch der Ressourcen seines Partners gefährdet.

Wenn der Herrscher des achten Hauses im dritten steht, dann gehören die Themen Sexualität und Tod zu den Hauptgesprächsthemen und sind Gegenstand ständiger geistiger Auseinandersetzung für den Horoskopeigner.

Werfen wir einen Blick auf das Horoskop von Elisabeth Kübler-Ross, der Schweizer Sozialarbeiterin und Heilerin, die dafür bekannt ist, die Einstellung der Gesellschaft gegenüber dem Tod und dem Sterben verwandelt zu haben. In ihrem Buch *Über den Tod und das Leben danach* schreibt sie: »Sterbende sind dankbar für die Gelegenheit, mit jemandem zu reden, ihre Erfahrung mit jemandem zu teilen und zu betrachten und von diesem konspirativen Schweigen endlich befreit zu werden.« Elisabeth Kübler-Ross hat Waage an der Spitze des achten Hauses stehen und Venus in Zwillinge in drei. Venus ist also auch die Herrscherin des dritten Hauses, an dessen Spitze Stier steht, so dass die enge Verbindung zwischen dem achten und dem dritten Haus eine sehr klare Realität in ihrem Leben ist. Außerdem steht Venus im Sextil zu Mars, dem natürlichen Herrscher des achten Hauses, in Widder im ersten Haus, was uns sagt, dass Elisabeth

Beispielhoroskop 21: Elisabeth Kübler-Ross[42] – Horoskopabbildung
8. Juli 1926, Zürich, Schweiz, 22.15 h CET

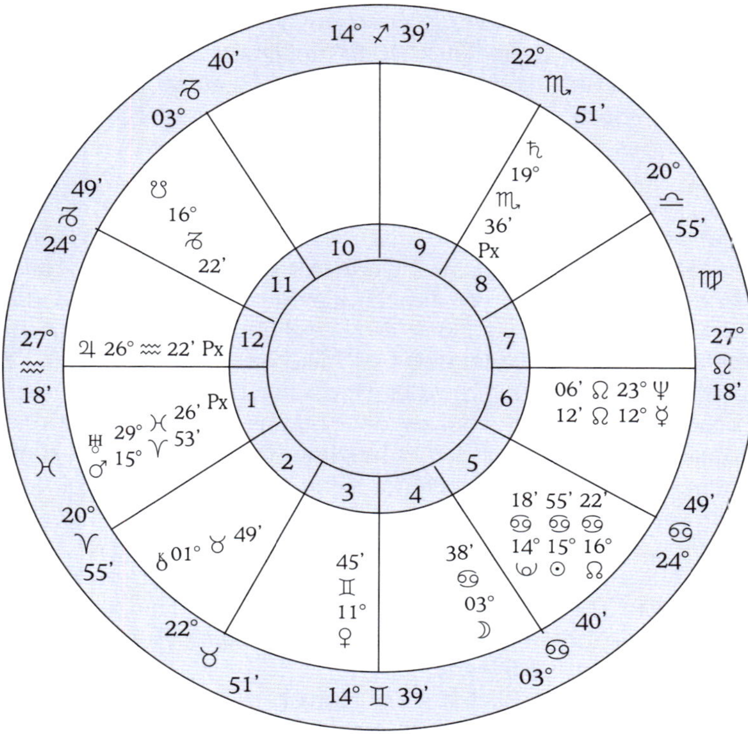

42 Datenquelle: March, M. und McEvers, J., *The Only Way to Learn Astrology*, Vol. III, ACS Publications, S. 66.

Kübler-Ross auf diesem Gebiet eine Pionierin ist. Venus steht zusätzlich noch im Sextil zu ihrem eigenen Dispositor, Merkur, der im sechsten Haus steht, dem Haus der Gesundheit und Heilung. In der esoterischen Astrologie gilt Venus als die Herrscherin von Zwillinge, da es ihrer wahren Natur entspricht, Gegensätze in Harmonie zu bringen.

Das esoterische Herrschersystem funktioniert nur von der Seelenebene aus, also wenn die Aktivitäten des Einzelnen auf das Wohlergehen anderer Menschen gerichtet und die Ziele des Betreffenden völlig frei von egoistischen Motiven sind.[43] Dann fungiert Venus als Vereinigung aller primären Gegensätze wie Leben und Tod, und zwar durch *bewusste Kommunikation*. Die wandlungsstarke Dynamik dieses Horoskops und die Verbindung zum Tod können wir auch aus der Tatsache entnehmen, dass es in dem Horoskop eine enge Konjunktion zwischen Pluto und der Sonne gibt. Die Stellung dieser beiden Planeten, plus dem Mond im Zeichen Krebs weisen auf die energetische Unterstützung hin, die Elisabeth Kübler-Ross zu geben hat. Ein Wassermann-Aszendent mit Uranus in Fische im ersten Haus ist ein zusätzlicher Indikator für das mitfühlende und humanitäre Wesen dieser couragierten Frau.

Wenn der Herrscher des achten Hauses im vierten steht, dann begegnen dem Horoskopeigner im Laufe seines Lebens immer wieder herausfordernde Umstände für sein persönliches Wachstum, die sich im Wesentlichen im Bereich seiner Familie und Herkunft abspielen. Sehr häufig ist der Tod eines Partners die Quelle von solchen tiefen Wandlungsprozessen. Der Betreffende erlebt einen Verlust und befreit sich als Folge davon von der Art und Form seiner psychologischen Wurzeln, um zu größerer persönlicher Freiheit zu gelangen, um weniger aus dem Instinkt heraus zu handeln und eine objektivere Sichtweise zu erhalten. Diese sehr starke Herrscherposition zeigt an, dass für ein psychologisches Wachstum für diesen Menschen eine neue Verwurzelung stattfinden muss. Das heißt, entwicklungsförderndes Wachstum ist erst möglich, wenn sich der Betreffende aus seiner unbewussten Anhaftung an sein biologisches Karma löst und der Prozess der Individuation entsprechend beschleunigt wird.

---

43 Für nähere Informationen zu den esoterischen Herrschern des Horoskops und ihrer Wirkung möchte ich auf mein früheres Werk *Astrologie der Seele* verweisen, erschienen im Tabula Smaragdina Verlag.

Wir dürfen nicht vergessen, dass das vierte Haus auch als das Haus des »Endes einer Angelegenheit« gilt. Wenn der Herrscher des Todeshauses im Haus des Endes steht, dann gibt es keinen anderen Weg als den, einen Schwerpunkt auf das Reinkarnationsprinzip zu legen. Und ich meine das jetzt nicht im metaphysischen Sinne, sondern ich benutze den Ausdruck hier als Euphemismus und im übertragenden Sinne. Wenn der Herrscher von acht in vier steht, dann muss ein Schritt in Richtung persönlichen Wachstums unternommen werden. Wir »reinkarnieren« uns in diesem Sinne dadurch, dass wir unser »inneres Kind« nach Hause bringen und es mit dem erwachsenen Wesen in uns durch einen bewussten Prozess kontinuierlicher psychologischer Synthese verschmelzen lassen.

Ein weiterer wichtiger Punkt dieser Konstellation hat mit Sexualität zu tun. Sie ist ein Hinweis darauf, dass eine sehr frühe Berührung mit Sexualität oder möglicherweise sogar ein Missbrauch stattgefunden hat. Dazu muss diese Herrscherverbindung natürlich genau untersucht und auch noch nach anderen bestätigenden Hinweisen im Horoskop Ausschau gehalten werden. Die Möglichkeit dazu sollte man allerdings in diesem Fall immer in Betracht ziehen.

Wenn der Herrscher des achten Hauses im fünften steht, dann bieten sich dem Horoskopeigner immer wieder Gelegenheiten, seine persönliche Kreativität zu verfeinern. Alles, was mit dem achten Haus, mit Skorpion und Pluto zu tun hat, hat einen Bezug zu dem eingangs beschriebenen atomaren Wandlungsprozess. Das bedeutet, dass jede Verbindung eines astrologischen Elements mit dem Signifikator des achten Hauses, seinem natürlichen oder tatsächlichen Zeichenherrscher oder Planetenherrscher auf eine Wandlungskrise hinweist. Im Falle des fünften Hauses geht es um den kreativen Selbstausdruck. Wenn ich mit meinem kreativen Potenzial »mehr Gas geben« will, dann verlangt das Erklimmen der energetischen Entwicklungsspirale, das eine Potenzialerhöhung erlaubt, auch die immer wiederkehrende Befreiung und Reinigung von alten Mustern. Ich kann nicht erwarten, dass mein kreativer Output sich steigert oder qualitativ verbessert, wenn ich immer auf dem gleichen Energielevel bleibe, auf dem ich mich bequem eingerichtet habe. Ich kann dann nur ständig darüber jammern, dass ich nicht kreativ genug bin oder dass mein Potenzial in dieser Hinsicht ständig von anderen Menschen unterdrückt wird.

In Bezug auf das achte Haus könnte es sich bei dieser Verhinderung um die finanzielle Situation meines Partners handeln, so dass ich vielleicht ständig solche Ausreden gebrauche wie: »Mein Partner braucht das Geld« oder »Meine Frau hat nicht genug Geld, deswegen kann ich nichts an meiner Situation verändern.« usw. Wenn der Herrscher von acht in fünf steht, führt der einzige Weg zu schöpferischem Wachstum über eine Veränderung meiner kreativen Ausrichtung, und zwar in qualitativer Hinsicht, also eine Veränderung, die ein wirkliches Loslassen und eine Abkehr von alten Selbstbildern verlangt. Wo immer der Herrscher des achten Hauses landet, dorthin bringt er das Geschenk seiner regenerativen Kraft oder die Gefahr der Zerstörung mit sich.

Nehmen wir einmal an, Zwillinge stünde an der Spitze des achten Hauses mit einem gut gestellten Merkur im fünften Haus. Der Betreffende würde seine eigene Gedankenwelt mit Sicherheit als sehr belebend empfinden und daraus viel produktive Vitalität ziehen. Vielleicht würde ihn sein Weg zu persönlicher Erneuerung und Veränderung auch über die Arbeit und den Austausch mit Kindern und jungen Menschen führen.

Wenn Pluto beispielsweise der Herrscher des achten Hauses ist und in Löwe in fünf im Sextil zur Sonne in Zwillinge steht, dann könnte der Betreffende feststellen, dass seine Art der Kommunikation mit jungen Menschen geradezu Wunder bewirkt. Dies ist ein Mensch, der sowohl die Intelligenz und Neugier von Kindern anregen kann, als auch viel Humor und Abwechslung in den Erziehungsprozess einzubringen weiß. Ein solcher Mensch hätte das Empfinden, dass er sich selbst immer wieder neu belebt, indem er jungen Menschen dabei hilft, ihre kreative Lebensenergie zu entdecken.

Wenn der Herrscher des achten Hauses im sechsten steht, dann liegt der Schwerpunkt der Regenerierung und Erneuerung auf dem Thema Gesundheit und Heilung. Dies wäre insbesondere dann der Fall, wenn der Herrscher des achten Hauses in Skorpion, Fische oder Jungfrau stünde und sich in einem Aspekt zum Herrscher des sechsten Hauses befände. Beispiel: Pluto in Jungfrau im sechsten Haus im Sextil zu Merkur in Skorpion im achten Haus. Der Horoskopeigner wird dann dazu angetrieben, die Mittel und Methoden zu optimieren, die er einsetzt, um Ganzheitlichkeit in seinem eigenen Leben und dem anderer Menschen zu erschaffen. Es besteht eine starke und sehr organische Verbindung zwischen den Funktionsweisen dieser beiden Häuser und ihren natürlichen Zeichenherrschern, Skorpion und Jungfrau. Das letztere Zeichen ist immer auf der Suche nach Verfeinerung und nach einem besseren, effektiveren Weg des Energieeinsatzes. Skorpion symbolisiert den Prozess, durch den Energie aus der Form freigesetzt wird. Gewöhnlich, wenn auch nicht immer, lernt der Skorpion durch Prüfungen, die die Transformation der eigenen Wunschnatur verlangen und die demzufolge in einem emotionalen Verlust resultieren.

Wenn der Herrscher des achten Hauses gut aspektiert im sechsten steht, dann zeigt das Horoskop, dass der Weg zur Transformation, zur Zerstörung und zur nachfolgenden Optimierung der Form, eine »Heimstätte« findet, die diesen Veränderungsprozess unterstützt. Es stellt in symbolischer Form die Methoden und Fähigkeiten zur Verfügung, die diese schwere Aufgabe erleichtern und zur Heilung beitragen.

Im oben genannten Beispiel ist der Mensch, der Skorpion an der Spitze des achten Hauses und Pluto in Jungfrau in sechs stehen hat, ständig auf der Suche danach, wie er »eine noch perfektere Mausefalle« bauen könnte. Mit anderen Worten, er verspürt den ständigen Drang, die Bedingungen seines Lebens zu verbessern, indem er eine bessere Arbeitsstelle findet, indem er seine persönlichen Fähigkeiten weiterentwickelt und generell versucht, ein Gefühl von Vollständigkeit in seinem Leben zu erreichen. Diese Charakterzüge treffen auf die gesamte Generation mit Pluto in Jungfrau zu (1957 – 1971), aber mit einem ganz speziellen Gewicht für jemanden, der Pluto in Jungfrau im sechsten Haus stehen hat. Das Erneuerung spendende Sextil zu Merkur in Skorpion im achten Haus wäre ein Hinweis darauf, dass der Horoskopeigner auch wirklich Wege findet – und zwar am ehesten durch seine Arbeit – um seine (Über)Lebensfähigkeiten zu verbessern.

Wenn der Herrscher des achten Hauses im siebten steht, dann spielt die sexuelle Komponente bei Beziehungen eine große Rolle. Hier befinden sich die Energien des Hauses, das natürlicherweise von Mars beherrscht wird, in dem Bereich, der natürlicherweise von Venus beherrscht wird. Als Astrologen sollten wir immer im Hinterkopf behalten, dass diese besondere Mars/Venus-Beziehung jedem Austausch zwischen diesen beiden Häusern zugrunde liegt, *gleichgültig*, welche Zeichen und Planetenherrscher im individuellen Fall auch immer betroffen sind. Der Drang nach persönlicher Erneuerung, der Prozess, mit dem der Betreffende die Krisen hervorruft, die ihm ein psychologisches oder spirituelles Wachstum ermöglichen (achtes Haus), findet ganz automatisch durch Partnerschaften statt (siebtes Haus).

Nehmen wir einmal an, Steinbock stünde an der Spitze des achten Hauses und Saturn wäre in sieben, aber auch in Steinbock. Steinbock Spitze acht ist ein Hinweis darauf, dass der Preis für die Freiheit der evolutionären Entwicklung (denn das ist der Sinn der Krise des achten Hauses) in Kontrollmechanismen innerhalb der Partnerschaft liegt. Der Mensch mit dieser Stellung wird sexuelle Begegnungen entweder immer so gestalten, dass er ein Gefühl der Überlegenheit dem anderen gegenüber hat, oder er wird sich von Menschen angezogen fühlen, die die Sexualität in der Beziehung kontrollieren, so dass er sich in seiner sexuellen Ausdrucksfähigkeit begrenzt fühlt. Man muss dazu das gesamte Horoskop untersuchen, um herauszufinden, ob der Horoskopeigner eher der aktive oder der passive Teil für die begrenzenden und kontrollierenden Umstände ist.

Im oben genannten Fall, mit Steinbock an der Spitze des achten Hauses, hat der Betreffende aller Wahrscheinlichkeit nach einen Zwillings-Aszendenten. Als Astrologen könnten wir dann zu dem Schluss kommen, dass *beide* Ausdrucksformen zutreffen und dass der Betreffende ständig hin- und her wechselt, mal der kontrollierende Teil, mal der kontrollierte ist. Auf jeden Fall aber birgt eine solche Konstellation große Herausforderungen für den sexuellen Bereich einer Partnerschaft in sich. Würde es sich um eine Geschäftspartnerschaft handeln, dann hätte die Kontrolle etwas mit den gemeinsamen Finanzen zu tun (achtes Haus). Die Frage würde dann wohl am ehesten lauten: »Wer hat in unserer Partnerschaft das Sagen über die Aufteilung der gemeinsamen Finanzen?«

Wenn der Herrscher des achten Hauses im achten steht, dann wird definitiv die Krise der Regeneration bzw. die sexuelle Komponente im Leben betont. Stünde Skorpion an der Spitze des achten Hauses und Mars befände sich im gleichen Haus, dann gäbe es keinen Zweifel daran, dass die Sexualität im Leben des Horoskopeigners eine sehr intensive und mächtige Rolle spielen würde. Hätte Mars auch noch einen schwierigen Aspekt zu Saturn aus dieser Stellung heraus, dann könnte eine enorme sexuelle Frustration die Folge sein; im Extremfall käme in dem Betreffenden der Drang nach sadomasochistischen Praktiken auf, insbesondere, wenn Uranus an dieser besonderen Kombination mit einem starken Aspekt beteiligt wäre.

Stünde zum Beispiel Neptun in Konjunktion zu Mars in Skorpion und im Quadrat zum Mond in Löwe, dann hätte der Horoskopeigner unter Umständen emotional enttäuschende und sehr komplexe Beziehungen zu Frauen. Die Neigung ginge dahin, die persönlichen

Beziehungen mit der eigenen Sexualität zu dominieren, bis zu einem Maße, dass wirkliche emotionale Unterstützung verweigert wird. Dieser Mensch könnte eine Tendenz zur Promiskuität haben, die im Grunde eine Suche nach emotionaler Zufriedenheit ist, jedoch immer wieder durch pure Begierde verschleiert wird. Steht beispielsweise Stier an der Spitze des achten Hauses und Venus im gleichen Haus in ihrem eigenen Zeichen im Trigon zu Jupiter in Steinbock, dann ist der Wunsch nach sinnlicher Erfüllung ebenfalls stark ausgeprägt. Dies ist auch ein Hinweis darauf, dass der Horoskopeigner in der Ehe und in intimen Beziehungen ebenfalls starke Finanzpartner finden kann. Die Art der persönlichen Wachstumskrise, für die das achte Haus steht, wird durch den Planeten charakterisiert, der das Zeichen an der Hausspitze beherrscht, durch das Zeichen, in dem er steht und durch die Aspekte, die er bildet. Löwe an der Spitze des achten Hauses mit der Sonne in diesem Zeichen im Quadrat zu Pluto in Skorpion lässt beispielsweise auf einen Menschen schließen, der schon sehr früh im Leben nach Macht und Anerkennung strebt. Dieser Mensch kann andere auf einer subtilen Ebene manipulieren, so dass er letztlich immer im Mittelpunkt zu stehen kommt.[44] Es kommt in diesem Fall in regelmäßigen Abständen zu starken Identitätskrisen (gewöhnlich symbolisiert durch Transite von Pluto, Saturn, Neptun und Uranus zur Sonne), die die persönliche Identifikation des Betreffenden mit seiner egozentrischen Struktur in Frage stellen. Diesen Krisen und den notwendigen Veränderungen der Egostruktur stellt sich die starke Persönlichkeit des Betreffenden gewöhnlich bis in die späteren Lebensjahre hinein in den Weg (Sonne und Pluto im Quadrat in den fixen Zeichen).

Wenn der Herrscher des achten Hauses im neunten steht, dann geschehen die Transformationskrisen im Leben durch Religion, Philosophie, Erziehung oder Reisen. Der Horoskopeigner ist auf der Suche nach einem höheren Aspekt seiner selbst. Sehr häufig besteht auch die Notwendigkeit, sich von dem familiären spirituellen Hintergrund zu lösen, vor allem, wenn der Mond, der Herrscher des

---

44 Eine Platzierung der Sonne im ersten, fünften und zehnten Haus drückt sich ziemlich offensichtlich aus, während das vierte, achte und zwölfte Haus das solare Licht etwas verdunkeln und die Auswirkungen der ansonsten sehr offenkundigen Dynamik der Sonne ein wenig abschwächen.

vierten Hauses oder das Zeichen Krebs mit betroffen sind. Steht beispielsweise Schütze an der Spitze des achten Hauses und Jupiter in neun, dann ist der Betreffende offen für Veränderung bewirkende Eindrücke aus fremden Ländern oder aus dem kollektiven Wissen der menschlichen Erfahrung, wie es sich in der Geschichtsschreibung wiederfindet. Bei einer guten Aspektierung kann dies eine sehr fruchtbare Platzierung für den Herrscher von acht sein, weil das neunte das zweite Haus vom achten ist und als solches den Verstand für intellektuelle oder spirituelle Ressourcen öffnet, die aus Veränderungskrisen erwachsen. Darauf ist der Herrscher des achten Hauses ein Hinweis.

Steht der Herrscher von acht verletzt im neunten Haus, insbesondere in einem fixen Zeichen, dann kann dies Schwierigkeiten bei der Erschaffung eines persönlichen Glaubenssystems zur Folge haben. Die eigenen philosophischen Ideale und Prinzipien gehen dann unter Umständen nicht mit der Zeit und der Horoskopeigner bleibt unbefriedigt oder mit überholten und veralteten Ansichten zurück. Bei Spannungen zum Herrscher von acht in neun in einem beweglichen Zeichen ist es möglich, dass zu viele Wege zu höherem Wissen eingeschlagen werden, was einen zerstreut und konfus zurücklässt, voll innerer Widersprüche und einander widerstrebenden Gedanken.

Spannungen auf dem kardinalen Kreuz haben bei dieser Herrscherstellung eher die Tendenz, den Betreffenden in eine falsche Richtung zu motivieren. Mars in Widder im Quadrat zu Jupiter in Krebs als Herrscher von acht in neun bringt beispielsweise einen selbstgerechten Menschen hervor, der durch sehr persönliche Ideale zur Handlung motiviert wird, die jedoch nicht so universell anwendbar sind wie der Betreffende zu meinen scheint. Da es der Sinn des neunten Hauses ist, die Perspektive des Horoskopeigners zu erweitern und seinen Horizont zu öffnen, und der Sinn des achten, persönliches Wachstum durch Konflikte anzuregen, wird keins dieser Ziele erreicht, wenn man sich eine zu persönlichkeitszentrierte und damit begrenzte Lebensphilosophie zu eigen macht.

Wenn der Herrscher des achten Hauses im zehnten steht, dann erhalten Ehrgeiz und Ziele einen hohen Stellenwert. Es besteht der Wunsch danach, das Erreichte immer wieder zu erneuern und so das Beste aus dem zu machen, was man mit Hilfe seines Berufes geschafft hat. Der Wunsch nach Sexualität und Arterhaltung, der Drang nach persönlicher Erneuerung und Vervollkommnung, die Fähigkeit, kreativen Energien eine neue Richtung zu geben – all das findet sich im Haus des Berufs und der öffentlichen Position wieder. Wenn der Herrscher von acht hier stark steht und gut aspektiert ist, dann erhält der Betreffende unter Umständen Unterstützung für seine persönlichen Ziele in Form von finanziellen Zuwendungen seiner Partner. Und selbst wenn dem nicht so ist und der Horoskopeigner seinen Weg allein gehen muss, gewährt ein starker Herrscher von acht in zehn doch immer eine große Hilfe in irgendeiner Form. Der Betreffende verfügt solange über eine tiefe innere Kraft, wie ein wichtiges Element in all seine Pläne und Ziele miteinbezogen wird, die dieser Planeten- und Hauskombination entsprechen – nämlich Losgelöstheit.

Um aus einer Konstellation mit einer Achthauskomponente etwas zu machen, muss der Betreffende immer berücksichtigen, dass der Tod seinen Anteil verlangt. Etwas, jemand bzw. eine archetypische Beziehung muss losgelassen werden, damit etwas Besseres diesen Platz einnehmen kann. Die Einstellung, die man gegenüber der Verwandlung des Instinktiven und der Entwicklung der Intuition einzunehmen lernt, erlaubt es einem, die wahre Beziehung zwischen der Essenz und der Form wahrzunehmen. Dies ist ein wichtiger Übergang, der zu meistern ist, wenn man Nutzen aus einem starken Achthausherrscher im zehnten Haus ziehen will. Wenn der Herrscher von acht verletzt steht, dann kann die Weigerung, die notwendigen Veränderungsprozesse zu durchlaufen, auch das Erreichen beruflicher Ziele verhindern. Wenn Venus beispielsweise der herrschende Planet ist, dann stammen diese Hindernisse aus der Unfähigkeit, einen persönlichen Wertewandel zu vollziehen bzw. aus der Art der geführten Beziehungen. Wenn es sich um Saturn handelt, dann verhindert das Bedürfnis nach Kontrolle wirklichen Erfolg. Wenn es sich um Mars handelt, dann stehen einem die eigenen sexuellen Begierden oder der Drang, das berufliche Umfeld zu dominieren, im Weg.

Wenn der Herrscher des achten Hauses im elften steht, dann besteht eine direkte Beziehung zwischen Transformationskrisen, die einen von persönlichen Anhaftungen befreien, und der Möglichkeit, die eigenen Talente, Ressourcen und kreativen Fähigkeiten in einem weiteren gesellschaftlichen Rahmen anzuwenden und dafür anerkannt zu werden. Hier ist es wichtig, die Beziehung der so genannten *folgenden* Häuser (zwei, fünf, acht und elf) zu verstehen.

Das zweite Haus ist kurz gesagt die Bank, auf der unser persönliches Vermögen liegt. Das fünfte Haus erlaubt es uns, dieses rohe und ungeformte Potenzial entsprechend unseres individuellen Naturells zu investieren – die Auswirkungen und Projektionen dieser unserer persönlichen Talente und Fähigkeiten sind immer noch recht persönlich. Im achten Haus findet die erste Herausforderung für unser ganz persönliches Lebenskonzept statt. Dies ist der atomare Umwandlungsprozess, auf den ich mich zuvor schon bezogen habe. Anders gesagt, die eigenen kreativen Fähigkeiten müssen von ihrem starken Persönlichkeitsbezug befreit werden (denn immerhin ist Löwe das Zeichen der natürlichen Herrschaft im fünften Haus), damit sie für entwickeltere, gesellschaftliche und humanitäre Zwecke genutzt werden können. Ich kann daher nicht häufig genug darauf hinweisen, dass es ein wesentliches Ziel der menschlichen Evolution ist, den individuellen Menschen zu einem Verständnis des Einen zu führen.

Dies geschieht durch den Prozess der Sozialisierung, der in Wassermann und den kollektiven Aktivitäten des elften Hauses stattfindet. Wenn der Herrscher von acht in elf steht und verletzt ist, dann besteht ein Widerstand des Horoskopeigners gegen diesen Prozess der Entsubjektivierung und Sozialisierung seiner Ressourcen. Er fühlt sich dann von der Gesellschaft zurückgewiesen oder in Opposition zu ihr und widersetzt sich kollektiven Ansichten oder kreativen Gruppenprozessen. Findet der Herrscher von acht jedoch ein angenehmes Zuhause im elften Haus, dann geschieht der natürliche menschliche Evolutionsprozess völlig ungehindert. Die eigenen Talente, Ressourcen und Fähigkeiten – symbolisiert durch den tatsächlichen Herrscherplaneten – werden dann von dem Kollektiv akzeptiert, zu dem der Horoskopeigner gehört. Der Betreffende kann seine soziale Zugehörigkeit, Organisationen oder andere Verbindungen dergestalt umformen und erneuern, dass er daraus auch Gewinn (sowohl gesellschaftlichen als auch finanziellen) ziehen kann. Dadurch wird dann letztlich seine Lebenskraft gestärkt.

Wenn der Herrscher des achten Hauses im zwölften steht, dann sind zwei Richtungen möglich, und beide sind recht subtiler Natur. Im ersten Fall wäre der Betreffende für eine eher mystische Transformation eventuell übriggebliebener persönlicher Widerstände offen. Das würde bedeuten, dass ein abschließender Wandlungsprozess von allem stattfände, was dem persönlichen Wachstum noch im Wege stünde und was durch den Herrscherplaneten symbolisiert wird. Wenn der Herrscher von acht gut aspektiert steht, dann besteht keinerlei Notwendigkeit, die Energie des entsprechenden Planeten in irgendeiner Form persönlich auszuleben. In diesem Fall kümmert sich das Leben um alle Situationen, die diesen Planeten betreffen. Wenn es zum Beispiel Venus als Herrscherin von acht in zwölf im Trigon zum Mond in den Erdzeichen ist, dann muss sich der Betreffende in persönlichen Partnerschaften um Geldangelegenheiten keinerlei Sorgen machen. Dieser Lebensbereich wird immer von ganz allein im Fluss sein. Ein mystischerer Astrologe würde es wohl so ausdrücken: »Der Horoskopeigner hat sich in einem vergangenen Leben ein gutes Beziehungs- und Finanzkarma erarbeitet, so dass er in diesem Leben nur seine Geldbörse aufhalten muss und mit einem Lächeln auf den Lippen das einstreichen kann, was das Leben an materiellen Geschenken zu bieten hat.« Gleichgültig, wie man über Reinkarnation denken mag, die Botschaft in dieser Konstellation lautet, dass für den Horoskopeigner keinerlei Notwendigkeit besteht, Lektionen in Bezug auf den rechten Umgang mit Finanzen in zwischenmenschlichen Beziehungen zu lernen. Diese Arbeit ist bereits getan, und zwar gut.

Im zweiten Fall, wenn der Herrscher des achten Hauses Spannungsaspekte im zwölften Haus bildet, führt jeder Widerstand, die Lektionen des betreffenden Planeten lernen zu wollen, zu Schwierigkeiten. Handelt es sich dabei um Saturn (Steinbock an der Spitze des achten Hauses), dann fühlt sich der Horoskopeigner womöglich mit bestimmten Strukturen und unter Kontrolle nicht sonderlich wohl. Lektionen, die er zu lernen hat, betreffen die rechte Aufteilung und Struktur gemeinsamer Mittel und/oder Fragen der sexuellen Kontrolle, die noch nicht geklärt sind. Geschieht dies nicht, dann drohen ihm arge Schwierigkeiten.

Das Wesen des neunten Hauses

Aus einer seelenzentrierten astrologischen Sicht können wir sagen, dass das neunte Haus den spirituellen Pfad darstellt. Erst nach den erfolgreich überstandenen Transformationskrisen des achten Hauses verfügt der Horoskopeigner über die Weisheit, die Lebenserfahrung und das Selbstverständnis, um ein weiteres Feld von universellerem Verständnis zu beschreiten. Hier werden das Ego und die Persönlichkeit nicht so sehr als Mittel persönlicher Identifizierung genutzt, sondern als objektive Hilfsmittel für einen größeren evolutionären Entwicklungsprozess. Diese erhabene Position, die man erst nach einer Periode intensiver Hingabe an eine zielgerichtete spirituelle Entwicklung erreichen kann, steht eben nicht allen Menschen zur gleichen Zeit zur Verfügung. Das größte Geschenk des neunten Hauses bleibt denen vorbehalten, die es verdient haben; aber es wartet auf alle, die sich auf die lange Reise vorbereiten, die wir als »den Pfad« bezeichnen.

In der traditionellen humanistischen Astrologie wird das neunte Haus als ein Haus betrachtet, in dem viele glückliche Erfahrungen stattfinden. Zum einen ist es das Haus des kollektiven Wissens, bzw. für den esoterischen Astrologen ist es der Weg zur Weisheit. Wir könnten sagen, dass das neunte Haus die Enzyklopädie des Horoskops ist. Es wird mit Archäologie, Geschichte, Auslandsreisen, höherer Bildung und Rechtssprechung (von Menschen gemachte Gesetze) in Verbindung gebracht. Im siebten Haus findet sich der Rechtsanwalt, der uns verteidigt oder unsere Interessen vertritt. Sein Platz ist relativ, je nach Art des Falls kann er auf beiden Seiten der Gerechtigkeit stehen: Verteidiger oder Ankläger. Den Richter finden wir jedoch im neunten Haus, er verhält sich in beide Richtungen objektiv, aber wahrt das Recht, die umfassende Struktur von Verhaltenscodices, die der Moral einer bestimmten Zivilisation entspricht. Während es also im siebten Haus um die relative Wahrheit geht und im dritten um die persönliche Wahrheit, geht es im neunten Haus um die universelle Wahrheit.

Wenn der Herrscher des neunten Hauses im ersten steht, dann haben wir es mit dem Horoskop eines Menschen zu tun, der nach einer Horizonterweiterung sucht, um sich selbst besser ausdrücken zu können. Der Drang nach Erweiterung seiner Lebenserfahrung verbindet diesen Menschen ganz persönlich mit den Themen und Angelegenheiten des neunten Hauses. Dieser Mensch macht wahrscheinlich wichtige Erfahrungen im Bereich des Reisens, der höheren Bildung, der Religion und der Philosophie. Aber werden diese Interessen auch von dem übrigen Horoskop unterstützt? Bringt diese Ausrichtung eher Schwierigkeiten oder Erfolge mit sich? Wie immer, so muss auch hier die genaue Stellung des Herrschers untersucht werden. Wenn es sich dabei um einen gut aspektierten Jupiter als Herrscher von neun in eins handelt, dann brauchen wir an der Wichtigkeit der Neunthausangelegenheiten keinen Zweifel zu hegen. Sie können dann schon einmal das Reisebüro anrufen und einen Flug für den Horoskopeigner buchen! Oder rufen Sie den Pfarrer an und lassen Sie alle Gemeindemitglieder zusammenkommen – unser Freund hat eine Offenbarung mit uns zu teilen, er hat einen Kommentar zu einem äußerst bedeutenden theologischen Thema abzugeben! Nein, ganz im Ernst, dieser Mensch verspürt wirklich eine Berufung zu Geistigem, und das möchte er mit jedermann teilen. Wenn Mars in Widder, Wassermann oder Schütze der Herrscher von neun in eins ist, dann hat der Betreffende ein wirklich hohes Anliegen und wird sein Leben lang brauchen, um seinen Glauben publik zu machen und seine ganz persönliche Anschauung zu verbreiten. Wenn Mars jedoch verletzt steht, dann können wir davon ausgehen, dass er mit seinen Ansichten einige Menschen gegen sich aufbringt, aber als spiritueller Krieger kämpft er natürlich weiter. Wenn Saturn der Herrscher von neun ist und schlecht aspektiert im ersten Haus steht, dann ist dem Horoskopeigner der Weg zu höherer Bildung vermutlich verstellt, entweder aus finanziellen Gründen (Erdzeichen), weil er gesellschaftlich nicht anerkannt ist (Luftzeichen), durch emotionale Schwierigkeiten (Wasserzeichen) oder weil seine Ansichten den Betreffenden derart in ihren Bann ziehen, dass er sich dadurch im Grunde selbst begrenzt (Feuerzeichen).

Wenn der Herrscher des neunten Hauses im zweiten steht und gut aspektiert ist, dann verfolgt der Horoskopeigner den Weg der höheren Bildung und der Erkenntnis, um seine Selbstwertschätzung zu stärken und mit den ihm zur Verfügung stehenden Talenten und Fähigkeiten in Einklang zu bringen. Bildung trägt hier viel dazu bei, um die finanzielle Sicherheit des Betreffenden zu gewährleisten, und Reisen können zu einer potenziellen Quelle für weltlichen Erfolg werden. Dies träfe insbesondere dann zu, wenn der Herrscher des neunten Hauses in zwei in einem unterstützenden Aspekt zum Herrscher von zehn (öffentlicher Status) stünde oder zu einem Planeten im zehnten Haus.

Nehmen wir einmal an, Stier stünde an der Spitze des neunten Hauses. Das wäre ein Hinweis darauf, dass der Betreffende sich für seine Bildung ein recht praktisches Betätigungsfeld erwählen würde – die Beschäftigung mit Immobilien beispielsweise. In diesem hypothetischen Horoskop stünde Venus als Herrscherin von neun im zweiten Haus in Waage im Sextil zu Merkur als Herrscher von zehn. Wir könnten dieses Horoskop wie folgt interpretieren: Durch die Beschäftigung des Horoskopeigners mit Immobilien (Stier Spitze neun) verstärkt er gleichzeitig sein Talent, Beziehungen zu unterhalten, die ihm finanzielle Vorteile bringen (Venus in Waage im zweiten Haus). Es wäre beispielsweise möglich, dass der Betreffende dies zu seinem Beruf macht (Zwillinge, der Signifikator für Agenturtätigkeiten an der Spitze des zehnten Hauses, mit Merkur, dem Herrscher dieses Hauses und des Aszendenten, im Sextil zu Venus).

Indem wir der Dispositorenverknüpfung durch das gesamte Horoskop folgen und die astrologischen Schlüsselworte und -sätze anwenden, finden einzelne Elemente, die ansonsten getrennt voneinander scheinen, zueinander und enthüllen den Kern eines jeden Horoskops. Wenn der Herrscher von neun verletzt im zweiten Haus steht, dann könnte ein Ausspruch des betreffenden Menschen logischerweise lauten: »Gleichgültig, wie sehr ich mich auch weiterbilde, ich scheine doch nie zu einem größeren Selbstwertgefühl und größerem finanziellen Wohlergehen zu kommen.«

Wenn der Herrscher des neunten Hauses im dritten steht, dann tragen höhere Bildung und Auslandsreisen dazu bei, den persönlichen Vorstellungsrahmen, die eigenen Ideen und Anschauungen zu erweitern. Da sowohl das dritte als auch das neunte Haus Reisehäuser sind, verstärkt die Stellung des Herrschers von neun in drei den natürlichen Bewegungsdrang des Horoskopeigners. Diese Neigung wird noch besonders akzentuiert, wenn Zwillinge und Schütze an den Häuserspitzen stehen oder wenn der Herrscher von drei bzw. neun einen Aspekt zu einem Planeten in einem der beiden vorgenannten Zeichen bilden.

Nehmen wir einmal an, Fische stünde an der Spitze des neunten Hauses mit Neptun in Jungfrau im Quadrat zu Merkur in Schütze. Diese Konstellation beschreibt einen Menschen, der zwar ein großes Bedürfnis nach spiritueller Wahrheit verspürt, der aber zwischen dem, was er gern glauben würde und dem, was er tatsächlich weiß, hin und her gerissen wird und dadurch verwirrt ist. In einem solchen Fall kann ein kleines Detail aus der Heiligen Schrift (Neptun in Jungfrau als Herrscher von neun) zu einer Doktrin und ewigen Wahrheit (Quadrat Merkur in Schütze) erhoben werden. Diese Art von Aspekt ist typisch für eine bestimmte fundamentalistische Schlangen-Sekte, die einen einzigen Satz aus dem Neuen Testament herausnimmt und den Menschen erzählt, dass ihr Glaubenssystem die Menschheit gegen gefährliche und giftige Schlangen schützt, die das Zentrum ihrer Verehrung bilden. Die Mitglieder dieser Sekte (die ihren Ursprung im Appalachengebirge hat) trinken Strychnin und tanzen mit Giftschlangen bei ihrer Suche nach Erlösung.

Ein Nachteil davon, den Herrscher des neunten Hauses im dritten Haus zu haben, ist, dass er die persönlichen Ansichten eines Menschen derart übertreiben kann, dass dieser seine persönlichen Erfahrungen oder sein erworbenes Wissen für die universelle Wahrheit hält. Das Ergebnis davon kann ein Mensch sein, der ein sehr engstirniges Denken hat, aber davon überzeugt ist, die Weisheit mit Löffeln gefressen zu haben. In etwa so wie ein Taschenwörterbuch, das versucht *Brockhaus* zu spielen.

Wenn der Herrscher des neunten Hauses im vierten steht, dann bilden die persönliche Philosophie oder der Glauben des betreffenden Menschen das Zentrum seines Lebens. Wenn wir das vierte Haus als den psychologischen Anker der Persönlichkeit verstehen, dann bringt die Stellung des Herrschers von neun in diesem Haus den Drang nach einer weiten Weltanschauung »nach Hause«. Nehmen wir einmal an, dass Waage an der Spitze des neunten Hauses steht und Venus gut aspektiert in Stier im vierten Haus steht. Diese Konstellation wäre ein Hinweis für den Astrologen, dass der Betreffende sehr offen dafür ist, Beziehungen zu knüpfen, die sein persönliches Wissen und Verständnis erweitern. Eine »höhere Bildung« mag dieser Mensch vielleicht durch Menschen erwerben, die er in fremden Ländern trifft, durch Partnerschaften oder durch das generelle Engagement, das er oder sie in intimen Beziehungen an den Tag legt. Die gute Stellung des Neunthausherrschers in diesem Beispiel sagt uns, dass diese Beziehungen zum Selbstwertgefühl des Betreffenden positiv beitragen oder sogar finanziellen Gewinn zur Folge haben. Der Herrscher von neun in vier ist auch ein Hinweis darauf, dass unser Zuhause ein Ort ist, wo wir gern studieren, meditieren und über die tieferen Lebensfragen reflektieren.

Wenn Merkur oder Jupiter Herrscher von neun sind und im vierten Haus stehen, dann ist es recht wahrscheinlich, dass der Betreffende über eine recht große Bibliothek zu Hause verfügt. Bei einer Beteiligung von Krebs oder dem Mond in dieser Konstellation kann es sich sehr wohl um einen Büchersammler handeln. Auf jeden Fall wird der Horoskopeigner seinem Wunsch, zu lernen, zu studieren und sich spirituell zu entwickeln, Ausdruck verleihen – und all dies zu Hause tun.

Der Herrscher des neunten Hauses in dieser Stellung kann auch einen Elternteil symbolisieren, der die Rolle eines wirklichen Lehrers für den Horoskopeigner übernommen hat. Wenn der Herrscher von neun jedoch im Quadrat, in Opposition oder im Quinkunx zur

Sonne oder dem Geburtsherrscher steht (insbesondere in den fixen Zeichen), dann war die philosophische Ausrichtung des Vaters unter Umständen völlig verschieden von der des Horoskopeigners, was naturgemäß zu sehr tiefgehenden zwischenmenschlichen Auseinandersetzungen führt. In den fixen Zeichen können sich die Fronten regelrecht verhärten.

Wenn der Herrscher des neunten Hauses im fünften steht, dann werden alle Angelegenheiten, die mit diesem Haus zu tun haben, freudig erlebt. Reisen ist womöglich eine Leidenschaft des Horoskopeigners, und beständige Weiterbildung kann sein liebstes Hobby sein. Ist beispielsweise Merkur der Herrscher des neunten Hauses, der in Haus fünf in Wassermann steht, dann hat der Betreffende größte Freude daran, zu Workshops, Seminaren und anderen Veranstaltungen zu gehen, in denen Lernen im Rahmen einer Gruppe stattfindet. Diese Stellung des Herrschers von neun ist auch ein Hinweis auf jemanden, der über ein natürliches Talent zum Lehren verfügt, da sie von einem Menschen zeugt, der sein eigenes Wissen und seine Lebenserfahrung (neuntes Haus) gern an Kinder und junge Menschen (fünftes Haus) weitervermittelt.

Wenn der Herrscher von fünf einen positiven Aspekt zum Herrscher von neun bildet, haben wir einen weiteren Hinweis für diese Annahme. Sind die beiden Herrscher jedoch disharmonisch miteinander verbunden, dann müssen wir mit Schwierigkeiten bei der Vermittlung der eigenen Ansichten gegenüber den eigenen oder auch fremden Kindern rechnen. Mit dieser Stellung des Herrschers von neun ist es gleichfalls möglich, dass der Betreffende exotische Hobbys und Interessen verfolgt. Mit Jupiter als Herrscher von neun im fünften Haus könnte der Horoskopeigner beispielsweise ein Geschichtsfan sein oder sich für ausländische Sportereignisse interessieren. Waage an der Spitze des neunten Hauses mit einer gut aspektierten Venus im fünften Haus weist auf Kontakte hin, die man auf Reisen oder bei Studien knüpft und aus denen tiefe Freundschaften oder sogar Liebesbeziehungen werden können. Das Horoskop ist eine Straßenkarte. Wenn wir einmal wissen, was all die Planeten, Zeichen und Häuser bedeuten, dann erschließt sich uns die Reiseroute ziemlich eindeutig.

Wenn der Herrscher des neunten Hauses im sechsten steht, dann dienen Studien der Vervollkommnung praktischer Fähigkeiten, die der Horoskopeigner für sein berufliches Fortkommen einsetzen kann. Wenn der Herrscher von neun in diesem Fall einen positiven Aspekt zum Herrscher von sechs bildet, wird diese These stark unterstützt. Eine weitere Bestätigung erhält man, wenn das Zeichen Jungfrau irgendwie mit beteiligt ist, und zu einem geringeren Maße auch bei einer Beteiligung von Stier oder Steinbock. Der Herrscher von neun in sechs ist auch ein Hinweis auf ein ernsthaftes Interesse an der Tierwelt sowie an Pflanzen, Kräutern und anderen Heilmethoden. Wenn die Zeichen Jungfrau, Krebs oder Fische dabei eine Rolle spielen, dann erhärtet sich diese Annahme. Sollte Merkur der Herrscher von neun sein und im sechsten Haus stehen, dann ist der Zugang des Horoskopeigners zu höherer Bildung, Philosophie und Religion eher pragmatisch und vom Verstand geprägt. Wenn Fische oder Krebs und ihre Herrscherplaneten mit beteiligt sind, dann möchte man mit Hilfe des erlernten Wissens zur Heilung oder zur Unterstützung anderer Menschen beitragen. Geistheilung und religiöse Heilbezüge stehen möglicherweise im Vordergrund, wenn Neptun oder Jupiter in dieser Konstellation von Herrschern auftauchen, insbesondere, wenn sie in den Wasser- oder Feuerzeichen stehen.

Wenn der Herrscher des neunten Hauses im siebten steht, dann muss der Weg des persönlichen Wachstums durch höhere Bildung, Philosophie oder religiöse Bestrebungen mit anderen Menschen geteilt werden. Diese Konstellation findet sich häufig in Horoskopen von Menschen, die ihre Erfahrungen auf ihrem spirituellen Weg mit einem Partner teilen möchten. Wenn der Herrscher von neun im siebten Haus verletzt steht (insbesondere in den fixen Zeichen), dann ist dies nicht immer ganz leicht. Handelt es sich bei dem verletzten Neunthausherrscher in sieben beispielsweise um Venus, die im Quadrat, in Opposition oder im Quinkunx zum Herrscher von sieben steht (und auch dies gilt wieder besonders für die fixen Zeichen), dann unterscheiden sich die sozialen Wertvorstellungen des Horoskopeigners und seines Partners bzw. seiner Partnerin womöglich sehr stark voneinander. Handelt es sich um Jupiter, dann sind die Differenzen zwischen einem selbst und »dem anderen« eher religiöser, weltanschaulicher oder moralischer Natur.

Ist Saturn in Schütze der Herrscher von neun in sieben (Wassermann an der Spitze des neunten Hauses), dann hat der Betreffende vielleicht einen orthodoxen Glauben, was für Konflikte in der Partnerschaft sorgen könnte, vor allem, wenn er in einem schwierigen Aspekt zum Herrscher von sieben oder zu Venus steht. Bei Uranus als Herrscher des neunten Hauses in Schütze in sieben ist der Horoskopeigner vielleicht regelrecht besessen von einer sehr individuellen philosophischen oder spirituellen Anschauung. Dies kann sich entweder förderlich und erweiternd auf seine Beziehungen auswirken, wenn Uranus zu den Signifikatoren des siebten Hauses (der Herrscher von sieben oder Venus) eine positive Verbindung hat, oder es kann die Beziehung extrem herausfordern, wenn Uranus mit den Signifikatoren von sieben in einem Spannungsverhältnis steht. Auf jeden Fall sorgt Uranus in dieser Position dafür, dass die Partnerschaft durch viele verschiedene Menschen unterschiedlichster Glaubensrichtungen bereichert wird.

Wenn der Herrscher des neunten Hauses im achten steht, dann ist dies ein klarer Hinweis darauf, dass sich das philosophische und religiöse Glaubenssystem des Horoskopeigners im Laufe seines Lebens stark verändert. Dabei sollten wir nicht vergessen, dass das achte Haus *das zwölfte vom neunten* aus gesehen ist. Als solches zeigt es an, dass ein abschließender Prozess ansteht, eine endgültige Auflösung und ein letztes Loslassen. Wenn wir diese Auswirkungen den generellen Themen des achten Hauses noch hinzufügen – Tod, Regeneration und Transmutation –, dann können wir uns von der potenziellen Krise, die diese Stellung des Herrschers von neun hervorruft, schon ein recht genaues Bild machen. Fast jeder Leser dieses Buches wird diese symbolische Reise auf die ein oder andere Art schon erlebt haben.

Wir können sicherlich behaupten, dass die meisten von uns mit den großen traditionellen Glaubenssystemen des Christentums, Judentums oder des Islam aufgewachsen sind. Nur sehr wenige von uns sind vor einem *metaphysischen* Hintergrund erzogen worden und noch viel weniger hatten das Glück, einen Astrologen oder eine Astrologin als Eltern- oder Großelternteil zu haben. Wir alle mussten unsere »Herkunftsreligion« hinter uns lassen, als wir uns für etwas geöffnet haben, das nicht nur unseren biologisch vererbten Glauben mitumfasst, sondern das über diesen sogar weit hinausgeht. Ein Mensch mit dem Herrscher von neun in acht muss sich auf jeden Fall auf diese Reise begeben, aber mit viel größeren Herausforderungen und potenziellen Siegen und Niederlagen als der Rest von uns, deren Neunthausherrscher an anderer Stelle im Horoskop steht. In diesem speziellen Fall ist die persönliche philosophische Ausrichtung eine Quelle der Erneuerung und Regeneration für den Verstand und den Geist, allerdings erst, wenn die philosophische Auseinandersetzung stattgefunden hat.

Wenn der Herrscher des neunten Hauses im neunten steht, dann haben wir es mit einem Menschen zu tun, der ein starkes Interesse an Dingen hat, die seinen Horizont erweitern und ihm eine größere Perspektive auf das Leben verschaffen. Dazu können ein Interesse an Geschichte und Reisen gehören (Jupiter in Schütze als Herrscher von neun in neun); Technik oder Sozialwissenschaften (Uranus in Wassermann als Herrscher von neun in neun); spirituelle oder mystische Studien (Neptun in Fische in neun als Herrscher von neun) usw. Falls der Herrscher des neunten Hauses einen Hauptaspekt zur Sonne bildet (oder sogar die Sonne *ist*, weil Löwe an der Spitze des neunten Hauses steht und die Sonne in Löwe in neun), dann vereint der Horoskopeigner wahrscheinlich sehr viele Eigenschaften und Interessensgebiete aus dem Reich des Schützen in sich: höhere Bildung, Auslandsreisen, Verlagswesen, den Drang, idealistische Ziele zu verfolgen usw. Diese Neigung verstärkt sich noch, wenn Schütze an der Hausspitze steht und sich Jupiter im neunten Haus in Schütze befindet. Wenn sich Fische an der Spitze des Hauses befindet und Jupiter als Mitherrscher des Zeichens in Fische im neunten Haus steht, dann kommt die idealistische und mystische Seite dieser Konstellation stärker zum Vorschein.

Es ist außerordentlich hilfreich, ein gut besetztes neuntes Haus zu haben. Der Segen des Herrschers von neun (besonders, wenn es Jupiter selbst ist, er woanders gut gestellt ist oder einen positiven Aspekt zum Herrscher des neunten Hauses bildet) ist eine willkommene Ergänzung für jedes Leben. Eine solche Konstellation bietet dem Betreffenden nicht nur die Gelegenheit, die Freuden von Reisen und Abenteuern zu genießen, sondern sie ermutigt ihn auch, sich mental weiterzuentwickeln und vielleicht sogar einen gewissen Grad an Weisheit zu erreichen.

Wenn der Herrscher des neunten Hauses im zehnten steht, dann spielen philosophische oder religiöse Anschauungen und Systeme eine herausragende Rolle im Leben. Diese Konstellation weist auf einen Menschen hin, der seine religiösen oder philosophischen Konzepte gut öffentlich vertreten könnte. Das ist insbesondere dann der Fall, wenn der Herrscher in einem Feuer- oder Luftzeichen steht, vor allem in Widder, Schütze, Zwillinge oder Wassermann. Auch Bildung ist ein wichtiger Punkt in Bezug auf die Karriere des Betreffenden bzw. seinen sozialen Status. Diese Faktoren fallen uns im Horoskop eines der größten spirituellen Führer des zwanzigsten Jahrhunderts ins Auge, nämlich bei Mahatma

Gandhi. Das Sanskritwort *mahatma* kann mit »große Seele« übersetzt werden. Die Funktion der Seele ist es, Vollständigkeit zu bringen. Ein seelenzentrierter Mensch, ein »Mahatma«, verkörpert dieses Prinzip, da er versucht, die wesentliche Einheit zu enthüllen, die hinter all den offensichtlichen Variationen von Lebensformen liegt.

Krebs ist der Herrscher von Gandhis neuntem Haus, was auf seinen spirituellen Hintergrund hinweist, der seinen Ursprung in seiner kulturellen Vergangenheit hat. Diese Zeichen/Haus-Kombination sagt etwas Generelles über die Beziehung zwischen der Religion eines Menschen und seinem biologischen Karma aus, also über sein Verhältnis zu seiner Familie und dem kulturellen, nationalen Hintergrund, vor dem er aufgewachsen ist. Es ist auch ein Hinweis über das Bedürfnis des Betreffenden, andere Menschen durch die eigene Religion zu unterstützen und zu nähren. In der seelenzentrierten Astrologie ist Neptun der Herrscher von Krebs. Dies steht symbolisch dafür, dass entwickelte Menschen den gesamten Ozean aller menschlicher Wesen als eine Familie betrachten.

In Gandhis Horoskop (siehe Seite 310) steht Neptun im Trigon zum Mond, was die Integration seines Seelenziels mit seiner Persönlichkeit in Bezug auf das neunte Haus anzeigt. Gandhi hat ein juristisches Studium absolviert (Schütze und das neunte Haus) und für viele Jahre in Südafrika gearbeitet, um den hohen Anteil von Indern in der Bevölkerung dabei zu unterstützen, sich aus ihrer rassischen Benachteiligung zu befreien.

Der Mond, Herrscher des neunten Hauses, steht in Löwe in zehn und zeigt so die öffentliche Anwendung seines höheren Wissens. In der Mundanastrologie steht der Mond auch für die Masse der Menschheit an sich. In der esoterischen Astrologie ist der Mond Signifikator für das Massenbewusstsein. Hier steht der Mond in einem fixen Zeichen und bildet den Apex eines T-Quadrates zwischen Venus und Mars in Skorpion auf der einen Seite in Opposition zu Jupiter und Pluto in Stier auf der anderen Seite. Gandhi hat nicht nur dafür gekämpft, die zwei großen Bevölkerungsgruppen des indischen Subkontinents, die Hindus und die Moslems, zu vereinigen, sondern auch dafür, das überlieferte Kastensystem der Hindus zu überwinden, das so menschenverachtend ist, dass große Anteile der Bevölkerung als »unberührbar« gelten. Gandhi gab diesen Menschen einen neuen Namen und nannte sie *Harijans* oder »Kinder Gottes«. Er nahm dadurch sowohl eine *soziale* als auch eine *religiöse* Bürde auf sich. Er hat einen Skorpion-Aszendenten, was von einem

Beispielhoroskop 22: Mahatma Gandhi[45] – Horoskopabbildung
02. Oktober 1869, Porbandar, India, 7.33 h LMT

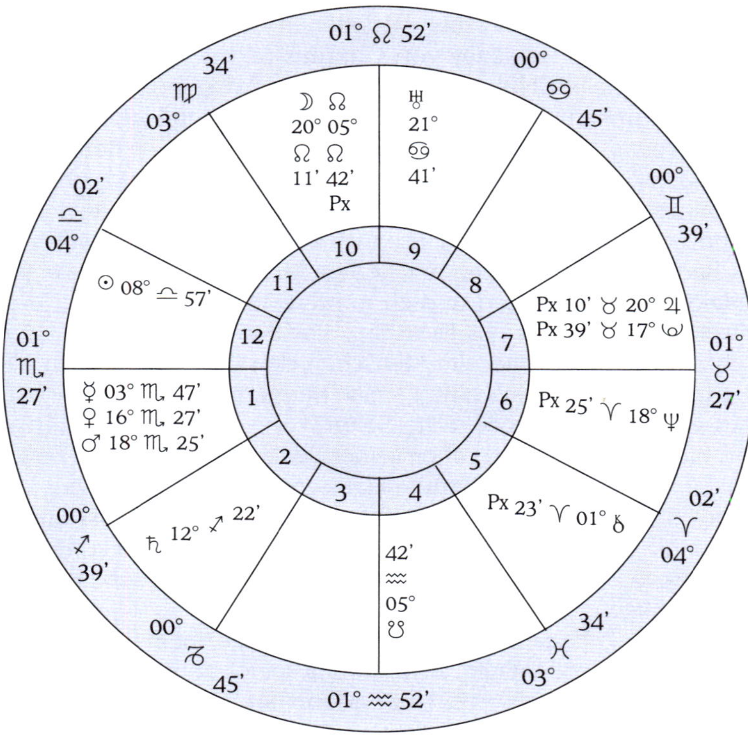

45 Datenquelle: Jones, M. E., ebenda, S. 351.

Schicksal zeugt, dem eine transformierende Ausrichtung des Lebens zugrunde liegt. Pluto, der Herrscher, steht in Konjunktion zu Jupiter in Stier, was auf den Wunsch des Horoskopeigners schließen lässt, soziale Konzepte und etablierte Moralvorstellungen zutiefst zu verwandeln. Mitgeburtsherrscher ist Mars in Skorpion in Konjunktion zu Venus. Diese Konstellation betont den Weg, den wir unter dem Begriff »Harmonie durch Konflikt« zusammenfassen können.

Alle vier der oben genannten Planeten stehen im Quadrat zum Mond, was die Intensität der sozialen Konflikte andeutet, denen er sich aussetzte. Der Fokus auf den fixen Zeichen, der seinen Schwerpunkt im Mond in Löwe findet, zeigt die Unerschütterlichkeit und Willensstärke Gandhis. Seine öffentliche Arbeit verlangte von ihm, seine persönliche stark ausgeprägte Sexualität (Mars in Konjunktion zu Venus in Skorpion) dergestalt zu transformieren, dass er ganz frei war, um sich seiner öffentlichen Aufgabe bedingungslos zu widmen.

Gandhi riskierte sein Leben viele Male durch Fasten und öffentliche Konfrontationen mit den Kräften der britischen Raj. Sein Leben veränderte das Leben von Milliarden von Menschen, und sein Einfluss in der Welt wirkt noch lange nach seiner Ermordung durch einen fanatischen Hindu nach. Ein weiterer Mahatma, der verstorbene Dr. Martin Luther King Jr., hat seine Methoden zivilen Ungehorsams Gandhis Vorbild des passiven Widerstands abgeschaut.

Wenn der Herrscher des neunten Hauses im elften steht, dann werden die religiösen und philosophischen Ansichten des Horoskopeigners am ehesten durch eine Gruppe ausgedrückt. Diese Konstellation weist auf einen Menschen hin, der gern zu einer Kirchengemeinschaft, einer speziellen politischen Gruppierung oder auch zu anderen kirchlichen oder weltlichen Organisationen gehört. Dieser Mensch fühlt sich sehr wohl, wenn er seine Ideale mit gleichgesinnten Menschen teilen kann. Er unterhält sich gern in der Sprache und der speziellen Ausdrucksweise, die für diese spezielle Gruppierung typisch ist. Er mag wahrscheinlich strukturierte Riten, Rituale und Versammlungen. Wenn der Herrscher von neun in elf steht, insbesondere in den Feuer- oder Luftzeichen, dann hat diese Gruppierung vielleicht sogar recht viele Anhänger.

Ein Elfthauseinfluss im Horoskop weist auf die Verbreitung von Ideen, Bestrebungen, Hoffnungen und Wünschen hin. Ein Mensch, dessen Herrscher von neun in diesem Haus weilt, möchte, dass andere Menschen seine Anschauungen teilen, insbesondere, wenn der Signifikator des neunten Hauses in einem starken Aspekt zum

Herrscher des dritten Hauses oder Merkur steht oder wenn Krebs im elften Haus vertreten ist. Dieser Mensch hat eine Affinität zur Erziehung und Bildung einer großen Anzahl von Menschen und/oder bildet sich selbst in größeren Gruppen weiter.

Wenn der Herrscher des neunten Hauses im zwölften steht, dann ist der Wunsch zur Erforschung geheimen Wissens ein wichtiger Teil des eigenen Lebens. Falls das grundsätzliche Interesse vorhanden ist, könnte dieser Mensch sich besonders für metaphysische, mystische und okkulte Fragen interessieren. Es kann sich auch um jemanden handeln, der sich mit der menschlichen Psyche beschäftigt, insbesondere mit Traumdeutung (halten Sie Ausschau nach einer Verbindung zum Herrscher des achten Hauses, um eine Bestätigung für diese Vermutung zu bekommen). Dies ist eine hervorragende Konstellation für jemanden, der Forschung betreibt, sei es nun im Labor oder in der Bibliothek. Auf einer sehr grundlegenden Deutungsebene haben wir es beim Herrscher von neun in zwölf mit jemandem zu tun, der gern in der Abgeschiedenheit lernt und davon sehr profitiert.

Wenn das Zeichen Skorpion an dieser Konstellation beteiligt ist oder es eine Merkur/Pluto-Verbindung zu dieser Verknüpfung des neunten mit dem zwölften Haus gibt, dann haben wir das Horoskop von einem Menschen vor uns, der einen phantastischen Spion abgeben könnte! Diese Verbindung deutet auf den Drang hin, einen Blick hinter die Kulissen zu werfen und an die geheimsten Informationen zu gelangen, sowie auf die Fähigkeit, über die eigenen Entdeckungen Stillschweigen wahren zu können.

Das Wesen des zehnten Hauses

In Bezug auf die Häuser ist das MC und das zehnte Haus der zweitwichtigste Bereich im Horoskop nach dem Aszendenten und dem ersten Haus. Wenn ein Mensch in die Lebensphase der Persönlichkeitsintegration kommt (dies ist meist um den ersten Saturn-Return im Alter von 29 Jahren herum der Fall), speist ein Großteil der Energie des Aszendenten (wer ich bin) den Auftrag des MC (wofür ich in der Welt stehe). In den frühen Lebensjahren ist man im Wesentlichen Sohn oder Tochter der eigenen Eltern. Das bedeutet, dass man den Lebensstil der Eltern zu seinem eigenen gemacht, ihre Religion übernommen hat und im gleichen Umfeld lebt. Wenn ein Mensch jedoch seinen beruflichen Weg wählt, dann kann er nicht mehr sagen: »Ich bin der Sohn von Peter Müller und mein Vater ist Arzt«, sondern er sagt viel eher: »Ich bin Ralf Müller, der Maler (oder der Lehrer, der Geschäftsführer usw.). Während der Aszendent und das erste Haus also das Persönlichkeitspotenzial symbolisieren, drückt das MC und das zehnte Haus die Reife und den Höhepunkt dieses kreativen Samenkorns aus.

In einem größeren Zusammenhang gesehen steht das zehnte Haus für den väterlichen Archetypus, weil er das Gebiet des Horoskops ist, in dem wir Autoritätsfiguren und autoritäre gesellschaftliche Strukturen finden, wie etwa die Regierung oder eine Firma. Eine gründliche Analyse des zehnten Hauses und seines natürlichen und tatsächlichen Herrschers enthüllt uns vieles über unsere Einstellung gegenüber solchen einflussreichen Personen sowie darüber, wie wir uns in Fragen der sozialen Kontrolle, in gesellschaftlichen Regelsystemen und Strukturen verhalten.

Und zu guter Letzt steht das zehnte Haus auch für unsere Karriere, den Schwerpunkt unserer Berufung und die Art unserer beruflichen Teilnahme am Leben. Das MC entspricht dem Titel auf unserer Visitenkarte, dem Logo auf unserem Briefpapier, der sozialen Funktion, die wir bekleiden und der gesellschaftlichen Ebene, die wir in unseren Jahren als erwachsener Mensch auf diesem Planeten hier erreichen,

Wenn der Herrscher des zehnten Hauses im ersten steht, dann nimmt die Karriere des Betreffenden und sein Bedürfnis nach weltlichem Erfolg eine wesentliche Stellung in seinem Leben ein. Dies ist die wichtigste Horoskopverbindung, weil es das Bewusstsein für die Persönlichkeit mit dem Bedürfnis verbindet, ein konkretes Ziel zu erreichen, das ein direkter Widerhall der eigenen Identität ist. In einem solchen Fall sollte man unbedingt untersuchen, ob es eine Verbindung durch einen Hauptaspekt zwischen dem Herrscher von zehn und von eins gibt. Wenn beispielsweise Steinbock an der Spitze des zehnten Hauses und Saturn in eins in Widder steht, dann verspürt der Horoskopeigner einerseits eine hohe Motivation, Erfolg zu haben, aber fühlt sich andererseits in dieser Hinsicht auch sehr eingeschränkt. Der Schlüssel zum Erfolg ist bei Saturn im ersten Haus immer mit der Fähigkeit des Horoskopeigners verbunden, sich freiwillig einer selbst erschaffenen positiven Routine und Struktur zu unterwerfen, sich eine Reihe von Parametern aufzuerlegen, die ein

Gefühl von Expertentum und Autorität zur Folge haben. Wenn in diesem Beispiel Saturn in einem günstigen Aspekt zu Mars steht, dann verspürt der Betreffende den natürlichen Drang, sich die nötige Selbstdisziplin zu erarbeiten, die man für Erfolg im Leben braucht, und es fällt ihm auch recht leicht, dies durchzuziehen. Steht Saturn jedoch im Quadrat zu Mars, dann hat der Horoskopeigner unter Umständen das Gefühl, Vollgas mit angezogener Handbremse zu geben – in diesem Fall könnte das intensive Bedürfnis nach persönlichem Erfolg von Frustration und Rückschlägen begleitet werden.

Wenn der Herrscher des zehnten Hauses im zweiten steht, dann lautet eine wichtige Voraussetzung für beruflichen Erfolg, dass der Horoskopeigner seine persönlichen Ressourcen, Talente und Fähigkeiten richtig nutzt. Dies kann eine sehr positive Konstellation sein, insbesondere, wenn der Herrscher von zehn gut steht und günstig aspektiert wird. Das Horoskop von Gloria Swanson ist ein gelungenes Beispiel für diese astrologischen Voraussetzungen. Vor vielen Jahren erhielt ich einen Anruf von Frau Swanson mit der Bitte, sie in ihrer recht luxuriösen Wohnung auf der Fifth Avenue in New York aufzusuchen, um ihr eine Horoskopberatung zu geben. Ihre Bitte hat mich damals sowohl überrascht als auch hoch erfreut. Sie war zu der Zeit bereits in ihren 70ern und wollte von mir wissen, warum es ihr vergönnt gewesen war, ein so wunderbares Leben zu führen.

Die Antwort auf diese recht seltene Frage war mir klar. An der Spitze des zehnten Hauses steht Waage, Venus steht in Wassermann im zweiten Haus und ist gut aspektiert. Den internationalen Erfolg und Reichtum, den Gloria Swanson erwarb, können wir daran erkennen, dass Venus im Sextil zu Saturn steht, der sowohl der natürliche Herrscher des zehnten Hauses ist als auch einer von Venus Dispositoren. Diese besondere dreifache Rezeption ist eine enorme Unterstützung dabei, die Horoskopeignerin mit einer großen Anzahl von anderen Menschen zu verbinden, indem sie bei der Verfolgung ihrer beruflichen Karriere (Venus als Herrscherin von zehn) ihre Talente einsetzt (Venus im zweiten Haus). Außerdem steht Venus auch noch in einem engen Sextil zu Merkur, dem Herrscher des siebten Hauses in diesem Horoskop. Für das siebte Haus ist das ein ganz besonders starkes Sextil, weil es den natürlichen und den tatsächlichen Herrscher dieses Feldes harmonisch miteinander verbindet und durch Venus auch noch eine Beziehung zwischen dem siebten und dem zehnten Haus herstellt.

Beispielhoroskop 23: Gloria Swanson[46] – Horoskopabbildung
27. März 1899, Chicago, IL, 12.10 h CST

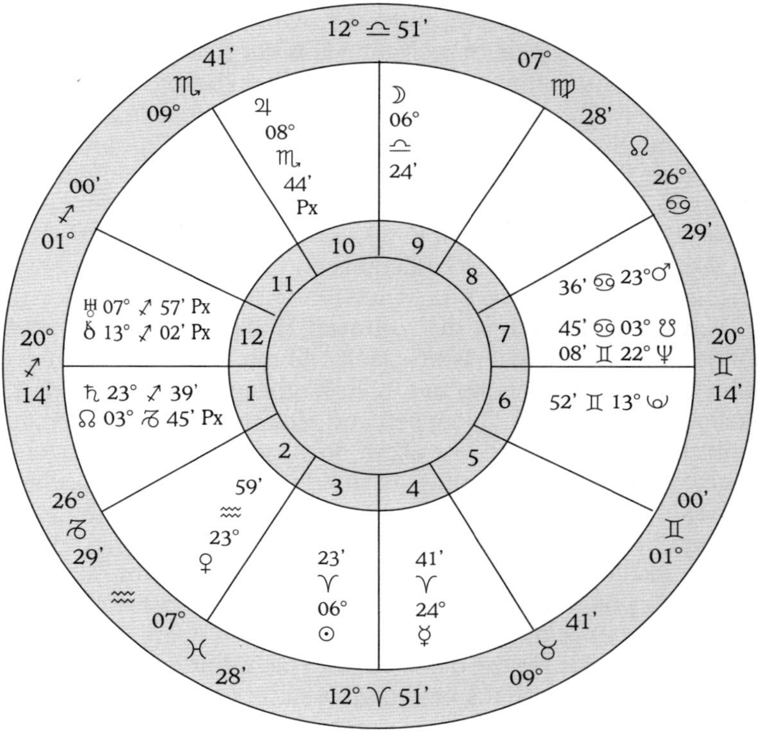

---

46 Datenquelle: Persönliche Auskunft von G.S.

Gloria Swanson war mehrfach mit sehr reichen Männern verheiratet bzw. liiert, die alle ihre berufliche Karriere stark unterstützten. Darunter waren beispielsweise Cecil B. DeMille und Joseph Kennedy Sr. Ich würde gern noch ein anderes Faktum erwähnen, das illustriert, warum Gloria Swanson so ein »wunderbares Leben« hatte: Pluto steht in Zwillinge im sechsten Haus der Arbeit im Trigon zum MC. Diese Konstellation zeigt ihre Fähigkeit, in Bezug auf ihre berufliche Karriere immer wieder neue Wege und Möglichkeiten zu finden. Gloria Swanson war einer der berühmtesten Stummfilmstars, wenn ihre Karriere in den 40er Jahren auch ein wenig einbrach. Aber schon 1950 erlebte sie wieder einen beruflichen Höhepunkt, als sie die Hauptrolle in dem Filmklassiker *Sunset Boulevard* spielte, ein Werk, das sich in das Gedächtnis und Herz aller Kinoliebhaber eingegraben hat.

Wenn der Herrscher des zehnten Hauses im dritten steht, dann hat der berufliche Werdegang viel mit den kommunikativen Fähigkeit des Betreffenden zu tun. Er hegt den starken Wunsch, Kapital aus seinen Ideen, Gedanken und Meinungen zu schlagen, und benutzt seinen Verstand vor allem dazu, seine Ziele zu erreichen. Nehmen wir einmal an, Jungfrau stünde an der Spitze des zehnten Hauses und Merkur befände sich in Wassermann in drei. Dann könnten Schreiben oder die Arbeit mit Computern und anderen Kommunikationsmitteln eine herausragende Rolle im Leben des Horoskopeigners spielen. Ein anderes Beispiel für diese Herrscherposition, die eher die Einschränkungen betont, wäre zum Beispiel Steinbock an der Spitze des zehnten Hauses und Saturn Anfang Zwillinge im dritten Haus im Quadrat zum Mond Ende Löwe. Die Platzierung dieses Herrschers von zehn würde eher auf einen Menschen hinweisen, dessen Gedankenwelt stark durch den Einfluss seiner Eltern und die frühe Umwelt bestimmt wird. Die psychologische Dynamik erschwert es diesem Menschen, seinen geistigen Horizont zu erweitern oder seine Denkstrukturen auf neue Umstände einzustellen, die ihm im Laufe seiner beruflichen Karriere ohne Frage begegnen werden. Kommunikation bleibt in diesem Fall auf sichere, etablierte Formen beschränkt und lässt nicht unbedingt Raum für die Nutzung von beruflichen Gelegenheiten.

Wenn der Herrscher des zehnten Hauses im vierten steht, dann spielt sich das Berufsleben des Horoskopeigners unter Umständen zu Hause ab. Diese Kombination taucht häufig in den Horoskopen von Menschen auf, die entweder selbstständig sind (vor allem, wenn die Zeichen Widder, Löwe oder Steinbock mit von der Partie sind), oder die ihr Büro zu Hause haben (besonders, wenn Krebs oder Jungfrau dabei eine Rolle spielen). Diese zwei Häuser sind psychologisch gesehen eng miteinander verbunden. Im vierten Haus finden wir unsere psychologischen Wurzeln, während das zehnte Haus beschreibt, wie diese Wurzeln unseren Erfolg in der Welt prägen. Von daher könnte man das zehnte Haus auch den Bereich der Ernte nennen.

Wenn die Wurzeln beschädigt oder verletzt sind, weil der Herrscher des vierten Hauses im Horoskop stark angegriffen ist, dann wird es für die Früchte unserer Arbeit schwer, wirklich zur Reife und zur Ernte zu kommen. Wenn der Herrscher von Haus zehn in Haus vier steht, dann sollte man auf jeden Fall seine Beziehung zum Herrscher von vier überprüfen. Dies kann durch die Untersuchung der Beziehung von Saturn zum Mond – den beiden natürlichen Herrschern dieser Häuser – ergänzt werden.

Nehmen wir einmal an, Löwe steht an der Spitze des zehnten Hauses und die Sonne befindet sich in Wassermann in vier im Trigon zu Saturn in Zwillinge. Dies ist ein guter und sehr starker Austausch, weil der Mitdispositor der Sonne im Trigon zu ihr steht. Außerdem ist Saturn der natürliche Herrscher des zehnten Hauses. Der Horoskopeigner könnte sein Heim (viertes Haus) als eine Basis für seine Tätigkeiten wählen, um Kommunikationsstrukturen zu schaffen (Saturn in Zwillinge), so dass seine kreativen professionellen Ideen und Impulse (Sonne als Herrscher des zehnten Hauses) dazu genutzt werden können, ein Netzwerk mit vielen anderen Menschen aufzubauen (Sonne in Wassermann).

Wenn der Herrscher des zehnten Hauses im fünften steht, dann ist die berufliche Karriere des Horoskopeigners darauf ausgerichtet, die persönlichen kreativen Fähigkeiten des Betreffenden mit einzubeziehen. Das fünfte Haus entwickelt die Anlagen des zweiten Hauses weiter, und das zehnte Haus bringt sie zur Reife. Wenn sich im zweiten Haus unsere ganz persönliche Goldmine verbirgt, dann finden wir im fünften Haus das Schmuckstück, das durch unseren kreativen Selbstausdruck daraus entstanden ist. Das zehnte Haus symbolisiert dann den Juwelierladen, der uns gehört und in dem wir unsere Kreationen präsentieren und der Öffentlichkeit zugänglich machen. Ein gut gestellter Herrscher von zehn in fünf ist daher eine ganz ausgezeichnete Stellung zur Unterstützung einer Karriere, die direkt auf unseren kreativen Fähigkeiten beruht. Da das fünfte das

Haus der Freude ist, ist es sehr gut möglich, dass der Einfluss dieses Hauses auf den Herrscher von zehn für den Horoskopeigner eine Menge Spaß und Vergnügen bei der Ausübung seines Berufs mit sich bringt. Außerdem ist es auch das Haus der Jugend, könnte also bedeuten, dass der Berufsweg des Betreffenden etwas mit Kindern oder Jugendlichen zu tun hat. Diese Annahme verstärkt sich, wenn das Zeichen Löwe dabei eine Rolle spielt oder eine andere starke Verbindung – wie beispielsweise ein Rezeption – zwischen der Sonne und dem Herrscher von zehn existiert.

Wählen wir einmal folgendes Beispiel für diese Konstellation: Jungfrau steht an der Spitze des zehnten Hauses und Merkur in Widder in fünf. Der Beruf hat demzufolge eine starke Serviceorientierung (Jungfrau am MC). Der Horoskopeigner mit dieser Konstellation verfügt über hoch entwickelte Kommunikations- und Ausdrucksfähigkeiten sowie über einen sehr originellen und erfinderischen Verstand (Merkur in Widder in fünf). Er würde seine geistigen Talente auf dem Gebiet der gewählten Dienstleistung einsetzen, das er sich als Beruf gewählt hat. Nehmen wir weiterhin an, dass Merkur in dieser Position im Trigon zu Jupiter in Löwe in neun steht. Dies wäre ein klarer Hinweis für den Astrologen, dass dieser Mensch für seinen Beruf auch sehr viel reisen muss und dass er aller Wahrscheinlichkeit nach auch etwas veröffentlicht und sein Werk in andere Sprachen übersetzt wird (Einflüsse vom neunten Haus und von Jupiter).

Wenn der Herrscher des zehnten Hauses im sechsten steht, dann stellt der Betreffende womöglich fest, dass sich sein Beruf aus vielen verschiedenen Tätigkeiten zusammensetzt. Es besteht eine natürliche positive Affinität zwischen diesen beiden Häusern, da sie beide mit den Erdzeichen in Verbindung stehen. Außerdem haben die natürlichen Herrscher dieser beiden Felder, Merkur (sechstes Haus) und Saturn (zehntes Haus), auch ein gutes Verhältnis zueinander. Merkur steht für die kommunikativen und rationalen Bereiche des Verstandes, während Saturn die gesamte mentale Struktur des menschlichen Bewusstseins symbolisiert. Saturn fühlt sich sehr wohl, wenn er all die einzelnen, merkurischen Informationen in eine größere und umfassende Struktur bringen darf, und dies geschieht recht mühelos, wenn diese beiden Planeten in einem Radix im Sextil oder im Trigon zueinander stehen.

Für unsere Gesamtdeutung dieser Häuserherrscherstellung können wir also Folgendes feststellen: Wenn die Herrscher des sechsten und zehnten Hauses eine harmonische Aspektverbindung zueinander haben, dann passen die vielen Fähigkeiten, über die ich verfüge (Merkur und das sechste Haus), sehr gut in das Gesamtbild meines Berufs (Saturn und das zehnte Haus). Wenn der Herrscher des zehnten Hauses in einem beweglichen Zeichen in sechs steht und dieses auch an der Spitze des sechsten Hauses steht, dann besteht eine klare Tendenz dazu, häufiger den Job zu wechseln oder sich immer wieder neue berufliche Ziele zu setzen. Im positiven Sinne kann das sehr viel berufliche Flexibilität mit sich bringen. Erfolgreich ist der Horoskopeigner mit dieser Konstellation vor allem dann, wenn es ihm gelingt, seine vielen Techniken und Fähigkeiten für einen beruflichen Schwerpunkt einzusetzen. Bei einem günstigen Aspekt zwischen dem Herrscher von zehn und von sechs ist dies auch sehr wahrscheinlich. Wenn der Herrscher des zehnten Hauses im sechsten Haus gut gestellt ist, dann nutzt der Horoskopeigner seine vielen Fähigkeiten höchstwahrscheinlich für ein großes berufliches Ziel. Bei einem Quadrat, einer Opposition oder einem Quinkunx zwischen diesen beiden Signifikatoren muss sich der Betreffende vielen Herausforderungen stellen. Ein verletzter Zehnthausherrscher in sechs kann auch ein Hinweis darauf sein, dass Gesundheitsprobleme beruflichen Erfolg verhindern können. Die Gesundheit ist generell mit der beruflichen Karriere verknüpft, von daher interessiert sich der Horoskopeigner unter Umständen sogar für einen heilerischen Beruf im weitesten Sinne.

Wenn der Herrscher des zehnten Hauses im siebten steht, dann spielt Partnerschaft eine herausragende Rolle bei der Verfolgung beruflicher Ziele. Hier steht der Planet der beruflichen Ziele und des sozialen Status im Haus der Ehe bzw. der offenen Feinde. Es besteht insofern eine natürliche Affinität zwischen diesen beiden Häusern, als Saturn, der natürliche Herrscher von zehn, in Waage, dem natürlichen Zeichen des siebten Hauses, erhöht steht. Um die besten Seiten dieser Herrscherkombination zum Vorschein zu bringen, ist es wichtig, harmonische Partnerschaftsstrukturen herzustellen und Gleichberechtigung zwischen den Partnern zu erzielen. Wenn die astrologischen Indikatoren jedoch Disharmonie in Beziehungen anzeigen, dann wirken sich die persönlichen oder auch geschäftlichen Partnerschaftsprobleme unter Umständen schädlich auf den beruflichen Erfolg aus.

Nehmen wir einmal an, Widder stünde am MC und Mars in Steinbock in sieben im Quadrat zu Saturn in Widder in zehn. Diese Konstellation könnte für große Frustration sorgen. Der Betreffende hat zwar unglaublichen Ehrgeiz, wie die Stellung von Saturn und Mars anzeigt, und er hat unter Umständen auch das Bedürfnis nach einem Partner, der eine Position bekleidet, die für seine Karriereziele förderlich ist. Aber er ist gleichzeitig ein Mensch, der sich zu den Partnern, die er als Verbündete braucht, in Konkurrenz setzt. Dies ersehen wir aus Steinbock Spitze sieben (Partnerschaft mit älteren und/oder etablierteren Menschen) und Mars im siebten Haus (offene Feindschaft mit Partnern bzw. das Bedürfnis danach, in Beziehungen zu dominieren) im Quadrat zu Saturn in zehn (Probleme mit Menschen in übergeordneten Positionen).

Wenn der Herrscher des zehnten Hauses im achten steht, haben wir es mit einer sehr starken Position zu tun, da die Quellen für Erneuerung im Horoskop mit dem Bereich der Karriere und dem öffentlichen Status in Berührung kommen. Wenn die Herrscherfaktoren, die diese beiden Häuser verknüpfen, gut gestellt sind, insbesondere in dem Zeichen Steinbock, Skorpion, Jungfrau oder Widder, und die Herrscher dieser Tierkreiszeichen wiederum eine günstige Verbindung zueinander haben, dann besteht ein immenses Potenzial für beruflichen Erfolg. Wie wir bereits zuvor gesehen haben, sind gute Möglichkeiten für Erneuerung und Vitalität gegeben, wenn der Einfluss des achten Hauses positiv ist.

Erfolgreich ist man, wenn man nach einem Sturz wiederaufstehen kann, die Erfahrung der Niederlage weise zu nutzen versteht, und seinen Weg weitergeht, um zu größerem Erfolg im Leben zu gelangen. Ein starker und gut gestellter Herrscher von zehn in acht gibt einem genau dazu die Möglichkeit. Diese Deutung wird noch weiter untermauert, wenn es ein Sextil oder ein Trigon zwischen dem Herrscher von zehn in acht und dem natürlichen oder tatsächlichen Herrscher des achten Hauses gibt.

Demzufolge ist Zwillinge an der Spitze des zehnten Hauses und Merkur in Widder in acht in einem Sextil zum MC und zu Mars in Wassermann in sechs ein regelrechter Segen für jede Karriere. Dies ist ein Mensch, der über das Talent verfügt, seine mentalen Fähigkeiten immer wieder mit neuer Kraft und Energie aufzuladen. Er findet schnell den Knackpunkt in jeder beruflichen Situation heraus, ist präzise und genau, geistig sehr rege und schnell. Der Betreffende kann mit beständiger Unterstützung von seinem Arbeitgeber und seinen Kollegen rechnen, die ihn nötigenfalls geschlossen in Schutz nehmen und verteidigen.

Wenn der Herrscher des zehnten Hauses im neunten steht, dann kann Hilfe und Unterstützung für das Erklimmen der Karriereleiter aus einem historischen Verständnis kommen – entweder durch die spezifische Firmengeschichte oder Geschichte des Aufgabenbereichs, mit dem man sich beschäftigt, oder auch durch die generelle Beschäftigung mit historischen Tatsachen. Diese Position ist auch ein Hinweis auf einen Menschen, zu dessen Beruf es gehören könnte, zu unterrichten, etwas zu veröffentlichen, zu reisen oder andere Aktivitäten auszuüben, die typisch für das neunte Haus sind. Wenn der Herrscher des zehnten Hauses günstig aspektiert ist, insbesondere durch den natürlichen oder tatsächlichen Herrscher des neunten Hauses, dann verbindet sich die höhere Bildung und die Weltanschauung des Horoskopeigners harmonisch mit seinem beruflichen Betätigungsfeld. Bei einem günstigen Aspekt zu Jupiter ist das Wissen des Betreffenden ein Garant für sein Erklimmen der Karriereleiter. Steht Jupiter jedoch in einem Spannungsverhältnis zum Herrscher von zehn in neun oder auch zur Sonne oder zu Saturn, dann übertreffen die Ambitionen des Horoskopeigners häufig bei weitem seine realen Möglichkeiten.

Wenn der Herrscher des zehnten Hauses im zehnten steht, dann ist diese Planeten/Zeichen-Kombination ein eindeutiger Hinweis auf den ausgeübten Beruf. Ist dies beispielsweise Merkur in Zwillinge, dann hat der Beruf des Betreffenden mit Kommunikation durch Schrift und Sprache oder mit Reisen zu tun. Wenn es Mars in Widder ist, dann ist dieser Mensch ein Pionier auf seinem Gebiet und höchstwahrscheinlich selbstständig oder zumindest ein hoch spezialisierter Berater. Ein gut platzierter Jupiter in Schütze in dieser Stellung ist ein Hinweis darauf, dass wir es mit einem geborenen Lehrer zu tun haben, mit einem Menschen, der seine klar definierten Ansichten anderen über seinen Beruf vermitteln möchte. Diese Herrscherposition ist recht einfach zu deuten, weil die astrologischen Schlüsselbegriffe hier in hohem Maße zutreffen.

Eine sehr wichtige Rolle spielt bei der Stellung des Herrschers von zehn in zehn auch die Position von Saturn. Wenn Saturn selbst der Herrscher von zehn in zehn ist und günstig aspektiert in Steinbock steht, dann darf der Horoskopeigner mit beruflichem Erfolg rechnen, allerdings nicht vor Vollendung seines 42. oder sogar 56. Lebensjahres. Selbst wenn der Betreffende bis dahin ein gewisses Maß an Anerkennung in seinem beruflichen Betätigungsfeld erreicht hat, wird er sich erst später wirklich erfolgreich *fühlen*. Steht Saturn an anderer Stelle im Horoskop und ist harmonisch mit dem Herrscher von zehn in zehn verbunden, dann entwickelt sich der berufliche Erfolg womöglich langsam, aber beständig. Bei einer Stellung in den kardinalen Zeichen ist der Ehrgeiz des Betreffenden stark ausgeprägt, aber er ist auch sehr ungeduldig.

Wenn die fixen Zeichen stark besetzt sind, dann lässt der Erfolg unter Umständen noch länger auf sich warten, doch der Horoskopeigner verfügt über die Willenskraft und das Durchhaltevermögen, seine Angelegenheiten zu einem positiven Ausgang zu bringen. Bei den beweglichen Zeichen gibt es im Allgemeinen mehr Höhen und Tiefen in der Karriere, aber wenn Saturn in diesem Fall den Herrscher von zehn günstig aspektiert, dann ist auf jeden Fall mit Erfolg zu rechnen. Steht Saturn im Spannungsaspekt zum Herrscher von zehn in zehn, dann muss man mit Verzögerungen, Einschränkungen und entmutigenden Ereignissen rechnen, aber wenn Saturns Lektionen gut gelernt werden, dann erreicht auch dieser Mensch letztendlich seine Ziele. Gleichgültig, wo Saturn im Horoskop steht, er ist immer so etwas wie eine Leiter: Man muss seine hierarchische Struktur respektieren und die einzelnen Stufen der Leiter vorsichtig und geduldig erklimmen.

Wenn der Herrscher des zehnten Hauses im elften steht, dann hat die eigene Karriere unter Umständen etwas mit Gruppenprozessen und kollektiven Interessen zu tun. Dies ist eine typische Konstellation für einen Politiker, weil man die Unterstützung der Partei und ihrer Wähler braucht, um ein solches öffentliches Amt übertragen zu bekommen. Ohne eine derartige positive interaktive Gruppenbeteiligung wird niemand in ein Amt gewählt. Selbst ein Diktator braucht eine Stütze für seine Macht, auf die er sich verlassen kann, sowie das stillschweigende Einverständnis der Menschen, über die er regiert.

Ein gut aspektierter Merkur als Herrscher von zehn in elf ist ein wahres Ass im Ärmel, wenn es darum geht, die eigenen Pläne und Ideen mit anderen Menschen zu diskutieren, umso mehr, wenn er auch noch in einem Luftzeichen steht. Ein verletzter Merkur in dieser Stellung – insbesondere durch den Herrscher von elf – weist jedoch darauf hin, dass die Meinung des Horoskopeigners nicht unbedingt von der Gesellschaft geteilt wird. Falls Uranus, der natürliche Herrscher dieses Hauses, in Spannung zum Herrscher von zehn steht, dann hat der Betreffende womöglich zu viele Ideen und gehört zu vielen, häufig sogar konkurrierenden, Allianzen an. Dies trifft ganz besonders dann zu, wenn die beweglichen Zeichen betroffen sind.

Wie das neunte, so ist auch das elfte Haus ein Haus der Ideale. Denn schließlich ist es das Haus der Wünsche, Hoffnungen und hohen Ziele. Steht Jupiter verletzt im elften Haus oder in Spannung zum Herrscher von zehn in elf, dann laufen die eigenen Bestrebungen möglicherweise völlig den praktischen Realitäten des Lebens zuwider. Weil das elfte auch *das zweite Haus vom zehnten* aus gesehen ist, steht es symbolisch für Geld oder andere (normalerweise gesellschaftliche) Ressourcen, die dem Horoskopeigner aufgrund seiner beruflichen Aktivität oder seines sozialen Status zuteil werden.

Steht Neptun beispielsweise im Spannungsaspekt zum Herrscher von zehn in elf, insbesondere in den Erdzeichen, dann ist mit finanziellen Schwierigkeiten der Firma oder Interessensgruppe zu rechnen. Das elfte Haus ist das der Gleichberechtigten, also der Bekannten und Freunde, die sich auf der gleichen sozialen Ebene bewegen wie man selbst. Ein gut aspektierter Herrscher von zehn in diesem Haus, vor allem, wenn es sich bei dem aspektierenden Planeten um Venus oder den Mond handelt, sagt aus, dass dieser Mensch mit beruflicher Unterstützung aus den Reihen seiner Freunde und Bekannten rechnen kann.

Wenn der Herrscher des zehnten Hauses im zwölften steht, dann wird sich der Horoskopeigner in einem Karrierezweig am wohlsten fühlen, der nicht so stark der Öffentlichkeit ausgesetzt ist. Dies ist eine hervorragende Konstellation für jemanden, der mehr aus dem Hintergrund agiert. Ein typisches Beispiel dafür wäre Saturn als Herrscher von zehn in Widder, Steinbock oder Löwe im zwölften Haus im Trigon zu Mars. Dies wäre auch eine sehr gute Konstellation für jemanden, der sich in der Forschung engagiert, im psychologischen Bereich arbeitet, in Krankenhäusern oder in irgendeiner der Heilkünste tätig ist. Ein verletzter Herrscher von zehn in zwölf, insbesondere wenn er durch Neptun, Pluto oder dem Herrscher von acht oder zwölf angegriffen wird, kann viel dazu beitragen, Unheil in Form eines schlechten öffentlichen Ansehens durch Skandale anzurichten. Spannungsaspekte von Neptun können es auch erschweren, eine Berufswahl zu treffen. Andererseits kann Neptun im Trigon oder im Sextil zum Herrscher von zehn in zwölf ein Anzeiger für eine erfolgreiche Karriere im Bereich der Meeresbiologie oder anderen Berufen sein, die mit Wasser, Öl, Kosmetika oder den Künsten zu tun haben, vor allem, wenn die Wasserzeichen dabei eine Rolle spielen. Es kann sich auch um eine berufliche Verwirklichung im Bereich der Mystik, des Hellsehens oder einer anderen okkulten Beschäftigung handeln.

Das Wesen des elften Hauses

Jetzt, wo wir uns der Herrscherdynamik der letzten zwei Häuser des Horoskops nähern, sind wir schon weit von der persönlichen Sphäre des Aszendenten entfernt. Das elfte Haus hat eine direkte Verbindung zum Bewusstsein und den kollektiven Aktivitäten der Menschheit. Planeten und Konstellationen in diesem Haus bringen den Einzelnen mit der Gesellschaft als Ganzem in Berührung und führen ihn weit über den Rahmen seines persönlichen Daseins hinaus. Aus diesem Grund bringen wir das elfte Haus unter anderem mit dem Studium der Soziologie, der Computerwelt (insbesondere mit der Vernetzung durch das Internet), Öffentlichkeitsarbeit, Werbung und Astrologie in Verbindung. Dies ist der Bereich des Horoskops, in dem wir uns in die weite Welt der sozialen Kontakte einlassen. Er hat demzufolge viel mit Gruppen, Organisationen, Vereinigungen und den allgemeinen sozialen Kontakten zu tun, die den Bereich unserer Freunde, Bekannten und Arbeitskollegen umfassen. Wir kennen das elfte Haus traditionell als das Haus der »Hoffnungen, Wünsche und Visionen«, da es der Sinn dieses Horoskopbereichs ist, den Einzelnen zum Experiment mit kreativen Impulsen anzuregen, die sein Potenzial erweitern. Dies führt letztlich zu der Fähigkeit, sich in eine größere Gesellschaft zu integrieren und Einfluss auf diese auszuüben. Man bewegt sich über die eigene unmittelbare Umgebung hinaus. Wie das dritte und das siebte Haus ist das elfte ein Lufthaus und hat entsprechend etwas mit unseren Kommunikationsfähigkeiten zu tun. Während es im dritten Haus um unsere generellen persönlichen Kommunikationsfähigkeiten geht und im siebten um unsere intimsten und wichtigsten sozialen Beziehungen, geht es im elften um höhere Bereiche und Ebenen der Kommunikation, die über das rein Irdische hinausgehen. Das elfte Haus und sein Herrscherplanet Uranus haben mit der Erweiterung des Bewusstseins über unsere fünf körperlichen Sinne hinaus zu tun. Demzufolge stehen die Signifikatoren dieses Hauses in Beziehung zum so genannten sechsten Sinn, zur Intuition und auch zur Gedankenübertragung und außersinnlichen Wahrnehmung.

Wenn der Herrscher des elften Hauses im ersten steht, dann wird der Horoskopeigner sowohl stark von den Menschen beeinflusst, mit denen er sich in Form von Freundes- und Bekanntenkreisen und anderen Gruppierung verbindet, als auch von den sozialen Bedingungen und Umständen der Zeit, in der er lebt. Ich erinnere mich noch gut an einen Ausspruch meiner Eltern, als ich zur Universität ging: »Such dir deine Freunde gut aus; du wirst danach beurteilt werden, mit wem du deine Zeit verbringst.« Dieser Rat würde auf einen Menschen mit dem Herrscher von elf in eins ganz besonders zutreffen. Auch die *Art* von Bekannten, mit denen man sich umgibt, wird durch die beteiligten Planeten und Zeichen beschrieben. Wenn Mars beispielsweise der Herrscher des elften Hauses ist und im ersten im Quadrat zu Uranus steht, dann fühlt sich der Betreffende zu gewissen »rebellischen« Kreisen hingezogen und/oder zu Menschen mit einer alternativen sexuellen Ausrichtung. Natürlich hätte auch er selbst diese Charakteristika. Vergleichen wir einmal den Einfluss eines Horoskops (1), bei dem der Herrscher von fünf in eins steht, mit einem (2), bei dem der Herrscher von elf in eins steht:

(1) Dies ist jemand, der seine persönlichen Vorlieben und Abneigungen nach außen in seine Umwelt projiziert und Anerkennung für seine besonderen Talente und seine individuelle Persönlichkeit sucht. Je nach den astrologischen Bedingungen des Herrscherplaneten würde die Umgebung diese Wünsche entweder unterstützen oder dem Horoskopeigner deren Erfüllung erschweren.

(2) Wenn der Herrscher von elf in eins steht, ist der Lebensschwerpunkt ein ganz anderer. Wir haben es hier mit einem Menschen zu tun, der von den umfassenderen sozialen Bedingungen oder der politischen Situation der Gesellschaft, in der er lebt, ganz *persönlich* betroffen ist. Was die Auswirkungen dieser Position auf das eigene Leben angeht, so könnte folgende Aussage getroffen werden: »Ich bin mir der umfassenderen sozialen Themen meiner Zeit sehr bewusst und weiß, dass diese die Art meiner Egoprojektion in meine Umwelt stark beeinflussen.«

Nehmen wir einmal an, Waage stünde an der Spitze des elften Hauses und Venus wäre in Schütze im ersten Haus. Dies ist ein Mensch, der seine Ideale und Hoffnungen auf sozialen Frieden und Gerechtigkeit verkörpert. So jemand würde seine venusische Anziehungskraft und seinen Charme nicht so sehr dazu einsetzen, Menschen zum Ziele der persönlichen Anerkennung und des persönlichen Vergnügens anzuziehen (wie es der Fall bei einer Venus in eins als Herrscherin des fünften Hauses wäre), sondern um Anhänger für seine weltanschaulichen Ziele zu gewinnen und das, was er zu seiner Sache gemacht hat, voranzutreiben. Seine Hoffnungen und Wünsche wären eng mit dem Bedürfnis nach sozialer Freiheit und Gleichberechtigung verbunden. Auf einer persönlichen Ebene würde dieser Mensch natürlich auch nach einem Partner Ausschau halten, der eine ähnliche Anschauung vertritt. Außerdem kann diese Konstellation auf einer ganz einfachen Ebene auch für einen Menschen stehen, der gern die Bekanntschaft von Menschen aus anderen Ländern macht.

Wenn der Herrscher des elften Hauses im zweiten steht, dann hat die Art der Freundschaften, die man führt, einen großen Einfluss auf den Nutzen, den man aus seinen persönlichen Talenten und Ressourcen zieht. Auf einer sehr praktischen Ebene stellt diese Konstellation, insbesondere wenn die Erdzeichen mit von der Partie sind, eine Beziehung zwischen Freundschaften und Geld her. Wenn der Herrscher von elf im zweiten Haus verletzt steht, dann sollte man mit den eigenen Finanzen sehr vorsichtig umgehen und sich nicht von Freunden oder Bekannten in ungesunder Weise beeinflussen lassen. Wenn beispielsweise Mars der Herrscher des elften Hauses ist und verletzt im zweiten Haus steht, dann sind Freundschaften womöglich eine Quelle finanzieller Schwierigkeiten. Wenn es sich um einen verletzten Saturn handelt, dann verhindern Freunde bzw. das soziale Umfeld, in dem der Horoskopeigner lebt, dass er seine individuellen Ressourcen, Talente und Fähigkeiten richtig nutzen kann. Dies ist dann unter Umständen ein Mensch, der sehr schüchtern ist und sich im Vergleich zu den Menschen, mit denen er normalerweise zusammen ist, wertlos fühlt.

Zwischen dem elften und dem zweiten Haus besteht eine natürliche Verbindung. Während letzteres das Haus unseres persönlichen Selbstwertgefühls und unseres Geldvorrates ist, ist das elfte das Haus, in dem der finanzielle und auch der gesellschaftliche Lohn liegt, den wir aus unserem Beruf beziehen. Wenn ich zwischen dem Herrscher des elften und dem des zweiten Hauses einen harmonischen Aspekt habe, dann zahlt sich das, was ich in mir an schlummernden Talenten und Fähigkeiten habe und das, was ich von der Gesellschaft als Resultat der Nutzung meiner Talente erhalte, in Form meiner beruflichen Karriere gut aus. Natürlich muss auch der Herrscher des zehnten Hauses in so einem Fall entsprechend günstig gestellt sein.

Wenn der Herrscher des elften Hauses im dritten steht, dann bestimmen soziale Trends und Einstellungen die persönlichen Ideen und Ansichten des Horoskopeigners sowie seine Art der Kommunikation. Wenn ich von der »äußeren Welt« abgeschnitten bin, wenn meine Denkweise völlig von meinem biologischen Karma bestimmt oder durch meine sozialen Kontakte beschränkt wird oder allein von meinen persönlichen Begierden motiviert wird, dann könnte man zu recht behaupten, dass ich ein engstirniger, egozentrischer Mensch bin. Aber wenn der Herrscher von elf in drei steht, dann höre ich Nachrichten, surfe im Internet und suche immer nach Informationen, die mein Denken erweitern. Bei einem persönlich und sozial unreifen Menschen kann diese Konstellation bedeuten, dass er immer den neuesten Klatsch und Tratsch kennt. Im Leben eines Menschen, der sich objektiv auf dem Weg der persönlichen Entwicklung befindet, ist der Herrscher von elf in drei jedoch eine sehr hilfreiche Konstellation.

Eins der ausgeprägtesten Charakteristika bei einem solchen Menschen, der sich spirituell weiterentwickelt, ist sein Bewusstsein für ein Leben außerhalb des Wirkungsbereichs des Ego. Dies erlaubt es ihm, sich in eine Position der Unterstützung für Menschen zu begeben, die ihm völlig unbekannt sind und mit denen er eine unpersönliche Beziehung unterhält. Eine weitere Auswirkung dieser Herrscherstellung ist der Einfluss, den Freunde auf unsere Art und Weise zu denken haben. Falls Neptun der Herrscher von elf ist und im dritten Haus steht oder zum Herrscher von drei in elf in Spannung steht, dann wird man unter Umständen von seinen Freunden belogen oder getäuscht. In diesem Fall ist man auch in gewisser Weise blind für gesellschaftliche Fragestellungen oder neigt dazu, diese falsch zu deuten.

Wenn der Herrscher des elften Hauses im vierten steht, dann nehmen wir unsere Freunde gern mit nach Hause. Steht Waage beispielsweise an der Spitze des elften Hauses und Venus in vier, dann haben wir es mit jemandem zu tun, der sich in Gesellschaft extrem wohl fühlt und der es am liebsten hat, wenn sich alles bei ihm zu Hause abspielt. Wenn es sich um einen verletzten Mars handelt, dann sorgen Freunde und Bekannte vielleicht für häusliche Auseinandersetzungen oder sind die Ursache für tiefe innere Konflikte. Die soziale Dynamik, die die Verknüpfung des elften und des vierten Hauses ausdrückt, sagt jedoch noch wenig über die tiefere Bedeutung dieser Konstellation aus. Denn im Grunde bedeutet diese Herrscherstellung, dass wir uns die Themen Freundschaft und Gesellschaft sehr zu Herzen nehmen. Freundschaft hat für uns in diesem Fall einen sehr hohen Stellenwert. Die Dinge, an die wir glauben, soziale Ungerechtigkeit oder Unterdrückung, die wir durch die Kriege und Konflikte zwischen Menschen und Nationen erleben, gehen uns gefühlsmäßig sehr nahe, und wir reagieren aus unserem ganz persönlichen subjektiven Empfinden darauf. Wir dürfen nicht vergessen, dass das elfte das Haus der »sozialen Gleichheit« und damit das Domizil der Demokratie ist. Im Vergleich dazu ist das fünfte das Haus der Monarchie oder des Fürstentums, das erste könnte das Haus einer Diktatur sein und das zehnte das eines Imperiums.

Wenn der Herrscher des elften Hauses im fünften steht, dann wird unser kreativer Selbstausdruck durch unsere Wahrnehmung sozialer Angelegenheiten und Bedürfnisse geprägt. Nehmen wir einmal an, Jungfrau stünde an der Spitze des elften Hauses und Merkur in fünf in Fische im Trigon zu Pluto in Skorpion (eine Konstellation, die wir in Horoskopen der zwischen 1983 und 1995 Geborenen finden).

Bei einem spirituell reifen Menschen handelt es sich hierbei um eine Konstellation, die von dem Wunsch spricht, einen Dienst für die Gesellschaft zu erbringen. Man reagiert dann verstandesmäßig sehr sensibel auf die Bedürfnisse anderer Menschen nach einem besseren Leben und wird sich darum bemühen, die eigenen kreativen Talente zur Verbesserung der sozialen Umstände einzusetzen (bewegliche Zeichen an Spitze fünf und elf). Dieser Mensch könnte mit seiner Intelligenz viele andere Menschen beeinflussen, indem er ihre Meinung prägt (Pluto in Skorpion im Trigon zu Merkur) und ihre Herzen für ein größeres soziales Mitgefühl öffnet (Herrscher von elf in Fische). Dies würde der Betreffende durch seinen Ausdruck über Sprache, Schrift und andere Kommunikationsformen bewirken (Merkur).

In einigen Fällen läge der Schwerpunkt des kreativen Beitrags für die Gesellschaft vielleicht auch im Bereich der Kinder (fünftes Haus). Aber nehmen wir einmal an, dass Merkur in Fische in fünf im Quadrat zum Mond im zweiten Haus in Schütze stünde, und zwar im Horoskop einer recht egozentrischen Person. Die emotionalen Bedürfnisse dieses Menschen (Mond) wären immer mit seinem finanziellen Status verbunden (zweites Haus) sowie mit dem Einsatz seiner Talente und Ressourcen, die ihm Sicherheit im Leben verschaffen sollen. Diese sehr persönlichen Erwägungen, gepaart mit einem entsprechenden Bewusstseinsniveau, tragen nicht unbedingt dazu bei, die altruistische Seite Merkurs als Herrscher von elf in fünf zum Ausdruck zu bringen. Eine wahrscheinliche Interpretation für diese Planetenkombination wäre daher, dass der Horoskopeigner seine manipulativen Kommunikationsfähigkeiten (Merkur Trigon Pluto) und seine Wahrnehmung von gesellschaftlichen Umständen dafür einsetzen würde, um sein Bedürfnis nach persönlicher Sicherheit zu erfüllen (Mond Quadrat Merkur von zweiten zum fünften Haus).

Wenn der Herrscher des elften Hauses im sechsten steht, dann bestimmt der Einfluss der gesellschaftlichen Anforderungen der Zeit die Fähigkeiten, Mittel und den Arbeitsbereich des Horoskopeigners stark mit. Bei einer Betonung der beweglichen Zeichen und einer positiven Planetenverbindung kann dies einen Menschen hervorbringen, der sich bietende Gelegenheiten beim Schopfe packt und das tut, was erforderlich ist. »Wenn ein Klempner gebraucht wird, dann bin ich eben der Klempner. Wenn ein Gärtner gebraucht wird, bin ich eben Gärtner. Wenn ein Anstreicher gebraucht wird, bin ich eben Anstreicher.« So oder ähnlich lautet die Lebenseinstellung des Betreffenden. Bei dieser Konstellation können auch Freunde und Bekannte dabei behilflich sein, den richtigen Job zu finden.

Ein Mensch mit Schütze im elften Haus und einem gut gestellten Jupiter in Zwillinge in sechs braucht sich nicht zu wundern, wenn sich viele gute Jobmöglichkeiten durch seinen Bekanntenkreis ergeben. Andererseits kann natürlich ein verletzter Herrscher von elf in sechs es dem Horoskopeigner erschweren, Wege für eine persönliche Verbesserung zu finden, weil er sich möglicherweise in nicht geeigneten gesellschaftlichen Kreise bewegt oder seine Freunde ihn auf andere Art und Weise daran hindern.

Steinbock Spitze elf mit Saturn in Krebs im sechsten Haus im Quadrat zur Sonne in Waage könnte zum Beispiel zu solchen Erfahrungen führen wie: »Gleichgültig, was ich tue, ich finde einfach nicht den richtigen Job. Alle sozialen Verbindungen, die ich habe, tragen nicht im geringsten dazu bei, mir dabei zu helfen, meine Fähigkeiten und Talente im Bereich der Arbeit gewinnbringend einzusetzen.« Der Herrscher von elf in sechs kann auch bewirken, dass sich der Horoskopeigner stärker mit Fragen der öffentlichen Gesundheit auseinandersetzt. Es gibt viele Menschen, die Mitte bis Ende der 60er Jahre geboren sind, die Wassermann an der Spitze des elften Hauses haben und Uranus in Konjunktion zu Pluto in Jungfrau in sechs, die sich des Bedürfnisses nach Verbesserung und Veränderung auf dem Gebiet der öffentlichen Gesundheitspflege und des sozialen Wohlergehens stark bewusst sind und die etwas dafür tun.[47]

Wenn der Herrscher des elften Hauses im siebten steht, dann heiraten wir unter Umständen einen Freund aus unserem Bekanntenkreis oder gehen mit ihm eine enge Beziehung ein. Viele Menschen finden im Laufe der Zeit heraus, dass der Mensch, mit dem sie ihr Leben und ihr Bett teilen, *nicht* ihr Freund ist. Sie suchen dann außerhalb ihrer Ehe oder intimen Partnerschaft nach den Freuden von platonischen Herzensbeziehungen. Daran ist auch nicht auszusetzen, aber die Menschen, die einen gut aspektierten Herrscher von elf in sieben haben, dürfen eben das Glück erleben, dass ihr Partner nicht nur derjenige ist, den sie am meisten lieben, sondern auch ihr bester Freund. Im Wassermannzeitalter müssen aller Partnerschaften, die eine erneuernde, lebensförderliche, gesunde Energie hervorbringen, auf Freundschaft basieren. In der esoterischen, seelenzentrierten Astrologie ist Uranus der Herrscher von Waage, der natürliche Herrscher des elften Hauses also. Dies bedeutet, dass persönliche Beziehungen nur dann ein Weg zum seelischen Wachstum sind, wenn sie auf einer festen Basis unpersönlicher Hilfsbereitschaft ruhen. Mit anderen Worten: »Ich bin nicht nur für dich da, damit du körperliche Freuden erlebst oder damit unsere Familien glücklich sind. Ich bin auch ein Bruder oder eine Schwester für dich auf dem Weg der menschlichen Entwicklung. In dieser Hinsicht bin ich ganz klar dein bester Freund bzw. deine beste Freundin, und gemeinsam können wir etwas erreichen, so dass unsere Beziehung zu einem Dienst an der Menschheit wird.« Das ist das wahre Wesen von Seelenverwandtschaft in diesem Zeitalter. Wenn der Herrscher von elf im siebten Haus verletzt steht, insbesondere durch den Herrscher von sieben, durch Venus oder Uranus, dann können Freundschaften außerhalb der Ehe eine große Herausforderung für die persönliche Partnerschaft darstellen. Es ist auch gut möglich, dass sich der Gesellschaftskreis, in dem man sich bewegt, gegen die eigene Partnerwahl oder die Art der Beziehung stellt, die man führt.

---

47 Damit diese Konstellation so eintritt, muss Löwe an der Spitze des sechsten Hauses stehen und Jungfrau Spitze sieben. Uranus und Pluto müssen dann auf einem Grad in der Jungfrau stehen, der noch vor dem Deszendentengrad liegt. Diese Konstellation ist gar nicht so selten.

Wenn der Herrscher des elften Hauses im achten steht, haben wir es mit einem Horoskop zu tun, in dem es Faktoren in Bezug auf Freundschaften und/oder die Gesellschaft gibt, die transformiert werden müssen. Zwischen diesen beiden Häusern besteht eine starke natürliche Affinität. Der natürliche Herrscher von elf, Uranus, steht nämlich im natürlichen Zeichen des achten Hauses, in Skorpion, erhöht. Obwohl dies grundsätzliche eine positive Affinität ist, ist sie nicht unbedingt einfach. Uranus ist der Planet der Revolution, der beständig gegen irgendeinen Aspekt des Status Quo arbeitet, um eine neue, innovative Dynamik ins Leben zu rufen und so das Gefühl des betreffenden Menschen für seine eigene Individualität zu fördern.

Uranus ist also insofern sehr hilfreich für evolutionären Fortschritt, aber die Mittel und die Art und Weise, mit denen er diese Veränderungen einleitet, sind nicht gerade sanft. Wenn also der Herrscher von elf in acht steht, muss sich ein Aspekt der Beziehung des Betreffenden zur Gesellschaft verändern, etwas, was sich häufig über Freundschaften manifestiert. Nehmen wir einmal an, Waage stünde an der Spitze des elften Hauses und Venus stünde in Krebs in acht. Dies könnte beispielsweise ein Mensch sein, der in Freundschaften zu besitzergreifend ist. Oder es könnte auch bedeuten, dass sich bei Beziehungen zu anderen Menschen häufig Verwirrung einschleicht. Der Horoskopeigner könnte beispielsweise zu persönlich sein (Krebs), wenn es sich eigentlich um unpersönliche Beziehungen handelt (Herrscher von elf). Die Lektion lautet hier: Der Horoskopeigner muss sich um ein Gleichgewicht in Freundschaften bemühen (Waage Spitze elf), in dem einerseits persönliche Bedürfnisse Raum haben (Venus in Krebs), andererseits aber auch nicht zu viele Bedürfnisse und Anforderungen gestellt werden, die die Freundschaft töten könnten (achtes Haus). Eine große Schwierigkeit, die durch die Stellung der Venus aus elf in acht auftauchen kann, insbesondere wenn dies auch noch im Quadrat zu Neptun in Waage steht, ist eine gewisse Unfähigkeit, den Unterschied zwischen sexuellen und platonischen Beziehungen wahrzunehmen und zu respektieren.

Wenn der Herrscher des elften Hauses im neunten steht, dann hat der Horoskopeigner unter Umständen eine sehr idealistische Einstellung dem Leben gegenüber. Diese zwei Häuser haben ebenfalls von Natur aus eine positive Affinität zueinander. Wenn ihre beiden natürlichen Herrscher, Uranus und Jupiter, im Horoskop harmonisch zueinander gestellt sind, dann ist der Betreffende für viele Abenteuer und Erfahrungen offen, die der Erweiterung und

Entwicklung seiner Anschauungen dienen können. Ein Sextil, ein Trigon und auch eine Konjunktion zwischen diesen beiden Planeten ist ein Hinweis auf einen Menschen, der einen weiteren Verständnishorizont sucht, und zwar durch seine Bildung, Erfahrungen auf Reisen und ganz allgemein durch seine sozialen Kontakte. In dieser Kombination steht ja der Herrscher des Hauses der sozialen Bewegungen, der Politik und der Soziologie sowie der persönlichen Hoffnungen und Wünsche (elf) im Haus der religiösen und philosophischen Überzeugungen (neun). Daraus können wir schließen, dass das Bedürfnis danach, einer religiösen und/oder politischen Gruppe bzw. Organisation von Gleichgesinnten anzugehören, im Leben des Betreffenden eine wichtige Rolle spielt. Steht der Herrscher von elf verletzt im neunten Haus, dann kann es gut sein, dass die persönlichen religiösen oder gesellschaftlichen Ansichten mit den Überzeugungen der Freunde oder der generellen gesellschaftlichen Umgebung, in der man aufgewachsen ist oder lebt, kollidieren.

Nehmen wir einmal an, Wassermann stünde an der Spitze des elften Hauses und Uranus wäre in Schütze im neunten Haus im Quadrat zu Mars in Jungfrau. Diese Stellung würde wahrscheinlich einen Menschen hervorbringen, der den sozialen Standards und Ansichten seiner Umgebung kritisch gegenüber steht. Sich den gesellschaftlichen Trends einfach so anzupassen, wäre mit Sicherheit nicht sein Ding.

Wenn der Herrscher des elften Hauses im zehnten steht, dann entspricht es dem Horoskopeigner, die Gesellschaft, in der er lebt, persönlich zu verkörpern oder zu repräsentieren. Dies ist die perfekte Position für einen politischen Führer, einen Menschen, der sich der sozialen Situation im Hinblick auf seine gewählte berufliche Laufbahn höchst bewusst ist. Wenn Mars und Uranus Signifikatoren für diese Position sind – Widder an der Spitze des elften Hauses und Mars in Widder in zehn in Opposition zu Uranus in Waage beispielsweise – dann haben wir es mit einem sozialen Kämpfer zu tun. Dies ist ein Mensch, der seine eigene soziale Tagesordnung hat und dem es gleichgültig ist, wie viele Menschen er vor den Kopf stößt oder wie viele Gegner er sich einhandelt (und das sind sicher nicht wenige!), während er seine Fahne schwenkt.

Zumindest weist der Herrscher von elf in zehn jedoch auf einen Menschen hin, der eine soziale Ader hat und dessen Beruf stark von der öffentlichen Meinung abhängt. Nehmen wir einmal an, Zwillinge stünde an der Spitze des elften Hauses und Merkur wäre in

Zwillinge in zehn im Trigon zu Uranus in Wassermann. Dies ist die perfekte Konstellation für einen Meinungsforscher. Jemand mit Uranus in Wassermann (also die Generation von Menschen, die zum Jahrtausendwechsel geboren wurden, zwischen 1996 und 2003) hat eine natürliche Neigung dazu, Daten zu kodifizieren. Der Weg der Individuation dieses Menschen ist sehr eng mit der Gesellschaft als Ganzes verknüpft und mit den Gruppen und Organisationen, denen er angehört. Diese Lebensausrichtung ist eine Generationsprägung, die so oder ähnlich sehr viele Menschen betrifft, die in diesen sieben Jahren geboren wurden. Die Stellung von Merkur in Zwillinge im zehnten Haus als Herrscher von elf akzentuiert den wassermännischen Kommunikationsdrang und unterstützt den jeweiligen Horoskopeigner dabei, auf seiner Suche nach Informationen über und für die Öffentlichkeit viel in der Welt herumzukommen.

Wenn der Herrscher des elften Hauses im elften steht, dann sind die persönlichen Hoffnungen und Ziele eng mit umfassenderen sozialen Themen, Gruppen und Organisationen verbunden. Das Zeichen an der Spitze des elften Hauses und die Art und Stellung seines Herrschers liefert eine nähere Beschreibung für die sozialen Kontakte und Umstände des eigenen Engagements.

Steht beispielsweise Mars in Widder in elf, mit Widder an der Spitze des Hauses, dann sollten wir mit einem Menschen rechnen, der entweder für soziale Gerechtigkeit kämpft, oder mit jemandem, der in jeder Gruppe, der er angehört, für Ärger sorgt. Vieles hängt dabei von den Aspekten zwischen Mars und den übrigen Planeten des Horoskops sowie von dem Charakter und dem Bewusstseinsniveau des Betreffenden ab. Aber wir können mit Sicherheit sagen, dass diese Stellung den Horoskopeigner in allen Lebenssituationen zum Leben erweckt, in denen sein Gefühl persönlicher Selbstbehauptung durch die sozialen Umstände in Frage gestellt wird. In vielen Fällen führt es sicherlich auch zu dem Wunsch, der Leiter einer Gruppe oder eines Projekts zu sein. Man muss sich natürlich das restliche Horoskop genau ansehen, um sagen zu können, ob eine solche Führungsposition – gleichgültig, wie sehr der Betreffende sie sich wünscht – auch angemessen und erfolgreich wäre. Stünde Mars in Widder in elf zum Beispiel in Opposition zu Neptun in Waage in fünf, dann hätte dieser Wunsch nach Führung häufig auch einen Touch von Märtyrertum bzw. der Betreffende hätte zumindest das Gefühl, in »himmlischer Mission« unterwegs zu sein. Und das wäre sicherlich nicht in jedermanns Interesse.

Wenn der Herrscher des elften Hauses im zwölften steht, dann hat der Horoskopeigner höchstwahrscheinlich viele persönliche Freunde und Bekannte. Dieser Mensch bewegt sich womöglich in vielen verschiedenen sozialen Kreisen, von denen zumindest einer einen etwas heimlichen Charakter hat. Der Herrscher von elf in dieser Stellung weist auch auf Verbindungen zu geheimen Gruppen und Organisationen hin und könnte für einen Menschen stehen, der Mitglied einer esoterischen Bruderschaft, Loge oder anderen okkulten Vereinigung ist. In extremen Fällen, wenn Pluto oder Neptun beteiligt sind, kann der Betreffende Kontakte zu Verbrechern, der Welt des Rotlichts, einem Spionagenetzwerk oder verdeckt arbeitenden Informationsdiensten wie dem CIA oder dem FBI haben. Mars in Skorpion als Herrscher des elften Hauses in Konjunktion zu Neptun im gleichen Zeichen in zwölf im Sextil zu Uranus in Jungfrau könnte durchaus die Signatur eines Computerhackers sein, eines Menschen, der in komplexe Computernetzwerke (Uranus in Jungfrau/Bezug zum elften Haus) eindringt (Mars/Neptun-Verbindung in den Wasserzeichen) und dort einen Virus einschleust (Neptun/Einfluss des zwölften Hauses). Die Stellung des Herrschers von elf in zwölf kann sich allerdings auch einfacher und auf weniger unheimliche Art und Weise ausdrücken, zum Beispiel durch einen Menschen, der sich über seine politischen und sozialen Ansichten nicht so im Klaren ist und es vorzieht, seine Meinung (oder auch seine fehlende Meinung) für sich zu behalten.

Das Wesen des zwölften Hauses

Eins der schönsten Ergebnisse spirituellen Wachstums besteht darin, dass wir uns umso mehr als Individuen erkennen können, die zu einem alles umfassenden Ganzen gehören, je weiter unser Bewusstsein sich entwickelt. Was einst ein verängstigtes und/oder nur um sich selbst kreisendes Ego war, das sich durch die polare Dynamik persönlicher Wünsche und des eigenen Verstandes als ein getrenntes Wesen empfand, ist jetzt zu einem Vehikel für die Tätigkeit der Seele geworden. Der Fokus des Bewusstseins in Form persönlicher Identifikation, so wie wir es durch die Linse des Aszendenten wahrnehmen, weicht mehr und mehr dem mystischen Bewusstsein der Verbindung mit dem gesamten Universum.

Das zwölfte Haus und sein natürlicher Herrscherplanet, Neptun, sind die Hüter dieses Evolutionsprozesses. Viele Astrologen nennen das zwölfte Haus das »Haus des Karmas« oder auch das »Haus der Selbstauflösung«. Aber das stimmt nicht ganz, denn *alle* Häuser des Horoskops haben mit dem Karma des eigenen Lebens zu tun und damit, auf welche spezielle Art und Weise es sich durch das Wesen des betreffenden Hauses ausdrückt. Und Karma beinhaltet immer auch Belohnungen und Geschenke, nicht nur Schwierigkeiten und Strafen.

Das spezielle »Karma« des zwölften Hauses ist ein kollektives. Hier finden wir das, was aus früheren Runden um das Horoskop, also aus früheren Leben, übrig geblieben ist. Es ist sozusagen das Lager all unserer geheimen Schätze und Stärken, die wir aus unserer Erfahrung gewonnen haben. Dieses letzte Haus des Horoskops enthält unsere ozeanischen Kraftreserven und Potenziale, die aus all dem Guten resultieren, das wir getan haben und aus all den Diensten, die wir erbracht haben. Alles in allem ist es also die Lagerstatt unseres »guten Karmas«.

Eine der zentralen Eigenschaften des menschlichen Wesens ist die Dualität, und zwar so lange, bis wir ein fortgeschrittenes Stadium spiritueller Initiation erreichen. Wir haben daher einen bipolaren Aspekt, wir und unser gesamtes Karma. Diese menschliche Eigenschaft ist der magnetische Schatten, der gefährlich und selbstzerstörerisch ist. Bei den Schätzen unserer versteckten Potenziale befinden sich auch unsere (nicht so) versteckten Schwächen und Abhängigkeitsfallen. Wir können sagen, dass direkt neben unseren Schutzengeln unsere schlimmsten Feinde existieren und dass all diese Wesenheiten einen Teil von uns selbst umfassen.

Das zwölfte Haus ist das Haus der Klöster und Orden, der esoterischen Schulen und Logen, aber auch das Haus der Irrenhäuser und Folterkammern. Im zwölften Haus hoffen wir auf Heilung in Krankenhäusern und Kliniken, und dort finden Sterbende den Trost liebevoller Seelen in Hospizen. Wir wissen jedoch auch, dass das zwölfte Haus symbolisch für Versklavung, Gefängnisse und Konzentrationslager steht. Neptun, der natürliche Herrscher des zwölften Hauses, ist sowohl der Herr über das Wunder der Heilung aus dem Pflanzenreich, als auch über Heroin, Crack, Kokain, Alkohol und andere Leben zerstörende Suchtmittel.

Wenn wir nicht an Reinkarnation glauben, dann interessiert uns das zwölfte Haus vielleicht weniger als »das Haus, das uns lehrt, was wir aus vergangenen Leben überkommen sollen«, wie es häufig heißt. Es ist jedoch eine Tatsache, dass das zwölfte Haus uns darüber Auskunft erteilt, was wir in *diesem* Leben überkommen sollen, und das ist schon die ganze Arbeit, die wir zu leisten haben. Im zwölften Haus finden wir auch die wichtigsten Mittel, mit denen wir diese Aufgabe zu erfüllen vermögen. Wenn wir den Bereich dieses Hauses verlassen, kommen wir wieder zum Aszendenten. Wenn wir es geschafft haben, unser Wesen zu klären und einen Großteil unseres latenten Bewusstseins, der uns innewohnenden Liebe und des Lichts wirklich zu *leben*, dann können wir schon *in diesem Leben* wiedergeboren werden und sind fähig zu sagen: »Das Universum und ich sind eins.«

Wenn der Herrscher des zwölften Hauses im ersten steht, dann kann der betreffende Mensch die versteckten Elemente seines Wesens, Talente und Schwächen, an die vorderste Front in seinem Leben bringen. Diese Konstellation erleichtert es dem Horoskopeigner, seine versteckten Gaben anzuzapfen. Dies bedeutet jedoch nicht, dass man sich selbst entkommen kann. Ein Mensch mit Merkur als Herrscher des zwölften Hauses im ersten im Quadrat zu Neptun lernt wahrscheinlich im Laufe seines Lebens immer wieder etwas, das man folgendermaßen in Worte kleiden könnte: »Gott liebt dich so sehr, dass du bei jeder Lüge ertappt wirst!« Mit Neptun in sieben in Opposition zu Merkur würde der Satz in etwa so lauten: »Worin du dich über dich selbst belügst, das wird dir als (Ent)Täuschung innerhalb deiner Partnerschaften gespiegelt.«

Viele Astrologen, mich selbst eingeschlossen, benutzen das Placidus-Häusersystem. Zuweilen stimmt bei diesem Häusersystem das Zeichen an der Spitze des zwölften Hauses mit dem an der Spitze des ersten Hauses, also dem Aszendenten, überein. Sehr mystisch orientierte Astrologen würden in einem solchen Fall davon sprechen, dass der Betreffende »das Karma aus einem vergangenen Leben noch nicht abgeschlossen hat und dies nun seine Aufgabe in dieser Inkarnation ist«. Bei allem gebührenden Respekt halte ich das doch für eine sehr vereinfachte »New-Age-Ausdrucksweise«. Was sicherlich richtig ist, ist, dass der Einfluss eines Zeichens, das sowohl an der zwölften als auch an der ersten Häuserspitze steht, sehr groß ist. Man könnte sagen, dass in diesem Fall das Karma sehr schnell aus dem Kollektiven in unmittelbaren Lebenssituationen und zwischenmenschlichen Kontakten und Konfrontationen auftaucht. Anders ausgedrückt, wenn wir damit einverstanden sind, dass das Gesetz des Karma das gleiche wie das Gesetz von Ursache und Wirkung ist (was in vielen Fällen stimmt), dann bedeutet diese doppelte Zeichenbesetzung im ersten und zwölften Haus in Bezug auf diese beiden Gesetze, dass das, was wir bekommen, eindeutig auch das ist, was wir verdienen – und das könnte etwas ganz Wunderbares sein! Sollte also der Herrscher des zwölften Hauses der gleiche Planet wie der Geburtsherrscher sein und im ersten Haus stehen, dann muss bzw. darf der Horoskopeigner in seinem Leben immer mit unmittelbaren karmischen Folgen rechnen.

Nehmen wir einmal an, Stier stünde an der Spitze des ersten und des zwölften Hauses, und Venus befände sich in Zwillinge in eins, von einem Trigon des Mondes in Wassermann unterstützt. Diese Konstellation weist auf einen Menschen hin, der seine materiellen und mentalen Ressourcen leicht im Fluss halten kann. Das Ergebnis wäre, dass das Gesetz des Kreislaufs einen positiven Einfluss auf das Leben des Betreffenden hätte und dass dieser zu vielen gesellschaftlichen Anlässen eingeladen würde, viel Unterstützung bekäme, viele gute Ratschläge, emotionale Unterstützung und andere »karmische Bonuspunkte«, die von Freunden, Gruppen und Organisationen kämen.

Wenn der Herrscher des zwölften Hauses im zweiten steht und schlecht aspektiert ist (insbesondere durch Venus oder den Herrscher von zwei), dann sollte der Horoskopeigner mit seinen persönlichen Ressourcen sehr vorsichtig umgehen. Es besteht die Tendenz zur Geldverschwendung (verstärkt, wenn Jupiter im Quadrat oder in Opposition zum Herrscher steht) oder dazu, falsch zu investieren, besonders dann, wenn der Herrscher des achten Hauses einen Spannungsaspekt zum Herrscher von zwölf bildet. Diese finanziellen Schwierigkeiten können zu einer Selbstverhinderung führen. Umgekehrt jedoch, wenn der Herrscher von zwölf gut aspektiert im zweiten Haus steht, profitiert der Betreffende von seinem inneren Wissen darüber, wie er seine Talente oder sein Geld am besten nutzen kann. Wenn der Herrscher von zwölf in dieser Position durch positive Aspekte – vor allem von Venus, Jupiter oder Pluto – Unterstützung erhält und die Erdzeichen mit betroffen sind, dann wird dem Horoskopeigner häufig überraschende oder auch geheime Hilfe in finanziellen Angelegenheiten zuteil. Bei der gleichen Konstellation in den Luftzeichen handelt es sich um Unterstützung im Bereich der Ideen und Beziehungen, bei den Feuerzeichen um kreative Vitalität und bei den Wasserzeichen um eine ganz allgemeine Fähigkeit, seine Ressourcen gut zu nutzen.

Wenn der Herrscher des zwölften Hauses im dritten steht und gut aspektiert ist, dann verfügt der Horoskopeigner über ein »inneres Führungssystem«, das Teil seines persönlichen »Radarsystems« ist. Viele Auswirkungen des Herrschers von zwölf in unserem Leben sind nicht immer klar greifbar, geschweige denn logisch. Wenn Wassermann an der Spitze des zwölften Hauses steht und Uranus gut aspektiert im dritten Haus steht, dann ist der Horoskopeigner höchstwahrscheinlich ein sehr intuitiver Mensch und verfügt über die Fähigkeit, wahrzunehmen, wie sich etwas manifestieren wird, ohne dass bereits alle Fakten feststehen oder die Ereignisse überhaupt stattgefunden haben.

Wenn Uranus in diesem Fall in Spannung zu Merkur (oder dem Herrscher des dritten Hauses steht, dann kann das bedeuten, dass die Intuition den Horoskopeigner täuscht, dass er zu falschen Schlussfolgerungen kommt und Behauptungen aufstellt, die extrem unlogisch sind und dem Ablauf der Dinge und der Entwicklung der wirklichen Situation nicht entsprechen. In diesem Fall kann die Vorstellung, man verfüge über eine gute Intuition, sehr irreführend sein und sich selbstzerstörerisch auswirken.

Die Anwesenheit des Herrschers von zwölf in drei kann auch ein Hinweis auf eine besondere Bindung, eine tiefe »karmische Verbindung« mit einem Bruder oder einer Schwester sein. Die Art dieser Verbindung lässt sich durch eine ausführliche Deutung des betreffenden Planeten und Zeichens der Konstellation bestimmten.

Wenn der Herrscher des zwölften Hauses im vierten steht und gut aspektiert im Horoskop eines spirituell reifen Menschen steht, dann kann das auf einen Menschen hinweisen, der über ein Verständnis für das Leben verfügt, das weit über sein persönliches Alter und seine Lebenserfahrung hinausreicht. Wenn er in den Wasserzeichen steht, dann verfügt der Betreffende über ein starkes Mitgefühl für andere Menschen und ein tiefes Verständnis für das Leben an sich. Wenn er ungünstig aspektiert wird, besonders von Neptun oder Pluto, dann kann die Angst vorherrschen, den Geschehnissen auf irgendeine Art und Weise ausgeliefert zu sein, so dass man anderen Menschen und dem Leben an sich eine gewisse Vorsicht oder sogar Misstrauen entgegenbringt. Wenn Saturn der Planet ist, der die Spannung bildet, dann kann dies mit einer chronischen Depression oder einem Minderwertigkeitskomplex einhergehen. All diese Auswirkungen werden verstärkt, wenn der Mond und/oder das Zeichen Krebs eine Rolle spielen. Was wir an dieser Kombination von astrologischen Einflüssen erkennen können, ist das Zusammenspiel zwischen dem, was sich tief in uns verbirgt (zwölftes Haus), und unseren persönlichen, psychologischen Wurzeln (viertes Haus). Beides wird zusammengebracht. Das bedeutet, dass unser instinktiver Wesensanteil von einem Element des universellen Verständnis berührt wird. In den oben genannten Beispielen kann das entweder eine Übertreibung unserer tiefsten Ängste oder eine Expansion unserer natürlichen Qualitäten zur Folge haben.

Wenn der Herrscher des zwölften Hauses im fünften steht, dann ist in dem kreativen Selbstausdruck des Betreffenden immer auch ein universelles Element enthalten. Dies kann zum Beispiel ein Künstler sein, der eine allgemeine Symbolik verwendet, die von allen Menschen ohne Ansehen ihrer Religion, Rasse oder Nationalität verstanden wird (vor allem, wenn Venus oder Neptun die Signifikatoren sind). Diese Konstellation kann auch auf einen Schriftsteller hinweisen, dessen Worte alle Leser in einer gemeinsamen Erfahrung verbinden (Merkur, Jupiter oder Uranus als Signifikatoren). Oder sie kann auf einen Bildhauer hinweisen, der universelle Gefühle darzustellen vermag (Beteiligung der Erdzeichen und des Mondes oder Neptun als Signifikatoren).

Andererseits kann ein ungünstig aspektierter Herrscher des zwölften Hauses oder auch ein günstig aspektierter im Horoskop eines emotional unreifen Menschen in dieser Stellung das Bedürfnis nach Romantik und sinnlichen Freuden stark überstimulieren und so zu einer Quelle persönlicher Schwierigkeiten werden. Alkoholabhängigkeit oder der Missbrauch anderer Drogen könnte die Kreativität des Betreffenden behindern und gefährden, wenn es sich bei dem Herrscher von zwölf in fünf um Neptun handelt oder dieser im Spannungsaspekt zu einem anderen Herrscherplaneten von zwölf in fünf steht. Wenn der Herrscher von zwölf in fünf in einem schwierigen Aspekt zum Herrscher von acht steht, dann kann sich der Betreffende unter Umständen von Kindern sexuell angezogen fühlen, inklusive der eigenen. Dies wäre besonders dann der Fall, wenn der Mond im Horoskop verletzt stünde, vor allem durch Saturn, Neptun oder Pluto, und der Herrscher des achten Hauses auch durch Neptun verletzt wäre oder in Fische stünde. Letzteres wäre ein Hinweis auf Unklarheit in Bezug auf sexuelle Grenzen.

Wenn der Herrscher des zwölften Hauses im sechsten steht, dann ist das ein Zeichen für gesundheitliche Probleme, vor allem, wenn die Signifikatoren verletzt sind. Falls Neptun der Herrscher von zwölf ist und disharmonisch in sechs steht (im Quadrat oder in Opposition zum Herrscher von sechs beispielsweise) oder falls Neptun als Herrscher von zwölf einen Planeten im sechsten Haus verletzt, könnte dies auf Drogenabhängigkeit oder ernsthafte medizinische Probleme hinweisen, die eine hoch dosierte Medikation verlangen. Wenn Steinbock, Fische oder Skorpion die beteiligten Zeichen und ihre Herrscherplaneten auch mit der Konstellation verknüpft sind, dann könnte dies zu chronischen Abhängigkeiten oder Krankheiten führen, die nicht leicht geheilt werden können.

Wenn die Verbindung zwischen dem Herrscher von zwölf und seiner Platzierung in sechs jedoch positiv ist, dann haben wir es mit einem Menschen zu tun, dessen Fähigkeiten, Talente und Methoden ihn dazu drängen, mit Menschen zu arbeiten, die im Gefängnis, im Krankenhaus, im Asyl oder in anderen Institutionen leben. Diese Konstellation manifestiert sich dann als ein starker Wunsch, Hilfe für Menschen in Notsituationen zu leisten und denen zur Verfügung zu stehen, die einen am meisten brauchen. Da das sechste Haus das Haus der persönlichen Vervollkommnung ist, erhält es durch eine Verknüpfung mit dem zwölften Haus ein universelles Element, welches das Wissen des Horoskopeigners erweitert. Dieser kann dann fünf Brotlaibe in genügend Brot verwandeln, um die hungernde Menge zu nähren.

Wenn der Herrscher des zwölften Hauses im siebten steht, dann stimuliert der Betreffende durch die Wahl seiner Partner und seine generelle Ausrichtung bei intimen Partnerschaften seine spirituelle Entwicklung. Oder, im umgekehrten Fall werden Beziehungen für ihn zu einer Quelle des Leides. Wie immer, so hängt auch hier vieles von den anderen astrologischen Umständen ab, in denen sich der Herrscherplanet befindet. Bei der Stellung des Herrschers von zwölf in sieben haben wir häufig das Gefühl, Menschen zu treffen, zu denen wir eine starke karmische Verbindung haben. »Ich weiß, dass wir uns schon einmal getroffen haben.« »Es ist, als würden wir uns schon ewig kennen, obwohl wir uns erst vor kurzem kennen gelernt haben.« »Unsere Beziehung hat etwas Geheimnisvolles, und mir scheint, wir werden eine ganze Weile brauchen, um dieses Geheimnis zu lüften.« »Ich habe das Gefühl, wir sind Seelenverwandte.«

Das sind typische Aussagen und Gefühle, wenn der Herrscher des Hauses der universellen Erfahrung sich im Haus der Partnerschaft befindet. Natürlich können die oben genannten Aussagen alle wahr sein. Aber ich würde einen Menschen mit den oben genannten Konstellationen (und/oder dem Herrscher von Haus sieben in einem engen Aspekt zu Neptun) bitten, einmal innezuhalten und sich die Realität solcher Beziehungen genau anzuschauen, wenn so etwas mehrfach in seinem Leben geschieht. Wie viele Menschen, die Sie treffen, sind Seelenverwandte? Wie viele Partner oder potenzielle Partner kennen Sie schon aus einem vorherigen Leben? Ich bin ein überzeugter Anhänger und Vertreter des ewigen Lebens und der Unsterblichkeit der Seele, aber ich bin auch nur allzu vertraut mit den lächerlichen Übertreibungen des spirituellen New-Age-Supermarktes. Bei dieser astrologischen Konstellation sollte man daher vorsichtig sein und die emotionale Komponente, die ein natürlicher Teil zwischenmenschlicher Beziehungen ist, nicht überbewerten. Einer der Gründe, warum es bei der Stellung des Herrschers von zwölf in sieben (oder bei Neptun in enger Verbindung mit Venus oder mit dem Herrscher von sieben) so scheint, dass »wir uns schon kennen«, ist, dass es dem Horoskopeigner leicht fällt, das Universelle im Persönlichen zu sehen. Und das gilt ganz besonders, wenn die persönlichen Emotionen von Hormonen gesteuert werden.

Wenn der Herrscher des zwölften Hauses im achten steht, dann ist die sexuelle Dynamik im Leben des Betreffenden eng mit der persönlichen spirituellen Entwicklung verbunden. Sollte der Herrscher des zwölften Hauses in dieser Position verletzt stehen (insbesondere durch Mars, Pluto, Neptun und/oder den Herrscher von acht), dann können sexuelles Fehlverhalten oder sexuelle Abhängigkeit schlimme Folgen für den Horoskopeigner haben. In extremen Fällen kann fehlgeleitete sexuelle Energie im finanziellen Ruin, im Gefängnis oder schlimmstenfalls sogar mit dem Tode enden.

Wenn die Signifikatoren jedoch eine positive Verbindung zueinander haben und auch der Herrscher des siebten Hauses mit betroffen ist, dann könnte der Betreffende ein sexueller Ratgeber für Menschen sein, die Hilfe beim Umgang mit ihrer sexuellen Energie benötigen. Die Beraterfähigkeit wird noch verstärkt, wenn der Mond oder das Zeichen Krebs im Horoskop gut gestellt sind und mit dem Herrscher von zwölf verknüpft sind. Diese Stellung des Herrschers von zwölf ist ein starker Hinweis auf sexuelle Heilung (oder sexuelles Fehlverhalten) und die Erneuerung (oder die Erschöpfung) sexueller Energie, sowohl vom Horoskopeigner selbst als auch von anderen Menschen.

Wenn der Herrscher des zwölften Hauses im achten gut gestellt ist, dann kann der Betreffende über die Fähigkeit verfügen, Kontakt zu Erfahrungen aus vergangenen Leben herzustellen oder auch zu dem Bereich, den wir aus der metaphysischen Literatur unter dem Begriff Akasha-Chronik kennen. Einfach ausgedrückt bedeutet das, dass der Horoskopeigner Zugang zu den kollektiven Erfahrungen der Menschheit, zur Energie und Weisheit aus allen Zeitaltern hat, und dass er sich dieses Potenzial für seine persönlichen Ressourcen zunutze machen kann. Je weiter ein Mensch natürlich schon auf seinem spirituellen Weg vorangeschritten ist, umso eher stehen ihm diese kollektiven Menschheitserfahrungen zur Verfügung. Das ist dann wie bei einem Menschen, der sagt: »Ich war zwar niemals in deinem Land, aber ich verstehe deine Erfahrung und sie stärkt mich. Diese Stärke erwächst aus meiner Fähigkeit, dich als den Menschen zu akzeptieren, der du bist, und diese universelle Akzeptanz als eine Quelle für mein eigenes Regenerationspotenzial zu nutzen.« Im Grunde ist dies ein Ausdruck bedingungsloser Liebe.

Wenn der Herrscher des zwölften Hauses im neunten steht, dann fühlen wir uns häufig von tiefem metaphysischen oder okkultem Wissen angezogen. Der Autor hat Skorpion an der Spitze des zwölften Hauses und Pluto in neun in Löwe im Trigon zur Sonne. Seit meiner Kindheit fühle ich mich zu religiösen und spirituellen Wissensgebieten hingezogen. Die Astrologie und die Alten Weisheitslehren, wie wir sie in der theosophischen Literatur und vor allem in den Büchern von Alice Bailey finden, stellen eine nicht enden wollende Quelle für mich dar, die es mir erlaubt, die Tiefen meines Herrschers von zwölf in neun auszuloten.

Wenn der Herrscher von zwölf in dieser Stellung gut aspektiert ist, insbesondere durch Jupiter oder den Herrscherplaneten des neunten Hauses, dann stellen Reisen ins Ausland eine weitere Möglichkeit dar, die »Geheimnisse aller Zeiten« zu ergründen. Wenn der Herrscher des zwölften im neunten Haus unter starker Spannung steht, fühlt sich der Betreffende unter Umständen als ein »Opfer der Inquisition«. Anders ausgedrückt, die eigenen philosophischen oder religiösen Anschauungen werden nicht akzeptiert, bzw. man gerät wegen seiner Weltanschauung oder seiner Art der Gottesverehrung in Schwierigkeiten. Steht der Herrscher von zwölf im neunten Haus in Spannung zum Mond oder zum Herrscher des vierten Hauses, dann kommt die Ablehnung womöglich von den Eltern oder aus der eigenen Familie. Ist in der Spannungskonstellation der Herrscher des elften Hauses betroffen, dann unterscheidet sich das persönliche Glaubenssystem unter Umständen von dem der Freunde und dem gesellschaftlichen Umfeld ganz allgemein, was natürlich in einer sehr schmerzhaften Ausgrenzung aus diesem Kreis münden kann.

Wenn der Herrscher des zwölften Hauses im zehnten steht und gut gestellt ist, dann verfügt der Horoskopeigner womöglich über ein besonderes Talent für berufliche Strategien. Dieser Mensch ist sehr vertraut mit den Regeln der Geschäftswelt bzw. allgemeinen weltlichen Vorgängen und weiß, wie er dieses Verständnis für seine eigenen Karriereinteressen nutzen kann. Er verfügt vielleicht sogar über geheime Informationen hinsichtlich seiner Konkurrenten. Das gälte insbesondere dann, wenn der Herrscher von zwölf in zehn in einem Hauptaspekt zum Herrscher des siebten Hauses stünde. Diese Stellung ist hervorragend dafür geeignet, etwas aus dem Nichts zu zaubern, weil man einen Zugang zu versteckten Ressourcen hat, die man zum eigenen beruflichen Vorteil nutzen kann. »Ich weiß zwar nicht, woher ich weiß, was ich weiß, aber ich bin froh, dass ich es weiß und auch, wie ich es praktisch nutzen kann. Ich habe zwar nicht immer direkt das gesamte Geld oder die vollständige Unterstützung, die ich für meine Projekte brauche, aber ich muss einfach nur ein bisschen herumfischen und um spirituelle Führung bitten, dann bekomme ich immer alles, was ich brauche.« Diese zwei Sätze beschreiben die Art und Weise, wie ein gut gestellter Herrscher von zwölf im zehnten Haus wirkt, sehr genau. Andererseits können Heimlichtuerei und Betrug oder auch der Einfluss unehrlicher Menschen die eigene Karriere ruinieren, wenn der Herrscher von zwölf im zehnten Haus verletzt steht, vor allem wenn es sich dabei um den Herrscher von sieben und/oder Neptun bzw. Pluto handelt.

Wenn der Herrscher von zwölf in elf steht, dann verfügt der Horoskopeigner entweder über ein sehr umfassendes Verständnis der menschlichen Natur oder er verliert sich zu schnell in den Aktivitäten gesellschaftlicher Gruppen und Organisationen. Wenn der Herrscher gut aspektiert ist, dann besteht eine enge Verbindung zwischen dem eigenen inneren Verständnis für die menschliche Natur und der Objektivierung dieses Bewusstseins. Bei einem stark intellektuellen Menschen ermöglicht dies erstaunliche politische und soziologische Einsichten und ein Empfinden dafür, wo die Gesellschaft hinstrebt und warum.

Im Leben eines weniger gebildeten Menschen verfügt der Betreffende immerhin über eine gute Dosis gesunden Menschenverstands, was das Zwischenmenschliche angeht. Ein Horoskopeigner mit dieser Konstellation könnte beispielsweise sagen: »Ich kenne die Menschen und ihre Gewohnheiten. Mich erstaunt nichts, was irgendjemand tut oder tun könnte.«

Steht der Herrscher von zwölf im elften Haus ungünstig aspektiert, dann besteht bei dem Betreffenden die Neigung, sich Gruppen oder Organisationen anzuschließen, die für sein persönliches Wachstum weder gut noch hilfreich sind. Wenn der Herrscher des Aszendenten und der Herrscher des zwölften Hauses ein und derselbe Planet sind, welcher im elften Haus steht, dann fühlt sich der Horoskopeigner unter Umständen zu Sekten oder Kulten hingezogen, die sich als auserwählt betrachten, und er verliert durch diese Kontakte mehr und mehr seinen persönlichen Willen, der natürlich grundsätzlich schon recht schwach gewesen sein muss. Auf diesem Wege haben sich viele Menschen im zwanzigsten Jahrhundert verloren, und diese Art von politischer oder spiritueller Abhängigkeit wird auch im einundzwanzigsten Jahrhundert noch eine große Rolle spielen.

Wenn der Herrscher des zwölften Hauses im zwölften steht, haben wir es mit einem Menschen zu tun, der viele Rückzugsmöglichkeiten braucht und der ein überaus starkes Bedürfnis verspürt, die Tiefen seiner speziellen Interessen auszuloten. Der Herrscherplanet und dessen Zeichen und Aspekte führen den Astrologen zu der Art dieses speziellen Interesses. Steht der Herrscher von zwölf in zwölf beispielsweise in einem schwierigen Aspekt zum Mond und/oder Herrscher des vierten Hauses, dann richten sich die Hauptinteressen des betreffenden Menschen auf seinen eigenen Nabel! Dieser Mensch kann völlig von seinen emotionalen Problemen gefangengenommen werden, bis hin zum totalen Ausschluss von allem anderen. Er sieht in allem nur sich selbst, und was er da sieht, ist noch nicht einmal besonders erbaulich. Andererseits kann beim Herrscher von zwölf in einem harmonischen Aspekt zum Herrscher von vier oder zum Mond (selbst wenn dieser verletzt ist) im Horoskop eines Menschen, der sehr hilfsbereit ist und sich für andere engagiert, die Fähigkeit, sich in allen anderen Menschen selbst wiederzufinden, auch zu einem Empfinden universeller Liebe und großen Mitgefühls beitragen.

Margaret Mead ist die wahrscheinlich weltberühmteste Anthropologin. Sie hat viele Jahre ihres Lebens in der Abgeschiedenheit verbracht, vor allem auf abgelegenen Inseln (zwölftes Haus) im Südpazifik, wo sie die einheimischen Kulturen studiert hat. Sie ist Autorin mehrerer Bücher, von denen das wohl bekannteste *Jugend und Sexualität in primitiven Gesellschaften, Kindheit und Jugend in Samoa* ist. Margaret Mead hat viel dazu beigetragen, dass Millionen von Menschen ihre Ansicht über so genannte »primitive Gesellschaften« geändert haben, die in Wahrheit sozial sehr entwickelt sind. Bereits im Alter von fünfundzwanzig Jahren wurde Margaret Mead Direktorin der Ethnologie am *American Museum of Natural History* in New York und hat sich im Laufe ihres Lebens viele Ehrentitel erworben.

Dies ist ein Horoskop mit einer starken Betonung des elften Hauses. Schütze steht an der Spitze, die Sonne, Merkur und der natürliche Herrscher des Hauses, Uranus, stehen dort. Diese Konstellationen sagen uns, dass es sich hier um eine Frau mit einem tiefen soziologischen Interesse handelt, für das sie weite Reisen zu vielen verschiedenen Kulturkreisen an weit entfernten Orten unternimmt.

Der Herrscher des elften Hauses, Jupiter, steht im zwölften Haus, was auf lange Zeiten der Abgeschiedenheit hindeutet, in denen sie die Kulturen und sozialen Menschengruppen studierte, für die sie sich am meisten interessierte. Der Herrscher von zwölf ist Saturn (der in diesem Fall auch über den Aszendenten und somit über das Horoskop herrscht). Er steht in seinem eigenen Zeichen im zwölften Haus. Die Wichtigkeit dieser Stellung und die Tatsache, dass Saturn in Konjunktion zu Jupiter steht, erteilt dem Astrologen Auskunft über Margaret Meads besonderes Interesse an den Strukturen der Gesellschaften, die sie jeweils studierte. Es zeigt ein Interesse an der soziologischen Entwicklung dieser Kulturen und dass sie in diesen speziellen ethnischen Gruppen die Wurzeln aller gemeinsamen menschlichen Aktivität gefunden hat.

Der Herrscher ihres zehnten Hauses, das der Karriere, ist Mars, der auch in Konjunktion zu Jupiter und Saturn steht. Dies verleiht ihrem Charakter einen Touch von Abenteuer und viel Mut und lenkt die Angelegenheiten des zehnten Hauses in die Abgeschiedenheit. Der Mitherrscher von zehn, Pluto, steht in Zwillinge in fünf. Ein Großteil von Margaret Meads Arbeit bezieht sich auf die sexuellen Gebräuche der Kulturen, die sie erforschte (Skorpion an der Spitze

Beispielhoroskop 24: Margaret Mead[48] – Horoskopabbildung
16. Dezember 1901, Philadelphia, PA, 9.30 h EST

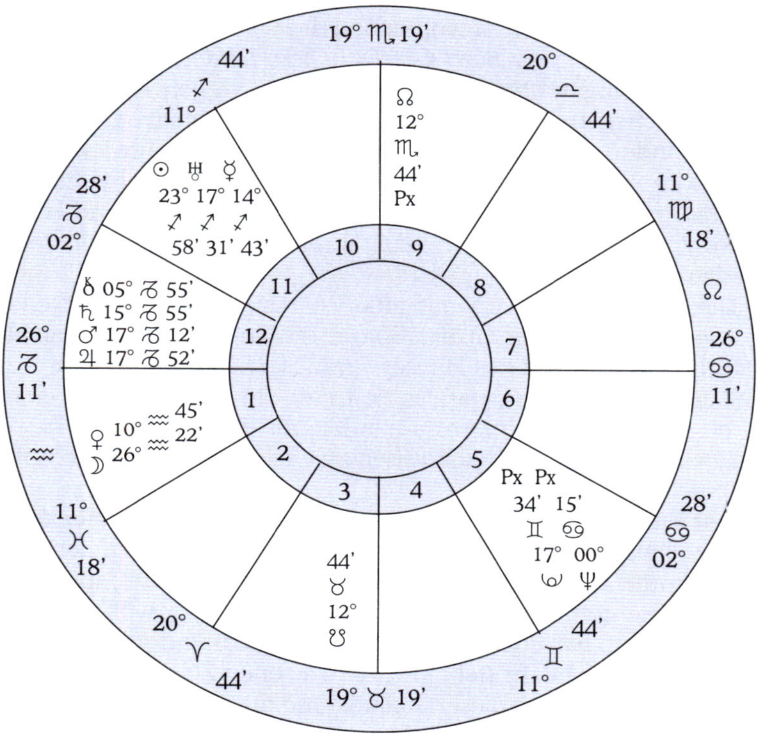

48 Datenquelle: Rodden, Lois, M. ebenda, S. 261.

von zehn), insbesondere in Bezug auf das partnerschaftliche und sexuelle Verhalten Jugendlicher (Pluto im fünften Haus der Romantik und Jugend). Im Grunde haben wir hier im zwölften Haus eine Konjunktion der Herrscher des ersten, zehnten, elften und zwölften Hauses. Es ist daher kein Wunder, dass Margaret Mead eine Frau war, die beruflich gesehen »im Exil« lebte und sich auf die Erforschung der Entwicklung und Struktur von Gesellschaften und Kulturen spezialisierte, die zutiefst ihr Interesse geweckt hatten. Und dennoch ist ein Großteil ihrer Arbeit in den letzten Jahren für unfundiert und falsch befunden worden, insbesondere ihre Informationen zu sexuellen Gebräuchen und anderen Sitten in Samoa. Obwohl sie also einen Großteil ihres Lebens und ihrer positiven kreativen Energie in das Feld der Anthropologie steckte, führten einige der negativen Auswirkungen des zwölften Hauses dazu, Teile ihrer wichtigsten wissenschaftlichen Beiträge in Misskredit zu bringen.

Literaturempfehlungen

Arroyo, S., *Astrologie, Psychologie und die vier Elemente,* Hugendubel, München 1988

Guttman, A. and Johnson, K., *Mythic Astrology,* Llewellyn Publications, St. Paul, MN 1993

Heindel, M., *Die Botschaft der Sterne,* Max-Heindel-Verlag, CH-Sils-Maria

Jones, M. E., *Essentials of Astrological Analysis,* Fabian Publishing Society, London 1960

Leo, A., *The Art of Synthesis,* International Publishing Co., 1961

March, M. and McEvers, J., *The Only Way to Lear Astrology,* ACS Pubs., 1990

Oken, A., *Alan Oken's Complete Astrology,* Bantam Books, New York 1988

Oken, A., *Astrologie der Seele,* Tabula Smaragdina, Würzburg 1993

Oken, A., *Houses of the Horoscope,* The Crossing Press, 1999

Rudhyar, D., *Die Astrologie der Persönlichkeit,* Chiron Verlag, Mössingen 2001

Sasportas, H., *Astrologische Häuser und Aszendenten,* Knaur, München 1987

Sullivan, E., Rückläufige Planeten. Aufbruch in die innere Landschaft, Astrodata, 1993

Wickenburg, J., *A Journey Through the Birth Chart,* CRCS Publications, 1985

Der Autor

Alan Oken beschäftigt sich seit über 30 Jahren mit Astrologie. Er gehört derzeit zu den prominentesten Astrologen in den USA, dessen Bücher, darunter viele Bestseller, in viele Sprachen übersetzt wurden. Neben seiner Tätigkeit als professioneller Astrologe leitet er vor allem im deutschsprachigen Raum Seminare und Kurse über Astrologie. Er lebt in Santa Fe, New Mexiko. Von ihm bei Urania bereits erschienen: *Astrologie des Schicksals* (Kartenset mit Begleitbuch).

Die Zukunft deuten mit dem Astro-Orakel

Alan Oken/Nirvan Hope

Astrologie des Schicksals

Set (Buch mit 37 Karten)
Buch 151 Seiten, mit zahlreichen s/w Abbildungen
ISBN 3-908646-88-X

Wer die Welt der Astrologie verstehen will, muss sich zunächst mit ihrer spezifischen Symbolsprache vertraut machen. Alan Okens und Nirvan Hopes Orakel-Set *Astrologie des Schicksals* ist ein ebenso lehrreicher wie unterhaltsamer Weg, das »Alphabet« der astrologischen Sprache kennen zu lernen und sogleich praktisch anzuwenden. Das Kartendeck setzt sich aus 37 eindrucksvoll gestalteten Karten zusammen, welche die astrologischen Tierkreis-, Häuser- und Planetenzeichen darstellen und die dazugehörigen Schlüsselbegriffe liefern. Mit Hilfe des Begleitbuches, das verschiedene Methoden des Kartenziehens und -legens erläutert und ausführliche Deutungen enthält, kann der Orakelnehmer einfach und rasch die passenden Antworten auf seine Fragen finden.

Astrologie des Schicksals – eine gelungene Verbindung von Astrologie und Tarot.

Weitere Titel der Blauen Reihe beim Urania Verlag

Cunningham, Donna: *Pluto-Probleme erkennen und heilen*, Paperback, 256 Seiten, ISBN 3-908644-19-4

Rushman, Carol: *Die Kunst der astrologischen Prognose*, Paperback, 336 Seiten, ISBN 3-908651-07-7

Schäfer, Randolf M.: *Astrologie – die Symbolik des Lebens*, Paperback, 400 Seiten, mit zahlreichen Grafiken, ISBN 3-908651-05-0

Schulmann, Martin: *Karmische Beziehungen 1 und 2*, Neuauflage als Sammelband, Softcover, 423 Seiten, ISBN 3-908651-06-9

Strauß, Ursula: *Das sechste Haus*, Paperback, 208 Seiten, zahlreiche Illustrationen, ISBN 3-908645-76-X

Strauß Ursula: *Die Wandlung Saturns*, Paperback, 300 Seiten, zahlreiche s/w-Bilder und Grafiken, ISBN 3-908651-02-6

Torsson, Editha: *Sternbilder Astrologie*, Paperback, 310 Seiten, zahlreiche s/w-Abbildungen, ISBN 3-908651-03-4

Voltmer, Ulrike: *Rhythmische Astrologie*, Paperback, 236 Seiten, zahlreiche s/w-Abbildungen und Horoskope, ISBN 3-908651-01-8

Orban, Peter/Zinnel, Ingrid: *Die innere Tafelrunde*, Paperback, 160 Seiten, ISBN 3-908651-04-2